DIE MODE-FIBEL

DIE MODE-FIBEL

Lorraine Johnson

Illustriert von Neil Greer

Dieses Buch ist allen Kleiderliebhabern gewidmet.

Alle Rechte vorbehalten,
auch die des Nachdruckes im Auszug,
der fotomechanischen Wiedergabe
und der Übersetzung.

COPYRIGHT © 1983 by Verlag Hans Schöner

Übertragung aus dem Englischen von Irmgard Sander.
Titel der englischen Ausgabe: »The Book of Looks« 10.83
Autor: Lorraine Johnson
Satz: von Westarp, Mülheim/Ruhr
Deutsche Ausgabe 25.1.1984
ISBN 3-923765-08-8

PRINTED AND BOUND IN SINGAPORE

INHALTSVERZEICHNIS

Die Indianerin	8-11
Die Araberin	12-17
Die Fliegerin	18-21
Die Geschäftsfrau	22-25
Die Schiffbrüchige	26-31
Die Katze	32-35
Die Klassische Dame	36-39
Die Kosakin	40-43
Das Cowgirl	44-47
Die Tänzerin	48-51
Der Dandy-Look	52-55
Die Debütantin	56-59
Der Fair-Isle-Look	60-63
Die Rockerlady	64-67
Die Fischerin	68-71
Der Charleston-Look	72-75
Die Eleganten Vierziger Jahre	76-79
Die Futuristin	80-83
Der Gentleman-Look	84-87
Das Gibson-Girl	88-91
Die Zigeunerin	92-95
Die Amazone	96-99
Die Immigrantin	100-103
Die Inderin	104-107
Die Naive	108-111
Die Lady	112-115
Die Gutsbesitzerin	116-119
Die Romanin	120-123
Der Kleine Junge	124-127
Der Filmstar	128-131
Die Seereisende	132-135
Die Asiatin	136-139
Die Naturfreundin	140-143
Die Piratin	144-147
Die Punkerlady	148-151
Der Marine-Look	152-155
Das Schulmädchen	156-159
Die Schottin	160-163
Die Schäferin	164-167
Die Soldatin	168-171
Die Sportlerin	172-175
Das Pullover-Mädchen	176-179
Der Vamp	180-183
Die Praktische	184-187
Die Junge Romantikerin	188-191

EINLEITUNG

WAS PASSIERT MIT DER MODE?

Mode ist ein Element von Geschichte und wiederholt sich als solches beständig. Körperregionen, die in einem Jahrzehnt betont werden, werden im nächsten versteckt und vergessen; folkloristisch beeinflußte Moden kommen und gehen, gewinnen und verlieren die weltweite Gunst, entsprechend dem wechselhaften Geschick der jeweiligen Völker; und was Ihnen ursprünglich an Ihren Vorfahren unmodern und verschroben anmute, werden Sie schließlich selbst haben wollen. Zudem sind wir heute mehr denn je durch die redaktionellen und visuellen Maschen der Medien beeinflußt, die uns beständig einreden, einen bestimmten Look anzustreben, was natürlich nur erreicht werden kann, indem man sich eine komplette neue Garderobe zulegt. Zusammen mit der Lockerung des Bekleidungskodex und dem schwindenden Einfluß der großen Couturiers hat all das zur Folge, daß die Aufgabe, sich anzukleiden, heutzutage aus dem einfachen Grund komplizierter als je zuvor ist, weil die Auswahl so groß ist.

Heutzutage gibt es laufend eine Unmenge neuer visueller Informationen. Verbunden mit unserem unbeirrbar starken Hang zur Nostalgie, hat dies eine Modevielfalt wie noch nie möglich gemacht. Die Bekleidungsindustrie ist aufgeblüht, gewachsen und vielfältig geworden – die Möglichkeiten scheinen unbegrenzt.

Diese große Freiheit der Auswahl bedeutet jedoch nicht, daß es keine Regeln gibt, wie es einige Modejournalisten anscheinend glaubhaft machen wollen – Sie können nicht wirklich alles tragen, was Sie wollen, und dennoch stets à la mode sein. Aber Sie können jeden Look, der Ihnen gefällt, sei er aus der Vergangenheit, der Gegenwart oder der Zukunft genommen, so zurechtmachen, daß Sie stets modisch sind, vorausgesetzt, Sie schaffen die richtigen Proportionen, die den heutigen Vorstellungen entsprechen. Natürlich bewirkt die überwältigende Auswahl und die relative Freiheit gewöhnlich in vielen von uns eine lähmende Unentschiedenheit.

Die Modefibel ist der Versuch, eine gewisse Ordnung in dieses Chaos zu bringen, indem sie Ihnen hilft, die Vielfalt der heute vorhandenen Kleidungsstücke unter bestimmten Bekleidungsstilen einzuordnen. Sie ist eine Art »Reise«führer durch den Kleiderschrank, ein Handbuch zur Selbsthilfe und der Versuch, anschaulich zu machen, wie Sie möglicherweise aussehen wollen. Sie wird bei der Aufräumung auch der unordentlichsten Kleiderschränke behilflich sein. Daneben ist sie auch ein fröhliches Nachschlagewerk, das Beispiele aus Literatur, Film und Geschichte enthält, so daß Sie inmitten jeder beliebigen Moderenaissance die Möglichkeit haben, die Kleider, Stoffe, Accessoires, Frisuren und das Make-up zu jedem vorgegebenen Look genau zu studieren. Nehmen Sie beispielsweise **Die Schäferin**. Sie mag vielleicht diesen Sommer gerade nicht in Mode sein, aber in irgendeiner Saison wird sie wiederkommen, und obwohl sich bis dahin vielleicht die Proportionen gewandelt haben, werden die wesentlichen Elemente, die sie beispielsweise von der **Kosakin** unterscheiden, dieselben geblieben sein.

Es mag einem gefallen oder nicht, aber die Länge der Röcke, die Form der Schuhe, die Höhe der Absätze, die Weite oder Enge der Hosen, kurz gesagt, die gesamten Proportionen der Bekleidung wechseln ungefähr alle fünf Jahre. Wenn Sie modisch sein wollen, müssen Sie mit der Zeit gehen und sich unterwegs einige neue Moderichtungen zu eigen machen.

Die Kategorisierung verschiedener Arten sich in deutlich voneinander unterscheidbaren Looks zu kleiden, hat es zugegebenermaßen notwendig gemacht, daß wir klare Trennungslinien ziehen mußten, um Wiederholungen zu vermeiden. Es gibt natürlich im wahrsten Sinne des Wortes dutzende von Möglichkeiten sich zu kleiden. Die *fünfundvierzig Möglichkeiten*, die auf den folgenden Seiten vorgestellt werden, sind lediglich ein Destillat der Besten aus Vergangenheit, Gegenwart und Zukunft. Für jeden Look haben wir einen ziemlich eng umgrenzten Regelsatz aufgestellt, aber ziehen Sie daraus bitte nicht den Schluß, daß diese Regeln absolut starr zu verstehen sind – wer sagt beispielsweise, daß Sie das rüschenbesetzte weiße Hemd der **Piratin** nicht mit den Jeans des **Cowgirls** kombinieren können? Natürlich können Sie, aber erst wenn Sie den ursprünglichen Look gründlich studiert haben, können Sie anfangen, kreativ zu werden und Ihren eigenen Stil zu entwickeln.

Im Augenblick ist die Mode ungewöhnlich launenhaft und mannigfaltig. Die Frage, die uns alle quält, ist: Welcher Mode sollen wir folgen? Sollten wir versuchen, uns immer danach zu kleiden, was gerade im Moment top-aktuell ist, oder sollten wir danach streben, zu den Trendsettern zu gehören und der Zeit immer ein wenig voraus zu sein, oder sollten wir vielleicht sogar ein wenig hinter unserer Zeit zurückbleiben, um damit anzuzeigen, daß wir über solchen Dingen stehen? Oder sollten wir allen gegenwärtigen Modediktaten trotzen und unseren eigenen Stil beweisen, indem wir uns für das Klassische entscheiden? Wir können natürlich all diese Positionen einnehmen – keine davon ist mit den anderen unvereinbar. Es hängt einfach von dem Anlaß, der Stimmung und dem Umfang unserer Garderobe ab.

Es ist unbestritten, daß der äußeren Erscheinung eine entscheidende Bedeutung zukommt und daß jeder von uns seine Erscheinung nach eigenen Gesichtspunkten in den Griff bekommen muß. Die Kleider, die Sie auswählen, sind unmittelbare Signale für die Menschen, denen Sie begegnen, und geben ihnen zahlreiche Informationen über Ihre Persönlichkeit. Ihre Kleidung vermittelt Informationen über das Vorhandensein von Selbstvertrauen, Gefühl für Attraktivität und Sexualität oder den Mangel daran, über Ihren Status – finanziell wie sozial, über Ihren Wunsch, sich anzupassen oder zu provozieren, ja sie verrät sogar etwas über Ihre jeweilige Stimmung. Es lohnt sich, jedesmal wenn Sie sich ankleiden, all diese Faktoren mit zu bedenken. Um den richtigen Stil (oder auch die richtigen Stile) für sich zu finden, müssen Sie herausfinden, was Sie über sich selbst denken, und dann müssen Sie sich fragen, was Ihre Kleider aussagen sollen.

Bei Ihren Erkundungen werden Sie feststellen, daß weitere Bedenken und Komplikationen auftauchen: Phantasie kontra Praktikabilität, Prächtigkeit kontra Tragbarkeit, Sexismus kontra Femininität, Bequemlichkeit kontra Eleganz und Gruppenidentität kontra Individualität. Erwarten Sie bitte nicht, jedesmal wenn Sie eine Ausstattung wählen, jedes dieser Probleme zu lösen. Der jeweilige Anlaß oder Ihre jeweilige Stimmung werden Ihre Kleidung diktieren. Wenn es Ihnen gelingt zu lernen, letztgenannter Stimmung zu vertrauen, dann scheuen Sie sich nicht, sich wie **Die Katze** oder **Der Vamp** zu kleiden, vorausgesetzt, es ist dem Ereignis und Anlaß angemessen. Beide gehören nicht gerade zu den Looks, die am leichtesten zu erreichen sind, aber wenn sie das Richtige für Sie sind, dann seien Sie mutig und stürmen ungestraft darauf los.

Manche Menschen scheinen mit einem angeborenen Gefühl für Stil auf die Welt gekommen zu sein – sie scheinen immer genau zu wissen, was wozu paßt, was ihnen gut steht und was angemessen ist. Andere wiederum geben bereitwillig zu, daß sie erst nach langem Ringen, durch Ausprobieren und Erfahrung ein Gefühl für sich selbst und die Mode entwickelt haben. Eines ist jedoch unbestritten: Sie werden feststellen, daß Ihr Selbstvertrauen wächst, sobald Sie größeren Wert auf Ihre äußere Erscheinung legen; daraus wird ein ganz besonderer Stil erwachsen, der ganz und gar Ihr

Stil ist. Nach und nach wird dann die quälende Unsicherheit, was anzuziehen, verschwinden. Einige Frauen entwickeln eine solche innere Selbstsicherheit, daß für sie die Sorge um ihre äußere Erscheinung kein bißchen mehr wichtig zu sein scheint. Nur wenige von uns besitzen diese überragende Selbstsicherheit, aber ein Weg, diese wesentliche innere Eigenschaft zu steigern, besteht darin, die Arten und Weisen zu erkunden, wie wir uns selbst in unserer Kleidung ausdrücken. Unsere Kleidung ist, genau wie die Worte und Gesten, ein Ausdrucksmittel, und indem wir unserem Aussehen Aufmerksamkeit schenken, können wir herausfinden, worin wir uns wohl fühlen, was unser Stil ist.

WIE FINDEN SIE IHREN PERSÖNLICHEN STIL?

Wenn Sie herausfinden wollen, wie Sie aussehen möchten, werden Sie zumindest zeitweilig Ihre vorgefaßten Meinungen über sich selbst und Ihre Kleidung aufgeben oder wenigstens verfeinern müssen. Schieben Sie Ihre eingefahrenen Vorstellungen darüber beiseite, welche Farben Sie tragen können, welche Rocklänge, welchen Hosenschnitt, welche Art von Schuhen, welche Haarfarbe und welche Make-up-Palette – kurz gesagt, die Vorstellungen darüber, für was für einen Menschen Sie sich halten. Stellen Sie sich sozusagen vor, Sie wären ein vollkommen unbeschriebenes Blatt – wie würden Sie gerne aussehen?

Natürlich gibt es da einige Dinge, die Sie nicht verändern können, wie zum Beispiel Größe, Knochenbau und Alter. Aber obwohl die meisten von uns keine makellosen Schönheiten sind, besitzen auch die meisten von uns ganz besondere Charakteristika. Sie sollten lernen, genau auf diese stolz zu sein und sie zu betonen. Gürtel können eine schmale Taille unterstreichen, Augen-Make-up kann schöne Augen betonen, Absätze können fehlende Größe beisteuern und etwas Farbe den nötigen Glanz. Und dann gibt es Dinge, die wir alle unter Kontrolle bekommen sollten. Insbesondere, was wir essen und wieviel wir uns bewegen. Dies leistet ohne Zweifel einen größeren Beitrag zu unserem guten Aussehen als alle Kleider, die Sie sich möglicherweise erhoffen können. Wenn Sie sich einmal einige Monate lang unter das Regime von Gesundheit und Schönheit gestellt haben, werden Sie eine große Verbesserung an sich beobachten können, nicht nur in bezug auf Haut und Figur, sondern auch in Ihrer Meinung von sich selbst.

Denken Sie daran, daß niemand perfekt ist. Viele Ihrer Fehler oder Unzulänglichkeiten, die Ihnen in Ihrer eigenen Vorstellung riesig erscheinen und denen Sie selbst überkritisch gegenüberstehen, rühren daher, daß Sie sich mit unerreichbaren Maßstäben messen – wie zum Beispiel an der Illusion, die von Fotografen mit Hilfe von Studiobeleuchtung, Weichzeichnern, retuschierten Negativen und vielen anderen Tricks der Modefotografiebranche geschaffen wird. Solche Fotografien sollen der Inspiration und nicht der Frustration dienen.

Bei dem Versuch, Ihr eigenes Modeideal zu entwickeln, sollten Sie die letzten Wochen überdenken und sich zu erinnern versuchen, in welchen Kleidern Sie sich wohl gefühlt haben. Haben Sie sich bei dem fraglichen Anlaß schön, modisch, wohl, elegant oder provokativ gefühlt? Ihre Antwort wird ein Schlüssel dafür sein, wie Sie auszusehen versuchen. Versuchen Sie, sich auch an Frauen zu erinnern, die Sie kennen, und an solche, die Sie bewundern. Oder denken Sie an die Frau, die gerade gestern auf der Straße an Ihnen vorbeiging und so gut aussah. Versuchen Sie herauszufinden, was Ihnen an ihr gefallen hat und wie Sie es so modifizieren können, daß es zu Ihnen selbst paßt. War es die besondere Farbkombination? Oder einfach der Schnitt ihrer Kleider? Oder ihre einfallsreichen Accessoires?

WIEVIELE KLEIDER BRAUCHEN SIE?

Keiner wird sich in all den Looks, die dieses Buch vorstellt, wohlfühlen oder sich mit ihnen identifizieren können. Einige werden Ihnen genau richtig für Ihre Person erscheinen, und das sind diejenigen, die Sie genauer erkunden sollten. Und wenn Ihr Bekleidungshorizont erst einmal erweitert ist, dann werden Sie sich vielleicht die Frage stellen – Wieviele Kleider brauche ich wirklich? Und damit sind Sie bei dem Dilemma angelangt, das Kleidersammler zur Genüge kennen – Bedarf kontra Begierde. Für Kleidersüchtige gibt es keine Lösung dieses Problems; sie kaufen und kaufen, ohne sich um die Frage der Notwendigkeit zu kümmern. Uns anderen bleiben mehrere Wege offen.

Zunächst einmal nehmen Sie alles aus Ihrem Kleiderschrank, das Sie im vergangenen Jahr nicht getragen haben. Ist es unmodern geworden? Gefällt es Ihnen nicht? Legen Sie es beiseite – wahrscheinlich wird es irgendwann wieder modern werden. Oder haben Sie nichts Passendes, was Sie dazu tragen können? Als grober Leitfaden kann Ihnen dienen, daß jedes Stück in Ihrem Kleiderschrank zu zwei anderen passen sollte; wenn das bei einem Stück nicht der Fall sein sollte, und es gefällt Ihnen dennoch, dann machen Sie eine Liste der Dinge, die Sie passend dazu kaufen könnten, und überprüfen dann, ob diese Sachen selbst wieder zu anderen passen, die Sie bereits besitzen.

Weiterhin sollten Sie mit anderen Stilen und Looks experimentieren, indem Sie die Kleider von einer Freundin anprobieren und beim nächsten Einkaufsbummel Kleider einer Art anprobieren, wie Sie sie normalerweise nicht tragen würden. Das heißt wohlgemerkt nicht, daß Sie Kleider ausprobieren sollen, die Sie *nie* tragen würden. Sie sollen nur Ihren üblichen Bekleidungsrahmen etwas erweitern, um festzustellen, ob Sie Ihrer Garderobe vielleicht eine neue Komponente hinzufügen können.

WIE KÖNNEN WIR MODE IN IHREN GRENZEN HALTEN?

Sich wohl zu fühlen ist das eigentliche Thema dieses Buches. Wenn Sie erst einmal eine gewisse Ordnung in Ihre Garderobe gebracht und Ihre Figur im Griff haben, werden Sie alles, was Sie anfangen, entsprechend besser erledigen können. Wenn Sie sich erst einmal mit Ihren Zuneigungen und Abneigungen auseinandergesetzt und Ihren persönlichen Stil entwickelt haben, dann werden Sie auch von Ihren Unsicherheiten befreit sein, denn Sie wissen nun, daß Sie gut aussehen, und dann werden Sie auch in den wirklich wichtigen Dingen Ihres Lebens vorwärts kommen.

Wir sind in der Lage zu erkennen, daß die Kulte der Jugend, der Schönheit und Vollkommenheit unsere eigenen Schöpfungen sind, und wir können uns von ihnen befreien. Wir können uns von dem Verlangen befreien, stets super-modisch auszusehen, können glücklich anstatt mit aller Macht modisch schick sein. Wir können uns vor der Angst vor dem Altern befreien, vor den Versuchen, die Zeit mit Hilfe von Face-Lifting und verrückten Diäten, besessenem Sport und anderen angstgetriebenen Maßnahmen anzuhalten. Wir können einen klaren Standpunkt einnehmen und uns weigern, Pelze zu tragen, mit denen wir den Tieren das Recht auf ihre eigene Haut verwehren, sie züchten und schlachten, um den Wohlhabenden zu dem angemessenen Status zu verhelfen. Wir können Kosmetika und andere »Verpackungen« meiden, die unser Gefühl der Unzulänglichkeit ansprechen, indem sie uns suggerieren wollen, daß ihre Aura des Luxus uns irgendwie vollkommener macht.

Statt dessen können wir Mode zu unserem Vergnügen und unserer Zufriedenheit benutzen. Wir können uns an ihren Phantasiesprüngen und ihrem Einfallsreichtum erfreuen; wir können in ihrem sich stets wandelnden, nie langweiligen Geist der Freiheit und Experimentierfreudigkeit schwelgen. Mode ist Veränderung, und wir sollten sie mit offenen Armen in unser Leben aufnehmen, aber nie zulassen, daß sie die alleinige Oberhand gewinnt. **Die Modefibel** ist ein Buch der Möglichkeiten. Erkunden Sie sie, und haben Sie Spaß dabei.

DIE INDIANERIN

HINTERGRUND

Bevor die Indianerbevölkerung durch den weißen Mann dezimiert wurde, war der nordamerikanische Indianer der wahre edle Wilde; was wir von seiner Kultur wissen, fordert den größten Respekt. Verschiedene Stämme bewohnten praktisch alle Regionen auf dem nordamerikanischen Kontinent, und obwohl sich ihre Lebensweise von Region zu Region in großem Maße unterschied, war ihnen allen eine enge Beziehung zu Natur und Land gemeinsam. Natürlich bestimmten Lebensweise und Umgebung auch die handwerklichen Fertigkeiten, in denen sie sich übten und auszeichneten: bei den seßhaften, Ackerbau betreibenden Stämmen entwickelten sich Webkunst und Silberarbeiten, während die Jäger und Nomaden besonders die Kunst des Schnitzens wie auch der Leder- und Stoffdekoration beherrschten. Die unterschiedlichen Designs hingen selbst auch wiederum von dem Lebensraum des Stammes ab – die der nordwestlichen Stämme muten fast orientalisch an; die Stämme von der Mitte des Kontinents teilen Charakteristika mit den Stämmen aus Süd- und Zentralamerika, während die Indianer von der Ostküste frühe europäische Einflüsse verarbeitet haben.

Erst zu Beginn des 20. Jahrhunderts erhielt diese reiche Tradition eine angemessene Anerkennung, als die geometrischen Designs der Navajo, Zuni und Hopi in Art Deco Verzierungen Aufnahme fanden. Es ist wichtig, sich ins Gedächtnis zu rufen, daß sich nicht alle Indianer auch in den Häuten der Tiere kleideten, die sie zu Nahrungszwecken jagten; die südwestlichen Stämme, wie beispielsweise die Pueblo-Indianer von Neumexiko, besaßen hochentwickelte Webtechniken und trugen neben Leder auch prachtvoll eingefärbte Stoffe.

DER LOOK

Unglücklicherweise haben die meisten von uns ihr Wissen über die Indianer allein aus den Filmstudios von Hollywood: Wir neigen dazu, nur an die Indianer zu denken, die in den großen Prärien lebten und Krieg gegen den weißen Mann führten. Der Modelook, der sich auf diesem Bild gründet, hat in den vergangenen Jahren noch eine weitere Verwässerung dadurch erfahren, daß er mit den bunten Karo- und Denimstoffen der Cowboys (vgl. **Das Cowgirl**) vermischt wurde; obwohl die Elemente dieser beiden Looks natürlich tatsächlich miteinander vereinbar sind. Für unsere Zwecke werden wir uns hier jedoch an den unverfälschten Indianerlook halten. Dieser Look ist eine herrlich lässige Art, sich für das Leben im Freien zu kleiden. Es dominieren die Farbtöne der Prärie, wie Hellbraun, Rotbraun, Honiggelb, ein warmes Braun und Gold, kombiniert mit türkis-, rot- und orangefarbenen Akzenten in Form von echtem Folkloreschmuck.

Unten: Accessoires, die für die Garderobe der Indianerin wesentlich sind, haben bis ins 20. Jahrhundert überlebt und gelten auch heute noch als modisch schick. Mokassins, ob mit oder ohne Sohlen, mit Fransen oder Perlenstickerei, sehen zu diesem Look großartig aus. Knappe Schnürsandalen sind das Richtige zu kurzen Chamoislederröcken. Gürtel, Taschen und Schmuck können ganz nach Ihrem Geschmack verschwenderisch mit Perlenarbeiten und Federn, ja selbst mit Silber und Türkis verziert sein.

Links: Eine kleine Auswahl an Ideen aus traditionellen Perlenarbeiten, die Ihnen bei der Selbstfertigung Ihres Schmucks als Inspiration dienen soll: ziehen Sie Perlen jeder Größe und Form auf; arbeiten Sie Federn in jeder Färbung ein; durchbohren Sie Muscheln und Steinchen.

ACCESSOIRES

Die Fußbekleidung sollte weich sein – entweder knöchelhohe Velourlederstiefeletten oder die traditionellen Mokassins oder Halbstiefel. Ideal wäre natürlich, wenn sie ebenfalls mit Fransen und/oder Perlenstickerei verziert wären. Die Farben dieser Fußbekleidung können durchaus kräftig sein, obwohl Erdtöne auch hier harmonischer sind. Obwohl nicht wirklich stilgemäß, tun es für den Sommer auch flache Sandaletten, die bis zum Knie hochgeschnürt werden, insbesondere wenn man sie zu einem kurzen Rock trägt oder aber die Schnüre über die Hosenbeine schnürt. Tragen Sie als Schmuck perlenbesetzte Gürtel, Ketten, Ohrringe, Armbänder und Stirnbänder.

Die Perlenkunst begann im Osten der Vereinigten Staaten um 1675, wobei die Irokesen und die Algonkin die großen Händler solcher Perlenartikel waren. Der genaue Zweck dieser perlenverzierten Gegenstände läßt sich nicht mehr ergründen, aber Schnüre von Abalonen-, Muschel- und Austernperlen scheinen in Hochzeitszeremonien eine Rolle gespielt zu haben. Andere Halbedelsteine wie Quarz, Schiefer und Seifenstein fanden ebenso Verwendung wie getrocknete Beeren, Obststeine und Knochen und Horn von Tieren; selbst die Farben der Perlen hatten symbolische Bedeutung: Weiß für Frieden und Gesundheit, Purpur für Trauer und Rot für Krieg.

Diese Perlenaccessoires sind im großen und ganzen preiswert zu haben und geben die notwendigen Farbakzente zu den ansonsten gedämpften Tönen der Kleidung. Natürlich findet man auch traditionelle Accessoires aus Silber und Türkissteinen (die unlängst durch den Modeschöpfer Ralph Lauren wieder populär gemacht wurden), aber sie sind gewöhnlich untragbar teuer, es sei denn, Sie haben vor, diesen Look oft zu tragen. Schauen Sie sich auf Ihrer Suche nach indianischen Akzenten auch nach Schmuck aus Federn um. Obwohl er vielleicht nicht sehr haltbar ist, wirkt so ein Federschmuck wild und wundervoll, sei es in natürlichen Farben oder in kräftigen Tönen eingefärbt. Natürlich können Sie Ihre indianische Kleidung auch leicht durch eigene Federn ergänzen – stecken Sie sie an Stirnbänder und Gürtel oder ins Haar. Sie finden solche Federn entweder im Freien oder können sie auch in Tüten abgepackt oder einzeln in Kunstgewerbeläden oder Modezubehörgeschäften erstehen.

Als die perfekte Allzwecktasche nehmen Sie einen weichen Velourleder-, Stoff- oder Lederbeutel mit Kordelzug (oder vgl. auch unter »Ideen«).

GESICHT UND HAAR

Tragen Sie Zöpfe. Wenn Sie kurzes Haar haben, flechten Sie ein oder zwei Locken und binden sie mit einem farbigen Bändchen oder einer Kordel zusammen. Ist Ihr Haar lang, dann entscheiden Sie sich zu zwei oder mehr Zöpfen, die

Charakteristisches Element sind Fransen, sei es an Accessoires oder aus Velourleder, Leder, Wolle, Filz oder Baumwolle. Schon ein einziges Kleidungsstück, wie ein befranster Velourlederrock, eine Jacke, ein Hemd oder eine Hose, werden sofort den Eindruck dieses Looks vermitteln. Wenn Ihnen jedoch dieser Look gefällt, aber Sie können sich die Anschaffung solch eines teuren Stücks nicht leisten, dann nehmen sie einfach einen befransten Wollsweater oder einen Filzrock oder eine Wollhose mit Fransen. Tragen Sie zu solchen fransenbesetzen Hosen oder Röcken einfarbige T-Shirts oder taillierte Baumwollflanellhemden – obwohl nicht authentisch, bilden sie einen hübschen Ausgleich zu befransten Kleidungsstücken. Haben Sie beispielsweise einen Pullover oder eine Jacke mit Fransen, dann kombinieren sie dieses Kleidungsstück mit einer gerade geschnittenen Hose und einem Oberteil wie oben beschrieben, wobei Sie sich an die vorgeschlagene Farbpalette halten. Vollenden Sie Ihr Äußeres dann noch mit den unten beschriebenen Accessoires. Sollten Sie eine glühende Anhängerin der Vorstellung sein, sich wie eine Indianerin zu kleiden, dann bietet sich für Sie noch die Möglichkeit, daß Sie sich ein gerade geschnittenes Kleid aus Velour- oder Sämischleder samt Fransenbesatz an Saum, unteren Ärmelpartien und Frontpasse kaufen oder selbst schneidern. Dazu passen großartig perlenbestickte Mokassins oder flache Stiefel. Vorausgesetzt, Sie sind »mutig« genug, können sie dieses Kleid das ganze Jahr über, ausgenommen vielleicht an sehr heißen Tagen, tragen. Über ansonsten eher alltägliche Kleidung können sie eine einfarbige oder mit Navajomustern verzierte Decke wie einen großen Schal tragen, den Sie vielleicht mit einer breiten Perlenborte und/oder einem Ledergürtel zusammenhalten. (Vgl. **Die Zigeunerin** wegen der Ideen, wie man ein großes Tuch auf verschiedene Weise drapieren kann.)

Sie an den Enden mit Leder- oder Wildlederschnürsenkeln zusammenbinden und mit einigen Federn verzieren.

Eine andere Möglichkeit ist es, wenn Sie eine Schnur aus kleinen Perlen mit in Ihr Haar einflechten. Einzelne Perlen mit großen Löchern können sogar beim Flechten auf dünne Haarsträhnen aufgezogen werden. Wenn Sie kurzes Haar haben oder sich mit Zöpfen nicht gefallen, dann können Sie Ihr Haar auch gewellt und offen tragen, vom Wind der Prärie verweht und mit einem perlenbesetzten oder ledernen Band um die Stirn, um es aus dem Gesicht zu halten.

Wählen Sie ein Make-up, das Ihnen ein sonnengebräuntes, frisches Aussehen verleiht. Falls Sie nicht von Natur aus eine gesunde oder leicht von der Sonne gebräunte Gesichtfarbe haben, dann tragen Sie über Ihr ganzes Gesicht eine getönte Feuchtigkeitscreme auf. Um den Eindruck der charakteristischen hohen Wangenknochen der Indianerin zu erzielen, tragen Sie ein gelblich graues Rouge unterhalb Ihrer Wangenknochen und dann einen elfenbeinfarbenen Highlighter auf Ihre Wangenknochen auf, wobei Sie letzteren bis zum Haaransatz hin verteilen. Vervollständigen Sie diese Illusion mit einem orangebraunen Rouge, das Sie zwischen dem grauen und dem elfenbeinfarbenen Pinselstrich auftragen. Verwischen sie die Übergänge gut, und schließen Sie Ihr Make-up mit einem glänzenden goldenen oder apricotfarbenen Lippenstift ab. Wenn Sie keine Angst davor haben, angestarrt zu werden, dann können Sie sich noch ein rotes Zickzack (mit Lippenpinsel und Lippenstift) über eine Wange ziehen.

IDEEN

- Passender Schmuck läßt sich aus Dingen fertigen, die Sie im Freien finden: aus Federn, Schnüren, Gräsern, Steinchen und Knochen (die beiden letztgenannten lassen sich gut als ungewöhnliche Perlen verwenden). Machen Sie sich eine Kette, ein Armband, ein Stirnband oder einen Gürtel, indem Sie ein schmales Wildleder-oder Lederband mit Perlen verzieren, mit Gräsern umwickeln oder mit Federn bestücken. Die nachfolgende Zeichnung zeigt nur eine von verschiedenen Möglichkeiten.
- Schnell und ohne großen Aufwand können Sie für den gewünschten Effekt sorgen, indem Sie Fransen, die man am Meter kaufen kann, auf die Außennaht einer Jeans aufnähen – Sie finden solche Fransen aus Baumwolle, Wolle, sowie aus echtem oder nachgeahmten Wildleder.
- Noch schneller können Sie sich den passenden Schmuck fertigen, wenn Sie kleine, billige Perlen einfach in traditionellen Mustern auf Leder-, Wildleder- oder Filzbänder aufkleben, anstatt sie aufzunähen, um solche Bänder dann als Arm-, Stirn- oder Halsbänder zu benutzen.
- Statt in einer Tasche können Sie Ihre Habseligkeiten auch in einem quadratischen Stück Sämischleder unterbringen, dessen Ecken Sie überkreuz verknoten.
- Der Schnitt der indianischen Kleider ist einfach; geschickte Näherinnen könnten es sich vielleicht überlegen, sich selbst einen Rock oder ein Kleid zu arbeiten, indem sie preiswerte Sämischlederhäute zusammennähen. Als passende Dekoration sollten Sie für den Rockbund Horn- oder Knochenknöpfe verwenden und den Saum auf natürliche Weise ungleich lassen oder ausfransen, indem Sie zwei bis fünf Zentimeter tief in das Leder einschneiden. Vollenden Sie Ihr Werk durch einige große Perlen, die Sie auf ein paar Fransen aufziehen und dann unterhalb verknoten, so daß die Perlen nicht mehr herunterrutschen können.

Unten: Ideen mit Perlen und Haar für den absoluten Indianerlook: von links, ein Perlenchoker, der zu vier geflochtenen Haarsträhnen getragen wird, in die Federn und Perlen eingeflochten wurden; ein Perlenstirnband und ein einzelner Zopf, der wie oben beschrieben geschmückt ist; eine Kette, zu der das Haar aus dem Gesicht getragen wird; kürzeres Haar, dem falsche Zöpfe hinzugefügt wurden, um einen ähnlichen Eindruck wie unter der ersten Idee zu erzielen.

DIE ARABERIN

URSPRUNG

Das Geheimnis des Fernen Ostens – wie lange hat es die Phantasie von Reisenden inspiriert! Nur die Mutigsten wagten sich in die unbekannten Gebiete der arabischen Halbinsel und in die islamischen Nachbarländer – jedes eine Hochburg des Moslemischen Glaubens. Legendäre Männer wie Charles Doughty und Richard Burton schrieben Geschichten über Leben und Bräuche des arabischen Volkes und über ihre islamische Kultur. Briefe erzählten von märchenhaften Städten – Bagdad, San'a und Isfahan –, von weiten, wogenden Sanddünen-Wüsten, bewohnt nur von stolzen Beduinenstämmen; von Kamelkarawanen, beladen mit exotischen Waren, die zur Rast in Oasen haltmachten. *1001 Nacht* erzählte von Kalifen, Scheichs und Sultanen, Harems, Odalisken und Eunuchen; Reisetagebücher beschrieben Märchen, Moscheen und Minarette, von deren Spitze der Muezzin in die unergründlichen Heiligen Städte rief – verbotene Städte für Frauen und Fremde.

Der Hauch des Geheimnisses umwehte Arabien noch in den ersten Jahrzehnten dieses Jahrhunderts; was der Westen über diese Länder wußte, war immer noch beschränkt auf die Berichte solch schillernder Gestalten wie T.E.Lawrence (dessen Jahre im Mittleren Osten der Film *Lawrence von Arabien* lebendig erzählt) und der Reisenden des 20. Jahrhunderts, wie H.St. John Philby und die resoluten Damen Gertrude Bell und Freya Stark. Ihre Chroniken dokumentieren den Fortbestand fast all der uralten Traditionen des Islam, einschließlich der Rolle der arabischen Frau in der Gesellschaft, ihrer von der Religion geforderten Ausgeschlossenheit, ihrer Verschleierung, Kleidung und Lebensweise.

Seit der Wiederbelebung der arabischen Zivilisation durch Mohammed im 7. Jahrhundert n. Chr. und der Annahme des Moslemischen Glaubens, hat die Religion das Verhalten der Frauen bestimmt; erst der Ölboom bewirkte ein Sichöffnen des Mittleren Ostens der Welt gegenüber und veränderte die Stellung der Frau und das Verhältnis zwischen den Geschlechtern. Trotz westlicher Einflüsse aber kleiden sich die meisten arabischen Frauen nach wie vor traditionell. Der jahrhundertealte Kleidungsstil für Männer und Frauen hat sich kaum verändert und ist für die meisten noch aktuell.

Bescheidenheit, Diskretion und Zurückhaltung waren für Frauen stets höchstes Gebot. Das traditionelle Gewand besteht aus langen bauschigen Unterhosen, langem langärmeligen Kleid oder Kaftan, einem alles umhüllenden Umhang (der *Abaya*), einer Kopfbedeckung und dem unverzichtbaren Schleier. Dieser ist der typischste

Unten: Klimpern und klingeln Sie, wenn Sie geschmückt mit Gold oder Silber und Halbedelsteinen einherschreiten. Sie tragen Juwelen an den Ohren, um den Hals, auf den Schuhen, an den Fingern und in der Taille.

Oben: Zwei Möglichkeiten für Ihren Kopfputz. Links ein Stück Stoff, das in der Mitte über den Kopf gelegt wird, die gleichlangen Enden werden über die Schulter geworfen, und ein gedrehtes Stoffband in einer kontrastierenden Farbe hält das Ganze zusammen; rechts, das Tuch ist hier bis zu den Augen heruntergezogen, seitlich zu einer Falte gelegt und dann wie oben beschrieben umwickelt. Als Variation dieser beiden Vorschläge können Sie das haltende Stirnband mit einem goldenen Faden umwickeln oder Münzen oder ähnliche Tändeleien auf eine Saumkante aufnähen, wie es in der Illustration zu sehen ist.

Bestandteil des arabischen Kleidungsstils; selbst die Konkubinen und Odalisken der mythischen Harems werden immer schleierverhüllt dargestellt – trotz der oft sehr spärlichen Bedeckung ihrer Körper. Tatsächlich signalisiert der Schleier, der nur die verführerischen Augen freiläßt, oft alles andere als Bescheidenheit!

DER LOOK

Wie **Die Inderin** und andere aus Volkstradition entstandenen Stile, erscheint der arabische Look in zwei Formen. Die Tageskleidung basiert auf der traditionell verhüllten Kleidung der arabischen Frau; völlig anders dagegen ist die Abendkleidung, die inspiriert ist von den Heroinen arabischer Nächte: freizügig, exotisch sinnlich.

Um entweder als Frau eines Beduinenhäuptlings oder als Haremstänzerin zu erscheinen, sollten Sie die Elemente beider Looks gut kennen, um sie kombinieren zu können – wenn auch mit etwas künstlerischer Freiheit. Beide Looks sind nicht für Liebhaberinnen klassischer Linien und Einfarbigkeit: sie sind wild und sehr dekorativ.

Die uralte arabische Kunst des Färbens, Webens und Stickens hatte Einfluß auf die Kleidung. Dekoriert werden Einsätze, Passen, Säume und Ärmelbündchen: geometrisch gewebt oder bestickt mit Perlen, Samenkörnern und Perlmutt.

Lockere, bequeme und geräumige Schnitte kennzeichnen die Beduinen-Version dieses Stils. Wenn Sie diesen hüllenreichen Stil lieben, sollten Sie sich zulegen: ein Paar bauschige Pluderhosen, eine lange, lose fallende Tunika, ein kragenloses Hemd, Kittelchen oder den traditionellen Kaftan und einen weiten Umhang.

Die Hosen entsprechen den bauschigen zartfarbenen Unterhosen der arabischen Frau; Sie können sie jedoch durchaus als vollwertiges Element in Ihre Komposition einbauen. Nehmen Sie solche im »Harems-Stil« (pludrig fallend, mit Taillenbund und Knöchelbündchen). Sie können auch den »Zouaven-Stil« wählen: üppig geschnitten überm Knie und von dort aus eng bis zum Knöchel. Die französische Leichte Infanterie trug in Algerien solche Hosen; sie sind zwar nicht arabisch, aber nordafrikanisch, und zumindest im Geist verwandt mit den Harems-Hosen.

Wählen Sie eines der vorgeschlagenen Tops und achten Sie auf die stoffreiche Silhouette. Ihr Oberteil soll über den Hosen hängen und kann mit Gürtel getragen werden oder ohne (siehe *Accessoires*). Es sollte mindestens bis zur Mitte des Oberschenkels reichen, auch knie- und wadenlang ist möglich, selbst knöchellang (ein Kaftan etwa, ohne Hosen darunter). Solch ein loses Gewand hält an heißen Tagen kühl und schützt vor Sonnenstrahlen; wenn das Wetter kühler ist, ziehen sie ein paar Lagen untendrunter – der großzügige Schnitt versteckt die Isolierung.

Das letzte Stück dieser Version des Looks ist der voluminöse Umhang. Wie er in Arabien, im restlichen Mittleren Osten und in Nordafrika getragen wird, erinnert er an den Talar. Er kann auf den Schultern getragen oder über den Kopf gezogen werden; Araberinnen verhüllen mit ihm teilweise ihr Gesicht. Eine akzeptable Alternative wäre eine weiche gewebte Decke (siehe **Die Romanin**).

Sind sie zu einem exotischen Fest oder einem Kostümball eingeladen? Nichts ist attraktiver als ein fließender, glitzernder Haremsanzug – Sie könnten allerdings gebeten werden, einen Bauchtanz aufzuführen oder den Tanz der sieben Schleier! Falls Sie sich entschließen sollten, das Risiko einzugehen, werden Sie jedoch im Mittelpunkt der Aufmerksamkeit stehen.

Haremshosen sind ein Muß; in fließenden Stoffen und exotischen Farben sollten Sie von Ihren Hüften hängen und den Blick freigeben auf den unverzichtbaren Nabelschmuck – binden Sie die üppige Weite an den Knöcheln zusammen. Besonders Mutige tragen als Top nichts als einen trägerlosen Büstenhalter; wer bei dem Gedanken blaß wird, trägt ein kurzärmeliges, tiefdekolletiertes Leibchen – wie die Inderinnen unter ihren Saris – oder ein ausgeschnittenes Leibchen mit langen Puffärmeln. Ihre Taille sollte in jedem Fall nackt bleiben.

Nehmen Sie immer Stoffe mit schönem Fall; Chiffons, Schleier und jedes changierende Material paßt für die Nacht. Tragen Sie tagsüber weiche Baumwolle, zarte Seide, leichte Wollstoffe, wie Jersey, oder schmiegsame Synthetikstoffe, die den arabischen Look auch im Herbst und Winter tragbar machen. Und wenn Sie nicht als Haremsdame erscheinen möchten, können Sie die Beduinen-Version für zwanglose Abend-Anlässe mit etwas Schmuck und einem schönen Silbergürtel aufputzen.

Bleiben Sie farblich bei den traditionellen arabischen Tönen und Pflanzenfarben. Miteinander kombinierte Wüstentöne sehen hinreißend aus: tiefes warmes Rot von

Henna, Krapp und Kochenille-Läusen, Terrakotta, Orange-, Gold- und glühende Gelb-Töne, alle ergänzt durch knuspriges Weiß, tiefes Schwarz und herbes Braun. Es gibt Blau in leuchtenden Schattierungen: Indigo (lange in Arabien beheimatet), Türkis (wie persische und islamische Keramik) und ein helleres Mittelblau. Zusammen mit sparsam eingesetztem Moosgrün wurden diese Farben auch in der Weberei und Stickerei verwendet – experimentieren Sie deshalb ruhig mit Handweb-Streifen und einfachen Mustern ebenso wie mit Uni-Farben.

ACCESSOIRES

Schmuck in der richtigen Dosierung gehört dazu. Araberinnen tragen Unmengen davon, und viele Stücke sind dramatisch und machen Lärm! Oft trugen sie ihre gesamte Mitgift und den Reichtum ihres Mannes am Körper in Form von Halsketten, Gürteln, Armbändern, Ringen usw.

Sie werden ihr Beispiel kaum nachahmen können, aber Sie können einen ähnlichen Eindruck creieren. Silber ist *das* Metall, und Korallen, Türkise und Bernstein sind *die* Steine. Ergänzen Sie das Ganze mit Holz- oder Steinperlen und jeder Menge Medaillons und großen Münzen. Halten Sie Ausschau nach Filigranarbeiten, Reliefschmuck, Kristallen, Glocken, Tand und Silbergespinst auf Halsbändern und -ketten, gedrehten Armreifen, klingelnden Ohrringen, Finger-, Nasen- und Zehenringen, Fußkettchen und schweren Silbergürteln. Und vergessen Sie nicht ein Amulett oder die Hand der Fatima, um das Unglück abzuwenden!

Wenn Sie sich keinen der eindrucksvollen arabischen Silbergürtel leisten können, wählen Sie eine Alternative. Probieren Sie es mit einer festgebundenen Schärpe oder einem Kummerbund aus sehr weichem Leder, einem Schal oder Stoffstück; darüber binden Sie farblich passende oder kontrastierende Gürtel. Nehmen Sie Stoff- oder Leder-Röllchen, Satin- oder Baumwoll-Kordeln, Metallketten oder Satinschleifen für den voluminösen Effekt.

Als Abrundung sollten Sie irgendeine Kopfbedeckung und möglichst einen Gesichtsschleier tragen. Der Schleier paßt jedoch nur zum Harems-Look – machen Sie ihn und evtl. die Kopfbedeckung aus Ihrem dünnen Hosenstoff. Der Schleier kann von unterhalb der Augen bis auf die Schultern hängen (befestigt an einem elastischen Band – siehe *Ideen*); Sie können auch einen dünnen Schal auf den Kopf drapieren und übers Gesicht ziehen.

Für die Beduinen-Version sind unterschiedlich drapierte Tücher ideal (siehe *Ideen*) oder die männliche Kopfbedeckung *Ghutra* oder *Kaffiya*, unter der *Agal* getragen. Die *Kaffiya* ist ein großes Stück schwarzes oder weißes Tuch (oder ein rot- weiß oder schwarz-weiß kariertes), gehalten von zwei dicken Baumwollkordeln, der *Agal*.

Tragen Sie im Sommer nichts an Ihren Füßen als Zehenringe und Fußketten. Sie können auch dekorierte Riemen-Sandalen nehmen oder kniehoch Geschnürte. Pumps sind chic am Abend; tagsüber sollten Sie flache Sohlen tragen und bei Kälte Stiefel.

Taschen sind riesig bei Tag und winzig bei Nacht. Eine Teppichtasche oder gewebte Schultasche ist tagsüber hübsch, während es abends ein goldenes Ledertäschchen oder ein Satinbeutel sein kann.

GESICHT UND HAAR

Erscheinen Sie so sonnengebräunt wie möglich durch eine dunkle Grundierung, die aber nicht künstlich wirken darf. Schattieren Sie das Unterlid mit dunklem Khaki oder Rost und geben Sie Gold unter den Brauenbogen. Tragen Sie Schwarzbraun auf im äußeren Winkel des Unterlids und unter den Wimpern und verreiben Sie es leicht. Dann ziehen Sie mit dem schwarzen Kholstift am inneren Wimpernrand des Ober- und Unterlids einen Strich. Betonen Sie blasse Augenbrauen mit einem braunen Stift. Tragen Sie zum Schluß rostfarbenen Bulsher auf die Wangenknochen. Die Lippen sollten Mittelrost oder Apricot sein und können mit einem Stift voller gemalt werden. Ein goldener Glanzpunkt auf der Mitte der Unterlippe schenkt die Illusion eines luxuriösen Mundes.

Machen Sie sich keine Gedanken über Ihr Haar; es sollte möglichst verborgen sein unter Kopfbedeckung, Schal oder Ihrem Umhang, obwohl Sie es zum Harems-Dress und Schleier auch offen tragen können.

IDEEN

● Für den Gesichtsschleier schneiden Sie ein Quadrat von 60 x 60 cm aus dünnem Stoff, säumen die Kanten und ziehen oben ein elastisches Stirnband ein. Schmücken Sie dieses und die Ober- und Unterkante des Schleiers mit Ziermünzen, Glitzerborten und anderem Tand, der zu Ihrem Outfit paßt.

● Arbeiten Sie mit Münzen, Glöckchen und Medaillons, um Tücher, Kummerbund und Kopfbedeckung authentischer zu machen. Umnähen Sie damit die Ränder, dekorieren Sie den Stoff von der Unterkante aufwärts.

● Drapieren Sie Kopftücher auf verschiedene Arten. Benutzen Sie einen langen, fließenden Schal als *Kaffiya* und einen zweiten als *Agal*: Ziehen Sie den ersten über Kopf und Stirn und lassen Sie die Enden hängen, wickeln Sie den zweiten wie ein Stirnband um den Kopf und knoten Sie ihn

hinten. Oder drapieren Sie den ersten wie zuvor beschrieben, ziehen Sie den zweiten über den Kopf bis auf die Augenbrauen, binden Sie ihn hinten und schlagen Sie die Enden in den Knoten. Legen Sie in beiden Fällen die Enden des ersten Schals um Hals und Schultern.

● Ein einfacher Kaftan ist schnell gemacht: Nähen Sie zwei große Stoff-Rechtecke aneinander und lassen Sie Schlitze offen für Arme und Kopf. Die etwas raffiniertere Alternative hat einen tieferen Halsausschnitt und lange, weite Ärmel; dekorieren Sie Halsausschnitt, Manschetten und Saum mit Stickereiborten oder kontrastierendem Stoff.

● Entwerfen Sie Ihre eigenen Haremshosen: binden Sie weitgeschnittene Hosen aus Ihrem Bestand an den Knöcheln ab – am besten sind solche mit Taillengummi. Ziehen Sie ein Gummiband durch jeden Saum und nähen Sie es an den Enden zusammen.

Links: Ein weiterer Look, der für die Araberin angemessen ist: ein Kaftan, der wie oben unter »Ideen« beschrieben ist, aus einem rechteckigen Stoffstück gefertigt. Der Turban besteht aus zwei Schals, wobei der eine rundherum um den Kopf gedreht wird und seine Enden frei herunterfallen.

DIE FLIEGERIN

HINTERGRUND

Im Jahre 1932 gelang es Amelia Earhart als erster Frau, einen Alleinflug über den Atlantik erfolgreich zu beenden. Sie brauchte dazu mit ihrer kleinen Lockheedmaschine 15 Stunden und 18 Minuten und wurde damit über Nacht berühmt. Amelia besaß einen seltenen Mut; tragischerweise blieb sie 1937 irgendwo über dem Pazifik verschollen bei dem Versuch, am Äquator entlang um die Welt zu fliegen. Fotos, die vor ihrem vorzeitigen Tod aufgenommen wurden, zeigen eine bemerkenswerte junge Frau, mit hohen Wangen und zerzaustem Blondschopf. Rosalind Russell machte sie in dem Film *Flight for Freedom* (1913) unsterblich. **Die Fliegerin** symbolisiert die seltene Freiheit mutiger Pioniere, wie sie Amelia und auch Amy Johnson waren, und ist eine angemessene Inspiration für die emanzipierten Frauen von heute.

Zuerst war es in den frühen Vierziger Jahren populär, sich wie eine Fliegerin zu kleiden. Vor allem in Künstlerkreisen sehr beliebt, ist dies ein Look, der sowohl äußerst praktisch wie auch schick und elegant sein kann, den man Sommer wie Winter tragen kann und den es für besondere Anlässe sogar auch in Luxusversionen aus kostbaren Stoffen gibt. Darüberhinaus ist dieser Look sehr einfach zu erzielen, weil seine Elemente immer dieselben bleiben: ein Blouson, eine einteilige Fliegerkombination, knöchelhohe Stiefel und ein langer, wehender Schal.

DER LOOK

Beginnen wir mit dem Blouson, manchmal auch Fliegerjacke genannt. Er kann nur bis in die Taille reichen aber auch hüftlang sein. Traditionsgemäß ist er aus verwittertem braunen Leder, mit flauschigem Schafsfell gefüttert, das ebenfalls den großen Kragen bedeckt, den man bis über die Ohren aufschlagen kann. Die Seitentaschen sind mit robusten Reißverschlüssen versehen, Bund und Ärmel lassen sich mit Hilfe von Schnallenriemchen in der Weite regulieren, in den mit Klappen bestückten äußeren Brusttaschen stecken Sonnenbrille, ein Herrentaschentuch, vielleicht ein Kompaß und ein farbloser Lipgloss, der die Lippen vor dem rauhen Wind schützen soll.

Es gibt allerdings verschiedene Alternativen zu dieser traditionellen Ausstattung aus braunem Leder. Das Leder kann auch schwarz, ja sogar gelbbraun, blau, rot oder grün sein, vorausgesetzt der Schnitt des Blousons bleibt mehr oder weniger so, wie Sie es den Illustrationen entnehmen können. Der Kragen kann auch schmal sein und muß nicht unbedingt mit Fell besetzt sein. Wenn Sie lieber kein Leder tragen wollen, dann wählen Sie eine Jacke aus Cord oder Wollstoff, vorzugsweise in Marineblau, Braun oder Oliv, oder in ähnlich traditionellen Farbtönen. Für den Sommer gibt es Jacken desselben Schnitts aus Baumwolle oder Nyloncié – versuchen Sie ruhig Weiß oder Pastelltöne, wenn Sie genug von den Militärfarben haben.

Unter der Jacke tragen Sie eine einteilige, wattierte Fliegerkombination, eine Latzhose oder eine andere Art von Overall. Auch dieser sollte wieder in Khaki oder Hellbraun oder vielleicht auch einem Blauton gehalten sein, aber er sollte sich auf jeden Fall farblich von Ihrer Jacke abheben.

Unten: Die stilgerechte Ausrüstung für einen erstaunlich tragbaren Look; ledereingefaßte Rucksack- oder Schultertaschen können eine Menge Gegenstände aufnehmen; Stulpenhandschuhe sind mit wärmendem Schaffell gefüttert, Uhren sind stoßfest und wasserdicht; eine helmartige Mütze mit Ohrklappen gibt eine reizvolle Note, und die Sonnenbrille in Pilotenform ist absolut unentbehrlich.

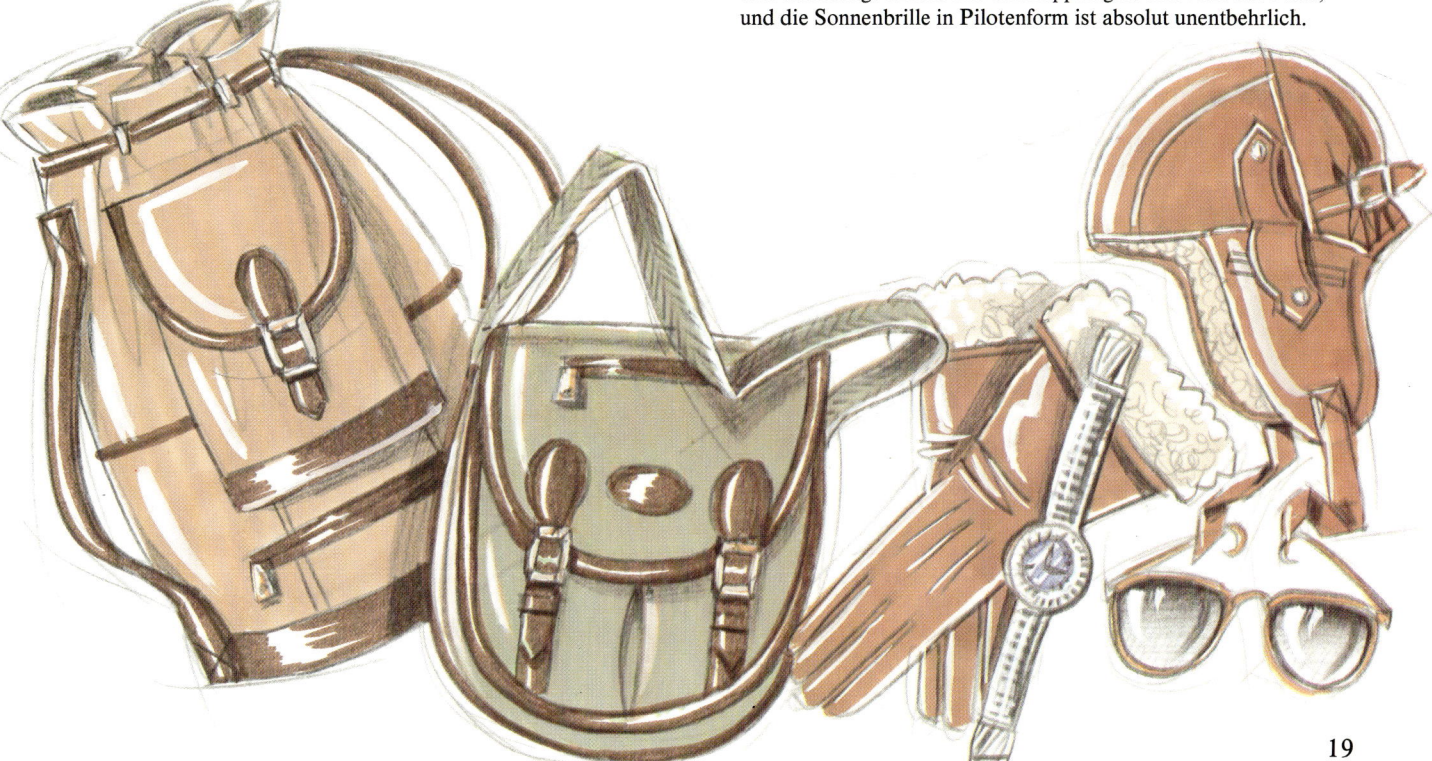

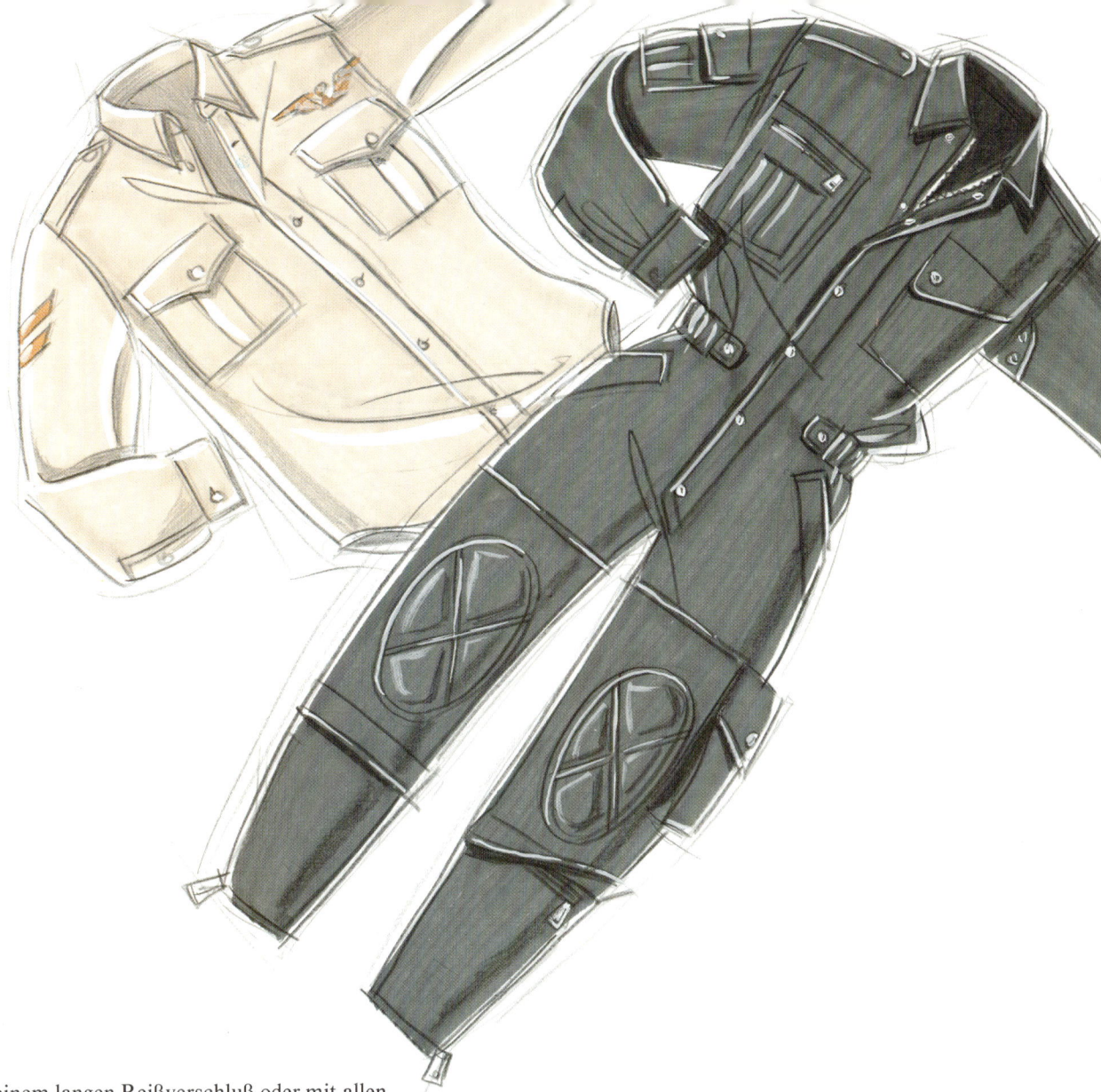

Oben: Tragen Sie unter Ihrer Jacke eine einteilige Fliegerkombination oder ein Pilotenhemd, beides samt aufgesetzten Klappentaschen, militärischen Abzeichen und Schulterklappen.

Er kann mit einem langen Reißverschluß oder mit allen möglichen Arten von Metallknöpfen versehen sein, hat ebenfalls aufgesetzte Taschen auf der Brust, auf dem Hosenboden, vielleicht auch seitlich an den Hosenbeinen und möglicherweise auch Schnallenriemchen, um die Weite der Ärmel und Hosenbeine verstellen zu können. Die Fliegerkombination kann aus allen möglichen Stoffen, angefangen bei Leinenkanevas über Baumwolle bis hin zu Wollstoff, gefertigt sein; für den Sommer wählt man vielleicht am besten eine Ausführung in Baumwolle oder Viskose, für den Abend eine in Satin, Seide oder sogar einem Lurexgewebe. Der Anzug kann eng sitzen oder auch nicht – wenn er weit genug ist, können Sie, je nach Wetter und Anlaß, ein oder zwei Rollkragenpullover aus Baumwollstrick oder dicker Wolle darunter tragen. Wenn Sie keine Fliegerkombination besitzen, dann nehmen Sie statt dessen einen hochgeschlossenen Pullover und ein Paar Hosen, die in der Hüfte bauschig geschnitten sind, wie zum Beispiel die Jodhpurhosen.

Wenn es wirklich kalt ist, dann vervollständigen Sie diesen Look noch durch einen übergroßen Offiziersmantel aus einem Armeebestandsladen. Oder ziehen Sie unter den Blouson eine Daunen- oder Lederweste. (Tatsächlich findet man die meisten Elemente dieses Looks in Armeebestandsläden oder Secondhandläden – der Preis liegt dann erheblich unter dem der entsprechenden Modelle der Modebranche, und die Stoffe sind strapazierfähiger.)

Eine besonders elegante Fliegerin wird vielleicht eine sandfarbene Velourlederjacke über einer ledernen Fliegerkombination tragen, einen Kaschmirschal um den Hals und an den Füßen maßgefertigte Stiefel. Für den Abend wählt sie dann vielleicht eine Fliegerkombination aus pastellfarbenem Satin zu einem wattierten Satinblouson und Stiefeln mit hohen Absätzen. Gleichgültig aber aus welchem Stoff, gleichgültig in welchen Farben, die Kleidungsstücke bleiben immer die gleichen. **Die Fliegerin** ist ein erstaunlich einfacher Look – der seinen Reiz aus den richtigen Accessoires schöpft.

ACCESSOIRES

Es gibt für diesen Look zwei absolut entscheidende Accessoires – die Stiefel und der Schal. Zuerst zu den Stiefeln. Sie können in jeder Farbe sein, obwohl Braun, Schwarz oder Schattierungen dieser neutralen, dunklen Farben am vielseitigsten kombinierbar sind; sie können knöchel- oder wadenhoch sein; sie sollten Schnüre, Schnallen oder einen Reißverschluß und Kreppsohlen oder ähnlich bequeme Sohlen haben. (Sie sollten keine hohen Absätze haben, es sei denn, Sie tragen zu einer entsprechenden Gelegenheit die elegante Version des Looks.) Diese funktionellen Stiefel passen genauso gut zu anderen Naturlooks wie **Das Cowgirl, Der Fair-Isle-Look, Die Immigrantin, Die Soldatin und die Naturfreundin.** (Tragen Sie in den Stiefeln dicke Baumwoll- oder Wollstrümpfe – hübsch wäre vielleicht ein ganz helles Gelb. Zeigen Sie sie ruhig ein bißchen, indem Sie sie über den eng anliegenden Schaftrand der Stiefel umschlagen, oder ziehen Sie sie über die Hosenbeine hoch.

Das zweite, unbedingt erforderliche Accessoire für die **Fliegerin** ist der lange, wehende Fransenschal. Er wird Ihren Hals und Ihre Ohren bei kaltem Wetter wärmen und den nötigen aufhellenden Farbtupfer in die Luftwaffenfarbskala bringen. Traditionsgemäß ist dieser Schal aus schwerer, cremefarbener Seide, aber Sie können auch einen Schal aus weicher Wolle, Kaschmir, Acryl oder sogar Polyester oder Viskose wählen, obwohl diese Synthetics sich nicht so schön anfühlen und auch nicht so warm halten. (Wenn Sie sich gern wie die **Fliegerin** kleiden, sich jedoch für eine gewagtere Farbzusammenstellung entschieden haben, dann können Sie die Farbe des Schals entsprechend dazu aussuchen, aber er sollte immer lang und befranst sein.)

Damit die Hände warm bleiben, wählen Sie Lederhandschuhe oder Handschuhe mit ledernen Innenflächen. Autohandschuhe sind beispielsweise ideal und passen ebenso wie Stulpenhandschuhe, und für den Sommer sind weiße, cremefarbene oder hellbraune Netzhandschuhe das Richtige. Aber die Handschuhe sollten immer robust wirken – zu diesem Look passen keine Glacé- oder Spitzenhandschuhe.

Tragen Sie am Handgelenk eine stabile, funktionell wirkende Uhr – nichts, was zerbrechlich wirkt. Wenn nötig leihen Sie sich zu diesem Zweck eine Herrenuhr. Tragen Sie keinen weiteren Schmuck, es sei denn, Sie besitzen irgendwelche Armeeabzeichen oder einen Talisman. Zum Fliegerlook paßt kein unnötiger Flitter.

Ihre Handtasche wird wahrscheinlich ein Beutel oder eine Schultertasche sein, wiederum in einem neutralen Farbton. Wählen Sie ein Modell mit robustem Reißverschluß und aufgesetzten Außentaschen. Es kann Leder oder Leinen sein, ja selbst eine Segeltasche oder ein alter Futterbeutel erfüllen diesen Zweck.

Wenn Sie schließlich viel bei kaltem Wetter oder in großen Höhen fliegen wollen, dann besorgen Sie sich eine fellgefütterte Mütze mit Ohrenklappen oder irgendeine Armeemütze, die Ihnen steht. Für diejenigen, die auf dem Erdboden bleiben, ist ein Muff genau das Richtige!

GESICHT UND HAAR

Tragen Sie Ihr Haar kurz und zerzaust á la Amelia. Sie können es sogar etwas abstehen lassen, indem Sie in das feuchte Haar etwas Festiger einmassieren und es dann trocken föhnen. Bräunen Sie Ihr Gesicht mit einer getönten Grundierung; fügen Sie mit einem glänzenden Rouge rosige Wangen hinzu.

IDEEN

● Machen Sie sich für ein paar Pfennig Ihren Fransenschal selbst. Kaufen Sie 150 cm von einem 90 cm breit liegenden Stoff. Wenn Sie das Beste haben wollen, wählen Sie schwere Seide oder einen feinen Wollstoff, oder sonst weiches Acryl, Polyester oder Viskose. Falten Sie den Stoff der Länge nach auf die Hälfte (rechts auf rechts), nähen Sie die lange Naht zusammen und stülpen Sie den so entstandenen langen Schlauch um, so daß die Naht nach innen kommt. Dann nähen Sie auf die Enden passende Seidenfransen auf, oder Sie machen sich Ihre Fransen selbst, indem Sie 2 bis 3 cm des Stoffes mit einer dicken Nadel oder einem Nahttrennmesser aufribbeln.

● Betonen Sie den Fliegeraspekt Ihrer Ausstattung, indem Sie die Knöpfe an Ihrer Jacke oder Ihrer Fliegerkombination durch Metallsterne, silberne Flugzeuge oder einfach durch auffallende Messingknöpfe ersetzen.

Unten: Verleihen Sie alltäglicher Kleidung eine militärische Note, indem Sie ganz einfach die Knöpfe austauschen – Flugzeuge, Sterne und Adler aus Messing sehen großartig aus.

DIE GESCHÄFTSFRAU

HINTERGRUND

Jede gute Geschäftsfrau weiß, daß sie in ihrem Kampf um gleichberechtigte Anerkennung stets professionell aussehen muß. Mögen ihre Vorgesetzten auch eine etwas nachlässige Kleidung bei ihren männlichen Kollegen vielleicht entschuldigen, ihr würden sie so etwas nie verzeihen. Die Geschäftswelt ist kein Ort für kokette Kleidung oder Kleinmädchenlooks, jedenfalls nicht während der Bürostunden. Für den Aufstieg auf der beruflichen Erfolgsleiter sollten die Kleider der Geschäftsfrau vernünftig, makellos und von ausgezeichneter Qualität sein, genau wie ihre Arbeit auch.

Der Look basiert auf der Kostüm-Bluse-Kombination und stammt aus den frühen Vierziger Jahren, als die Frauen durch die Umstände gezwungen waren, zu arbeiten und ein emanzipiertes Leben zu leben begannen, weil die meisten Männer im Krieg waren. Diese Frauen hatten sehr wenig Geld und teilten oftmals ihre Kleider untereinander, aber trotzdem gelang es ihnen mit Hilfe ihrer Phantasie immer wieder großartig auszusehen. Die Kleider wurden beständig umgearbeitet, um sie der wechselnden Mode anzupassen, anstelle von Seidenstrümpfen, die Mangelware waren, benutzte man Bein-Make-up, und manchmal malte man sich sogar die Strumpfnaht auf das Bein. Viele von uns machen heute eine ähnliche Periode der zwangsweisen Sparsamkeit mit; und plötzlich ist das Kostüm mit Bluse wieder zu einem sehr akzeptablen Look geworden.

DER LOOK

Ähnlich wie beim **Gentleman-Look** bildet hier das gut geschnittene Kostüm die Basis des Looks. Und wo sollten Sie besser mit der Suche nach Ihrem Kostüm beginnen, als in Secondhandläden, wo Sie möglicherweise ein wunderschön geschneidertes Stück mit eleganten Details für sehr wenig Geld finden werden. Andere, konventionelle Quellen für Kostüme sind wesentlich teurer, aber wenn Sie erst einmal ein paar Kostüme in zusammenpassenden Farben und Stoffen besitzen, dann können Sie die verschiedenen Teile untereinander austauschen und neu kombinieren, um unterschiedliche Effekte zu erzielen. (Das Mantelkleid wäre eine weitere Alternative, allerdings bei weitem nicht so vielseitig wie ein Kostüm.)

Der einzige Nachteil daran, Geld für teure Kostüme auszugeben, liegt darin, daß sich leider Gottes die Formen regelmäßig alle vier Jahre drastisch verändern, so daß Ihr einst modisches Kostüm plötzlich aus der Mode ist. Gute Stoffe verschleißen jedoch selten, geben Sie in einem solchen Fall Ihre Kostüme also zu einem guten Schneider zum Umändern. Wenn Sie feststellen, daß Sie an dieser Art sich zu kleiden Gefallen finden, dann sollten Sie sich pro Saison ein neues Kostüm zulegen, um die Unkosten zu verteilen. Auf diese Weise werden Sie nie aus der Mode sein.

Als angemessene Stoffe sollten Sie für den Winter alle Arten von Wollstoffen von feiner Qualität wählen – Gabardine, Chalinet, Tweed; im Sommer tragen Sie Baumwolle und Seide oder Mischgewebe mit diesen Komponenten. Lassen Sie besser die Finger von Synthetics, wobei allerdings ein geringer Anteil (bis zu 20%) als Beigabe in Mischgeweben unter Umständen hilft, daß die Naturfasern ihre Form länger behalten. Obwohl die Kunstfasern pflegeleichter sind, wirken sie nie für längere Zeit frisch, verhaken sich leicht mit Schmuck und scheinen zudem Schweißgerüche in viel stärkerem Maße aufzunehmen.

Je nach Ihrer persönlichen Gesichts- und Haarfarbe und Figur beginnen Sie am besten mit Kostümen in neutralen Farben wie Marineblau, Grau, Braun oder Schwarz bis hin zu Burgunderrot und Dunkelgrün. An wärmeren Tagen tragen Sie hellere Schattierungen dieser Farben. Sowohl Rock als auch Jacke können von extrem schmal bis hin zu sehr weit geschnitten sein. Sie müssen nur auf die richtigen Pro-

Unten: Zu der **Geschäftsfrau** passen nur die elegantesten Accessoires mit der besten Verarbeitung. Taschen, Gürtel und Schuhe sind aus dem feinsten, neutralen Leder; Schals sind stets aus Seide oder feiner Wolle, und der Schmuck ist aus Gold oder Silber und sehr schlicht.

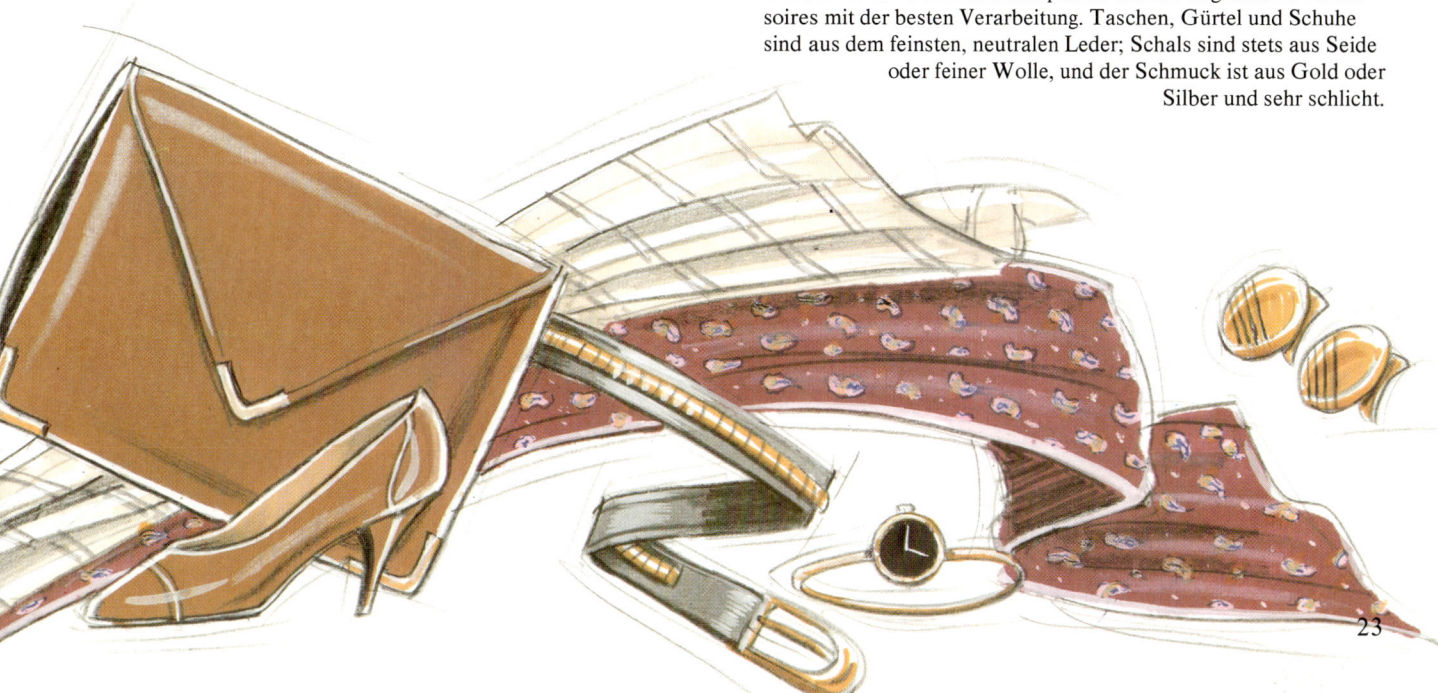

portionen achten. Allgemein ausgedrückt, je größer und länger die Jacke, um so weiter auch der Rock und umgekehrt, aber es gibt auch Ausnahmen. Nur ein großer Spiegel, in dem Sie sich ganz betrachten können, kann Ihnen sagen, ob eine Kombination wirklich gut für Sie ist.

Die Blusen sollten traditionelle Schnitte und Muster haben – Nadelstreifen, Tupfen, Unifarben oder zarte Blumendrucke – und schön gearbeitet sein, mit einem Minimum an Rüschen. Eine gestreifte Bluse darf beispielsweise einen Spitzenkragen oder eine weichfließende Schleife haben, aber nicht mit Rüschen und Stickerei überladen sein. Als das richtige Material für Ihre Blusen bleiben Sie am besten bei 100% Baumwolle, und, wenn Sie sich die Reinigungskosten leisten können, investieren Sie in ein oder zwei Seidenblusen, um sie zu besonderen Geschäftsessen zu tragen oder um ein Tageskostüm in eine elegante Abendgarderobe zu verwandeln, wenn Sie keine Zeit mehr haben, nach Hause zu gehen um sich umzuziehen. Seide ist natürlich das sinnlichste aller Materialien und kann sogar gewaschen werden; kleine Fettflecken lassen sich allerdings nur schwierig mit Wasser und Seife entfernen, und Sie werden feststellen, daß es sich lohnt, wenn Sie es sehr genau nehmen und Ihre Seidenbluse trocken reinigen lassen. (Widerstehen Sie auch hier der Versuchung, Acryl- oder Polyesterimitationen von Baumwolle oder Seide zu tragen, es sei denn, der Anteil dieser Kunstfasern im Gewebe ist sehr gering.) Naturfasern kosten zwar immer etwas mehr, aber Sie werden Ihnen diesen zusätzlichen Aufwand lohnen, indem Sie sie viele Jahre länger tragen können. Eine Bluse aus reiner Baumwolle kann immer wieder gewaschen, gebleicht und meisterlich gestärkt werden, und sie wird mit der Zeit nur weicher werden. Wenn Sie an den Preisen von Blusen aus reiner Baumwolle in Damenbekleidungsgeschäften verzweifeln, dann sehen Sie sich einfach bei der Knaben- und Herrenbekleidung um; zwar werden die Hemden hier von links nach rechts geknöpft, aber sie sind preisgünstiger und die Auswahl ist größer. Wenn Sie etwas wärmer angezogen sein wollen, dann ziehen Sie einen Pullover über die Bluse. Beginnen Sie mit dem Kauf von klassischen Modellen mit rundem oder V-Ausschnitt und schreiten Sie langsam fort zu Argylemustern und spitzenartigen Kettenstrickwaren aus Wolle, Baumwolle, Kaschmir und Seide.

Als Darüber wählen Sie den klassischen Trenchcoat und für kalte Tage einen schlichten Wollmantel mit klassischem Schnitt, wie beispielsweise ein Chesterfield von guter Qualität oder ein Tweedmantel mit Raglanärmeln.

ACCESSOIRES

Sie brauchen schon etwas Phantasie, um für diesen Look einfallsreiche Accessoires zu finden, da die einzelnen Elemente des Looks (Kostüm, Bluse, Pullover) so vorhersagbar sind. Mäntel und Jacken können mit Gürteln, Schals oder Tüchern oder sogar mit einem schlichten Schmuckstück aufgeputzt werden. Auf Hemd oder Pullover paßt sehr gut eine Gold- oder Silberkette, antik oder auch nicht, aber meiden Sie baumelnde Initialen oder anderen Firlefanz. Ohrringe, Ketten und Ringe müssen genauso schlicht gehalten sein. Strenge Anhängerinnen des traditionellen Looks werden sich für schlichtes Gold oder Silber entscheiden; etwas mutigere Geschäftsfrauen werden moderne

Unten, von links nach rechts: Verleihen Sie der Jacke der **Geschäftsfrau** durch folgende Accessoires eine persönliche Note: stecken Sie ein Spitzentaschentuch in die Brusttasche; stecken Sie eine künstliche oder echte Blume an den Jackenaufschlag; gürten Sie die Taille mit einem schönen Ledergürtel; werfen Sie sich ein Seiden- oder Paisleytuch um die Schultern.

Stücke wählen. Ihre Uhr sollte ähnlich einfach und praktisch sein, wenn Sie sich allerdings für berühmte Namen wie Rolex entscheiden, dann könnte sie eine Ihrer größten Investitionen sein.

Schuhe und Handtaschen sind für diesen Look wahrscheinlich wichtiger als alle anderen Accessoires. Sie sollten ebenfalls von ausgezeichneter Qualität sein, gleichfarbig oder auch nicht, aber ganz sicher in Unifarben ausgewählt werden. Alle Lederaccessoires müssen von guter Qualität sein; da sie sehr stark beansprucht werden, müssen sie auf würdige Weise altern. Wie jeder, der gerne Modemagazine ließt, weiß, gibt es keinen Mangel an teuren Lederaccessoires – Gucci, Etienne Aigner, Bruno Magli und Louis Vuitton, um nur einige von vielen zu nennen. Weniger auffällige Lederaccessoires sind oft weniger teuer und vielleicht sogar geschmackvoller. Es ist allerdings nicht notwendig, Artikel zu erstehen, die den Namen des Designers sichtbar zur Schau tragen, sondern das bleibt ganz Ihrer Wahl überlassen (wenn Sie sich dafür entscheiden, machen Sie genaugenommen nur Werbung für den fraglichen Designer und drücken gleichzeitig aus, daß Sie sich das leisten können.)

Wenn Sie sich zu Anfang nur ein Paar Schuhe und eine Handtasche leisten können, dann sollten Sie beides in Schwarz oder Braun wählen. Die Taschen sollten geräumig genug sein – Aktenmappen oder große Kuvertformen eignen sich sehr gut, wenn Sie häufig viele Papiere mit sich tragen müssen; wenn Sie mit einer kleinen Handtasche auskommen, dann wählen Sie ein Modell mit Schulterriemen. Die Schuhe sollten nicht zu hohe Absätze haben, nur bis zu 5 cm. Heben Sie sich die hohen Pfennigabsätze für den Abend oder für einen anderen Look auf. Strumpfhosen sollten entweder glatt oder nur sehr dezent gemustert sein, aber immer in neutralen Farben wie Marineblau, Hellbraun oder Naturweiß.

Wählen Sie einfarbige Gürtel in gleicher Farbe oder passendem Ton zu Ihren Schuhen und Ihrer Handtasche oder auch mit klassischen Textilakzenten wie Webstreifen. Tragen Sie solche Gürtel nicht nur auf dem Bund von Röcken und Hosen, sondern auch über Pullover und Jacken, wie es die Französinnen tun, um die Taille zu markieren. Schals und Tücher, in welcher Form auch immer, sind von unschätzbarem Wert. Schmale Seidenschals können wie eine Halsbinde im Ausschnitt von Blusen oder Pullovern getragen, um den Hals gebunden, in die Brusttasche der Jacke gesteckt, über die Schulter geworfen oder vorne geknotet werden; größere Tücher kann man über Mäntel und Jacken tragen und so für eine farbliche Auflockerung sorgen. Vgl. unter **Die Klassische Dame** wegen Ideen und Bindetechniken mit Schals.

GESICHT UND HAAR

Ausgefallenes Make-up und aufwendige Frisuren haben bei diesem adretten Look keinen Platz. Make-up und Gesichtspuder sollten neutral sein; der Lidschatten braun oder grau. Die Augenbrauen sollten in Form gezupft sein, die Lippenkonturen klar umrissen, vielleicht mit einem gelblich grauen Konturenstift nachgezogen, aber tragen Sie nicht zuviel Farbe auf.

Das Haar sollte glatt und glänzend sein, ungefähr schulterlang und nicht zu lockig oder zu aufwendig frisiert. Sie können es auch mit einem Stirnband oder einer Spange aus dem Gesicht halten oder im Nacken zu einem Knoten aufstecken.

IDEEN
Vgl. unter **Der Gentleman-Look**

DIE SCHIFFBRÜCHIGE

HINTERGRUND

Auf einer einsamen Insel an Land gespült? Nichts anzuziehen? Lediglich ein oder zwei Stücke Stoff und weit und breit keine Nähmaschine? Dann ist dies der richtige Look für Sie. Vielleicht haben Sie nicht das technische Talent eines Robinson Crusoe oder das Sammelgenie der schweizer Familie Robinson, aber deshalb brauchen Sie nicht zu verzweifeln. Mit etwas Erfindungsgabe können Sie dennoch umwerfend aussehen, während Sie darauf warten, daß das rettende Schiff naht.

Die Schiffbrüchige ist auch die ideale Lösung für solche Nähkünstlerinnen, die mit den allerbesten Absichten meterweise Stoff kaufen und sich dann doch immer wieder vor Truhen voller Material aber ohne ein einziges Kleid wiederfinden. Anstatt also all dieses Material vor sich hin modern zu lassen, suchen Sie sich ein kleines Stück des dehnbarsten Stoffs heraus, stellen sich mit nichts als Ihrem Evakostüm vor einen Spiegel und sehen zu, wie einfach es ist, Etwas aus fast Nichts zu schaffen.

DER LOOK

Verwenden Sie für diese schnellen Kleidungsstücke nur die weichsten, dehnbarsten und anschmiegsamsten Materialien – Frotteestretch, hauchdünnen Baumwollvoile, leichte oder synthetische Seide, Baumwoll- oder Acrylstrick, Nylonsatin oder sogar sinnliche Samtstoffe. Der Effekt dieser Kleidung wird von Ihrer Stoffwahl abhängen – in dunklem Pannésamt wird beispielsweise jedes Top an einem Winterabend zu Hosen oder Zuavenhosen auf blasser Haut umwerfend aussehen, während im Sommer dieselben Kleidungsstücke aus einem Baumwolljersey mit Harlekinpunkten zusammen mit farbenfrohem Schmuck einen vollkommen anderen Effekt erzielen werden.

Größtenteils finden Standardbreiten wie 90 cm und 115 cm und Reststücke (von einem bis drei Metern) Verwendung, aber wenn Sie erst einmal auf den Geschmack gekommen sind, Stoffstücke zu Augenblicksgewändern zu knoten, zu binden, zu falten und zu raffen, dann werden Sie schnell anfangen, zu improvisieren und unsere Vorschläge Ihrer Figur und den Anlässen entsprechend abzuwandeln. Dieser Look erfordert jedoch, daß Sie ein oder zwei Stunden vor dem Spiegel verbringen – splitternackt – um mit den Stoffen herumzuprobieren.

Ganz ohne Zweifel ist die **Schiffbrüchige** der ideale Look für heiße Tage – wie geschaffen für große Flächen herrlich sonnenbrauner Haut. Genauso ist es ein großartiger Look und eine ebenso praktische wie schicke Art der Kleidung für ähnlich heiße Orte wie pulsierende Diskotheken und dichtbevölkerte Parties.

Zum größten Teil werden die Tops aus schmalen Stoffstücken oder fertigen Schals geschaffen. Das trägerlose Top im Hawaiistil, das vorne geknotet wird, entsteht aus einem Stoffstück von 46–61 cm Breite mal 91–115 cm Länge. Fangen Sie damit an, das längs genommene Stoffstück genau über Ihrer Büste um Ihren Oberkörper zu wickeln, knoten Sie die beiden oberen Ecken in der Mitte der Büste zusammen, stecken Sie die unteren Zipfel in Ihren Rock- oder Hosenbund und schmücken Sie den Mittelknoten schließlich wie unter *Accessoires* vorgeschlagen.

Für das polynesische Top nehmen Sie genauso ein Stoffstück oder einen Schal, wie oben beschrieben, aber jetzt knoten Sie es seitlich und stecken eine große Kunstblume mitten auf den Knoten. Wenn Sie ein längeres Stück Stoff nehmen, sagen wir 115-150 cm lang, dann wird aus diesem Top ein Kleid.

Das ägyptische Top entsteht entweder aus zwei gleichfarbigen oder kontrastierenden Stoffstücken (je 45 x 91 cm) oder aus einem einzigen Stück von 46 cm Breite und 136 cm Länge. Legen Sie sich das Stoffstück bzw. die beiden zusammengeknoteten Stoffstücke so um den Nacken, daß Sie rechts und links zwei gleichlange Teile erhalten, nehmen Sie jetzt beide Enden nach vorne, verschlingen Sie sie über der Brust und ziehen dann den Stoff auseinander, so daß jeder Streifen eine Brust bedeckt, dann verknoten Sie das Ganze schließlich in der Mitte Ihres Rückens. Als Alternative können Sie dasselbe auch in der Mitte Ihres Rückens beginnen und mit einem Knoten im Nacken schließen.

Unten: Die Accessoires der **Schiffbrüchigen** sind minimal – was brauchen Sie auch schon neben Ihrer herrlichen Sonnenbräune? Die Schuhe sind sehr knapp – jede Form von Sandalette ist richtig; der Schmuck kann aus Muscheln, Perlen, Korallen entstehen; die Hüte sind breitkrempig oder turbanartig.

Links: Der einschultrige Sarong und der Zuavedress.

Das griechische Top wird, ebenso wie oben beschrieben, aus einem oder zwei Stoffstücken gemacht, nur daß das Stoffstück (die Stoffstücke) in diesem Fall nicht verschlungen werden. Statt dessen wird der Stoffstreifen wiederum vom Rücken oder Nacken aus nach vorne gezogen, so daß zwei gleichlange Teile entstehen, dann aber einfach über der Brust überkreuzt und schließlich im Nacken oder Rücken verknotet, je nachdem wo Sie angefangen haben.

Tragen Sie eines dieser Tops zu dem altehrwürdigen Rock der tropischen Inseln – dem Sarong. Der Sarong wird aus einem Stoffstück von 75–115 cm Breite und 136–180 cm Länge gemacht. Nehmen Sie den Stoff der Länge nach nach vorn um Ihre Taille. Halten Sie ein Ende fest, und wickeln Sie den Stoff um den Körper, bis Sie wieder an dem festgehaltenen Ende angelangt sind, dann verknoten Sie die beiden Enden. Für eine Miniversion des Sarongs wählen Sie einfach ein Stoffstück, das weniger als 91 cm breit ist. Die **Schiffbrüchige** kann den Sarongrock auch als Kleid verwenden. Dafür muß sie sich den Stoff der Länge nach über die Büste wickeln und wie oben beschrieben verknoten.

Für Schiffbrüchige, die bestrebt sind, so weit wie möglich braun zu werden, kann man aus weniger als 2 m Stoff sogar einen Sonnendress oder einen einteiligen Badeanzug machen. Nehmen Sie ein Stück Stoff von 61–91 cm Breite und 136–180 cm Länge, ziehen Sie die Mitte des Stoffs durch Ihre Beine und verknoten Sie die rück- und vorderseitigen Zipfel unter den Schultern. Halten Sie das Ganze in der Taille mit einer Sicherheitsnadel zusammen (natürlich aus Ihrem Erste-Hilfe-Koffer) und/oder binden Sie einen gleichfarbigen oder kontrastierenden Schal oder ein Reststück als Schärpe darum, wie unter *Accessoires* beschrieben. Wenn nötig, tragen Sie zu diesem Sonnendress den Sarongrock.

Sollten Sie sich entschließen, sich auf Ihrer einsamen Insel doch etwas förmlicher kleiden zu wollen, dann können Sie aus einem Stoffstück von 61–91 cm Breite und 136–200 cm Länge auch ein Kleid fertigen. Die Breite des Stoffs entscheidet über die Länge der Ärmel, wobei Sie aber bedenken sollten, daß Sie den Stoff nicht abzuschneiden brauchen, um den Effekt angeschnittener Ärmel zu erzielen, den Sie der Illustration entnehmen können; schlagen Sie die Breite einfach an den Schultern nach innen um. Die Länge des Stoffs bestimmt natürlich die Länge des Kleides – variieren Sie es von minikurz, als Überwurf für den Badeanzug, bis knöchellang, damit es Sie warm hält, wenn Sie nachts den Sonnenaufgang über Ihrer tropischen Heimstätte beobachten.

Für dieses Kleid falten Sie die Länge des Stoffs auf die Hälfte und schneiden in den Stoffbruch einen Schlitz (25–30 cm lang) groß genug für Ihren Kopf; benutzen Sie zu diesem Zweck eine Auszackschere, um zu verhindern, daß der Stoffrand ausfranst, oder knicken Sie die unversäuberten Kanten einfach ein und bügeln sie um. Schlagen Sie das Vorderteil Ihres Kleides zu beiden Seiten über das Rückenteil und sichern Sie das Ganze in der Taille von innen mit einer Sicherheitsnadel oder mit einer Schärpe.

Wenn Sie es etwas offenherziger mögen, dann gibt es noch den über einer Schulter geknoteten Sarong. Nehmen Sie ein Stoffstück von 91 cm Breite und 182–230 cm Länge, und

Von links: Die Tops der Schiffbrüchigen: Das Ägyptische, das Griechische, das Polynesische und das Hawaiische Top.

halten Sie ein Ende der längeren Stoffseite an einer Schulter fest. Wickeln Sie jetzt den übrigen Stoff in Höhe der Büste um Ihren Körper, und verknoten Sie schließlich das übrigbleibende Ende mit dem Zipfel an Ihrer Schulter. Wie oben beschrieben, kann man auch dieses Kleid mit einer Schärpe versehen und/oder zu den Hosen tragen, deren Beschreibung jetzt folgt.

Für diese schnelle Hose der Schiffbrüchigen brauchen Sie zwei Stoffstücke von 76–91 cm Breite und 91–115 cm Länge. Knoten Sie die kurze Seite eines der Stoffstücke in oder etwas unterhalb der Taille seitwärts zusammen. Schaffen Sie das Bündchen über dem Knöchel, indem Sie die unteren Zipfel zweimal übereinander kreuzen, bevor Sie sie am Knöchel des einen Beins verknoten, wobei Sie den Stoff gegebenenfalls etwas aufrollen, wenn er zu lang sein sollte. Wiederholen Sie dasselbe noch einmal für das andere Bein, wobei Sie das zweite Stoffstück in der Taille genau unter dem ersten Knoten entlangziehen. Die Innenseite der Beine wird bei dieser Hose leicht frei bleiben; wenn Sie wollen, können Sie diese Lücken mit zwei Sicherheitsnadeln schließen.

Für das winzigste Top nehmen Sie ein Stück Stoff von 35–46 cm Breite und 91 cm Länge und falten es der Länge nach auf die Hälfte oder ein Drittel, so daß es noch breit genug ist, um Ihre Büste zu bedecken. Verknoten Sie die Enden im Rücken, und wickeln Sie dann ein Band, einen schmalen Stoffstreifen, eine Kordel oder eine Schnur in der Mitte der Büste um den Stoff, ziehen Sie schließlich beide Enden des Bandes zu den Schultern hoch, und verknoten Sie sie im Nacken.

Für den Zuavenanzug beginnen Sie mit dem Top, das aus zwei Stoffstücken von 20–24 cm im Quadrat gefertigt wird. Knoten Sie die Stoffquadrate an den oberen und unteren Ecken zusammen, so daß sie genau über Ihrem Busen und Ihrer Taille zu sitzen kommen. Für die Zuavenhose benötigen Sie ein Stück Stoff von 91 cm Breite und 137–182 cm Länge. Verknoten Sie die Enden der einen kürzeren Seite in der Taille, ziehen Sie den übrigen Stoff durch die Beine durch, und verknoten Sie das verbleibende kurze Stoffende auf der anderen Seite Ihrer Taille. Regulieren Sie dabei die Stofflänge, so daß die Zuave die von Ihnen gewünschte Länge erhält.

ACCESSOIRES

Um der **Schiffbrüchigen** das Flair des tropischen Paradieses zu verleihen, schmücken Sie einen der Knoten mit bauschigen Kunstblumen aus Seide oder Organza oder einem ähnlichen, hauchdünnen Material. Die Blumen müssen exotisch sein, keine Sträußchen aus gemäßigteren Landstrichen wie Gänseblümchen oder Rosen. Oder schaffen Sie einen vollkommen anderen Effekt, indem Sie riesige folkloristische Broschen aus Halbedelsteinen, geschnitztem Holz, Silber oder Bronze auf die Knoten stecken.

Um den Hals und in den Ohren tragen Sie Schmuck aus Dingen, die Sie am Strand finden könnten – Muscheln, Kerne, Münzen, Glasstückchen, vielleicht Perlen oder wertvollere Stücke wie Korallen oder Jade. Einfache Metallreifen sehen zu sonnenbrauner Haut und dieser zwanglosen Kleidung ebenfalls umwerfend aus.

Als Gürtel verwenden Sie einfach Stoffstreifen, um daraus Schärpen entstehen zu lassen, die zu dem Grundstoff passen, den Sie für das fragliche Gewand gewählt haben. Jede der Doppelgürteltechniken, wie sie unter **Die Inderin** oder **Die Zigeunerin** beschrieben werden, passen hier ebenfalls.

Links: Der Sarongrock (links) kann auch als Kleid getragen werden, wenn man ihn unter den Armen knotet; und das seitlich geschlitzte Kleid sieht hinreißend aus, wenn die Sonne untergeht.

Als Schuhe wählen Sie Sandalenformen, ob nun einfache Gummischlappen oder teure, vergoldete und mit Applikationen geschmückte Sandaletten mit hohen Absätzen. Lassen Sie die Form sich nach der Funktion richten – wenn Sie sich an einem Swimmingpool räkeln, dann wählen Sie am besten ein Modell, das Sie leicht abstreifen und wieder anziehen können; wenn Sie kurz davor sind, gerettet und auf die nächste Party entführt zu werden, dann wählen Sie etwas Höheres und Ausgefalleneres, vielleicht mit künstlichen Früchten verziert oder aus Lederriemchen mit Metallic-Effekt. Am besten verzichten Sie natürlich auf eine Strumpfhose. Täuschen Sie gegebenenfalls fehlende Sonnenbräune auf den Beinen mit Selbstbräuner vor – oder verschaffen Sie sich eben die echte Bräune.

Eine Sonnenbrille ist natürlich ganz wesentlich, und sie kann so zahm oder so wild sein, wie es Ihnen Spaß macht. Strohhüte vervollständigen den Look – tragen Sie sie so groß wie Sombreros oder so winzig wie einen Clouche, aber vergessen Sie nicht, sie mit einem zu Ihrem Kleid passenden Stoffstreifen, einer künstlichen Blume oder einer Kette aus Muscheln oder Perlen zu dekorieren.

GESICHT UND HAAR

Das Make-up wird sich auf ein absolutes Minimum beschränken – bei Ihrer herrlichen Sonnenbräune brauchen Sie schließlich nicht mehr als einen Hauch von Mascara auf dem oberen und unteren Wimpernkranz und vielleicht noch eine Spur von blauem oder grünem Lidstrich im inneren Lidrand, der die Farbe jener tiefen Lagunen widerspiegelt.

Für die Frisur verwerten Sie all die kleinen Tricks, die man sich für das Frisieren von feuchtem Haar ausgedacht hat. Drehen, flechten oder umwickeln Sie es mit Stoffetzen für spätere Locken. Fassen Sie es in einem Zopf oder Knoten zusammen, schnüren Sie es, binden Sie es zu einem oder zwei Pferdeschwänzen hoch – machen Sie alles, wodurch Ihr schönes, gesundes Gesicht betont wird. Das Haar kann zudem genau wie die Hüte dekoriert werden – mit Stoffbändern, Blumen oder Muscheln.

Rechts: Die Hosen der **Schiffbrüchigen** und das winzigste rückenfreie Top.

DIE KATZE

HINTERGRUND

Schnurren, räkeln, kratzen, zupacken. Offenbaren Sie die katzenhafte Jägerin, die heimlich in Ihnen schlummert. Wenn Ihre Phantasie Sie unter anderem auch auf den Gedanken bringt, sich wie eine Katze zu kleiden, zögern Sie nicht. Obwohl **Die Katze** nicht gerade ein Look für Schüchterne ist, ist er doch sehr anpassungsfähig und leicht zu erzielen – tragen Sie ihn bei Tag diskret, und quälen Sie bei Nacht Ihre Opfer mit seinen verführerischen Reizen. Schon seit undenklichen Zeiten sind Frauen als Katzen beschrieben worden: die Jägerinnen der Nacht, die sich nach der Tötung ihres Opfers aufs Sorgsamste säubern; oder die anschmiegsamen, kuscheligen Kätzchen, die umhertollen und um Aufmerksamkeit buhlen. Das Wesen der Katze vereint List und Anmut, sie ist geschmeidig und unabhängig, dann wieder sinnlich und anschmiegsam. Sie bewegt sich lautlos und frei in ihrer eigenen, heimlichen Welt, die nur vom Mond und ihren eigenen Launen beherrscht wird. Wird Sie jedoch gereizt oder ist auf Beutezug, dann zeigt sie blitzschnell ihre Zähne und Krallen und ist mit einer elektrisierten Anspannung augenblicklich bereit, sich mit tödlicher Präzision und Geschwindigkeit auf ihr Opfer zu stürzen. Man braucht es wohl kaum zu sagen, daß dies kein Look für verschüchterte Kätzchen ist!

Als ein Modelook rührt die **Katze** ursprünglich von den Superheroinnen der amerikanischen Comichefte der späten Fünfziger Jahre her. Während der Sechziger Jahre bewirkte die ungeheuer populäre britische TV-Serie *Avengers* in der Vorstellung der Öffentlichkeit eine ausgesprochen hinterhältige und todbringende Version dieses Looks. In jüngerer Zeit sind die Katzen als Folge des Erfolgsmusicals *Cats* (von Andrew Lloyd Webber) nach Gedichten von T.S. Eliot wieder in den Blickpunkt geraten.

DER LOOK

Der **Katzen**-Look hängt, mehr als jeder andere in diesem Buch, von Typ und Temperament ab. Es hat keinen Zweck, in der Katzenkleidung schüchtern zu sein, aber wenn Sie etwas von der katzenhaften Jägerin in sich haben, sei es nun von der Raubkatze des Dschungels oder der Herumtreiberin auf der Straße, dann erkunden Sie diese Ihre Natur mit Hilfe des reichhaltigen Angebots an Kleidungsstücken mit Großkatzenmustern: Leopardenflecken, Tigerstreifen, Ozelotpunkte. Das ist wirklich die einzige Grundbedingung für diesen Look, und schon ein einziges Kleidungsstück in einem dieser charakteristischen Muster genügt, um die richtige Vorstellung zu vermitteln. Diese Gewebezeichnung macht den Look natürlich ideal für den Winter, aber er kann auch für den Sommer entsprechend zurechtgestutzt werden.

Katzenkleider bestehen – für menschliche Zwecke – aus pelzartigen oder dehnbaren Materialien. Mischen oder kombinieren Sie beide. Wählen Sie für den Winter Mäntel und Pullover aus Mohair, Plüsch oder Pelzimitat. Pullis für unter Pullover und Blusen, Hosen und Strumpfhosen, sind am besten schwarz. Tragen Sie diese Teile, wenn Ihre Figur es erlaubt, möglichst eng. Sie finden auch herrlich verrückte Strickwaren aus Syntheticfasern mit aufgedruckten Katzenkrallenmotiven und Wildtierstreifen; selbst wenn es sich dabei um die Streifen eines Zebras handelt, läßt sich dadurch das Katzenbild erfolgreich vermitteln. Die Farbkomposition von Großkatzen besteht gewöhnlich aus schwarzen oder dunkelbraunen Flecken oder Streifen auf gelbem oder cremefarbenem Untergrund, aber dieses Grundschema kennt wagemutige Nachahmer – Sie finden auch sehr ungewöhnliche Kombinationen, wie schwarze Streifen oder Flecken auf strahlendem Blau, Gelb oder Rot. Wenn Ihnen dieser Look gefällt, dann sollten Sie solche »Felle« in allen Farbkombinationen sammeln, die Ihnen schmeicheln. Gewöhnlich lassen sie sich mit den authentischen Farbgebungen kombinieren und geben dem Ganzen einen Funken kätzchenhaften Übermut.

Diejenigen unter Ihnen mit Raubkatzennatur sollten diesen Look unbedingt bei Nacht tragen; für die Parties verführerisch aufgemacht (vgl. übernächste Seite). Bei Tag

Unten: Sie erzielen eine augenblickliche Wirkung, wenn Sie als Gegensatz zu einer schlichteren Kleidung Accessoires mit Leopardenflecken, Ozelotpunkten und Tigerstreifen wählen. Bei der Form sollten Sie sich an der Mode der Fünfziger Jahre orientieren wie beispielsweise hohe Pfennigabsätze, breite Gürtel, auffälliger Schmuck und Unterarmtaschen.

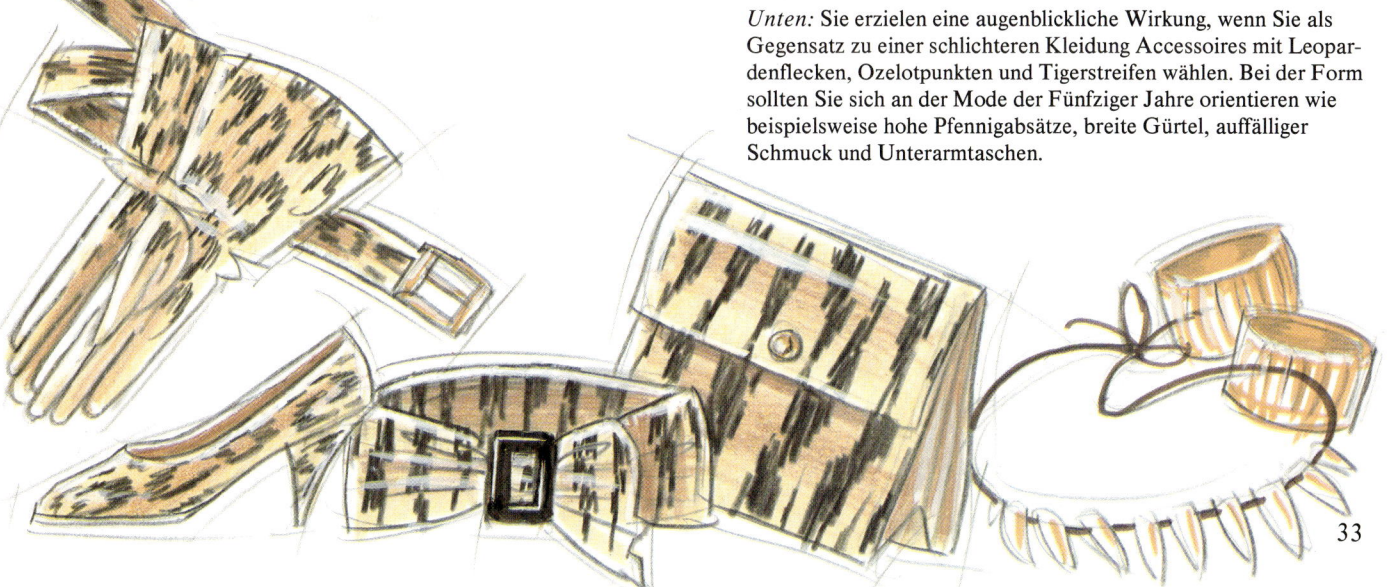

schleichen Sie in einem Pelzmantel durch die Straßen. Nicht in einem der üppigen und langhaarigen Pelze des **Filmstars**, sondern in den klassisch gewordenen, taillenlos geschnittenen Modellen der Fünfziger und Sechziger Jahre. Diese dreiviertellangen Mäntel gab es damals aus Ozelot, Gepard oder Leopard. Vielleicht stöbern Sie noch irgendwo einen echten Pelz aus dieser Zeit auf (bevor die meisten der Großkatzen zu geschützten Arten erklärt wurden), aber es ist sicherlich ökologisch gesünder, eine gute Imitation zu tragen. Der Schnitt, nach dem Sie sich umsehen müssen, ist rechteckig, mit großen, weiten Ärmeln und großen, aufgesetzten oder eingesetzten Taschen; der Kragen ist entweder ein Mandarin- oder Bubikragen, und die Knopfleiste ist entweder verdeckt oder die Knöpfe sind mit Pelz bezogen.

Zu einem solchen gefleckten Mantel tragen Sie grundsätzlich schwarz, wie es die Damen der Fünfziger Jahre ebenfalls taten. Wählen Sie ein »kleines Schwarzes« oder einen schwarzen Pullover mit Rollkragen oder rundem Ausschnitt und einen schmal geschnittenen Rock. Diese Stücke müssen nicht unbedingt hundertprozentig stilecht sein; denken Sie nur daran, daß das Wesentliche in der Stromlinienform und einer bewußt untertriebenen, unterkühlten Geschmeidigkeit liegt. Hosen sollten entsprechend aus Stretchmaterial bestehen und sehen am besten aus, wenn sie nur bis zum Knöchel reichen.

Sie können aber auch ein bißchen mutiger sein. Tragen Sie unter dem gefleckten Mantel weiße, cremefarbene oder kamelhaarfarbene Kleider, oder fügen Sie sogar eine Spur

Unten: Ein unverwechselbares Raubkatzengesicht ist für die **Katze** wesentlich. Lesen Sie in der Anleitung unter »Gesicht und Haar« nach, wie Sie Ihr Gesicht entsprechend verändern können.

leuchtendes Rot hinzu. Vielleicht ein Rock, der der Dreiviertejacke Punkt-für-Punkt entspricht oder auf sie abgestimmt ist – er könnte beispielsweise auch aus Pelzimitat, bedrucktem Woll- oder Baumwollstrick oder dehnbarem Jersey sein und jeden Schnitt haben, angefangen vom weiten Teller bis hin zu einer schmalen, hautengen Form.

Wenn Sie lieber ein kleines Kätzchen sein wollen – im Gegensatz zu der Wildkatze – dann wählen Sie die flauschigsten Pullover, die Sie finden können. Sie können weit geschnitten sein oder eng anliegen, aus dehnbaren Materialien, feinen Wollgarnen wie Mohair oder Angora oder entsprechenden Kunstfasern. Das Top kann von jeder Art sein, solange es nur zu dem paßt, was Sie unten tragen wollen, wenn Sie sich aber für einen gemusterten Pullover entschieden haben, dann sollten Sie ihn mit neutralen Farben kombinieren. Tun Sie nicht des Guten zuviel.

Alles bisher Gesagte skizziert die »Straßen«version der **Katze**. Daneben gibt es auch noch eine »Partyausgabe« – eine Art von Dschungel-Jane-Look. Für diesen brauchen Sie einen geschmeidigen, braungebrannten Körper und etwas Mut. Die Bekleidung ist minimal; ein kurzer, über einer Schulter geknoteter Sarong mit einem Fellmotivdruck, Fellstücke (wie in der Illustration zu sehen), die man oft in ausgefallenen Modegeschäften findet (vgl. auch unter *Ideen*). Tragen Sie dazu Pumps mit hohen Absätzen oder die »spärlichsten« Sandaletten, die Sie auftreiben können, und schleichen Sie so hinaus in die Nacht.

Eine andere Möglichkeit einer Partyversion der **Katze**, ohne daß Sie sich die Mühe machen müssen zu nähen, ist ein Bodystocking oder Leopard mit Raubkatzenmotivdruck zu einem superkurzen schwarzen oder neutralen Minirock und schwarzen Pumps oder Schuhen mit Katzenfellmuster.

ACCESSOIRES

Die Auswahl an Accessoires im Katzenfellmuster ist grenzenlos. Sie können alles finden, wovon Sie nur träumen – Schirme, Brieftaschen, Schuhe, Schmuck, Gürtel, Taschen, Handschuhe, Hüte – alles mit Flecken oder Streifen bedruckt. Sie werden auch Überbleibsel aus den Fünfziger Jahren aufstöbern, billige Trödelimitationen und herrlich scheußliche Plastiksachen mit »katzenartigen« Mustern. Sammeln Sie alles.

Zu den nützlichsten Accessoires zählen aber wahrscheinlich Schuhe mit Katzenfellmuster. Sie passen wunderbar zu den neutralen Unifarben der eher klassischen Kleider und sind die ideale Vollendung dieses Looks. Erstehen Sie sie mit hohen und flachen Absätzen – flache Modelle passen großartig zu engen Hosen, hohe Modelle zu kurzen Röcken.

Als Beinbekleidung wählen Sie ungemusterte schwarze oder ganz hell beige Strümpfe, es sei denn Ihre Beine sind von der Sonne hübsch gebräunt. Zu lässigerer Kleidung sehen auch Tigersöckchen in unischwarzen Schuhen großartig aus. Taschen können Sie Ton-in-Ton oder passend wählen, ebenso wie Hüte und Gürtel, aber grundsätzlich gilt eine Regel: Tun Sie nicht des Guten zuviel. Mischen Sie nicht zu viele Muster und zu viele Farben. Verwenden Sie Schwarz, Braun, Creme, Ledergelb, Weiß oder Rot, um diesem verwegenen Look Klasse zu verleihen.

Wenn Sie sich für bunten Schmuck entscheiden, dann genügt wiederum ein Stück. Tragen Sie aber lieber viel Schmuck, dann wählen Sie zu diesem Look am besten einfachen Goldschmuck – breite Armreifen und Choker sind genau das Richtige.

GESICHT UND HAAR

Beginnen Sie mit einer Grundierung und etwas Puder darüber, passend zu Ihrer Gesichts- und Haarfarbe. Tragen Sie auf die untere Lidhälfte dunkelgoldenen oder khakifarbenen Lidschatten auf ein mattes Gold unter die Augenbrauen. Nehmen Sie einen dunkelgrauen oder fast braunen Lidschatten für die inneren Augenwinkel, und verteilen Sie ihn zu den Augenbrauen hinauf, entlang der gedachten Fortsetzung Ihrer Nasenlinie. Als nächstes tragen Sie einen sehr dunklen Lidschatten auf die äußeren Augenwinkel und in die Lidfalte auf und ziehen ihn bis hinauf zu den äußeren Enden der Brauen und entlang des unteren Wimpernrandes. Betonen Sie die Augen noch mehr, indem Sie mit einem schwarzen Kajalkohlestift eine Linie im inneren Augenrand, so nahe wie möglich entlang der Wimpern ziehen. Zeichnen Sie die Augenbrauen mit einem schwarzen Brauenstift so scharf umrissen wie möglich nach.

Fingieren Sie hohe Wangenknochen, indem sie ein bräunliches Rouge genau unterhalb der Wangenknochen auftragen, und geben Sie eine Spur von Highlighter auf die Nasenspitze, damit sie mehr wie eine Stupsnase wirkt. Ziehen Sie schließlich die Lippenkonturen in einem Braunrosa nach, wobei Sie darauf achten, daß Sie die Linien gut innerhalb der natürlichen Umrisse ziehen, da Ihre Lippen so klein wie möglich wirken sollen. Dann malen Sie die Lippen mit einem natürlichen, braunrosa Lippenstift aus. **Die Katze** zählt zu den ausgefalleneren Looks in diesem Buch und erfordert als solcher ein ziemlich extravagantes Make-up und eine ebensolche Frisur. Sie dürfen Ihr Haar so wild tragen, wie es Ihnen gefällt – kämmen Sie es über den ganzen Kopf zurück, sprühen Sie es mit sanft festigendem Haarspray ein und überlassen Sie es sich selbst.

IDEEN

● Sollten Sie sich von den Großkatzen hinreißen lassen, dann gehen sie aufs Ganze, und ersetzen Sie die Knöpfe an Pullovern und Blusen durch solche mit Katzenfellmuster. Sie können mit Ozelotimitat überzogen oder aber einfach mit Tigerstreifen bedrucktes Plastik sein. Verwenden Sie solche Knöpfe mit Steg, um damit lange Haarnadeln zu verzieren (vgl. auch **Der Dandy-Look**).

● Sie können sich sehr leicht einen sexy, katzenhaften Sarong selber machen, vorausgesetzt, Sie haben etwas Geschick im Umgang mit Nadel und Faden. Erstehen Sie drei oder vier preiswerte Chamoishäute; stellen Sie durch Anprobieren fest, welche Haut am besten wo sitzt, dann nähen Sie sie mit Hilfe einer Polsterer- oder Ledernadel oder einer ähnlich starken Nadel zusammen; benutzen Sie dazu Sehnen oder dünne Lederschnürsenkel usw. Machen Sie sich keine Gedanken wegen ordentlicher Nähte und Säume; Ihr Kleid soll ja gerade urwüchsig aussehen. Wenn Sie es fertig haben, dann tragen Sie es entweder »natürlich« mit den entsprechenden Katzen-Accessoires, oder aber Sie malen mit Stoff/Lederfarben große Katzenstreifen darauf.

Rechts: Fertigen Sie sich für den absoluten Partylook einen Katzensarong wie unter »Ideen« vorgeschlagen. Vollenden Sie die Gesamtwirkung, indem Sie Schmuck von betont primitiver Machart tragen – verwenden Sie Elfenbein, Knochen, Federn, Leder und Fell.

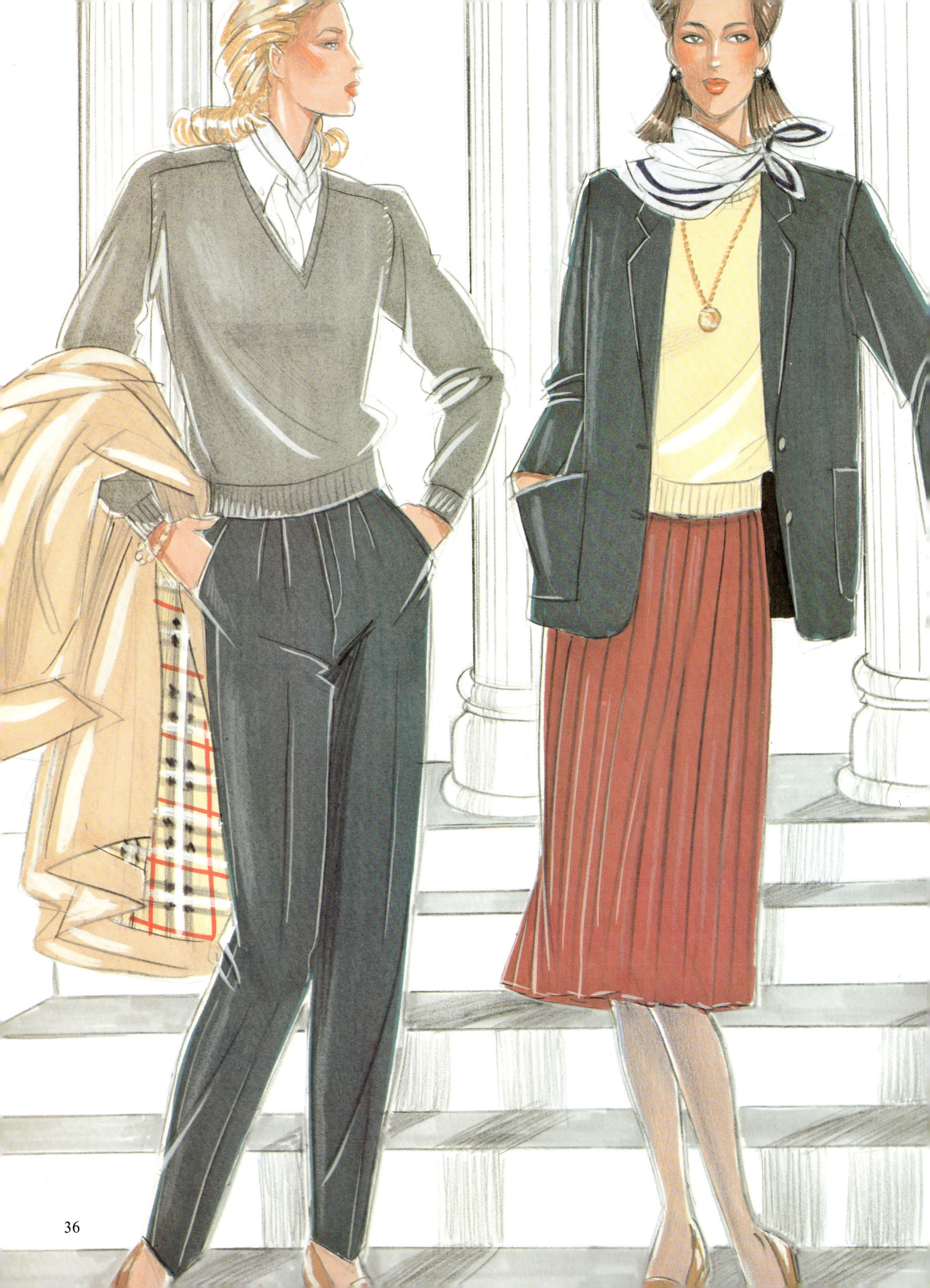

DIE KLASSISCHE DAME

HINTERGRUND

Bummeln Sie einmal heute Londons elegante Bond Street hinunter, morgen New Yorks vornehme Fifth Avenue und am nächsten Tag die schicke Faubourg St Honoré von Paris, und fragen Sie sich, was all die Damen gemeinsam haben, die solche Hauptgeschäftsstraßen bevölkern. Blättern Sie den Bericht und die Fotografien der diesjährigen Liste der zehn bestangezogenen Frauen der Welt durch (ja sogar die Listen der vergangenen zwölf Jahre), und versuchen Sie einen gemeinsamen Nenner auszumachen. Rufen Sie sich die Bilder von Jackie Onassis, Fürstin Gracia und ... ins Gedächtnis, und isolieren Sie die charakteristischen Merkmale, die sie alle miteinander verbinden. Aber, um Ihnen die Mühe eines teuren Forschungstrips um die halbe Welt und zurück zu ersparen – die Lösung dieser »Denksportaufgaben« ist immer die gleiche: Sie alle sind **Klassische Damen**.

Die wahre **Klassische Dame** folgt stets einem genau definierten Kodex in ihrer Wahl von Schnitt, Material und Farbe. Die Regeln, an die sie sich hält, sind schon Generationen alt, und es ist mehr als wahrscheinlich, daß sowohl ihre Mutter als auch schon ihre Großmutter sie ebenfalls befolgten. Dies ist keineswegs überraschend, wenn man bedenkt, daß die Klassischen Damen auch zu den Sloanes, den »Adels«kreisen von heute zählen, und in so konventionellen Kreisen ist die Bindung an Tradition von je her stark gewesen – das bezeugen etwa auch **Die Gutsbesitzerin** und **Die Debütantin**, beides nahe Verwandte der **Klassischen Dame** – sie ist letztlich die Stadtschwester der ersteren und die zeitlose Cousine der letzteren.

DER LOOK

Die Klassische Dame strebt eine gepflegte, elegante Erscheinung an – nicht übermäßig förmlich aber *niemals* ungepflegt. Zu diesem Zweck bedenkt sie bei der Auswahl ihrer Garderobe folgende Faktoren: die klassischen Kleider sind diejenigen, die von ihrem Schnitt her die schlichtesten sind und somit von dem ewig schwingenden Pendel der Mode kaum berührt werden; die Proportionen basieren auf reinen, unverfälschten Linien, wobei sich leichte Veränderungen in der Länge ergeben können; der Schnitt ist großzügig, niemals knapp bemessen – und kleinliche Sparsamkeit am Stoff gibt es nicht. Untertreibung ist das Gebot der Stunde; irgendwelchen Klimbim oder Rüschen wird man vergebens suchen. Herstellung und Ausführung sind von höchster Qualität: Ausfütterung ist ein absolutes Muß, Nähte und Knopflöcher sind makellos genäht, die Säume tadellos gerade. Zudem werden nur die besten Naturgewebe verarbeitet: Wollstoffe, Kammgarn, Gabardine, Leinen, Seide, Baumwolle und natürlich Kaschmir. Die Farben sind ebenfalls rein und einfach gehalten; Muster werden meistenteils vermieden. Neutrale Töne – wie Beige, Creme und Kamelhaar usw. – sind die beliebtesten Schattierungen, dicht gefolgt von Grautönen, Marineblau und Burgunderrot; leuchtendere Farben wie Scharlachrot oder Smaragdgrün werden nur zur Akzentsetzung gebraucht. Solche gut verarbeiteten Kleider sind teurer, da Sie oftmals maßgeschneidert sind, um ein ganzes Leben zu halten, aber für die **Klassische Dame** sind sie eine notwendige Investition.

Geraten Sie jedoch angesichts eines so strengen Reglements nicht sofort in Panik, denn dies ist ein ganz grundlegender Kodex, und der daraus folgende Look hat sehr viele Vorteile. Zunächst einmal ist es ein Look, mit dem man vollkommen auf Nummer sicher geht – als Kleidungsstil wird er bei keinem Anlaß fehl am Platz sein; er ist vielleicht nicht sehr phantasievoll, aber er ist niemals falsch. Es ist auch ein wirklich internationaler Look, eine französische oder italienische **Klassische Dame** würde genauso gut nach New York passen und sich dort wohl fühlen, und man würde sie von ihrem amerikanischen Gegenstück nicht unterscheiden können. Es ist ein Look, der an kein Alter gebunden ist, den eine Zwanzigjährige mit der gleichen Ungezwungenheit und dem gleichen Erfolg tragen kann wie eine Fünfzigjährige. Und dieser Look ist zeitlos – einen Burberry-Regenmantel oder einen Kamelhaarmantel können Sie sich kaufen, wenn Sie dreißig sind, und die nächsten dreißig Jahre lang tragen. **Die Klassische Dame** ist zudem erstaunlich vielseitig; kombinieren Sie den Look mit unterschiedlichen Accessoires, wählen Sie die gleichen Elemente in anderen Farben, und aufgrund der dem Look eigenen Untertreibung und gedeckten Farbgebung wird dennoch niemand bemerken, daß sich an den Grundelementen nichts geändert hat.

Unten: Die Accessoires der **Klassischen Dame** zeugen immer vom allerbesten Geschmack – beste Ausführung mit einem Minimum an Verzierung. Die Handtaschen sind Unterarm- oder Schultertaschen, die Gürtel haben schlichte Schnallen, die Schuhe vernünftige Absätze, und der Schmuck besteht hauptsächlich aus Gold, Silber oder Perlen.

Oben: Das Darüber muß makellos geschneidert und in traditionellen, neutralen Farben gehalten sein. Kaufen Sie das Beste, das Sie sich leisten können – Sie werden diesen Modeklassiker noch viele Jahre tragen.

Wenn Sie sich erst einmal die Vorstellungen der **Klassischen Dame** zu eigen gemacht haben, dann gilt es als nächstes, eine ihrer Farbkombinationen aufzunehmen. Fühlen Sie sich zu den neutralen Farben hingezogen, dann wählen Sie sich eine Farbe, um die Sie, passend im Ton, andere Schattierungen herum gruppieren, wie zum Beispiel Naturweiß und tiefes Schokoladenbraun. Wenn Sie Marineblau oder Grau als Schlüsselfarben vorziehen, dann kombinieren Sie sie mit Weiß, Burgunderrot oder Scharlachrot, Smaragdgrün oder sogar mit einem kräftigen, leuchtenden Pink.

Als Grundelemente wählen Sie am besten Einzelteile aus. Schön geschnittene Gabardine- oder Wollflanellhosen im französischen Stil mit sanften Bundfalten in der Taille, bilden die Grundpfeiler dieses Looks. Oder aber Sie wählen aus dem Angebot tadellos sitzender Röcke: angefangen bei einem enggefälteten, marineblauen Faltenrock, der absolut *de rigeur* ist, bis hin zu einem Modell mit Kellerfalte, einfarbig oder im Tweedmuster oder vielleicht sogar in einem gedämpften Schottenkaro.

Die Blusen müssen entsprechend geschmackvoll sein. Suchen Sie nach Seiden- oder reinen Baumwollblusen in Uniweiß, -rosa oder -blau oder -hellgelb oder auch nach solchen mit zarten Streifen; die Kragen sollten klein, vielleicht mit anknöpfbaren Spitzen sein; die Manschetten sollten mit Manschettenknöpfen (vorzugsweise Gold) oder mit den traditionellen Perlknöpfchen zusammengehalten werden. Variieren Sie dieses Grundthema durch eine Bluse mit einer weichen Kragenschleife oder durch ein gestreiftes Hemd mit kontrastierenden, weißen Kragen und Manschetten oder sogar mit einem abgerundeten Bubikragen, aber sorgen Sie stets dafür, daß die Blusen schlicht und makellos sind.

Idealerweise wären alle Pullover der **Klassischen Dame** selbstverständlich aus Kaschmir; ein Kaschmir-Wollgemisch oder allerfeinste Lammwolle sind gute Alternativen. Wählen Sie wiederum schlichte Formen in Unifarben: mit Rollkragen, rundem oder V-Ausschnitt. Das Twinset der **Lady** paßt ebenfalls, wie auch die überhüftlange Strickjacke der **Seereisenden.**

Es ist jedoch die goldene Regel dieses Looks, daß all diese Einzelteile miteinander austauschbar sind, so daß Sie beispielsweise dieselbe Bluse sowohl zur Hose als auch zum Faltenrock tragen können. Diese Art von Farbabstimmung und Garderobenplanung erspart Ihnen auch einiges an Geld – was Sie zu schätzen wissen sollten, wenn Sie anfangen, die teuren Requisiten der **Klassischen Dame** zu sammeln. Für förmlichere Tagesanlässe ist das Kostüm die passende Lösung. Selbstverständlich nicht die Modelle mit wattierten Schultern, die man in den **Eleganten Vierziger Jahren** trug, oder der männliche Schnitt des **Gentleman-Looks,** sondern ein Rock wie oben beschrieben, zu dem man eine Jacke oder einen Blazer trägt. Wählen Sie vorzugsweise einen marineblauen, grauen oder burgunderroten Blazer für Sommer wie Winter, vielleicht für wärmere Tage einen weizen- oder beigefarbenen aus Schantungseide. (Jacken und Röcke können die gleiche Farbe haben oder auch nicht; sind sie jedoch gleichfarbig, dann sollten sie so aussehen, als ob sie für einander gemacht wären.) Als eine andere Möglichkeit wird auch das von der **Lady** und der **Debütantin** so vielgeliebte Hemdblusenkleid den Zwecken der **Klassischen Dame** vollkommen genügen. Für das Darüber haben Sie drei Hauptmöglichkeiten zur Auswahl: der Burberry- oder Brooks Brother's-Regenmantel (oder eine gute Kopie) – sein Trenchcoatschnitt verkörpert geradezu die Grundprinzipien der **Klassischen Dame** von einer adretten, aber eleganten Erscheinung. Tragen Sie ihn über allem, angefangen von zwanglosen Hosen und Pullovern bis hin zum eleganten Seidenhemdblusenkleid. An Tagen, an denen es für den Regenmantel zu kühl ist, wählen Sie statt dessen einen Kamelhaarmantel, entweder im weiten Capeschnitt mit Bindegürtel oder gerade geschnitten, ein- oder zweireihig mit eingekerbtem Kragen. Die dritte Möglichkeit ist der Blazer – ein außergewöhnlich nützliches Kleidungsstück, das über allen anderen Kleidungsstücken der **Klassischen Dame** getragen werden kann; wenn sie klug ist, legt sie sich Blazer aus allen möglichen Stoffarten zu, einschließlich Leinen, Gabardine, schwerer Seide, Wolle und Velvetine.

ACCESSOIRES

Sollten Sie zufällig gerade ein kleines Vermögen geerbt haben, dann brauchen Sie nur eine einzige Reise zu machen, um alle Ihre Accessoires unter einem Dach kaufen zu können: Ihr Ziel heißt dann Gucci. In Ermangelung einer bequem erreichbaren Zweigniederlassung, oder als Variation desselben Themas schauen Sie einmal beim nächsten Hermés-, Celine- oder Louis Vitton-Geschäft in Ihrer Nachbarschaft herein! Das sind die Luxushäuser, wo die internationalen **Klassischen Damen** all ihre Accessoires erstehen: Schuhe, Taschen, Gürtel, Kopftücher plus anderer netter Kleinigkeiten, angefangen vom Schlüsselanhänger bis zur Brieftasche, jeder Artikel natürlich mit dem Signet und den Farben des Hauses gewappnet. Vielleicht übt jedoch der Statussymbolaspekt solcher Accessoires auf Sie keinerlei Anziehungskraft aus. In dem Fall kopieren Sie einfach das Styling und die vollkommene Verarbeitung der großen Namen.

Die Schuhe sollten unauffällig sein: einfarbige Pumps oder Mokassins mit halbhohem Absatz und einer hohen Zunge, die mit irgendeiner Verzierung versehen ist – meist eine Art von Goldtrense, -schnalle oder -kettchen oder einem gestreiften Band, dem Guccistreifen nachempfunden. Stiefel unterliegen den gleichen Beschränkungen: einfarbig, schlicht, ohne Firlefanz. Neutrale oder marineblaue Strumpfhosen lautet die klassische Wahl bei der Beinbekleidung.

Die Handtasche sollte den Schuhen (und Handschuhen) in der Farbe entsprechen. Suchen Sie nach kleinen, adretten Formen mit gutverarbeitetem Schulterriemen, oder versuchen Sie es mit einer flachen Kuvertform in Marineblau oder Schwarz mit einer langen, goldenen Kette. Ähnlich steigert ein gleichfarbiger Gürtel den gepflegten Eindruck. Wählen Sie schmale Formen mit goldenen Schnallen oder Verzierungen, die zu denen auf Ihren Schuhen und Ihrer Handtasche passen.

Als einen letzten Pfiff besitzen die meisten **Klassischen Damen** eine Schublade voller Seidentücher in allen Größen. Tatsächlich sind diese Seidenquadrate oftmals der einzige Platz für Muster und leuchtende Farben in diesem Look. Nehmen Sie auch hier wieder die Gucci oder Hermés Originale als Inspiration, und wählen Sie Tücher mit breiter, einfarbiger Einfassung und einem Muster oder Motiv in der Mitte. Vgl. unter *Ideen* wegen Tips, wie Sie solche Seidentücher in Ihre übrige Aufmachung integrieren können.

Der Schmuck ist diskret und stets echt, vorzugsweise aus Gold, was natürlich gut zu den übrigen Goldakzenten auf Ihren Accessoires paßt. Tragen Sie um den Hals mehrere Ketten von verschiedener Länge, oder wählen Sie einen schlichten Anhänger, ein Medaillon oder einen Uhranhänger an einer langen Goldkette. Sie können aber auch Ihre Perlen vorzeigen. Tragen Sie dazu noch ein paar Goldkettchenarmbänder oder einen Ring und Ohrringe plus der unerläßlichen goldenen Armbanduhr, und Ihre Accessoires sind vollständig.

GESICHT UND HAAR

Um den Eindruck von Makellosigkeit auch beim Make-up fortzusetzen, wählen Sie eine cremefarbene Grundierung und stäuben etwas losen Gesichtspuder darüber. Betonen Sie die Augen dezent mit einem Lidschatten in einem schimmernden, weichen Grauton, der unter den Brauen in ein sanftes Perlmutt oder gebrochenes Weiß ausläuft. Um eine etwas stärkere Akzentuierung zu erzielen, können Sie vielleicht einen Hauch von marineblauem oder grauen Eyeliner im äußeren Augenwinkel des Lids und in der Lidfalte auftragen, sowie entlang des unteren Wimpernrandes. Verwenden Sie ein Puderrouge in sanftem Rosa auf den Wangen und einen rosigen Lippenstift, um Ihren Lippen einen Hauch von Farbe zu geben.

IDEEN

● Binden Sie Ihr Seidentuch ganz nach Geschmack: um den Kopf mit dem Knoten unter dem Kinn; wie eine Halsbinde in den Blusenkragen oder den Pulloverausschnitt gesteckt; diagonal gefaltet und über dem Pullover mit einem seitlichen Knoten; um dem Schulterriemen Ihrer Handtasche geknotet.

● Wenn Ihnen die Seidentücher aus der Hand namhafter Modeschöpfer unerschwinglich erscheinen, dann entscheiden Sie sich für Acetat- oder Polyesterimitationen, oder suchen Sie nach Seidenresten in besseren Stoffgeschäften. Im letzeren Fall versichern Sie sich zunächst, daß der Seidenrest auch quadratisch ist, dann rollen Sie die Ränder mit der Hand ein und umsäumen die Kanten mit winzigen Stichen, um sich so Ihre eigene Version des klassischen Tuchs zu machen.

Unten: Verschiedene Möglichkeiten, wie Sie Dreieckstücher oder diagonal gefaltete quadratische Tücher tragen können: um den Kopf mit einem Knoten unter dem Kinn; wie ein Foulard im Nacken geknotet und unter Blusen und/oder Pullovern getragen; auf einem einfarbigen Pullover um den Hals mit einem seitlichen Knoten gebunden; und um den Bügel Ihrer Handtasche.

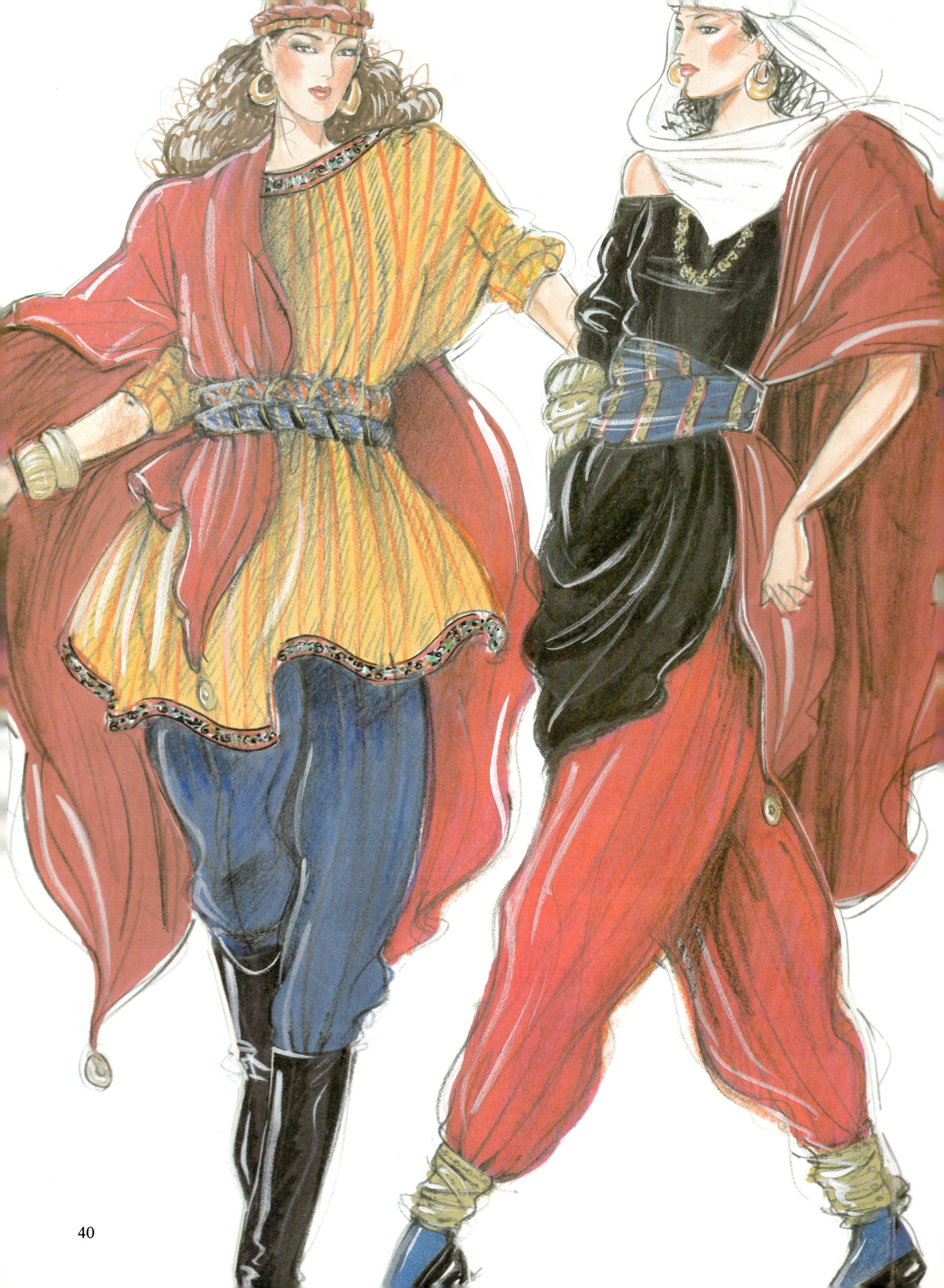

DIE KOSAKIN

HINTERGRUND

Die Kosakin kommt geradewegs aus den vom Wind gepeitschten Steppen Rußlands. Die Landschaft ist ausgedehnt und voller Dramatik, der Winter ist lang und hart, und die Kleidung spiegelt beides wider. Die Slawen sind ein überschwengliches Volk: entsprechend ausdrucksvoll ist ihre Kleidung mit üppigen Farben und leuchtenden Stickereien in kräftigen Rottönen, Smaragdgrün, Goldgelb und Königsblau gegen den melancholischen Hintergrund von Kaffeebraun und Pechschwarz.

Der Look der **Kosakin** ist trotz seiner Funktionalität ein ausgesprochen romantischer Look. Hier im Westen wurde er uns durch solche Filme vermittelt wie *Anna Karenina* und *Dr. Schiwago* mit Greta Garbo und Julie Christie, eingehüllt in verschwenderische Pelze. Aber eine exotischere, theatralische Version dieses Looks wird in Europa seit Beginn dieses Jahrhunderts geliebt, als Diaghilev sein Ballet Russes nach Paris brachte und die seidenen Kopien der hochgeschlossenen, seitlich geknöpften Kosakenblusen der letzte Schrei wurden. Leon Baksts Kostümentwürfe für das Ballet Russes, mit ihrer freifließenden Fülle durchscheinender Stoffe, schimmernden Seiden in leuchtenden Farben, mit ihren übertrieben wogenden Ärmeln und Hosenbeinen, haben sich in der Vorstellung der Öffentlichkeit festgesetzt. Aber dennoch muß die **Kosakin** nicht notwendigerweise so bühnenhaft sein. Obwohl es ein wildromantischer Look ist, ist er auch höchst tragbar für alle Tage und kann buchstäblich jeder Gelegenheit angepaßt werden. Der Effekt mehrerer, übereinandergetragener »Kleidungsschichten« macht ihn zu einer höchst effektiven Winterbekleidung.

DER LOOK

Wählen Sie für den Tag Röcke, die gekräuselt oder sanft gefaltet in einem breiten Bund zusammengefaßt sind, aus einem dichtgewebten Material wie Chaly und Wolle, gekämmte Baumwolle und Filz; Cord ist nicht ganz so effektvoll, aber wenn er weich und der Rock großzügig geschnitten ist, dann wird er es auch tun. Hosen sollten ebenso weit geschnitten sein, wobei allerdings das Material leichter sein muß, um die fließende Linie zu garantieren – zu diesem Zweck eignen sich Materialien mit einem geringen Anteil an Syntheticfasern, wie beispielsweise ein Baumwollmischgewebe, sehr gut.

Lassen Sie in bezug auf Stickerei Ihrer Phantasie freien Lauf. Machen Sie freizügigen Gebrauch von Mustern – um die Säume herum, als Tascheneinfassung, auf Gürteln, Stiefeln, Kragen und Manschetten – und es müssen nicht alles die gleichen Muster sein. Eine Orgie kräftiger und leuchtender Farben sollte sich als Gesamteindruck ergeben.

Als erstes ist natürlich das charakteristischste Kleidungsstück, das Kosakenhemd, zu nennen. Es ist weit und großzügig geschnitten, mit bauschigen Ärmeln, die in schmalen, geknöpften Bündchen enden. Es hat einen adretten Stehkragen, der durch eine Knopfreihe zusammengehalten wird, die in einem Winkel vom Kragen fort seitlich der Schulter entlangführt. Diese Blusen kann man genauso gut am Tag wie am Abend tragen, zu Geschäftsbesprechungen wie zu Dinnerparties, zum Lunch oder zum Tanzen, und sie können aus jedem Material sein, angefangen von

Unten: Der Schmuck der **Kosakin** ist groß und verwegen, die Taille wird mit Schärpen und Gürteln umwickelt, die Handtaschen sind bestickt, mit Applikationen und/oder Quasten geschmückt, und die Fußbekleidung ist warm, vielleicht mit einem Pelzstreifen eingefaßt oder mit ein oder zwei Quasten verziert.

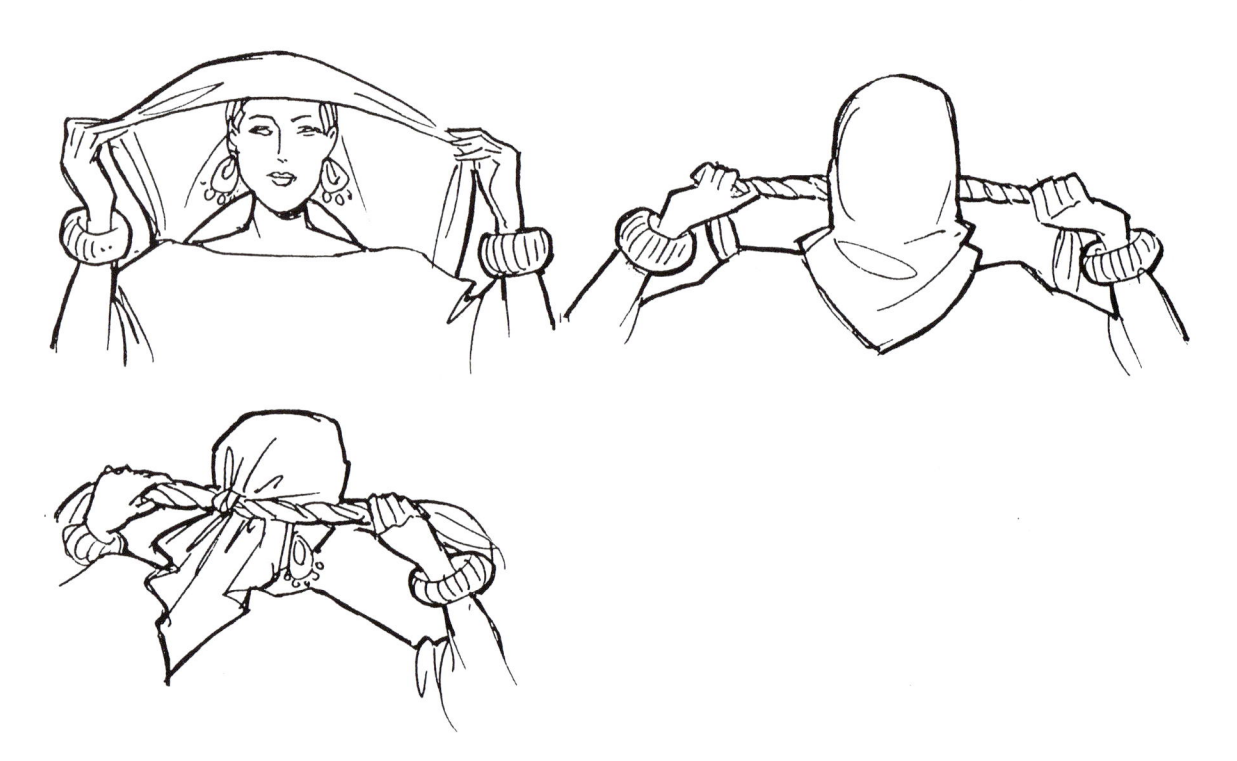

gekämmter Baumwolle bis hin zu Seide, Wolle oder Satin. Die traditionelle Bluse wäre stets einfarbig gewesen, aber heutzutage findet man sie auch kariert, mit Blumenmotivdruck, im Paisleymuster oder auch gestreift.

Über dieses bauschige Kleidungsstück trägt man eine gerade geschnittene Weste, entweder bestickt oder einfarbig, aus Tuch oder Leder. Als Alternative können Sie auch, wenn Sie es besonders warm haben wollen, eine zusätzliche Kleidungsschicht in Gestalt einer Tunika hinzufügen, entweder ärmellos oder mit weiten, gerade geschnittenen Ärmeln, unter denen vielleicht kontrastierend die Bündchen Ihrer Bluse hervorblitzen.

Mäntel und Jacken können sowohl lose als auch eng anliegend sitzen, aber sie sehen in jedem Fall am besten aus, wenn Sie fest gegürtet sind. Pelzbesatz an Manschetten und Saum wäre natürlich perfekt. Tragen Sie zu einem solchen Mantel eine Pelz- oder pelzbesetzte Mütze (wie die von Julie Christie in *Dr. Schiwago*). Als letztes fügen Sie noch ein oder zwei große Tücher aus feiner Wolle, Chaly, Kaschmir mit Paisleymuster oder sogar aus Velourleder hinzu. Wickeln Sie sich so ein Tuch mehrfach um die Schultern bis zur Nase hinauf, um einen romantischen aber geheimnisvollen Eindruck zu erzielen, oder aber, wenn Sie eine geschäftsmäßigere, nüchternere Ausstrahlung wünschen, nehmen Sie das Tuch vorne überkreuzt und stecken die Enden fest hinter den Gürtel (wie in der Illustration verdeutlicht). (Vgl. auch unter **Die Zigeunerin** wegen verschiedener Möglichkeiten, ein Tuch zu binden.)

Rechts: Stoffstreifen oder Schals können zu Rollen gedreht und mit einer Satinkordel umwickelt werden, um als Gürtel, Stirnbänder, Krawatten oder Turbane zu dienen.

Oben: Machen Sie sich einen Turban, indem Sie ein großes quadratisches Stoffstück (mindestens 60 cm im Quadrat) diagonal falten und die lange Kante in der Mitte über die Stirn legen. Verdrehen Sie die Enden auf dem Hinterkopf, und ziehen Sie sie nochmals nach vorne, um sie dort zu verknoten, oder, was noch besser ist, nehmen Sie einen anderen gedrehten Stoffstreifen und binden Sie ihn über das Tuch. Verknoten Sie die beiden Enden im Nacken, und binden Sie sie nochmals um den Kopf, wenn sie lang genug sind.

Die Variationsmöglichkeiten dieses Looks sind mannigfaltig, da das Wesentliche an ihm im Übereinanderschichten verschiedener Kleidungsstücke liegt. Wählen Sie stets weiche Materialien und fließende Linien, Stoffe, die schön fallen und einhüllen; nichts sollte den Eindruck starrer Formen und scharfer Kanten hervorrufen. Für den Abend bleibt der Stil im Grunde gleich, es werden lediglich weniger Kleidungsschichten übereinandergetragen, und das Material ist entsprechend kostbar – Satin, Seide und Samt mit Brokat und reichen Stickereien.

Rechts: Zwei Möglichkeiten, wie Sie Ihren Kopf schmücken können, gleichgültig, wie lang Ihr Haar ist.

ACCESSOIRES

Die unentbehrlichsten Accessoires für die Kosakin sind die Stiefel. Tragen Sie sie immer, außer wenn es wirklich heiß ist – dann sollten Sie sie durch flache Schuhe ersetzen. Die Stiefel können je nach Anlaß flache oder hohe Absätze haben, aber sie sollten oben im Schaft weit genug sein, so daß Sie die Hosenbeine hineinstecken können. Idealerweise sind sie aus weichem Velourleder oder Leder in Farben wie Burgunderrot und Smaragdgrün.

Ihre Handtasche sollte groß und weich sein, aus Leder oder Velourleder, oder vielleicht sogar eine Reisetasche. Wenn Sie nicht soviel mit sich herumtragen müssen, dann wählen Sie einen großzügigen Beutel oder eine Schultertasche, wiederum bestickt oder mit Borten besetzt.

Gürtel können aus einer ganzen Anzahl von Stoffen und Bändern gefertigt sein und bestehen eigentlich aus zwei Schichten – zuerst ein Schal, ein Stoffrest, ein Stück Fell, tatsächlich irgend etwas, das Sie sich ein oder zweimal um die Taille schlingen können. Für die zweite Schicht nehmen Sie dann Lederschnüre, Bänder, Gardinenkordel aus Satin, Borten, das heißt also, genaugenommen alles, was schmal ist, sich binden läßt und geeignet ist, Ihre Kleider zusammenzuhalten. (Vgl. auch unter *Ideen* wegen genauerer Anleitungen.)

Der Schmuck sollte kunstvoll und verwegen sein. Wählen Sie auffallend große Metallstücke, die mit großen Halbedelsteinen oder phantastischen falschen Steinen ausgelegt sind. Lange Ketten können Sie mit orientalischen Medaillons oder vielleicht mit einem Duftfläschchen mit einer Jasminessenz oder ähnlichem behängen.

Haarschmuck ist ein absolutes Muß. Bedecken Sie Ihre Locken mit einer pelzverbrämten Mütze oder einem Kopftuch mit Folkloremuster. Binden Sie das Tuch wie in der Zeichnung verdeutlicht, und schmücken Sie es wie unter *Ideen* vorgeschlagen. Eine andere Möglichkeit ist, ein Tuch oder einen Stoffrest zu einem Stirnband zu rollen und sich um die Stirn, oberhalb der Ohren, um den Kopf zu binden. Als abschließende Note reihen Sie ein paar Perlen auf eine Locke Ihres Haars auf oder umwickeln ein oder zwei Strähnen mit etwas leuchtend farbiger Stickseide.

Haben Sie keine Scheu, den Haarschmuck herauszufinden, der am besten zu Ihnen paßt – er ist die perfekte »Krönung« dieses Looks. Aber verbringen Sie ruhig ein paar Minuten vor dem Spiegel, um die perfekte Kosakin für Sie zu finden.

Der Pelzmuff wäre schließlich wahrscheinlich das Accessoire, das diesem Look den allerletzten Pfiff gäbe – sollten Sie einen besitzen, dann tragen Sie ihn, um die Hände warm zu halten.

GESICHT UND HAAR

Das Haar sollte offen getragen oder geschmückt getragen werden, oder wie bei der **Immigrantin**, mit Hilfe von Stoffwicklern in weiche Wellen gelegt. Das Make-up verlangt Ihnen etwas Mühe ab, sofern Sie den richtigen Ausdruck der geheimnisvollen, orientalischen Augen erzielen wollen. Folgen Sie in bezug auf Lidschatten den Make-up-Anleitungen für den **Vamp**, aber nehmen Sie statt der dort angegebenen Farben Braunorange- und Rottöne, ein dunkles Mauve oder Stahlblau. Umranden Sie die Augen mit einem Kajalkohlestift entlang der inneren Lidränder so dicht wie möglich am Wimpernrand. Betonen Sie die Wangen mit einem weinroten oder sienafarbenen Rouge unterhalb der Wangenknochen, um die hohen orientalischen Wangenknochen vorzutäuschen. Schließlich tragen Sie noch einen Lippenstift in einem tiefen Burgunderrot oder Braunorange auf.

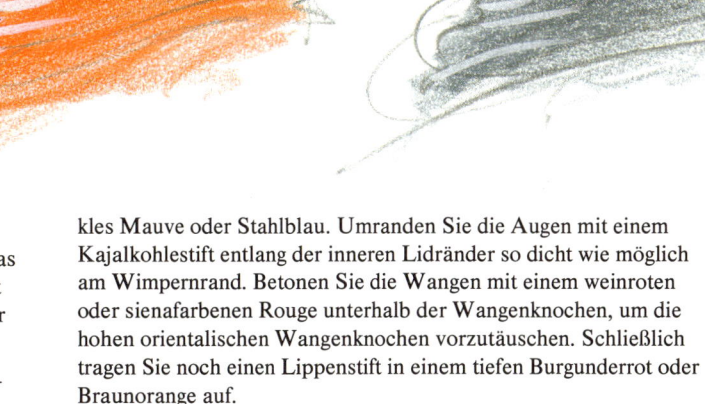

IDEEN

● Verwenden Sie Lederschnüre, dünne Gürtel, Velourlederstreifen, Satinkordeln oder -bänder, um die Schärpen und Stirnbänder zu verzieren. Drehen Sie zwei solcher Streifen umeinander, verflechten Sie drei oder schlingen Sie sie umeinander, wie es in der Zeichnung zu sehen ist. Verknoten Sie die Enden zusammen mit dem Stoffstück, um das Sie die Bänder gewunden haben, bevor Sie das Ganze dann wie erforderlich in der Taille oder am Hinterkopf zusammenbinden.

● Besetzen Sie gestrickte Accessoires wie Mützen, Schals, Handschuhe und Fäustlinge mit einem Streifen Pelz oder Pelzimitat.

● Mit Blumen bestickte Borten können ebenfalls dazu dienen, Ärmelbündchen von Blusen, Tascheneinfassungen, Rocksäume usw. zu verschönern.

Unten: Eine verwegene und freche Kette aus acht Messinggardinenringen und einem Stück Satinkordel. Machen Sie sich passend zu Ihrer Kosakenkleidung zwei oder drei solcher Ketten.

44

62

DAS COWGIRL

HINTERGRUND

Setzen Sie sich in diesem ewig modernen Look auf wilde Pferde oder einfach in den Bus zur Stadt. Geboren auf dem Rücken der Männer, die im guten alten Wilden Westen die riesigen Viehherden Hunderte von staubigen Meilen weit trieben, hat die rauhe Romantik dieser »Uniform« der großen Weiten und der Hollywood-Western die Phantasie der letzten Generationen gefesselt und sich während der jüngst vergangenen Jahrzehnte wie ein Lauffeuer verbreitet. Heute sind Denimjeans weltweit zu finden und bilden die Basis des Cowgirl-Looks. Ihre Beliebtheit ist keinesfalls überraschend, wenn man sich vor Augen hält, wie unverwüstlich und praktisch der Denimstoff ist – gefertigt, um wochenlang im Sattel getragen zu werden, ist es der einzige Naturfaserstoff, der in heißestem Wasser gewaschen, unter der sengensten Sonne getrocknet und ohne zu bügeln getragen werden kann. Levi-Strauss und Wrangler begannen mit der fabrikmäßigen Herstellung von Denimkleidung, aber inzwischen haben sie dutzende von Nachahmern gefunden.

DER LOOK

Genaugenommen gibt es zwei Cowgirl-Looks. Die authentische Version besteht aus blauen Denimjeans, einem warmen, langärmeligen Hemd und funktionellen Stiefel mit dem 5 bis 7 cm hohen Absatz, erdacht, um im Steigbügel Halt zu geben. Aber mit dem Erscheinen von Dolly Parton ist das Cowgirl auf Hochglanz gebracht worden. Country-Sänger und ihre Fans tragen ihre Jeans reich bestickt und mit Straßsteinen besetzt. Modeschöpfer von erstem Rang (wie Ralph Lauren und Calvin Klein) folgten diesem Beispiel bei ihrem Versuch, ebenfalls in das Geschäft einzusteigen und den allgegenwärtigen, aufstrebenden Jeansmarkt in die Sphäre der *Haute Couture* zu heben. Ihre besondere, persönliche Note ist der lässig dahingeworfene Namenszug auf der rückwärtigen Hosentasche – und dann natürlich der dreifache Preis. Andere Modevariationen sind beispielsweise verschiedenfarbige Denims, Knieflicken und Ziernähte. Aber schließlich und endlich geht doch nichts über eine gutsitzende, abgetragene blaue Denimjeans.

Jeder sollte in seiner Garderobe ein solches Paar Original-Bluejeans haben, aber da diese Grundausführung ein so vollkommenes Beispiel für funktionelle Form ist – mit ihren stabilen Doppelnähten, vernünftigen Verschlüssen und der großen Auswahl an unterschiedlichen Schnitten, um jeder Figur zu passen – gibt keinen Grund, warum Sie nicht mehrere Paare Jeans in verschiedenen Schnitten und aus verschiedenen Stoffen besitzen sollten.

Alles und mehr als das, hat man mit den Bluejeans seit ihrer Geburt schon angestellt. Die traditionellen gelben Steppnähte sind durch weiße oder pinkfarbene oder grüne ersetzt worden; den blauen Denim gibt es inzwischen stonewashed, gebleicht, überfärbt oder ausgewaschen; man findet die gleiche wundervolle Form in der gleichen Ausführung aus Cord, Wolle, Baumwolle – sei es mit Glöckchen am Hosenbein, bestickt, mit Bundfalten, geraden Beinen oder als Röhren.

Abgesehen von Jeans hat man Denim in nahezu alle erdenkliche Arten von Kleidungsstücken verarbeitet – Miniröcke, längere, rüschenbesetzte Röcke, Kleider, Westen und natürlich Jacken. Die Auswahl der Denimbekleidung beginnt mit der einfachen Weste – manchmal mit Pelz oder Flanell gefüttert, damit sie wärmer ist –, schreitet fort zu der tail-

Unten: Wenn die Prärie Ihr Zuhause ist, dann erfordert das einige besondere Accessoires: Cowboystiefel, hoch oder flach, einfarbiges Rindsleder oder mit wunderschönen Applikationen verziert; einen Gürtel mit Silberverzierungen, vielleicht sogar mit ein paar Türkisen; Stulpenhandschuhe mit Fransen; ein »Lasso« und natürlich einen Cowboyhut.

lenkurzen, langärmeligen Jacke mit den traditionellen kupferfarbenen Knöpfen und endet bei dem hüftlangen Blouson, vielleicht mit aufgesetzten Taschen und Cord- oder Lederkragen, -manschetten wie auch -ellbogenflicken als besondere Akzente. Denimkleidung gibt es in jeder Preislage, aber wenn Sie nicht allzuviel Geld zur Verfügung haben, dann suchen Sie nach Originalversionen der Jacken und Jeans in Secondhandläden. Die Jacke ist, wie die Jeans, ein wundervoller Klassiker, und Sie werden feststellen, daß Sie sie nicht nur zur Jeans tragen können.

Im Winter tragen Sie dicke Cordhosen und Wollpullover zu Ihrer übrigen Denimkleidung; im Sommer wechseln Sie zu kurzen Denimröcken oder pastellfarbenen Baumwolljeans. Wenn Sie stilecht bleiben wollen, dann sollten Sie zu den Denims einfarbige oder karierte Hemden tragen mit Westerndetails wie perlenbesetzte Druckknöpfe, eine V-Passe auf der Vorderseite, schwungvoller Stickerei, Stulpenmanschetten und spitzem Kragen. Tragen Sie diese Hemden zu Jeans oder Röcken jeden Schnitts und krönen Sie sie mit einer Denimjacke oder einem weiteren Denimhemd. Sie können natürlich Denimjeans auch zu Shetlandpullovern und Tennisschuhen tragen, aber wenn Sie wirklich stilecht sein wollen, dann gehen Sie aufs Ganze und kombinieren sie mit Cowboystiefeln und anderen Accessoires, die nach weiten Prärien und Cowboyromantik schmecken.

ACCESSOIRES

Cowboystiefel gibt es in verschiedenen Schafthöhen, dutzenden von Farben und in allen Preislagen – Sie können Hunderte von Mark für ein echt handgearbeitetes, reich-

Oben: Das **Cowgirl** hat einige Möglichkeiten, die Präriewinde abzuhalten: eine Jeansjacke mit oder ohne Flanellfutter oder eine Cordjacke oder eine Wildlederjacke, idealerweise mit den charakteristischen Ziersteppnähten, Klappentaschen und vielleicht mit einem Futter aus kariertem Wollstoff oder Schaffell.

verziertes Paar bezahlen, oder aber auch weit unter 400 DM für eine fabrikgefertigte Imitation. Stiefel sind für diesen Look unentbehrlich und keinesfalls ein frivoles Extra, sondern können zu einem modischen Grundelement werden, das man zu anderen ungezwungenen und unkomplizierten Kleidungsstilen wie der **Indianerin,** dem **Fair-Isle-Look,** der **Amazone,** der **Zigeunerin** und der **Naturfreundin** tragen kann. Für den Anfang versuchen Sie es am besten mit einem naturlederfarbenen Paar mit den typischen, höheren Absätzen und etwas Ziersteppereien am Schaftrand. (Achten Sie darauf, daß die Stiefel ledergefüttert sind, weil das bequemer und wärmer ist.) Holen Sie sich dazu einen gleichartigen oder passenden Gürtel mit Silberschnalle. Wenn Sie feststellen, daß Sie an dieser Art sich zu kleiden Gefallen finden, dann kaufen Sie sich später reicher verzierte Stiefel und einen entsprechenden Gürtel. Cowboystiefel können Sie zu Röcken jeder Länge anziehen, und die Hosenbeine können Sie sowohl über die Stiefel tragen, als auch in die Stiefelschäfte stecken.

Tragen Sie den Gürtel, mit Ziersteppnähten und/oder Prägungen und Silberschnalle, über den Taillenbund von Jeans oder Röcken oder locker auf Überhemden oder auf den Hüften wie einen Revolvergurt. Wenn Sie wollen, können Sie sich auch ruhig zwei oder drei Gürtel in verschiedenen Höhen um die Hüften schnallen.

Sofern Sie sich nicht gerade für den glitzernden Country-Star-Look entschieden haben, dann meiden Sie zu viel Schmuck. Tragen Sie um den Hals ein Lasso (dünne, seidige Schnüre mit Silberspitzen und einer Spange in der Mitte) oder ein buntes Halstuch, mit roten oder blauen Polkatupfen oder einem weißen Paisleymuster, das Sie unter dem offenen Hemdkragen binden. (Diese roten oder blauen Halstücher können Ihnen auch als kleine Handtaschen dienen. Knoten Sie einfach die gegenüber liegenden Enden zusammen und wickeln Sie Ihre Habseligkeiten darin ein.) Dies ist seinem Wesen nach ein ausgesprochen zwangloser Look, obwohl er mit Hilfe von indianischem Silber- und Türkisschmuck, wie auch mit Hemden oder Jeans aus schimmerndem Satin herausgeputzt werden kann.

Bei kaltem Wetter sollten Sie Stulpenhandschuhe tragen. Man findet sie häufig mit langen Stulpenfransen und Verzierungen aus beschlagenem Silbermetall – sie sehen großartig aus und sind wegen ihrer Länge warm und praktisch. Wenn Sie dazu neigen, sehr viel Krimskrams mit sich herumzutragen, dann sollten Sie sich eine handgeprägte Sattel- oder Schultertasche zulegen, oder eine der billigeren und weicheren Ausführungen in Denim, Velourleder oder Leinenkanevas.

Sollten Sie sich von Ihrer Cowgirl-Vorstellung ganz und gar hinreißen lassen, dann können Sie auch noch »Chaps« (die ledernen Beinschoner der Cowboys) erstehen, um Ihre Beine vor den Beifußsträuchern der Prärie zu schützen. Sie sollten allerdings wirklich das letzte Accessoire sein, das Sie sich zulegen. Gewöhnlich aus naturfarbenen Velourleder oder Leder, oft mit Silbermetallverzierungen, sind sie teuer und nur für wirklich ganz große Cowgirlfans gedacht. Als Krönung setzen Sie sich einen Cowboyhut oben drauf.

GESICHT UND HAAR

Sofern Sie nicht den Dolly-Parton-Glitter-Flitter-Stil im Sinn haben, sollten Sie ein absolutes Minimum an Make-up auftragen. Ein leicht sonnengebräunter Teint und rosige Wangen sind ideal – tragen Sie etwas Rouge auf den Nasenrücken auf, damit Sie so aussehen, als kämen Sie geradewegs aus der Sonne. Flechten Sie Ihr Haar zu Zöpfen – vgl. **Die Indianerin** wegen Ideen für Zopffrisuren. Binden Sie sich die Haare mit Hilfe von gedrehten Halstüchern oder Lederbändern aus dem Gesicht – vgl. auch die nachfolgenden Anleitungen.

IDEEN

● Tragen Sie einen billigen Sheriffstern aus einem Spielwarenladen, um sich einen spaßig-echten Anstrich zu geben.

● Falten Sie ein Halstuch diagonal, rollen Sie es zu einem Band und binden Sie es sich um den Hals oder um die Stirn, so daß die Enden lose herabhängen. Wenn Sie zwei solcher Halstücher besitzen oder ein passendes Stoffstück, dann können Sie auch zwei ineinanderdrehen und verknoten.

● Nähen Sie Velourleder- oder Lederflicken auf abgeschabte Stellen an Hemden, Hosen und Jacken. Benutzen Sie ein dickes Garn, wie etwa Knopflochseide, und eine Nadel mit großem Öhr, um sich die Sache zu erleichtern.

● Drehen Sie Lederschnürsenkel zu Schnüren zusammen, um sie als Gürtel oder Stirnbänder zu verwenden – Sie können sogar auch ein gedrehtes Halstuch mit einer solchen Lederschnur umwickeln, damit die Windungen besser halten.

Unten: Verleihen Sie Ihrem Aussehen für nur wenig Geld einen letzten Pfiff, indem Sie ein Halstuch in traditionellem Rot, Marineblau oder auch einer der neueren Farbschattierungen und einen billigen Sheriffstern tragen, wie oben unter *Ideen* vorgeschlagen. Ein Stirnband können Sie sich schnell selber machen, indem Sie ein Halstuch diagonal zusammenrollen, mit einem ledernen Schnürsenkel umwickeln und es sich dann um die Stirn binden.

48

DIE TÄNZERIN

HINTERGRUND

Als Jane Fonda ihr Buch *Workout Book* veröffentlichte, bedeutete das nur noch einen allerletzten Auftrieb für eine Fitnessbewegung, die ungefähr Mitte der Siebziger Jahre begann, als Tausende von jungen und alten Menschen auf die Straßen strömten, um sich Gesundheit und Fitness zu »erjoggen«. Auch Aerobic, lange zuvor in den Fünfziger Jahren durch die Frau eines Luftwaffenkommandanten aufgebracht, wurde wiederentdeckt und in eine neue Form gebracht, um den Bedürfnissen einer Öffentlichkeit mit neuerwachtem Fitnessbewußtsein zu genügen. Dieses neue, bewußte Erleben des eigenen Körpers definiert den weiblichen Körper als attraktiv, weil er kräftig und gesund und nicht weil er weich und schwach ist. Um diesem Ideal näherzukommen, nehmen die Frauen alle möglichen Arten von körperlicher Bewegung auf, und insbesondere Tanzen – Jazz- und Stepptanz, modernes Tanzen und Soultanz – ist in den vergangenen Jahren in beständigem Maße immer beliebter geworden. Heute gehört es zu den beliebtesten Freizeitaktivitäten der Stadtmenschen, und entsprechend »in« ist auch die Tanztrainingskleidung (selbst bei denjenigen, die niemals auch nur einen Muskel anstrengen).

Vielleicht wurde diese Bewegung durch das Musical *A Chorus Line* oder die Aufführung des Films *Hinter dem Rampenlicht* angespornt, vielleicht waren es aber auch die elektrisierenden Farben, die die Aufmerksamkeit einer abgestumpften Öffentlichkeit fesselten. Was immer auch die Gründe sein mögen, die *Tänzerin* hat jedenfalls in breiter Front von unseren Straßen Besitz ergriffen. Heute werden unsere Städte durch die Leuchtkraft von Pfefferminzgrün- und elektrisierenden Blautönen, von schreienden Pink- und feurigen Gelbschattierungen belebt – und all den Farben, die Energie, Bewegung, Spaß und ein neues Körperbewußtsein ausdrücken.

Unten: Es gibt nur sehr wenige Accessoires, die für die **Tänzerin** typisch sind, ausgenommen natürlich der Ballerinas, der Steppschuhe und der Abendpumps. Für die Straßenkleidung tut es jedoch auch jede Art von flachen Schuhen; für das Tanzstudio wählen Sie Leg-Warmer in Unifarben oder auffälligen Mustern.

DER LOOK

Die Kleidung der **Tänzerin** ist in erster Linie funktionell und unter dem Gesichtspunkt der Bequemlichkeit entworfen worden und weniger dafür, eine hübsche Figur vorzuzeigen oder eine weniger moderne zu bedecken. Das Grundelement dieses Looks, das Leotard oder Balletttrikot ist ein Kleidungsstück, das sich wirklich ganz und gar an die Figur anschmiegt, und sollte allein von niemandem getragen werden, der nicht auch die gertenschlanke Figur besitzt, für die es ursprünglich entworfen wurde. Die übrigen Elemente, die zusammen den Look der **Tänzerin** ergeben, sind jedoch wunderbar lose und bequem und geradezu ideal für eine ungezwungene, aktive Lebensweise. Darüberhinaus kann man diese Tanzkleidung, seit Fitness zu einem gesellschaftlich erstrebenswerten Ziel geworden ist, fast überall und zu fast jeder zwanglosen Gelegenheit, angefangen beim Einkaufsbummel bis hin zu Disco- und Partystreifzügen, tragen. Und wie praktisch diese Kleidung sowohl in bezug auf die Kombinationsmöglichkeiten der einzelnen Kleidungselemente untereinander als auch in bezug auf Pflegeleichtigkeit ist, steht wohl außer Frage.

Wenn Sie sich wie die **Tänzerin** kleiden wollen, dann beginnen Sie mit dem Leotard. (Früher war es aus schwarzem Baumwollstrick, der bei der Wäsche ausblich, einlief und die Form verlor und schon nach kurzem Tragen alles andere als sexy aussah.) Heute gibt es Leotards aus ewig formbeständigen Synthetics wie Lycra, auch in glänzender Ausführung. Gewöhnlich sind sie einfarbig, hin und wieder auch gemustert, aber immer in dutzenden wundervollen Farben zu haben. Sie werden sie ärmellos, mit langem oder halbem Arm, tief ausgeschnitten oder hochgeschlossen, selbst mit nur einer Schulter und rückenfrei finden, und überall, angefangen bei echten Ballettzubehörgeschäften bis hin zu preiswerten Boutiquen. Legen Sie sich solche Leotards auch für andere Verwendungszwecke zu: Die langärmelige Version kann als erste Kleidungsschicht für andere Looks dienen, die ärmellose Ausführung als Badeanzug. Und sie passen auch großartig zu anderen Nicht-Tänzer-Kleidungsstücken wie Shorts, Hosen, weite Sommerröcke, unter Pullover und Blusen. Experimentieren Sie mit verschiedenen Farben. Achten Sie auch auf interessant gemusterte Leotards – Sie finden Sie mit Ozelotflecken, Polkatupfen, Schnörkeldruck, Spitzenbesatz und diagonal gestreift.

Tragen Sie zum Leotard Strumpfhosen, die manchmal auch Gamaschen genannt werden. Oftmals haben Sie keinen Fuß oder nur einen Fußsteg für den Spann des Tänzers, aber wenn Sie sie nicht wirklich zum Tanzen tragen wollen, dann ist jede Art recht. Die einzige Bedingung ist, daß das

Material nicht zu dünn ist und einer Menge Bewegung standhält – Lycra oder ähnliche Synthetics sind ideal, aber jedes andere undurchsichtige, dehnbare Material tut es auch. Es gibt sie in hunderten von Farben und dutzenden von Mustern. Zögern Sie nicht, sich mehrere Paare zuzulegen, da sie ein unerläßlicher Grundbestandteil dieser Garderobe sind. In bezug auf die Farbzusammenstellung können die Strumpfhosen gleichfarbig oder passend zum Leotard ausgesucht werden. Haben Sie keine Angst vor gewagten Farbkombinationen wie schreiendes Pink zu leuchtendem Blau oder klares Rot zu Violett. Die **Tänzerin** ist ein sehr künstlerischer Look.

(Als Alternative zu der zweiteiligen Leotard-Strumpfhosen-Kombination gibt es den einteiligen Bodystocking. Der Nachteil ist, daß Sie das ganze Kleidungsstück wegwerfen müssen, wenn es an einer Stelle zerrissen ist, aber der Bodystocking ist ideal zu *wirklich* kurzen Röcken.)

Es gibt verschiedene Möglichkeiten, was Sie über dieser Unterlage tragen können. Wenn es warm ist, wählen Sie ein kurzes, weich fallendes Röckchen – wählen Sie einen Glockenrock oder einen schräg geschnittenen Rock; selbst ein alter Minirock tut es zur Not. Gebrauchen Sie wieder einmal Ihre Phantasie: der Rock kann die gleiche Farbe wie das Darunter haben oder eine Kontrastfarbe oder keines von beiden. Diese Röckchen werden aus denselben Stretchmaterialien wie die Leotards angeboten, aber auch aus Baumwollstretch oder Acrylstrick. Die andere Überkleidung – eigentlich das wichtigste Stück jedes Tänzers – ist eine Trainingshose mit elastischen Bündchen und Durchzugskordel in der Taille. Weich und weit, sind diese Trainingshosen herrlich bequem zu tragen und sehen zu vielen verschiedenen Schuhmodellen gut aus: Ballerinas, Turnschuhe oder aber in Leg-Warmer oder in knöchel- oder halbhohe Stiefel im Kosakenlook gesteckt.

Wenn es kalt ist, ziehen Sie einen großen, weiten Pullover darüber (Mohairgarne bilden einen hübschen Kontrast zu dem glatten Material der Strümpfe und des Leotards), was auch in den Tanzstudios eine sehr beliebte Lösung während der kalten Zeit ist. Der Pullover sollte bis zum Oberschenkel oder gerade bis zum Knie reichen, aber nicht länger sein. Auch in der Weite sollte er sehr großzügig gewählt sein.

Ein anderes Kleidungsstück, das zu der Leotardkombination sehr hübsch aussieht, ist die traditionelle Wickelstrickjacke der Tänzer. Sie hat einen tiefen V-Ausschnitt, reicht gerade bis in die Taille und hat lange Strickbänder, die vorne zusammengebunden werden. Sie ist wie ein gut sitzender, ja sogar hauteng er Pullover und sieht wohl besser zu einem Röckchen als zu der Trainingshose aus. Leg-Warmer halten die Beine warm und sind ein wesentlicher Bestandteil dieses Looks. Tragen Sie sie wie Kniestrümpfe oder über die Knie hinaufgezogen; es gibt sie gleichfalls in allen Farben und Mustern, aber sie sollten zu irgendeinem Teil Ihres Ensembles passen.

ACCESSOIRES

Bei einem so lustigen und jungen Look wie der **Tänzerin** sind Accessoires eigentlich zweitrangig, obwohl sie den im Grunde immer gleichbleibenden Grundbestandteilen eine

Links: Leg-Warmer als Arm-Warmer getragen plus einem weiten Pullover über einem Leotard und Strumpfhosen bilden einen hinreißenden Look für kalte Tage. Um ihn für die Straße tragbarer zu machen, tauschen Sie die Strumpfhosen gegen enganliegende Hosen, behalten aber die Leg-Warmer bei.

individuelle Note aufdrücken können.

Die Fußbekleidung ist hier wahrscheinlich das Wichtigste. Wählen Sie als Schuhe flache, ballettschuhartige Slipper oder geschnürte Halbschuhe. Da Bequemlichkeit die wichtigste Grundbedingung ist, sind hohe Absätze hier nicht gefragt. Jogging- oder Tennisschuhe können zu diesem Look ebenfalls getragen werden – wählen Sie eher Pastelltöne oder Leuchtfarben als schlichtes Weiß. Strümpfe können knöchel- oder knielang sein, sollten jedoch ziemlich dick sein. Tragen Sie sie zu den Knöcheln heruntergerollt oder zu den Knien hochgezogen. Leg-Warmer trägt man über Strümpfe oder Strumpfhosen, wenn es kalt ist. Ziehen Sie so viel wie möglich übereinander.

Keine Tänzerin trägt viel Schmuck, weil sie das in ihrer Bewegungsfreiheit behindern könnte. Als Richtlinie kann dienen, je zurückhaltender die Tänzerin um so unauffälliger der Schmuck – kleine Gold- oder Silberkettchen um Hals, Handgelenk oder Fessel wären hübsch, vorausgesetzt, sie hängen nicht zu lose. Wenn Sie diesen Look jedoch zu einer Party tragen und schreiende Farben gewählt haben, dann können Sie dazu auch großen und auffälligen Schmuck tragen. Es gibt keine Regeln außer der, daß Sie sich an Ihre selbstgewählte Farbskala halten, wie die einleitende Illustration verdeutlicht.

Bei so wenig schmückendem Beiwerk kann es sich die **Tänzerin** erlauben, ihre Taille zu schmücken. Gedrehte Seiden- oder Wollstoffstreifen sehen großartig aus, wenn man sie sich um die Taille knotet – man kann auch zwei oder mehr Farben ineinanderdrehen, wie es ebenfalls in der einleitenden Illustration zu sehen ist.

GESICHT UND HAAR

Da dies ein höchst gesunder Look ist, kann die **Tänzerin** nicht sehr viel Make-up auftragen, da es beim Schwitzen verschmieren und verlaufen würde. Die klassischen Balletttänzerinnen schminken sich das Gesicht weiß, aber eine getönte Feuchtigkeitscreme ist für die Straße und das Tanzstudio vielleicht angemessener. Den Lidschatten stimmen Sie auf die Farbe der Kleidung ab; wenn Sie beispielsweise in Pink und Türkis gekleidet sind, dann tragen Sie im inneren Augenwinkel einen rosafarbenen Lidschatten auf und vermischen ihn nach außen hin mit einem türkisfarbenen Lidschatten. Ziehen Sie die Konturen der Augen entlang des unteren Lidrandes nach, tragen Sie oberhalb der Wangen ein violettrotes Rouge auf und vollenden Sie das Ganze mit einem pink- oder pflaumenfarbenen Lippenstift. Der Gesamteindruck sollte für das Studio weich bleiben, kann aber für Diskotheken und Parties dramatischer ausfallen – lassen Sie sich vom Bühnen-Make-up wirklicher Tänzer inspirieren, und schminken Sie sich große Rehaugen und hohe Wangenknochen wie oben beschrieben.

IDEEN

- Wenn Sie sich für die Diskothek anziehen, dann schmücken Sie Ihr Leotard und/oder Rock mit etwas Flitter: Pailletten, Perlen und Borten können Sie am Meter kaufen und mit wenigen Stichen auf die Säume der Kleidungsstücke aufnähen.
- Wenn Sie keine Zeit haben, Flitter aufzunähen, und den **Tänzerin**-Look zu einem festlichen Anlaß tragen wollen, dann streuen Sie sich etwas Flitter ins Haar und verteilen ihn so gleichmäßig wie möglich.
- Frostwetter? Tragen Sie Leg-Warmer als Arm-Warmer über Ihr Leotard.

Links: Ein einfaches Leotard und ein kurzer, weit schwingender Rock mit Hilfe von Paillettenbändern zu einem Disco-Look umgewandelt. In diesem Fall wurde dafür das Motiv der doppelten Musiknote aus den Fünfziger Jahren verwendet, aber jedes andere einfache Motiv erfüllt den gleichen Zweck.

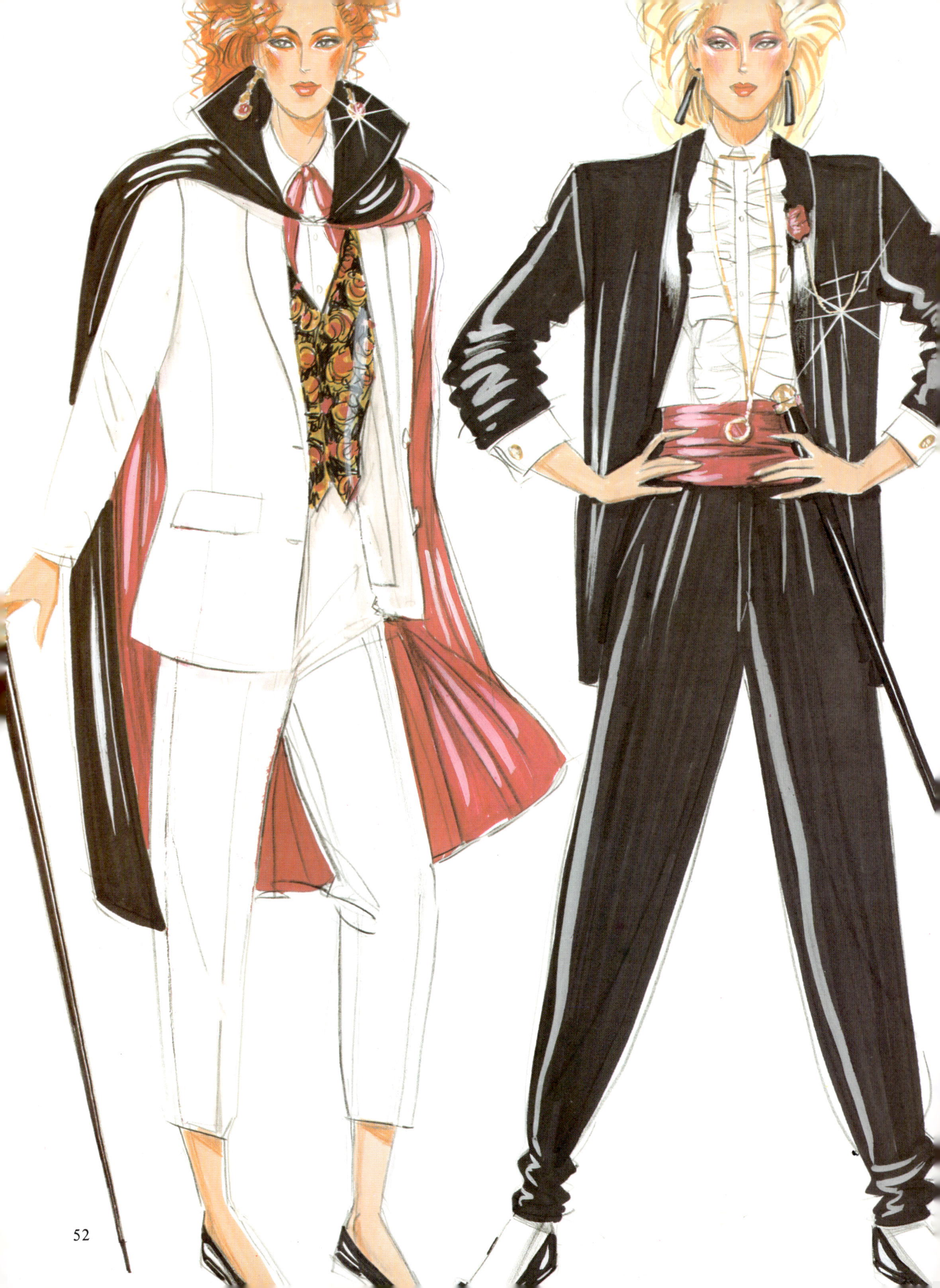

DER DANDY-LOOK

HINTERGRUND

Beau Brummell; Oscar Wilde; Jean-Paul Goude; Baudelaire; David Bowie. Alle Dandies. Alle an Kleidungsdingen interessiert. Alle makellos gekleidet. Und seit Julie Andrews in *Victor/Victoria* in einem schmucken Smoking auftrat, ist **Der Dandy** zu einem der reizvollsten Looks überhaupt für Frauen geworden. Für den Tag ist es etwas zu auffällig, sich wie ein Dandy zu kleiden, aber es ist der ideale Look für ein Nachtleben in Clubs, Casinos, Konzerten und auf Dinner-Parties.

Der Look basiert ganz auf der Abendkleidung für Herren. Nicht ein Detail wird ausgespart, kein Stoff ist zu kostbar, kein Accessoire zu fein. Dies ist ein Look für Perfektionisten und ein großer Favorit des Modeschöpfers Yves St. Laurent, der ihn in einer Kollektion nach der anderen immer wieder verwendet, indem er die Proportionen verändert, um den Look der jeweilig aktuellen Mode anzupassen.

Dieser Look hat gegenüber den anderen in diesem Buch einen Vorteil: man kann ihn sich ausleihen. Selbst in den kleinsten Städten gibt es Leihgeschäfte für formelle Kleidung, weil die meisten Leute es sich nicht leisten können, sich die elegante Kleidung zu kaufen, die man für Hochzeiten, halb-offizielle Dinner und andere besondere Anlässe benötigt. Und da diese Leihhäuser gewöhnlich eine Auswahl in allen Herrengrößen führen, besteht die Chance, daß Sie auch für sich etwas Passendes finden. Neben dem Ausleihen besteht die Möglichkeit, daß der Mann in Ihrem Leben vielleicht einen Abendanzug besitzt, den Sie sich borgen können, oder Sie stöbern vielleicht etwas Passendes in einem Secondhandladen auf.

DER LOOK

Die Farbkombination ist herb, aber kühn, mit Schwarz als Grundton und einer oder höchstens zwei weiteren kräftigen Farben – Burgunderrot oder Rot oder Smaragdgrün – stets auf einen Bereich konzentriert. Daneben besteht auch die Möglichkeit, sich für Pastelltöne als eigene Note zu entscheiden, wie etwa für ein kühles Zitronengelb oder ein Zuckergußrosa. Beginnen Sie mit einer schwarzen oder weißen Smokingjacke aus feinem Wollstoff (oder Leinen oder Seide für den Sommer), vielleicht mit Revers aus Satin. Die Jacke kann jede erdenkliche Länge haben, angefangen bei der kurzen Jacke im Kellnerlook bis hin zu einer Dreiviertellänge, aber die Schulternähte sollten stets wie angegossen sitzen. Tragen Sie zu dieser Jacke ein weißes, pastell-oder dunkelfarbenes Abendhemd mit Rüschen oder Biesen – oder tragen Sie die Jacke zugeknöpft mit nichts darunter. Als Alternative können Sie die Jacke auch mit einem Abendpullover aus Angora, Kaschmir oder einem ähnlich kostbaren Material, vielleicht mit ein paar glitzernden Akzenten kombinieren, was eine etwas weichere Version dieses Looks wäre. Sollten Sie sich von diesem Look ganz und gar hinreißen lassen, dann tragen Sie zu Ihrer Jacke eine Samt- oder Brokatweste, mit oder ohne Hemd, oder wählen eine Smokingjacke aus einem glänzenden und schimmernden Material.

(Tragen Sie aber zu einer solchen Jacke lieber ein streng geschnittenes anstatt ein rüschenbesetztes Hemd, um ein Zuviel an auffälligen Akzenten zu vermeiden.)

Kombinieren Sie Hemd und Jacke mit einer schwarzen oder weißen Hose, wobei die Farbe entweder dem Ton der Jacke entsprechen, oder aber auch im Kontrast zu ihm gewählt sein kann. Als besonderer Akzent kann die äußere Hosennaht mit einem Satinstreifen besetzt sein – obwohl das nicht obligatorisch ist. Die Hosen können entweder passend sitzen oder auch etwas zu groß sein, so daß Sie die Taille zusammenraffen (wie unter *Accessoires* beschrieben) und die Hosenbeine aufschlagen müssen. Was die Länge der Hosenbeine angeht, so können sie entweder nur bis zum Knöchel reichen oder aber auch in Falten auf den Schuhen aufstoßen. Tatsächlich kann dieser Look genauso gut maßgeschneidert wie übergroß getragen werden – als generelle Regel sollten Sie sich vielleicht merken, je größer und länger die Jacke umso größer und weiter die Hosen und um-

Unten: Für den **Dandy-Look** ist kein Accessoire zu elegant. Wählen Sie Schuhe oder Gamaschen aus schwarzem Lackleder, Manschettenknöpfe oder Kragenknöpfe aus Gold oder mit falschen Steinen besetückt, Krawatten und Schärpen aus Seide, Satin oder Brokat, und das alles gekrönt durch einen Silberknauf und einen Zylinder.

gekehrt. Aber Sie können sich für Ihre Person durchaus auch eine Ausnahme überlegen, bei der Sie Ihre Figur und Größe mit in Betracht ziehen.

Als Darüber werfen Sie sich ein Operncape mit dem traditionellen scharlachroten Satinfutter um die Schultern oder einfach eine größere und längere Jacke. Ein Pelz (Imitat oder echt) tut es ebenfalls – als ein Hauch äußersten Luxus'.

ACCESSOIRES

Beginnen Sie oben an Ihrem Frackhemd. Es hat vielleicht einen abnehmbaren Kragen, Manschetten und Manschettenknöpfe. Entscheiden Sie sich in diesem Fall, ob Sie ohne Kragen gehen wollen, wobei Sie dann den Ausschnitt mit einer runden Brosche oder einem einzelnen, glitzernden Knopf zusammenhalten, oder aber traditionell mit Kragenknopf und schwarzer Fliege. Sie können auch eine Goldnadel anstecken, ein Seiden-, Satin-, oder Samtband am Hals oder etwas unterhalb zu einer Schleife oder sogar eine cremefarbene oder Paisley Satinhalsbinde umbinden. Halten Sie sich bei der Auswahl der Accessoires an das grundlegende Schwarz-Weiß-Schema mit lediglich einem kleinen Farbtupfer in Form eines Seidentaschentuchs, seidener Abendstrümpfe, einer Schärpe, eines Abendtäschchens oder Glacehandschuhe.

Ist Ihr Hals geschmückt, wenden Sie Ihr Augenmerk Ihrer Taille zu. Gürtel sollten aus Lackleder oder anderen feinen Lederarten sein, obwohl man auch preisgünstigere Alternativen, wie beispielsweise glänzende Gardinenkordel oder breite Bänder, wirkungsvoll einsetzen kann (vgl. *Ideen*). Herrenhosenträger in Schwarz oder Opernrot sehen auf Ihrem weißen Hemd ebenfalls großartig aus.

Wenn Sie es leid sind, ständig Ihren schwarzen oder weißen Smoking zu tragen, dann sollten Sie die Abendjacke (links) oder den Abendpullover (rechts) in Betracht ziehen. Abendjacken aus Brokat mit übergroßen Schnürverschlüssen sehen zu Satinhosen hinreißend aus, während Abendpullover auch die Form von Jacken haben können – wählen Sie sie in luxuriösen Garnen wie Angora, Mohair oder Seide, vielleicht mit ein paar glitzernden Akzenten.

Als nächstes wenden Sie sich Ihren Füßen zu. Praktisch jede Schuhform, vom ganz hohen Pumps bis zum flachen Slipper ist möglich, je nach Länge und Schnitt Ihrer Hosen. Die Schuhe können aus Lackleder, Glaceleder oder sogar mit Gamaschen sein, aber die grundsätzliche Regel lautet: schwarz. Wenn Ihnen dieser Look gefällt und Sie ihn öfter tragen wollen, dann sollten Sie sich überlegen, sich Abendpumps aus Satin, Spitze, Samt oder einem anderen eleganten Material zuzulegen (was sowieso eine gute Investition ist, da man sie zu vielen anderen eleganten Looks wie der **Debütantin,** der **Romanin** oder der **Zigeunerin** tragen kann.) Ausgefallenere Schuhmodelle können auch eine Pagenschleife oder glitzernde Details in Form von Zierstepperei, Schmuck oder Applikationen aufweisen.

Streng genommen sollte aller Schmuck aus dem Spektrum des Herrenschmucks kommen: Manschettenknöpfe, Krawatten- und Anstecknadeln, Lorgnetteketten, eine Taschenuhr. Tragen Sie ein antikes Zigarettenetui oder ein moiré Seidentäschchen, um darin Lippenstift und Münzen für das Garderobenmädchen unterzubringen. Die abschließende Note liefert ein Zylinder auf dem Kopf und ein Stock mit

Silberknauf. Das sind die wirklichen Markenzeichen des Dandy, aber Sie benötigen schon echte Nonchalance und Geschicklichkeit, um das bühnenreife Herumwirbeln des Stocks zustandezubringen.

GESICHT UND HAAR

Idealerweise sollte Ihr Haar kurz und mit Frisiergel zurückgekämmt sein à la Julie Andrews in *Victor/Victoria*; haben Sie langes Haar, dann tragen Sie es sehr glatt oder zu einem Knoten oder Pferdeschwanz aufgesteckt. Stecken Sie es mit verzierten Haarnadeln fest, aber achten Sie auf einen schlichten Gesamteindruck. Wenn Sie wirklich einen Zylinder tragen, dann stecken Sie Ihr Haar einfach darunter, so daß Ihre seidigen Locken erst über Ihre Schultern wallen, wenn Sie den Hut abnehmen.

Das Make-up sollte einfach aber dramatisch sein. Ein blasses, gepudertes Gesicht, mit einem dunkelgrauen oder braunen Lidschatten und schwarzer Mascara sorgen für die notwendige Intensität. Denken Sie daran, daß die berühmten Dandies der Jahrhundertwende – die »Flaneurs« von Paris wie etwa der Dichter Baudelaire – den Krank-ist-chic-Stil pflegten: von Schmerz gezeichnet, bleich und kühl distanziert. Malen Sie sich hohle Wangen mit Hilfe eines dunkelrosa Rouge. Als Kontrast zu dem starren Schwarz-Weiß-Kontrast der Kleidung tragen Sie abschließend noch einen roten Lippenstift auf.

IDEEN

● Wenn Sie sich schnell ein Paar Abendhosen zaubern wollen, dann nähen Sie einfach ein Grosgrain- oder Satinband auf die äußeren Beinnähte einer gerade geschnittenen Hose. Benutzen Sie dazu Garn in derselben Farbe und eine Art Reihstich, damit Sie das Band später ohne Schwierigkeiten wieder entfernen können.

● Verwenden Sie gestielte Knöpfe, die mit einem Kristall- oder Straßstein besetzt sind, um daraus elegante Manschettenknöpfe und Haarnadeln zu machen. Für Manschettenknöpfe binden Sie zwei solcher Knöpfe mit einer 3 bis 4 cm langen Schlinge aus einem elastischen Faden zusammen; als Haarschmuck ziehen Sie den Knopf einfach auf das gebogene Ende einer langen Haarnadel.

● Nehmen Sie alle mögliche Bänder Ihrer Wahl als Stirnbänder oder Gürtel (oder sogar, um sich damit Manschetten»knöpfe« zu machen, die zu einem entsprechenden Bindegürtel passen.) Wählen Sie dazu burgunderfarbenen oder schwarzen Samt, scharlachroten oder smaragdgrünen Satin, cremefarbene, rosa oder blaßgelbe Seide. Ziehen Sie ein ca. 15 cm langes Band durch die Knopflöcher in jeder Manschette und binden Sie die Enden unten auf der Manschette zu einer kleinen Schleife. Aber üben Sie Zurückhaltung in der Verwendung solcher Bänder, weil ein Zuviel nur allzu schnell den auffallenden, aber vornehm zurückhaltenden Dandy in einen aufgeputzten Gecken verwandelt.

Unten: Verwandeln Sie ein Paar gut sitzender Hosen, indem Sie einen Paillettenstreifen oder ein Satinband auf die Außennaht jedes Hosenbeins nähen. Verwenden Sie das gleiche Band, um daraus auch Manschetten»knöpfe« zu machen, oder verbinden Sie zwei gestielte Knöpfe mit einem Gummiband. Als Schmuck für Ihre Locken ziehen Sie einen weiteren gestielten Knopf auf eine Haarnadel auf, wie oben unter *Ideen* beschrieben.

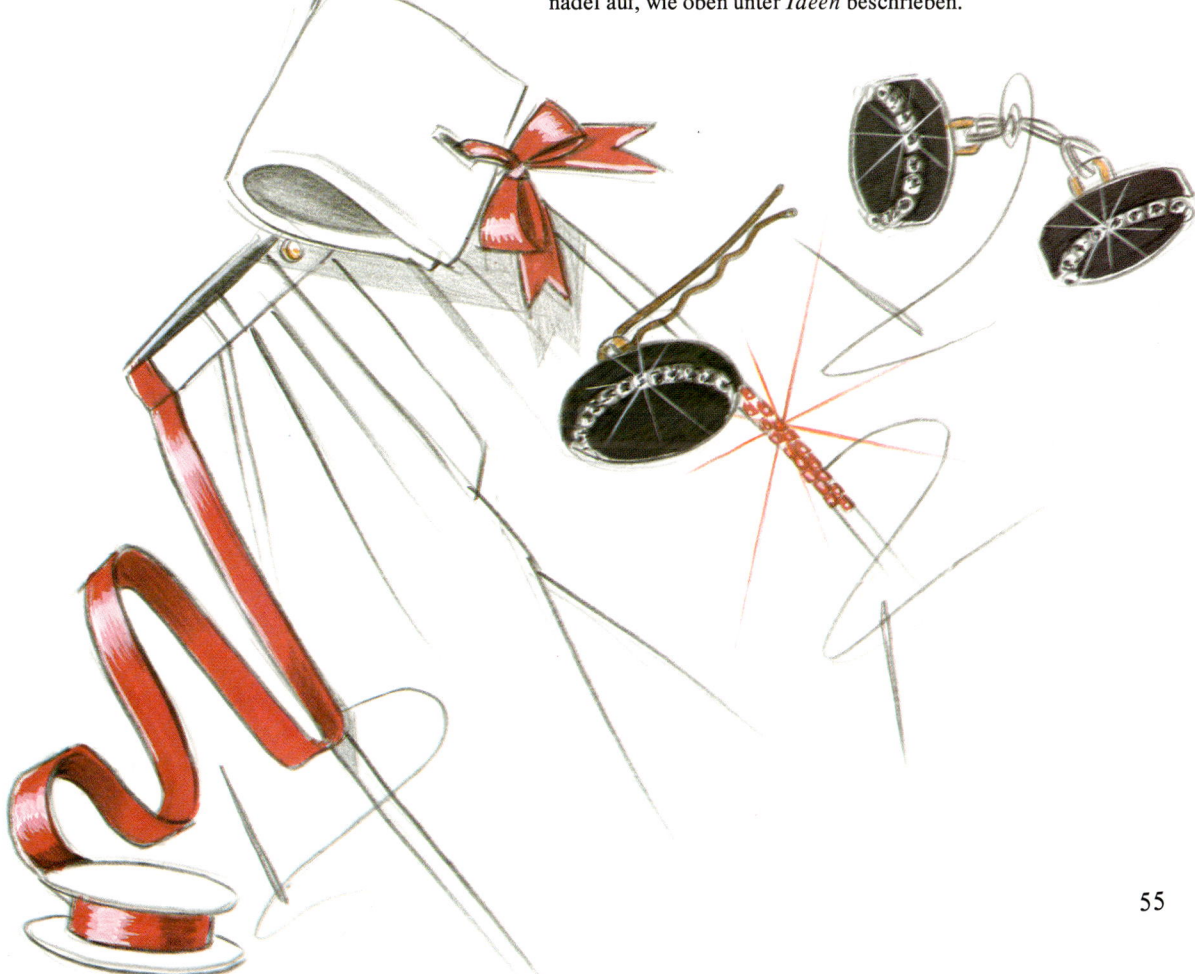

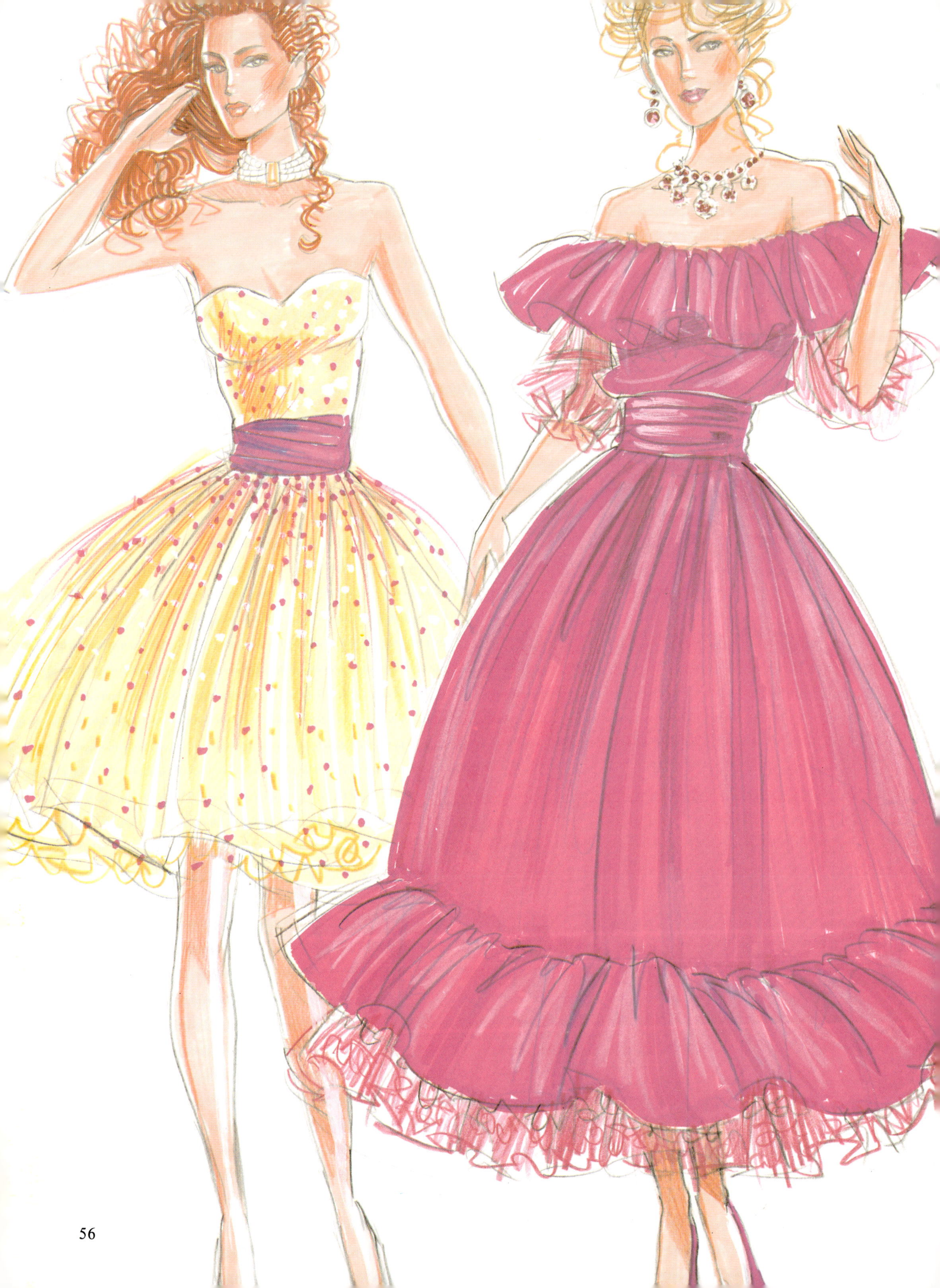

DIE DEBÜTANTIN

HINTERGRUND

Wenn Sie zu den Klängen eines Streichorchesters die georgianische Treppe herunterschweben, in Ihrem Taftballkleid, mit weißen Handschuhen und Satinpumps, die Tanzkarte in der Hand, um den dargebotenen Arm Ihres Begleiters in Frack und weißer Fliege anzunehmen, des eleganten und außerordentlich respektablen Erben von Titel und Vermögen des . . . Sollten Sie das Glück haben, einem sehr großen Ball beizuwohnen, dann denken Sie an die **Debütantin**, einem Wesen, das heutzutage fast ausgestorben ist.

»In die Gesellschaft eingeführt zu werden« bedeutete das Debüt der Debütantin und »die Saison zu bestehen« war ihr *raison d'étre*. Üblicherweise wuchsen die jungen Damen der Gesellschaft bis zu ihrem 18. oder 19. Lebensjahr in der behüteten Atmosphäre ihres Schulzimmers oder Zuhauses auf, wurden dort in guten Umgangsformen unterrichtet und darauf vorbereitet, sich in jeder Situation korrekt zu verhalten. Schließlich kam dann der Tag, sie in die »Gesellschaft« einzuführen und der Welt im Ganzen vorzustellen. Sie schwärmten aus auf die Bälle, die Parties, die gesellschaftlichen Veranstaltungen der Saison. All diese Ereignisse (die alle innerhalb eines Jahres stattfanden) machten eine große Garderobe nötig, aber eine Garderobe, die zu der Stellung der Debütantin als einem naiven Neuling auf der gesellschaftlichen Bühne paßte. Deshalb wählte man für diese jungen Damen, mit ihren schönen und unschuldigen Gesichtern, sanften, wohlerzogenen Stimmen und erfreulichen Manieren, auch keine raffinierte und auffällige Garderobe aus. Naivität und Unschuld waren das Gebot der Stunde. Zugegebenermaßen haben sich die Zeiten geändert: Die Debütantin von heute – zumeist ein Sprößling des heutigen Geld»adels« (vgl. **Die Klassische Dame**) ist wesentlich mehr *au fait* mit den Abläufen in der Welt als es ihre älteren Schwestern waren. Sie ist auch in bezug auf ihre Kleidung wesentlich unkomplizierter und hat den Gedanken eigentlich »ganz gern«, bei ihrem nächsten »Auftritt« wie eine »Bombe einzuschlagen« – und da sie sich sowieso ihrer Anstandsdame entledigt hat, ist niemand mehr da, der Mami alles berichten könnte!

DER LOOK

In den guten alten Tagen vor der Inflation und dem Aussterben des Butlers, gaben Mami und Papi einen großen und prachtvollen Ball, bei dem die Debütantin ihr Debüt feierte. Das war der Anlaß für das Ballkleid – auf überwältigende und romantische Weise schön, aber nicht zu sexy (in so jugendlichem Alter braucht man noch keinen schlechten Ruf). Wählen Sie märchenhafte Stoffe wie Taft, Organza, Rohseide und Moiré in sanften Pastell- oder Edelsteinfarben. Frisches und unschuldiges Weiß ist natürlich *die* traditionelle Farbe der Debütantin; keine andere Farbe ist für die amerikanischen Debütantinnenbälle wie Assembly und Cotillion angemessen, noch war für die Einführung bei Hofe oder den Queen Charlotte's Ball in Großbritannien etwas anderes akzeptabel.

Der Rock des Ballkleids muß lang und weit sein und wird von mehreren Petticoats gestützt. Das Mieder ist eng geschnitten, mit einer schmalen, eingeschnürten Taille (genau wie bei den Krinolinenkleidern aus den fünfziger Jahren des 19. Jahrhunderts). Rüschen und Volants bilden wesentliche Merkmale dieses Kleides; die Ärmel können die Schultern freilassen, gepufft und an Ellbogen oder Handgelenken mit Rüschen besetzt sein, wobei die Schultern diskret unter einer großen Rüsche aus Spitze oder dem Stoff des Kleides verborgen sind, und der Rocksaum kann mit einem Volant versehen sein. Eine breite, an den Enden spitz zulaufende Schärpe kann vorne oder hinten zu einer großen Schleife gebunden werden. Ein Cape aus schwarzem Samt oder Satin wird diese prächtige Creation schützen, wenn Sie aus Ihrem Rolls oder Ihrer Limousine steigen.

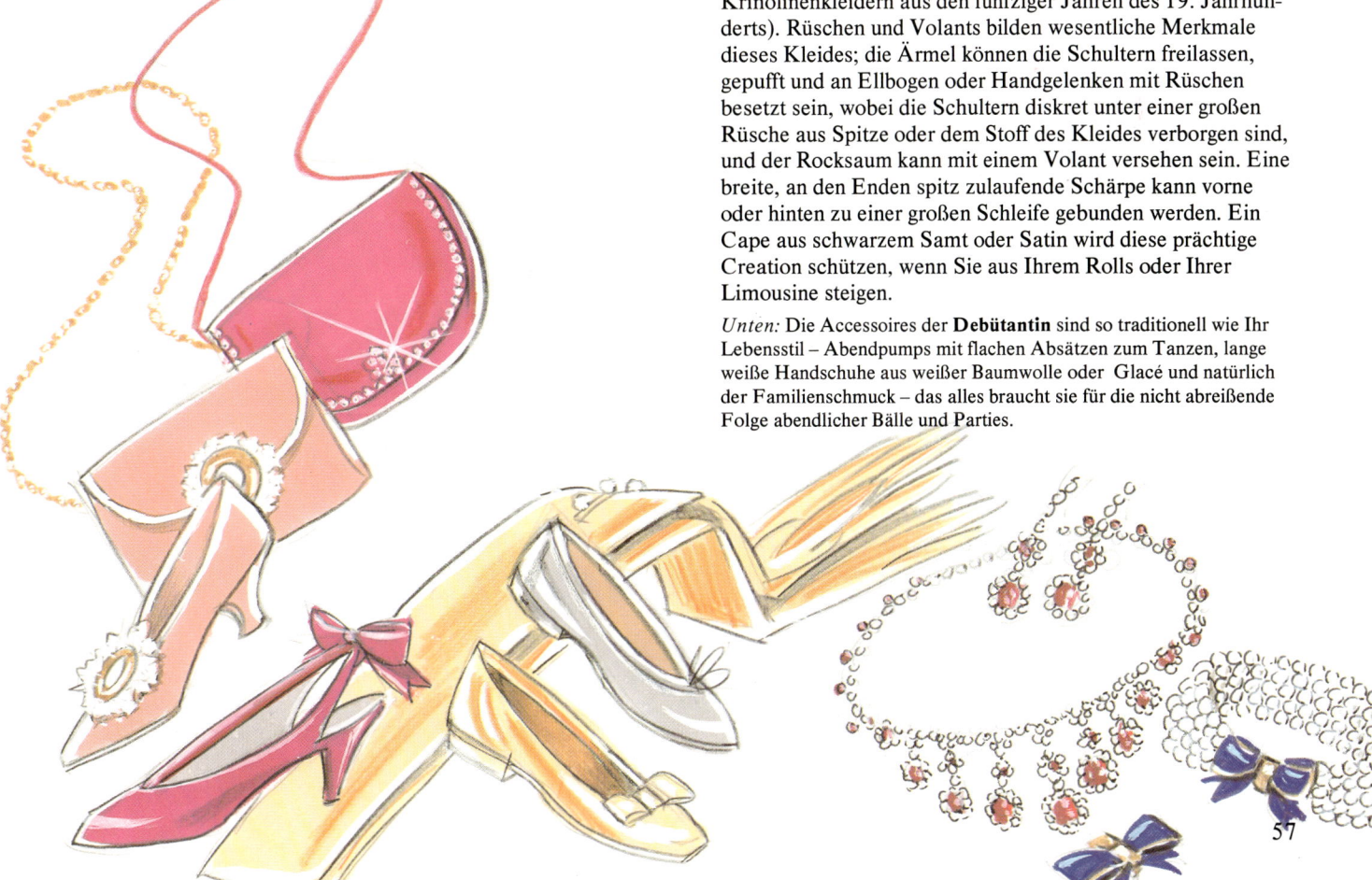

Unten: Die Accessoires der **Debütantin** sind so traditionell wie Ihr Lebensstil – Abendpumps mit flachen Absätzen zum Tanzen, lange weiße Handschuhe aus weißer Baumwolle oder Glacé und natürlich der Familienschmuck – das alles braucht sie für die nicht abreißende Folge abendlicher Bälle und Parties.

Oben: Zwei süße Frisuren für die Debütantin, die beide sehr viel Haarfülle verlangen – vgl. die Anleitungen unter *Gesicht und Haar*.

Die meisten von uns werden sich eine echte Modellkrinoline wohl nie leisten können, aber die Popularität dieses Stils ist in der jüngsten Vergangenheit von Modeschöpfern wie Belville Sasson, Zandra Rhodes und den Emanuels wieder angefacht worden, die das Hochzeitskleid der Prinzessin von Wales entworfen haben. Diese Umwälzung des Modezyklus bedeutet, daß Kopien solcher Modellkleider ohne weiteres in den Geschäften entlang der Hauptstraßen zu haben sind; Sie können es aber auch bei den Theaterkostümverleihs versuchen: leihen Sie sich dort das Kleid zu einem absolut einmaligen Anlaß in Ihrem Leben, oder kaufen Sie es sich bei einem der Ausverkäufe solcher Verleihe.

Die Debütantin von heute könnte vielleicht an der Vorstellung Gefallen finden, sich mit Krinoline und Cape für die allergrößte Party der Saison herauszuputzen, aber wahrscheinlich wird sie sich zu den meisten Anlässen für die kurze Version des Abendkleids entscheiden. Dieser Look ist nicht so formell aber genauso elegant und selbst für die feinsten Parties durchaus akzeptabel. Und was noch wichtiger ist, Sie haben eine echte Chance, ein solches Kleid im nächsten Wohlfahrtsladen oder auf einem Wohltätigkeitsmarkt zu erstehen, weil es ein Klassiker im Stil der Fünfziger Jahre ist. Das trägerlose, auf Stäbchen gearbeitete Oberteil, das über der Büste gerade oder in Herzform geschnitten ist, läuft spitz zu einer schmalen Taille zu, von der ein gekräuselter (aber nicht zu weiter) Rock bis zum Knie herabfällt. Am besten in denselben Farbschattierungen wie das Krinolinekleid, ist es angenehm zu tragen und nicht so unbequem wie das lange Ballkleid. Aufgrund seiner umwerfenden Silhouette braucht dieses Kleid eigentlich keinen weiteren Schmuck, aber Sie können mit Hilfe eines vollen Tüllpetticoats den Rock noch etwas mehr abstehen lassen oder seine Wirkung durch eine Schärpe in kontrastierendem Farbton noch etwas heben.

Die wahre Debütantin verbringt den größten Teil ihrer Saison mit einem Champagnerglas in der Hand und einem unermüdlichen, geselligen Lächeln auf dem Gesicht; aber ihr gesellschaftliches Leben vollzieht sich nicht nur nach Einbruch der Dunkelheit. Das Champagnerglas funkelt auch bei Tag – zum Lunch oder Tee (New York Plaza oder London Ritz, mit Mami oder einem Verehrer), bei gesellschaftlich wichtigen Rennveranstaltungen wie dem Royal Ascot oder dem Kentucky Derby, bei Hochzeiten oder Gartenparties. Für entsprechende Anlässe in Ihrem Leben benötigen Sie ein paar elegante Tageskleider. Am besten ist ein Seidenkostüm oder Seidenkleid, einfarbig oder klein bedruckt. Kostümröcke sollten leicht angekraust sein und werden mit einer passenden Batist- oder Seidenbluse kombiniert, die idealerweise eine weiche Kragenschluppe hat. Die Kleider können im klassischen Hemdblusenschnitt der **Lady** geschnitten sein oder auch, etwas mutiger, wie beim **Gibson-Girl** – den Ausschnitt wie auch die Manschetten können kleine, adrette Rüschen zieren.

Für kühle Wintertage wird ein guter, schön geschnittener Mantel aus Kamelhaar, Kaschmir oder einem Kaschmir-Wollgemisch unentbehrlich sein. Die Art, wie sie von der **Klassischen Dame** und der **Lady** getragen werden, mit strenger Silhouette, kleinen Revers und adrettem Kragen, ist für diesen Look ideal; ebenso ist es auch der Samtblazer der **Schottin** und der **Klassischen Dame**.

ACCESSOIRES

Die richtige Wahl des Schmucks hebt die wahre Debütantin von ihren Nachahmerinnen ab; sowohl der Abendlook für die großen gesellschaftlichen Veranstaltungen, als auch die Kleidung für den Tag, verlangen nach dem korrekten Schmuck. Perlenkette, Perlenchoker und Perlenohrstecker sind klassischer Schmuck der Debütantin und immer akzeptabel. Eine andere Möglichkeit ist es natürlich, für den Ball die Familiendiamanten aus dem Banksafe zu holen, aber sie dürfen nicht zu protzig sein; es darf keinesfalls irgendein Zweifel an ihrer Echtheit aufkommen. Wenn Sie das Echte bisher noch nicht besitzen, dann nehmen Sie stattdessen Imitationen mit Similisteinen und die besseren Imitationen von heute. Beschränken

Sie Armbänder und Ringe auf ein Minimum – wenige, gut gewählte Stücke zeugen von weitaus mehr Geschmack, als wenn Sie in einem unharmonischen Wirrwarr alles zur Schau stellen, was Sie besitzen.

Die Abendschuhe werden durch das viele Tanzen einer gehörigen Belastungsprobe unterzogen, aber dafür werden sie tagsüber nicht so viel ertragen müssen, wie das meiste andere Schuhwerk. Gönnen Sie sich also etwas Luxus, und suchen Sie sich zur Zierde Ihrer wohlgeformten Fesseln wirklich die schönsten und zierlichsten Pumps aus. Hübsch sind beispielsweise Pumps mit mittelhohem bis flachem Absatz aus Satin, Seide, Moiré, Brokat und bestickten Materialien; passen Sie sie Ihrem Ballkleid an, indem Sie sie mit Similispangen, Moiré-Schleifen und zarten Staubperlen- und Spitzenapplikationen schmücken. Für den ganz traditionellen Look – ein weißes Ballkleid mit Rüschen und Volants – sind weiße Pumps verlangt; wo die Regeln etwas lockerer gehandhabt werden, versuchen Sie es mit Pumps in der Farbe Ihres Kleides, oder tragen Sie Pumps und Schärpe zueinander passend in einem Pastellton zu einem weißen Kleid. Für den Tag wählen Sie grundsätzlich dieselbe Pumpsform, aber schlicht und schmucklos, abgesehen vielleicht von einer flachen Grosgrainschleife.

Jede Debütantin weiß, daß Mami zu ihrer Zeit das Haus nie ohne Handschuhe, Handtasche und Hut verlassen hätte, obwohl man da heute nicht mehr ganz so streng ist. Wenn Sie die Handschuhe vielleicht auch nicht tragen wollen, dann können Sie sie zumindest doch immer bei sich tragen: für den Abend sind es lange, weiße Glacehandschuhe mit winzigen Perlknöpfchen auf der Innenseite des Handgelenks und für den Tag kurze Handschuhe in den üblichen Velourleder- und Lederfarben. Eine kleine, geschmackvolle Unterarmtasche oder eine Schultertasche aus schwarzem Lackleder mit einer goldenen Schulterkette sind das Richtige für den Tag; für den Abend wählen Sie ein Abendtäschchen, das zu Ihren Abendschuhen paßt. Wenn Sie sich für einen Hut entscheiden, dann wählen Sie einen feinen Strohhut mit elegantem Rand, Grosgrainband und ein paar großen Seidenteerosen, oder aber eine adrette Pillbox.

GESICHT UND HAAR

Nach all den Jahren des Eingeschlossenseins im Schulzimmer wird der Debütantin endlich erlaubt, sich wie eine Erwachsene zu benehmen und ihr Haar für den Abend aufzustecken; nutzen Sie das also weidlich aus. Jede Art von Aufsteckfrisur ist möglich; machen Sie sie so förmlich und elegant oder so locker und romantisch, wie Sie es mögen. Es können sich oben auf dem Kopf Locken kräuseln, oder kleine Strähnchen sich vorwitzig im Nacken ringeln oder auch mit langgezackten Schildpatt- oder straßbesetzten Kämmchen, Bändern oder Schleifen festgesteckt werden. Wofür Sie sich auch entscheiden, sorgen Sie nur dafür, daß Ihr schlanker, eleganter Hals zur rechten Geltung gelangt; der Ausschnitt Ihres Ballkleids, sowie Ihre Halskette und die Ohrringe werden das ihre dazu beitragen. Wenn Sie kurzes Haar haben, sollten Sie es mit einer weichen, vollen Frisur mit ein oder zwei Wellen versuchen, um den strengen Eindruck zu mildern.

»Pfirsichwangen« zu einem »milchweißen« Teint gehören zu den wesentlichen Kennzeichen der Debütantin – also bitte, hier keinerlei extravagantes oder exotisches Make-up. Seien Sie mit Ihrer Make-up-Palette etwas creativ, und bemühen Sie sich, Ihrem Gesicht einen wohlgeborenen, »englisch-rosigen« Unschuldsausdruck zu verleihen; täuschen Sie die aristrokatischen Wangenknochen mit etwas gelblich-grauem Rouge unterhalb der Wangenknochen vor, und betonen Sie die jungen, leuchtenden Augen mit Hilfe eines marineblauen oder blauen Eyeliners entlang des inneren Lidrandes, wodurch der Eindruck verstärkt wird, daß Sie mit staunend aufgerissenen Augen auf Ihr neues Leben in der Welt der Erwachsenen blicken. Passend zu dem übrigen Make-up sollten die Lippen in sanften, glänzenden Apricot- oder Rosaschattierungen getönt werden.

IDEEN

● Wenn (was kaum erstaunlich wäre!) Ihr Schmuckkästchen keine Diamantgehänge birgt, dann funkelt der viktorianische oder eduardinische Similischmuck genauso wirkungsvoll. Suchen Sie auf Antiquitätenmärkten nach solchen Anhängern und Ohrringen, polieren Sie sie mit Hilfe von Plierrot oder Zahnpasta mit einer alten Zahnbürste auf, und niemand wird den Unterschied bemerken. Sie können auch eine Brosche oder eine kleine Similispange auf ein Satin-, Samt- oder Moiréband stecken, das zu Ihrem Kleid oder anderen Accessoires paßt, und sich dies anstelle eines Chokers um den Hals binden.

● Eine breite Schärpe können Sie sich im Stil der Prinzessin Michaela von Kent dekorieren, indem Sie sie durch eine große, glitzernde Similischnalle ziehen, die Sie dann in der Mitte, seitlich oder auf dem Rücken Ihrer Taille tragen.

● Verzieren Sie Abendslipper oder Pumps mit Satinbändern, Schleifen oder Spangen, indem Sie den Schmuck mit winzigen Stichen festnähen, oder sogar, wenn Sie die nötige Geduld dazu aufbringen, mit Staubperlenstickerei. Auf ähnliche Weise kann man auch Abendtäschchen verschönern.

● Perlen kann man etwas herausputzen, indem man sie zusammen mit Korallen oder anderen farbigen Steinen aufreiht, so daß sie ein weniger »gesetztes« Aussehen bekommen, und Chokern kann man mit einer vorne angebrachten glitzernden Spange zusätzlichen Glanz verleihen.

Unten: Nehmen Sie gewöhnliche Schuhe und schmücken Sie sie für den Ball. Von oben: ein flacher Pumps mit einer Grosgrain-oder Seidensamtschleife, die Sie festkleben oder mit wenigen Stichen aufnähen; in der Mitte eine Straßschnalle, die aufgeklebt oder angesteckt wird; unten sind Ferse, Absatz und Spitze mit einer Reihe einzeln aufgeklebter Perlen verziert.

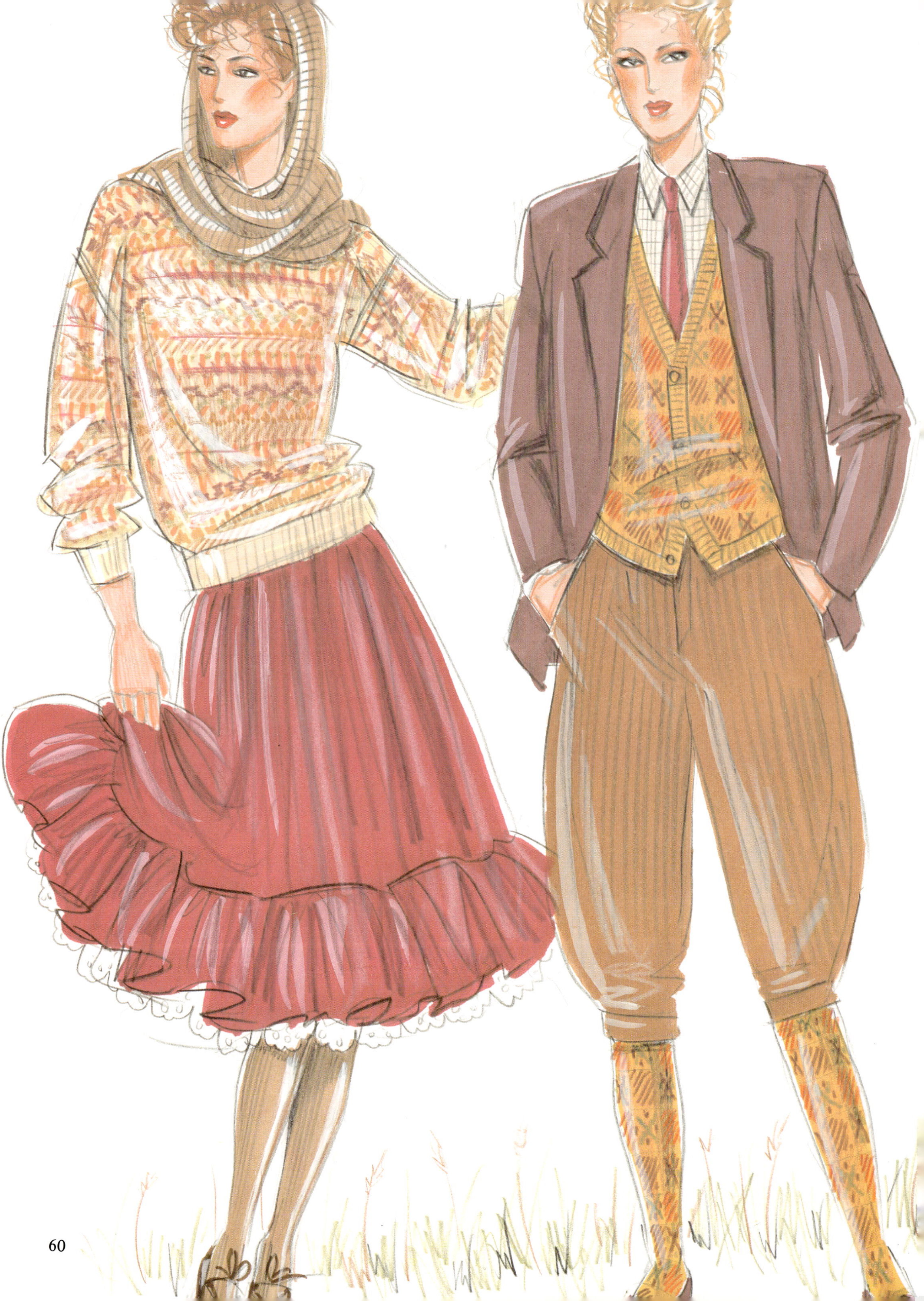

DER FAIR-ISLE-LOOK

HINTERGRUND

Sanfte Beige-, Creme- und Brauntöne von weidenden Schafen, das Grau von Steinmauern und schroffen Felsen, erdige Grüntöne von Moos und Feldern, das Schieferblau vom Meer und windgepeitschtem Himmel, dunkles Rosa und das Rot von Heidekraut; das ist die traditionelle »Farbpalette« der Handstricker der Fair Isle, einem abgelegenen, zerklüfteten Außenposten weit im Norden von Schottland. Die inzwischen berühmt gewordenen, komplizierten Muster symbolischer, geometrischer und natürlicher Inspiration sind ihre »Pinselstriche«. Farbgebung und Muster zusammen, die das Leben, die Kultur und den Wechsel der Jahreszeiten auf der Insel widerspiegeln, liefern die »Leinwand« für eine der wärmsten, praktischsten und bequemsten Moden überhaupt.

Erstaunlicherweise ist der **Fair-Isle-Look** schon mehr als 300 Jahre alt. Den größten Teil dieser Zeit lebt die einzigartige Fertigkeit der Inselbewohner im Stricken allerdings in relativer Abgeschiedenheit und diente in erster Linie dazu, den Eigenbedarf der Inselbewohner zu decken: Schals, Hüte, Fausthandschuhe, Strümpfe und Strumpfhosen und natürlich die wollenen Strickjacken, die traditionelle Arbeitskleidung der Fischer und Kleinbauern. Erst zu Beginn dieses Jahrhunderts entdeckte man den Reiz dieses Looks. Schon bald wurde er zu einer akzeptablen Mode für jedermann. Einen beträchtlichen Beitrag zur Vermehrung seiner Popularität leistete der Prinz von Wales (Edward VIII.), als er 1921 in St. Andrews in Schottland einen auffällig gemusterten Fair-Isle-Pullover zum Golf trug. Die auf diese Weise besiegelte königliche Anerkennung sicherte sowohl dem Pullover als auch der jahrhundertealten Stricktradition der Bewohner der Fair Isle einen Platz in der Mode.

Seit 1920 haben sich natürlich die Proportionen, ebenso wie die Farben und Garne und der stilistische Schwerpunkt gewandelt, aber die Anziehungskraft dieses klassischen dekorativen Looks lebt weiter. Als ein typisch britischer Look kann er genausogut betont fein wie einfach sein und dem rauhesten wie dem mildesten Klima angepaßt werden. Darüberhinaus paßt der **Fair-Isle-Look** zu nahezu jedem Figurentyp: die für den Stil charakteristischen »Schichten« von übereinander zu tragenden Kleidungsstücken, können entweder unerwünschte Pfunde verhüllen oder aber, wo nötig, Fülle vortäuschen.

DER LOOK

Kernstück dieses Looks ist der Fair-Isle-Sweater (oder Pullover oder Strickjacke oder Weste) mit seinem dekorativen Muster und seiner herrlichen Farbkomposition. Nehmen Sie ihn zur Grundlage, um harmonisierende Farbzusammenstellungen für Röcke, Hosen und Jacken aus passenden Naturgeweben zu entwickeln. Versuchen Sie die Kombination mit den traditionellen Tweedstoffen, mit breit oder fein geripptem Cord, mit weichen Wollstoffen wie Chaly, mit klassischem Schottenplaid, mit steifen Baumwollstoffen oder fließender Seide – oder sogar mit Kaschmir und Leder für diejenigen unter Ihnen, die den Luxus lieben. Damit der Fair-Isle-Pullover am besten zur Geltung kommt, sollten Sie ein Zuviel an weiteren Mustern vermeiden; wählen Sie stattdessen einfarbige, aber texturierte Stoffe. Aber, was immer Sie auch wählen, es sollte stets in den schönsten, ureigensten Tönen der Natur gehalten sein – kein schreiender synthetischer Farbton sollte die Harmonie dieser altbewährten Farbkomposition stören.

Für die kalten Wintertage wählen Sie einen sanft gekräuselten Wollrock, unter dem vielleicht die Andeutung eines Petticoats hervorblitzt, oder Knickerbocker oder Hosen aus Tweed oder Cord mit schmeichelnden Bundfalten. Dazu tragen Sie eine karierte Baumwoll- und/oder Wollbluse, vielleicht mit einem schmalen Band, das unter dem Kragen zu einer Schleife gebunden wird. Krönen Sie das ganze mit Ihrem Lieblings-Fair-Isle, einer behaglichen, einfarbigen Strickjacke oder einer weichen, leicht bauschigen Weste, und fügen Sie noch als letzte »Schicht« eine gerippte Jacke aus Tweed oder Cord oder einen übergroßen Männermantel hinzu. Schals, Handschuhe und dickgerippte Strumpfhosen vervollständigen den Look.

Unten: Wählen Sie Schals, Handschuhe, Fäustlinge und Mützen in einem Fair-Isle-Muster, das zu Ihrem Pullover paßt. Als Fußbekleidung wählen Sie für die meilenlangen Wanderungen durch die Moore oder die Straßen der Stadt vernünftige Schuhe oder Stiefel.

Durch die besondere Stricktechnik, bei der die verschiedenen Farbfäden auf der Rückseite immer mitgeführt werden, halten Fair-Isle-Strickwaren Sie im Winter besonders warm. Dieselben Luftpolster sorgen im Sommer für angenehme Kühle. Behalten Sie also in den wärmeren Jahreszeiten Linienführung und Elemente des Looks wie oben beschrieben bei, tauschen Sie lediglich Wollstoffe gegen Seiden-, Leinen- und Baumwollgewebe.

ACCESSOIRES

Schals, Handschuhe, Fäustlinge und eine Vielfalt von Kopfbedeckungen werden in Fair-Isle-Mustern angeboten, aber tun Sie nicht des Guten zuviel – entweder Fäustlinge oder eine Baskenmütze in einem gleichen oder ähnlichen Strickmuster wie Ihr Pullover, ist vollkommen genug. Wenn Sie beispielsweise auf dem Kopf und an den Händen Gemustertes tragen, dann sollten die anderen Accessoires einfarbig sein. Wählen Sie sie in denselben Farbtönen wie Ihre übrige Kleidung.

Mildern Sie die strenge Linie Ihres Mantels oder Ihrer Jacke durch einen großen, befransten Schal oder ein Schultertuch aus Kaschmir oder Wolle (vgl. *Ideen*). Oder schlagen Sie den Kragen hoch und binden Sie ein oder zwei Halstücher in passenden Farbtönen um. Eine andere Möglichkeit ist ein locker geknoteter Seidenschal oder Foulard um den Kragen Ihrer Bluse oder im Haar.

Für die kältesten Wintertage und eigentlich auch zur Vervollständigung Ihres Winterlooks ist ein Hut absolut notwendig. Wählen Sie eine adrette Mütze mit umgeschlagener Krempe aus Angora oder einem anderen flauschigen Wollgemisch oder, wenn Sie mutiger sind, einen Herrenclouche aus Tweed oder einen Filzhut. Baskenmützen sehen ebenfalls sehr gut aus, zudem sind sie preiswert und in einer Vielzahl von Farben zu haben. Handschuhe oder Fäustlinge, vielleicht mit einem Bund im Fair-Isle-Muster, sollten aus Wolle oder, für die wärmeren Tage, aus ungebleichter Baumwolle sein.

Halten Sie die Beine mit einer gerippten Wollstrumpfhose warm, oder tragen Sie zu Hosen Strümpfe mit dezentem Argylemuster. Ziehen Sie noch über die Strumpfhosen Strümpfe, die Sie vielleicht zu den Knöcheln herunterrollen.

Bei der Wahl der Fußbekleidung bleiben Sie am besten bei den flachen Klassikern: Golfschuhe, seitlich geschnürte Wanderschuhe oder Mokassins, Stiefeletten oder Schaftstiefel aus Leder oder Leinen. Olivgrüne Gummistiefel passen ebenfalls gut zu diesem Landlook. Für den Sommer nehmen Sie Schuhe derselben Art aber in hellen, vielleicht sogar Pastelltönen. Ein hübscher Textil- oder Ledergürtel über dem Pullover oder eine weiche Leder- oder Leinentasche im Angler- oder Jägerlook, geben Ihrem Aussehen den letzten Pfiff.

GESICHT UND HAAR

Glänzend und leuchtend verbreiten sowohl Gesicht als auch Haar der Bewohner der Fair Isle den Eindruck von Gesundheit und Natürlichkeit. Der Idealfall wäre also, wenn Sie ganz ohne Make-up auskommen würden. Aber wenn das nicht möglich ist, dann nehmen Sie eine transparente Grundierung in Pfirsich- und Cremetönen und fügen einen Hauch von Puderrouge hinzu. Betonen Sie die Augen nur dezent mit Lidschatten in feinen Erdschattierun-

Unten: Verzichten Sie auch im Sommer nicht auf diesen klassischen Look – wählen Sie jetzt einfach den Pullover aus einem Baumwoll-, Leinen- und/oder Seidengemisch in hellen Farbtönen, und stellen Sie Ihre weitere Garderobe dann danach zusammen.

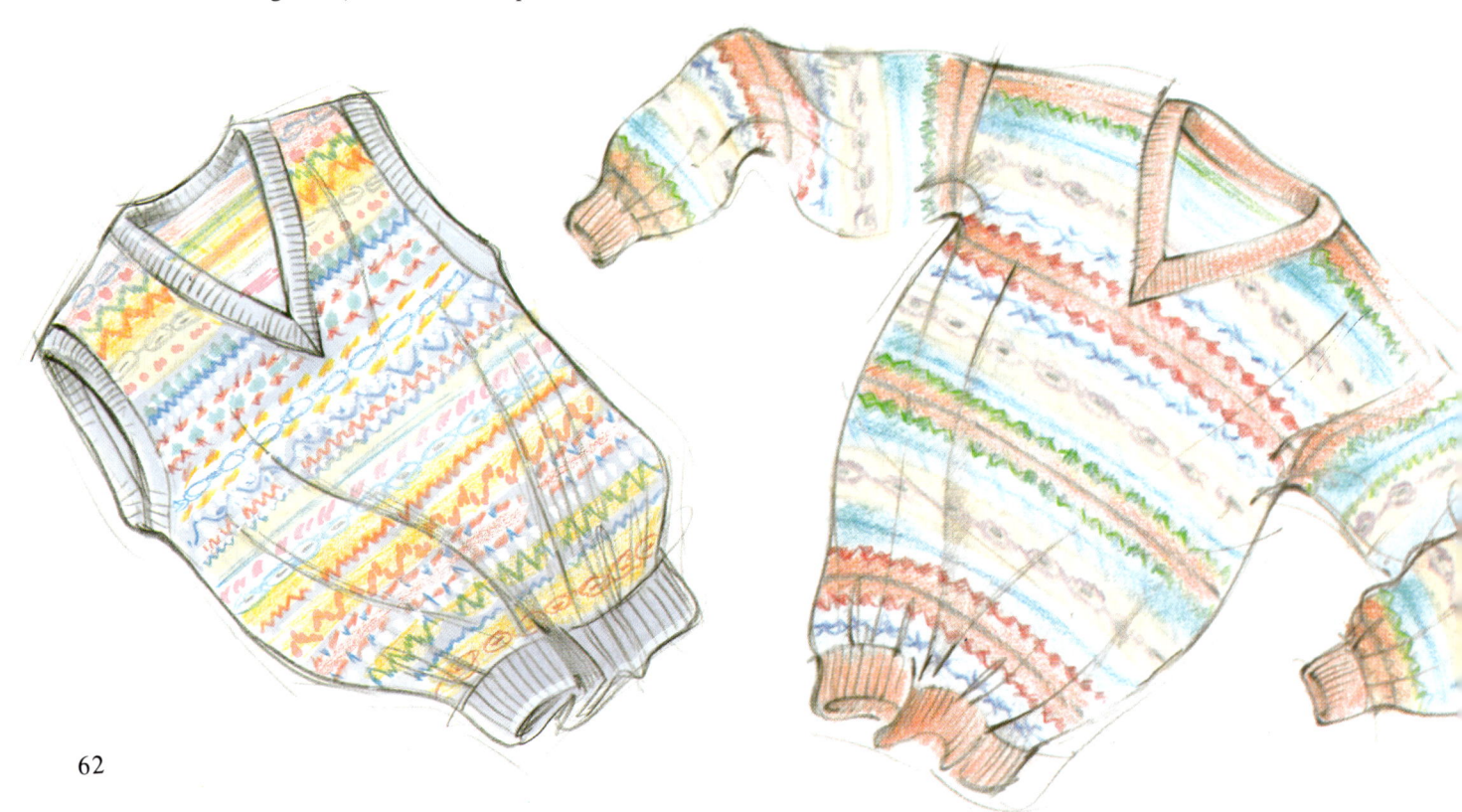

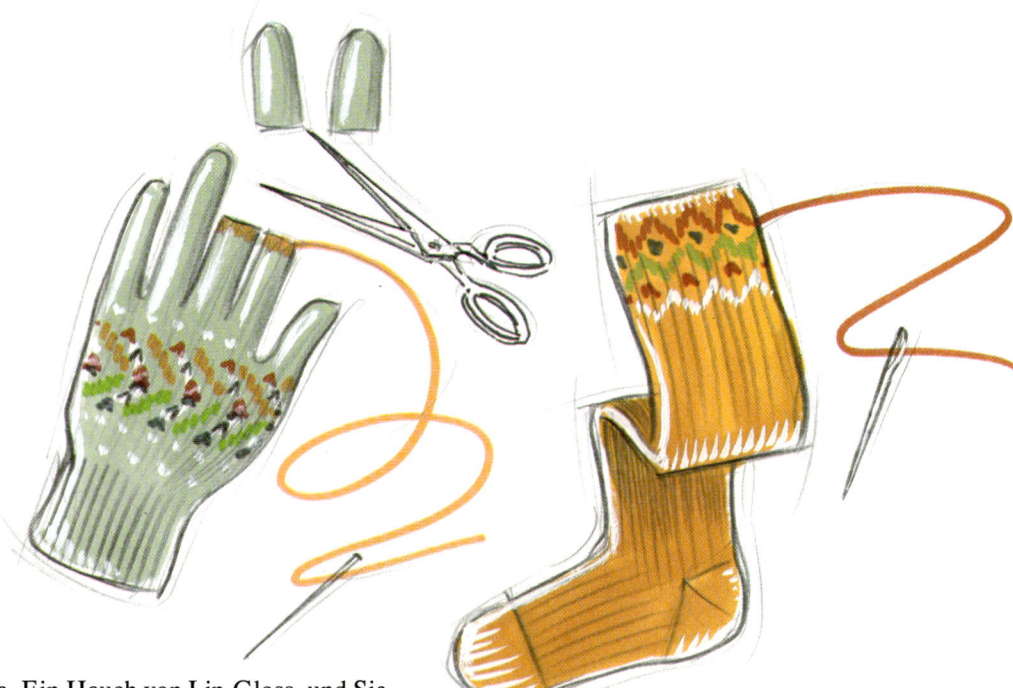

gen und etwas Mascara. Ein Hauch von Lip-Gloss, und Sie sind fertig.

Wenn Sie langes Haar haben, tragen Sie es offen und natürlich und so vom Winde verweht, wie es Ihnen gefällt. Sie können es aber auch zu einem weichen Knoten aufstecken, der mit einem oder zwei »Schildpatt«-kämmchen gehalten wird. Oder Sie versuchen es mit einem Zopf im Rücken oder mit zwei Zöpfchen, die Sie von den Schläfen zurück um Ihre ganze Mähne binden.

Wenn Sie keinen Hut tragen wollen, dann tut es auch ein Wolltuch oder ein Schal, den Sie sich um den Kopf binden und seitlich knoten, ebenso wie ein breites Samt- oder Seidenband, das Sie im Stil der Bauernmädchen oben auf dem Kopf zu einer Schleife binden.

IDEEN

● Wenn Sie selbst stricken oder eine Freundin oder Verwandte dazu verführen können, für Sie zu stricken, dann entwerfen Sie sich Ihren eigenen Fair-Isle-Pullover, oder suchen Sie sich eines der traditionellen Strickmuster. Aber stellen Sie die Farben vorsichtig zusammen. Verwenden Sie übrig gebliebenes Garn, um daraus passende Strümpfe, Fäustlinge oder einen passenden Schal zu fertigen.

● Es ist sparsamer, weiche Wolltücher und Schals aus Stoffresten selbst zu machen; fransen Sie die Seiten aus, indem Sie die unversäuberten Ränder zwei bis drei Zentimeter mit Hilfe einer Sicherheitsnadel aufribbeln.

● Verlängern Sie das Leben Ihrer Lieblingshandschuhe, die an den Spitzen durchscheinend geworden sind: Schneiden Sie die Fingerspitzen etwa bis zum zweiten Knöchel ab, und stricken Sie mit einem farblich passenden Garn einen kleinen Rand neu an.

● Flicken Sie durchgescheuerte Ellbogen mit Velourleder- oder Lederflicken in passendem Farbton, die Sie mit Wollgarn aufnähen.

Oben: Nehmen Sie Handschuhe mit durchgeschabten Fingerspitzen, schneiden Sie diese Spitzen alle ab, und säubern Sie die Schnittränder mit einer Nadel und einem Faden in einer kontrastierenden Farbe. Sichern Sie die Ränder gut, und Sie haben ein Paar fingerlose, handwärmende Handschuhe – beim Einkaufsbummel ungemein nützlich. Vervollständigen Sie Ihre Fair-Isle-Ausstattung, indem Sie ein Paar Kniestrümpfe oder Söckchen wie gezeigt verzieren. Wählen Sie ein einfaches Muster aus Ihrem Pullover und wiederholen Sie es mit Stickgarn oder anderem Garn entlang des Strumpfrands.

● Schneidern Sie sich ausgebeulte Hosen zu Kniebundhosen um; schneiden Sie dazu den unteren Teil der Hosenbeine ab, umsäumen Sie die Ränder neu, und ziehen Sie ein Gummiband ein.

● Nehmen Sie Sattel- oder Packgurte oder sogar Hundeleinen als originelle Gürtel.

● Geben Sie Hüten mit Anglerfliegen, Federn oder einem Band aus gedrehter Kordel einen letzten Pfiff.

QUELLEN

Obwohl heute viele Modefabrikanten den Fair-Isle-Stil ihren Strickwaren zugrundelegen, muß man auf der Suche nach dem Echten hartnäckig sein. Die augenscheinlichsten, aber auch teuersten Fundorte sind natürlich solche Geschäfte, die sich auf traditionelle schottische Tuche, Kleidung und Accessoires spezialisiert haben.

Aber wenn Sie Zeit und Geduld haben, dann stöbern Sie in Secondhandläden und auf Flohmärkten herum – dort werden Sie wohl genau so sicher einen Fair-Isle finden, insbesondere Pullover oder Westen, die allerdings wahrscheinlich eine Wäsche und neue Knöpfe nötig haben und hier und da geflickt werden müssen.

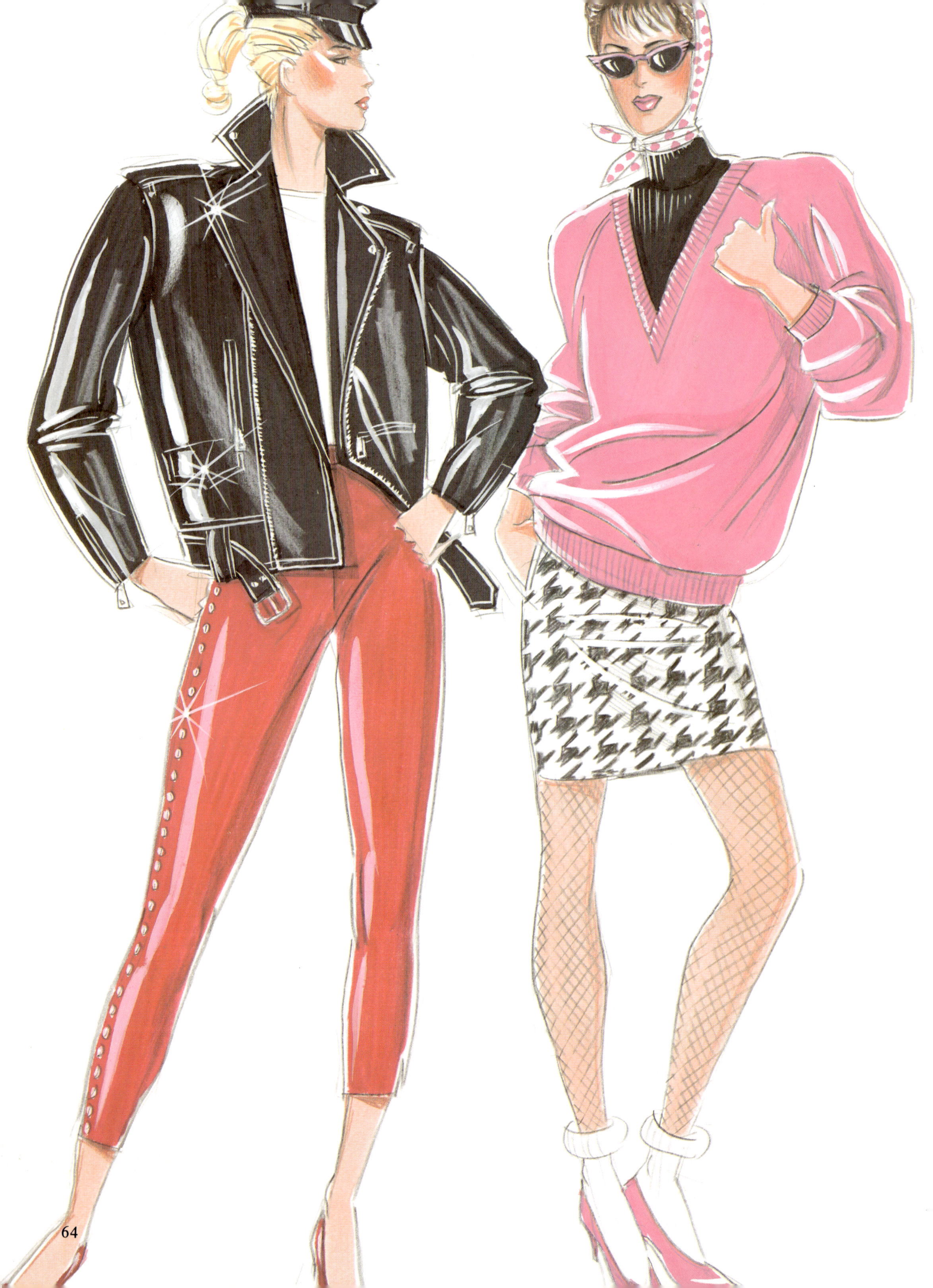

DIE ROCKERLADY

HINTERGRUND

Es war in den Fünfziger Jahren und es hieß Jive gegen Bebop, große Schlitten gegen große Maschinen, Bürstenschnitt gegen Entenschwanz, Elvis Presley gegen Buddy Holly. In den Künsten machten die Stilrichtungen eine radikale Veränderung durch – der Rock 'n Roll wurde geboren. Die Jugend rockte »around the clock«, oder zumindest wollen neuere Filme wie *Grease* uns das Glauben machen. Tatsächlich standen die jungen Leute in einem wirklichen Konflikt zu der Generation ihrer Eltern im besonderen und zur Gesellschaft im allgemeinen, und dementsprechend wurde ein wesentlich genaueres Bild dieser Ära in Elia Kazans Film *Denn sie wissen nicht, was sie tun* (1955) mit James Dean und Natalie Wood gezeichnet.

Die neue Betonung der Jugendkultur, heutzutage längst ein akzeptierter Bestandteil unserer Gesellschaft, stand damals gerade am Beginn. Die Modeschöpfer reagierten begeistert auf den neuen Markt, der durch den Nachkriegs-Babyboom entstanden war, und begannen, eigens für diese neue Spezies, die Teenager, Kleidung zu entwerfen.

DER LOOK

Jetzt, zu Beginn der Achtziger Jahre, ist der Look der Fünfziger Jahre wieder aufgelebt, obwohl diese Renaissance von dem Einfluß des Punk überlagert wird.

Wenn Sie sich in Ihrer Kleidung in die Zeit der Fünfziger Jahre zurückversetzen wollen, dann denken Sie in Schwarz – es ist die Grundlage für fast alles, was Sie tragen werden. Ein klares Rot, stumpfes Weiß, stechendes Gelb, metallisches Blau und verruchtes Purpur und das gelegentliche wilde Muster sind die Akzente, die das Gegengewicht zu diesem tiefsten Schwarz bilden sollen. Aber verwenden Sie nur einen oder höchstens zwei dieser Akzente auf einmal.

Beginnen wir mit Ihrer unteren Hälfte. Die Hosen sollten *sehr* eng sitzen (die ursprünglichen Rocker ließen ihre Jeans gewöhnlich auf die richtige Größe einlaufen, indem sie sich mit der Hose in ein heißes Bad setzten). Stretchhosen mit Fußsteg haben beispielsweise die ideale Form, ebenso wie Toreadorhosen und dreiviertellange Gymnastikhosen. Eng sitzende Jeans können schwarz oder auch ausgewaschen denimblau sein. Bei Röcken gibt es zwei Alternativen: die erste rührt von den Beatniks, den »Vordenkern« dieser Periode her, die schmal geschnittene, kurze, schwarze Röcke zu schwarzen Strümpfen und flachen, schwarzen Schuhen trugen. Diese Kleidung ist das Richtige, um darin in verrauchten Kneipen »Beatlyrik« zu lesen, aber sie ist nicht dazu gemacht, in ihr die Nacht durchzutanzen. Für Jive, Bebop, Rock 'n Roll tragen Sie einen sehr weitschwingenden Baumwollrock (nach Dirndlart, gekräuselt oder schräg geschnitten), der mit grellen Blumenmustern, französischen Pudeln, Hawaiimotiven oder ähnlich kitschigen Designs bedruckt ist. Für den Winter kann dieser Rock aus Filz- oder Wollstoff sein, aber auch dann muß er sehr weitschwingend sein. (Verleihen Sie ihm zusätzliches Volumen, indem Sie mehrere Tüllpetticoats darunter ziehen.) Was die Länge betrifft, so sollten die weiten Röcke wadenlang sein, die engen jedoch deutlich über dem Knie.

Zu den Hosen oder weiten Röcken tragen Sie eine kurzärmelige weiße Bluse. Bei heißem Wetter borgen Sie sich einfach einen kleinen Trick von den Jungen aus: ziehen Sie ein kurzärmeliges T-Shirt an, und rollen Sie die Ärmel hoch, um mehr von Ihren Muskeln zu zeigen. Kurzärmelige Hemden mit auffälligen Blumenmustern sehen im Sommer

Unten: Alle Schuhe, ob mit Pfennigabsätzen oder flach, sind vorne sehr spitz. Die Gürtel können mit Nieten verziert oder aus Plastik sein und sehr breit getragen werden, wenn Sie Ihre Taille betonen wollen; Handtaschen sind kofferartig oder Unterarmtaschen, der Schmuck ist unecht, und die Sonnenbrille ist so ausgefallen wie eben möglich.

zu einer weißen Hose oder einem weißen Rock toll aus. Die Beatnikfrauen zogen damals eng anliegenden Rollkragenpullover aus Baumwoll- oder Wollstrick vor – meist schwarz (oder rot, als Kontrast zu dem schmalen schwarzen Rock). Über einen solchen Rollkragenpullover oder die Bluse tragen Sie einen Mohairpullover. Zottig ist *de rigueur*. Es kann ein weiter Kapuzenpullover oder ein dunkle Strickjacke mit großen Knöpfen sein, aber in jedem Fall flauschig. Die Farben sollten kräftig oder ausgefallen sein, manchmal Primärfarben, sogar auch Pastelltöne. Flaschengrün war der große Favorit, ebenso wie Babyblau oder Rosa.

Sollten Sie sich zu einem besonderen Anlaß wie die **Rockerlady** kleiden wollen, keine Sorge – in Secondhandläden herrscht kein Mangel an eleganten Versionen im Stil der Fünfziger Jahre. Immerhin war dies die Ära der Studentenbälle, der Cocktail-Parties und der Debütantinnenbälle.

Wählen Sie ein Kleid mit weitem Rock und Rüschenbesatz auf dem eng anliegenden Oberteil. Es kann aus einem grellbunten Baumwolldruck oder auch aus Chiffon mit Spitze sein, aber die Proportionen des engen Oberteils zu einem sehr weiten Rock bleiben stets gültig und werden für die Abendkleidung sogar noch weiter übertrieben – vgl. **Die Debütantin** wegen der aktuellen Version. Als wärmende Hülle für den Abend dient eine Stola oder eine reichverzierte Strickjacke. Die schönsten unter ihnen sind in Creme- oder Pastelltönen von Rosa und Blau gehalten und entlang der Vorderkante mit kleinen perlmuttschimmernden Perlchen in Blumenmustern bestickt.

Das Darüber zerfällt ansonsten in zwei Kategorien. Sie können sich entschließen, wie eine Miniatur-»erwachsene« auszusehen und einen übergroßen, knielangen Wollmantel aus Tweed, Karostoff oder auch einfarbig tragen. Aber als wahrer Rebell werden Sie keinen Kompromiß mit der Welt der Erwachsenen schließen und sich weigern, ihre schwarze, lederne Flieger- oder Motorradjacke auszuziehen. Tragen Sie sie zu dreiviertellangen Gymnastikhosen, schmalen oder weit geschnittenen Röcken, ja selbst zu Ihrem Ballkleid. Wenn Sie ein Kind reicher Eltern sind, dann sollten Sie sich tatsächlich von Kopf bis Fuß in schwarzes Leder kleiden – Mütze, Jacke und hautenger Rock.

ACCESSOIRES

Eine Sonnenbrille war in den Fünfziger Jahren bei weitem das wichtigste Accessoire. Die **Rockerlady** wird wahrscheinlich mehrere Sonnenbrillen besitzen, da sie nie ohne geht, ob Tag oder Nacht, Regen oder Sonne, Drinnen oder Draußen. Es können Panoramamodelle mit dunklem Gestell sein, wie sie besonders bei den Motorradhalbstarken aus der Nachbarschaft beliebt sind, oder auch die exotische Version mit den »Flügelchen«, mit einem perlmuttschimmernden Gestell, das vielleicht noch mit ein paar Straßsteinchen geschmückt ist. (Die Gläser sind in jedem Fall sehr dunkel im Vergleich zu den modernen Brillen.) Sammeln Sie solche Brillen aus Trödlerläden. Je ausgefallener Ihre Sonnenbrille ist, um so besser.

Das zweite wichtige Accessoire für diesen Look ist ein Paar dicke, weiße Söckchen. Man rollt sie zu den Knöcheln herunter und trägt sie zu zweifarbigen Schnürschuhen oder einfarbigen Slipper. Ja, tragen Sie diese Schuhe und Söckchen zu Hosen *und* zu den weiten Röcken. (Zu den schmalen Röcken tragen Sie gleichfarbige Strumpfhosen.) Zu den abendlichen Tanzveranstaltungen und Bällen tragen Sie Strümpfe samt Strumpfhalter, um Ihrem Look eine authentisch kokette Note zu geben.

Unten: Nichts geht über ein Kleid mit einem wilden Blumendruck und einem weitschwingenden Rock. Tragen Sie dazu eine Strickjacke mit bestickter Vorderseite, und Sie sind die perfekte **Rockerlady**.

Oben: Um den Charakter bereits vorhandener Blusen und Pullover zu verändern, können Sie die Knöpfe durch irgendeinen Kitsch aus den Fünfziger Jahren ersetzen – Scotch-Terrier (oder Pudel), künstliche Blumen, Herzen und Schleifen sind allesamt für diesen Zweck geeignet.

Die Schuhe sollten zumeist eher flach sein, obwohl zu besonderen Anlässen der geschwungene Pfennigabsatz getragen wird. (Ideal für die elegante Aufmachung ist Lackleder oder perlschimmerndes Leder.) Zu Hosen können Sie auch knöchelhohe Stiefeletten mit schrägem Absatz tragen, aber was für eine Form Sie auch wählen, alle Schuhe müssen vorne spitz zugeschnitten sein.

Die Handtasche sollte farblich zu den Schuhen passen. Suchen Sie nach Unterarmmodellen oder Griffbügel oder nach Koffertaschen aus robustem Plastik. Die Gürtel sollten breit sein. Tragen Sie sie über dem Mohairpullover, wenn Sie es sich leisten können, Ihre Taille zu betonen; anderenfalls über Blusen und Rock und Hose. Elastic-Gürtel sind ideal und preiswert und werden in einer Vielzahl von Farben angeboten. Entsprechende Gürtel aus Leder oder Velourleder sind wunderschön, wenn Sie sie secondhand auftreiben können, aber neu sehr teuer. Wenn Sie sich dem schwarz-ledernden Aspekt dieses Looks verschrieben haben, dann tragen Sie Gürtel mit Metallnietenverzierungen, wie man sie von Hundehalsbändern her kennt.

Stilgerechte Schmuckstücke sind etwa Siegelringe, Amulettarmbänder, Medaillons und Ketten aus großen, runden Perlen. Dazu tragen Sie die auffälligsten Ohrringe, die Sie finden können: riesige Reifen oder runde Scheiben sind beispielsweise das Richtige, aber greifen Sie auch nach Plastikblumen und Metallmodeschmuck. Für besondere Anlässe sollten Sie kurze Handschuhe tragen – im Sommer weiß, im Winter schwarz aus Baumwolle oder Leder.

Um Ihr Haar zusammenzuhalten, trugen die Rockerladies Kopftücher. Binden Sie sie so wie unter **Der Filmstar** beschrieben um den Kopf oder knoten Sie das Tuch unter dem Kinn oder im Nacken. Das ist genau das Richtige, wenn Sie auf dem Motorrad oder im Kabriolett vorbeifegen.

GESICHT UND HAAR

Sie können Ihr Haar auf verschiedene Art tragen – lang und glatt, kurz mit Kußlöckchen oder mit einer leichten Dauerwelle. Am besten aber binden Sie es nach hinten zu einem Pferdeschwanz hoch, den Sie, wenn Sie wollen, mit ein oder zwei Schleifen schmücken können.

Das Make-up beginnt mit einer natürlichen, hellen Grundierung, aber für die Augen sollten Sie einen Lidschatten in Hellblau oder Grün mit einem Hang ins Graue wählen, um harte Kontraste zu vermeiden. Ziehen Sie entlang der oberen Wimpernreihe einen Lidstrich mit flüssigem Eyeliner, und verlängern Sie ihn am äußeren Augenwinkel zu einem kleinen »Flügelchen«. Sie können auch einen Lidstrich unterhalb der unteren Wimpernreihe ziehen, allerdings brauchen Sie dafür Fingerspitzengefühl, damit es nicht zu wuchtig wird. Schließlich tragen Sie ein sanft rosa Rouge auf die Wangen auf und ziehen die Lippen in einem mattschimmernden Lippenstift in einem hellen Rosa aus. Vollenden Sie das ganze durch einen weißlichen oder sehr hellen, mattschimmernden Nagellack.

IDEEN

- Schmücken Sie große Sonnenbrillen, indem Sie kleine Straßsteinchen, Muscheln, Plastikspielzeug, Plastikblumen, Knöpfe usw. auf die Ecken des Gestells aufkleben.
- Investieren Sie etwas Geld in eine Tüte silberner Nietenbeschläge und eine mechanische Stanzzange, mit der man sie anbringen kann. Schmücken Sie dann die Hosensäume Ihrer Jeans, Ihre Lederjacke, vielleicht sogar Ihre Schuhe sofort mit solchen Nieten.
- Ersetzen Sie die geschmackvollen Knöpfe an Ihrer neuen Strickjacke durch nicht zueinander passende Kitsch- oder Plastikknöpfe aus den Fünfziger Jahren. In Secondhandläden kann man sie immer noch finden – rosa Hündchen oder apricotfarbene Flamingos sind genau das Richtige, je größer, desto besser.

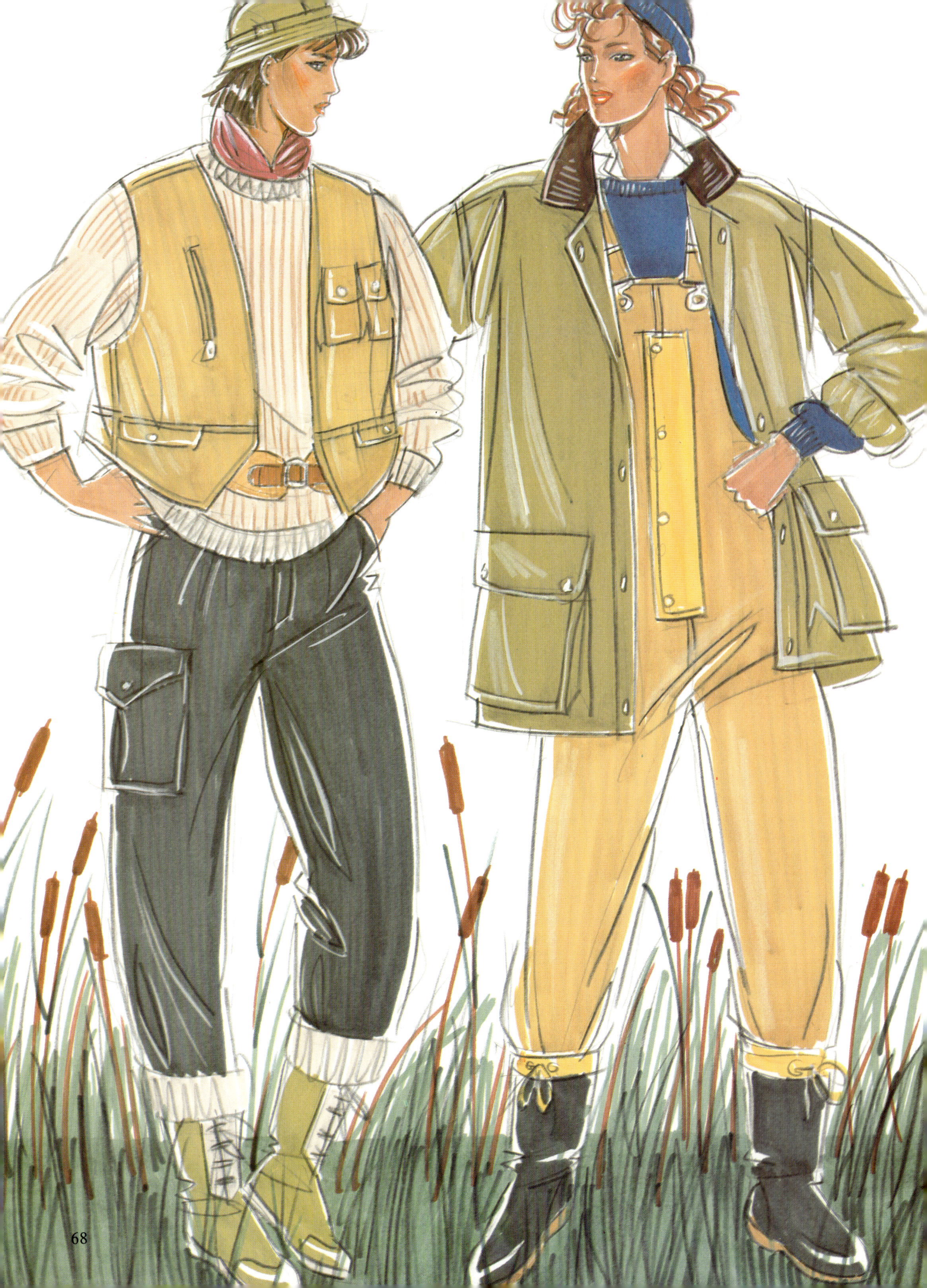

DIE FISCHERIN

HINTERGRUND

Es gibt nichts Angenehmeres, als sich mit einer Angel und einem Picknickkorb, einem Campingklappstuhl und einem großen Schirm hinunter an ein abgelegenes Stück Flußufer zu begeben, dort seine Angel auszuwerfen und den Rest des Tages damit zu verbringen, friedlich und ungestört das gelegentliche Kräuseln der Wasseroberfläche zu beobachten. Wenn Sie an dieser Art von Leben in der freien Natur Gefallen finden – und die meisten von uns werden sich zu irgendeinem Zeitpunkt danach sehnen – dann schlucken Sie den Köder und verlieben Sie sich in die Garderobe der **Fischerin**, mitsamt Haken, Schnur und Schwimmer. Selbst wenn Sie keine Gelegenheit haben, tatsächlich ans Wasser zu gehen, ist dies auch der perfekte Look für die meisten anderen Betätigungen im Freien, wie beispielsweise Wandern, Campen oder Radfahren, und geradezu ideal bei rauhem Wetter.

DER LOOK

Obwohl die **Fischerin** zu den Looks für das gesunde Leben im Freien gehört, bezeichnet sie keinen Stil, der von so strengen Regeln beherrscht wird wie etwa die **Amazone** oder die **Gutsbesitzerin**. Wenn Sie sich an die richtigen Farben halten und wenige Grundkleidungsstücke und Accessoires zur Hand haben, dann werden Sie nicht nur stilgerecht aussehen können, sondern sich auch mit einem Minimum an Anstrengung in bezug auf Ihre Kleidung wundervoll bequem angezogen fühlen.

Weil die Fischerin ihr Leben in, nahe bei oder auf dem Wasser verbringt, muß ihre Kleidung einleuchtenderweise wasserabweisend sein. Schwere, imprägnierte Baumwolle, geschmälzte Wolle und gummierte Materialien sind die Stoffe, nach denen man sich umsehen muß, während die Kleidungsstücke selbst weit und bequem sein sollten, mit großen Taschen (für Anglerfliegen und wibbelnde Würmer!). Wenn die Grundelemente Ihrer Ausstattung locker genug sitzen, dann können Sie diesen Look durch Hinzufügen oder Fortlassen von dicken Pullovern, isolierenden Westen oder dickgestrickten Strümpfen jeder Jahreszeit anpassen.

Wie jeder andere Look fürs Freie folgt die **Fischerin** einem strengen Farbkodex: die erdigen Grün-, Oliv- und Khakitöne des Flußufers plus der Beige-, Braun- und tiefgoldenen Sandschattierungen des Strandes. Und vergessen Sie bitte nicht, daß die meisten dieser Farbkombinationen und

Unten: Die Accessoires der **Fischerin** sind von den Farben des Waldbachs inspiriert – natürliches Strohgelb, Olivgrün, Schlammgrün, erdiges Braun, wobei Südwester und Schnürsenkel den erlaubten gelben Farbspritzer einbringen. Die Gummi- oder Leinenstiefel sind in jeder feuchten Umgebung das Richtige, sei es nun beim Wagenwaschen oder beim Forellenfischen; die Hüte schützen die Augen vor Nieselregen wie vor grellem Sonnenlicht, und die Taschen sind geräumig genug, um alles in sich aufzunehmen, und durch die Schulterriemen bleiben Ihnen die Hände frei.

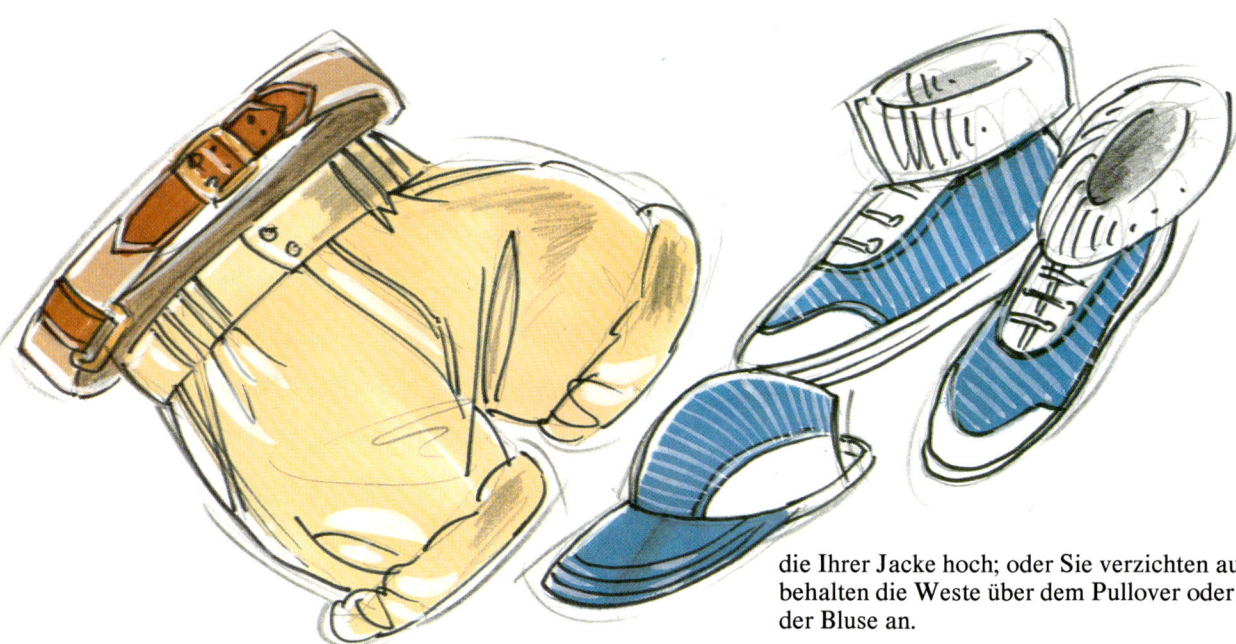

Oben: An heißeren Tagen tauscht die **Fischerin** ihre Latzhose gegen Shorts ein, die man aufrollen kann, und ihre Gummistiefel gegen Tennisschuhe und Söckchen, die man herunterrollen kann. Verzichten Sie jedoch nicht auf die Mütze – auch abseits vom Wasser gibt es sehr viel blendendes Licht.

-ausführungen, die wir für diese Version des Looks empfehlen, auch von der **Amazone**, der **Gutsbesitzerin**, zum **Fair-Isle-Look** und sogar von der **Naturfreundin** und der **Schottin** getragen werden können.

Hosen sind ein grundlegender Bestandteil dieses Looks; sie sind bequem, schützend und praktisch. Suchen Sie weite, bauschige Schnitte in Sand, Khaki oder Olivgrün aus; ideal sind solche mit Seitentaschen auf der Hälfte der Hosenbeine. (Sie können sich auch die sand- oder olivfarbenen Hosen der **Soldatin** ausborgen.) Die Hosenbeine stecken Sie auf jeden Fall in die Strümpfe, gleichgültig, ob Sie nun einfache Gummistiefel, wasserdichte Schnürstiefel oder Leinensegelschuhe an den Füßen tragen (vgl. *Accessoires* Dann plündern Sie die Schränke der **Amazone** und der **Gutsbesitzerin** nach karierten Blusen und Lammwollpullovern oder die der **Schottin** nach naturweißen Aranstrickpullovern aus geschmälzter Wolle. Vollenden Sie die Wirkung, indem Sie einen breiten Gürtel aus Gurtband samt Klemmen und Lederschnallen über den Pullover binden.

Als Überkleidung greifen Sie am besten zu einer wasserabstoßenden Jacke, vorzugsweise aus einem geölten oder gummierten Material, wie man sie häufig in Olivgrün, Schwarz oder Marineblau, aber auch in leuchtendem Blau und Gelb findet. Sie benötigen eine oberschenkellange, zwanglose, weite Form mit vielen Taschen und Reißverschlüssen und/oder Druckknopfverschlüssen. Eine Barbourjacke wäre etwa ideal, und eine olivgrüne Daunenjacke wäre ebenfalls akzeptabel (beides bei der **Gutsbesitzerin** ausgeborgt).

Wenn zwischen Pullover und Jacke noch eine weitere Kleidungsschicht erforderlich wird, fügen Sie eine sand- oder khakifarbene Daunenweste hinzu. Achten Sie wiederum auf so viele praktische Taschen wie möglich und auf eine längere, weite Form. Bei milderem Wetter lassen Sie Weste und Pullover beiseite und rollen die Ärmel Ihrer Bluse über die Ihrer Jacke hoch; oder Sie verzichten auf die Jacke und behalten die Weste über dem Pullover oder auch nur über der Bluse an.

An wirklich warmen Tagen wählen Sie die gleichen Kleidungsstücke aus leichteren Materialien oder verzichten auf die Hosen zugunsten von Shorts – khaki-oder sandfarbene Shorts mit Bundfalten (wie sie etwa in Armeebestandsläden verkauft werden) sehen zu passenden T-Shirts oder Blusen großartig aus; krempeln Sie die Beine der Shorts und die Ärmel Ihres Hemds auf, fügen Sie noch einen Gurtbandgürtel und eine Anglertasche hinzu, und Sie werden wahrscheinlich alles angeln, was Sie wollen.

Wenn Sie die ungeschliffenere und rauhere Version dieses Looks mögen, wie sie die echten Fischer tragen, dann wählen sie einen echten Fischerpullover, wie ihn aus gutem Grund schon Generationen getragen haben. Traditionsgemäß in Marineblau oder Naturweiß, mit geradem Ausschnitt und krausgestrickter Schulterplatte, ist er ein großartiger Schutz gegen Wasser, Gischt und Wind, da die geschmälzte Wolle, aus der er gefertigt wird, so gut wie wasser- und windundurchlässig ist. Während der letzten Jahre ist er zu einem Modeklassiker geworden, so daß er mittlerweile in einer großen Auswahl an Farben zu haben ist. Oder erstehen Sie die echte Fischerausrüstung – wasserdichte Hosen, vorzugsweise in einer dunklen, praktischen Farbe wie Marineblau oder Olivgrün. Das Schöne an dieser funktionellen Fischerkleidung ist, daß sich die einzelnen Elemente gut untereinander mischen und kombinieren lassen – khakifarbene Shorts können zu schwarzen oder gelben Öljacken getragen werden; olivgrüne Hosen zu einem roten Fischerpullover.

ACCESSOIRES

Wie bei den anderen Looks für das Leben im Freien gibt es auch ein paar Accessoires, die die **Fischerin** sofort kenntlich machen. Der wichtigste Artikel ist zunächst einmal die traditionelle Anglertasche. Diese robuste und geräumige Allzwecktasche wurde den Fischern zuerst von den Fotografen von der Schulter gestohlen, die darin einen idealen Behälter für ihre Ausrüstung fanden; inzwischen haben ihn sich weltweit Modeschöpfer, Modefans und alle übrigen zu eigen gemacht. Es ist die Tasche überhaupt zu allen Naturlooks, und obwohl einige Ausstatter teure Versionen herstellen, gibt es durchaus passable Nachahmungen, wenn Ihr Budget sich nicht beliebig strecken läßt. Die Tasche sollte groß und geräumig und aus starkem, wasserundurchlässigem Leinen sein, mit einigen großen Außentaschen, sowie einem breiten Schultergurt und Ledereinfassung; weiche Sandtöne oder ein Olivgrün mit brauner Einfassung sind am besten. Wenn Sie jedoch gern etwas haben möchten, was ein bißchen aus dem üblichen Rahmen herausfällt, dann suchen Sie nach einem altmodischen Weidenkorb, wie ihn die Angler lieben. Aus Weidengeflecht in ovaler Form, mit einem flachen, schrägen Deckel, wird dieser robuste, geräumige Behälter einiges aushalten. Eine weitere Möglichkeit sind die Kästen für Anglerausrüstung, die es in leuchtenden Farbschattierungen im Metalleffekt gibt.

Wasserdichte Fußbekleidung ist hier selbstverständlich das Gebot der Stunde. Beginnen Sie mit olivgrünen Überziehstiefeln oder mit imprägnierten, knöchelhohen Leinenschnürstiefeln. Im Sommer können Sie jede Art von Leinenschuh mit Gummisohle tragen. Obwohl die Stiefel normalerweise schwarz oder olivgrün sind, versuchen Sie es ruhig auch mit marine- oder königsblauen, scharlachroten oder gelben. Diese gibt es nun wiederum in verschiedenen Ausführungen, angefangen bei der üblichen kniehohen Version bis hin zu niedlichen Stiefeletten. Aber stecken Sie Ihre Hosenbeine immer in die Strümpfe, damit sie nicht herumflattern und Ihre Knöchel trocken bleiben.

Suchen Sie einmal an einem Sonntagnachmittag ein Flußufer auf, das ein beliebter Platz unter Anglern ist, und Sie werden Gelegenheit haben, *den* Anglerhut in Hülle und Fülle zu sehen: er ist aus olivgrüner, imprägnierter, robuster Baumwolle oder ebensolchem Leinen in einer glatten Clocheform mit mehreren Ziersteppnähten um die Krempe herum, und er ist die einzige Kopfbedeckung, die man zur Anglerausrüstung trägt. Ein ähnlicher Hut in Marineblau paßt ebenfalls gut, ebenso wie eine Leinenkappe, ein Filzschlapphut, ein Südwester oder eine Mütze aus scharlachroter oder marineblauer Wolle. Und vergessen Sie bitte nicht den Gurtbandgürtel, die fingerlosen Handschuhe (die die Hände wärmen, es aber ermöglichen, daß die Finger die Angelrute trotzdem fest umklammern können) und einen großen Anglerschirm.

GESICHT UND HAAR

So viel frische Luft sollte Ihnen eine wirklich gesunde Gesichtsfarbe verleihen, so daß Sie mit so wenig wie möglich Make-up auskommen. Wenn Sie nicht ganz ohne sein können, dann achten Sie darauf, daß Sie nur ganz feine Hilfen verwenden. Wählen Sie eine wasserfeste Mascara für die Wimpern, während Sie die Augen mit erdigen Grün- oder Blautönen betonen. Lassen Sie Ihre Wangen mit Hilfe eines bräunlichen Rouges rosig erblühen, und schützen Sie Ihr Gesicht vor dem austrocknenden Wind und der Gischt, indem Sie ein durchsichtiges Gel auftragen, wie es von Skiläuferinnen und anderen Naturfreundinnen benutzt wird – Vaseline wird denselben Zweck sehr preisgünstig erfüllen.

Das Haar wird zum größten Teil unter Ihrem Hut verborgen bleiben, der Ihnen auch hilft, es aus dem Gesicht zu halten. Sie können es mit einem Leder- oder Baumwollschnürsenkel zurückbinden oder auch einen Wollschal als Stirnband benutzen.

IDEEN

● Verwenden Sie einen Anglerausrüstungskasten als kombinierte Hand-Akten-Tasche. Solche Kästen für Anglerfliegen ähneln kleinen Werkzeugkästen mit zwei auseinanderziehbaren Abteilungen und sind höchst nützliche Allzwecktaschen. Sie können beispielsweise Papiere und Notizbücher in die untere Lade legen und in den verschiedenen kleinen Unterteilungen in den ausziehbaren Fächern (gedacht für Ihre unterschiedlichen Anglerfliegen) Füller, Stifte und Make-up-Utensilien unterbringen.

● Nachdem Sie die Anglerfliegen aus dem Anglerkasten herausgeworfen haben, benutzen Sie sie doch, um Ihrem Fischerlook eine stilechte abschließende Note zu verleihen. Stecken Sie ein oder zwei der leuchtend bunten an das Band Ihres traditionellen Anglerhuts, oder stecken Sie eine in ein Knopfloch Ihrer Jacke.

● Machen Sie sich die fingerlosen Handschuhe selbst, indem Sie die Spitzen von durchgeschabten Handschuhen abschneiden (vgl. **Der Fair-Isle-Look** wegen der entsprechenden Anleitung.)

● Wenn Sie ein Könner im Umgang mit Stricknadeln sind und sich zudem auch in einem ziemlich komplizierten Muster zurechtfinden, dann stricken Sie sich Ihren eigenen Original-Fischerpullover. Die Grundform und -art bleibt immer die gleiche, und es wird durchgehend nur ein Farbton verwendet, aber die eingestrickten Verzierungen in Form von verschiedenen Strickmustern nimmt viele unterschiedliche Formen an. Es gibt zahlreiche, wunderschöne, traditionelle Muster, aus denen man auswählen kann. Wie bei den Fair-Isle-Mustern haben viele dieser Fischermuster symbolische Bedeutung, so daß Sie vielleicht sogar ein Muster finden, das zu Ihrem Charakter oder Ihrer Lebensweise besonders paßt.

Unten: Werkzeugkästen sind umwerfende Handtaschen, ob Sie nun Fischen gehen oder nicht.

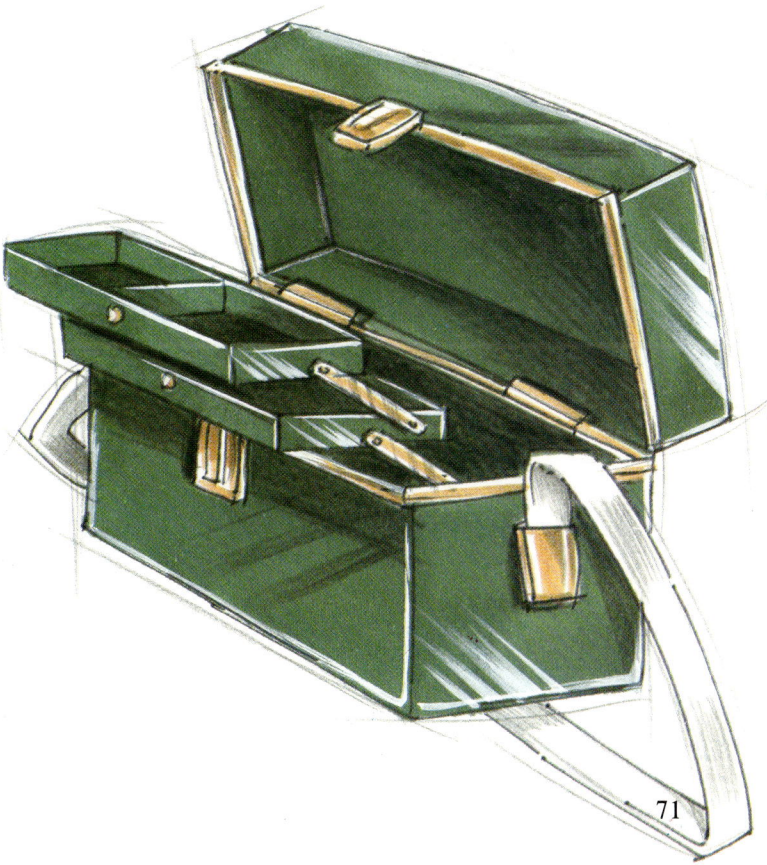

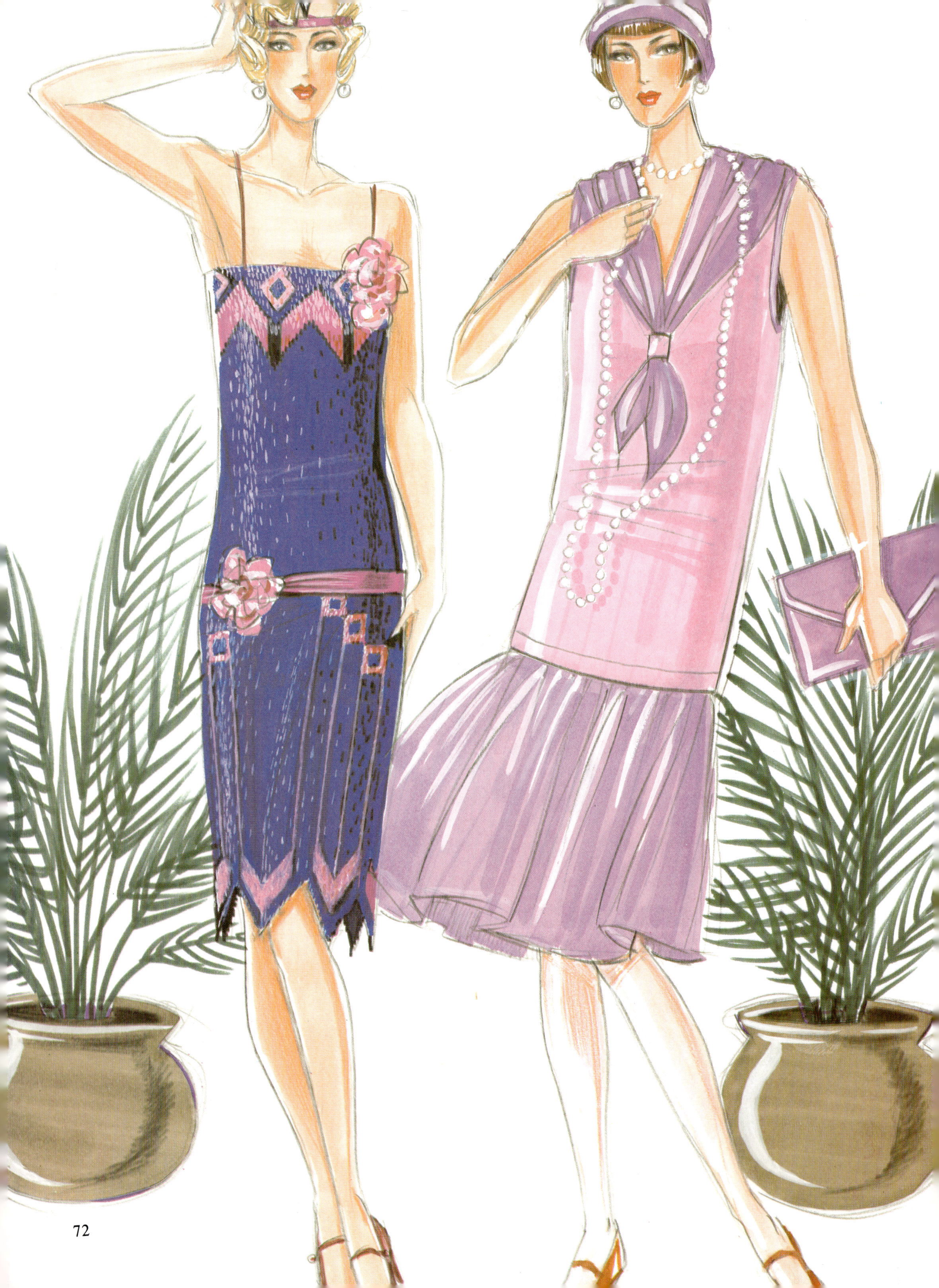

DER CHARLESTON-LOOK

HINTERGRUND

Die Garderobe des **Charleston-Look** spiegelt die verrückte Atmosphäre der »Wilden Zwanziger Jahre« wider, einem Jahrzehnt, das sich der Frivolität verschrieben hatte. Der hektische Lebensstil von Scott und Zelda Fitzgerald und ihres Glamourzirkels ist in Scotts Romanen verewigt worden: *Der große Gatsby, The Beautiful and the Damned, This Side of Paradise* und viele andere mehr. Während man in der Wall Street sein Vermögen machte, kauften sich die ausgelassenen jungen Dinger die neuesten Grammophonplatten mit Gershwins »sweet« und Armstrongs »hot« Jazz und tanzten den Charleston, den Blackbottom und den Shimmy bis in den frühen Morgen. Wie ein Fieber verbreitete sich die Wohlstandswelle über die USA und steigerte sich zu einem Crescendo vor dem Börsenkrach im Jahre 1929.

Der Geist der *Jazz Age* gelangte über den Atlantik nach Europa, und fast zum ersten Mal diktierte Amerika die Mode und Europa folgte enthusiastisch. Ohne Zögern reagierten die Frauen auf den emanzipierten Stil ihrer beinzeigenden und bubiköpfigen Schwestern von der anderen Seite des Ozeans. Man entledigte sich der eduardianischen Korsetts, beengende Schnüre und auf Stangen gearbeitete Mieder wanderten ebenso in die Mülltonne wie die steif wattierten Kostüme. Statt dessen griff man nach den lose fallenden, zwanglosen, büstenlosen, bauschigen und im Grunde formlosen Gewändern der freidenkerischen »Zwanziger«. Und, o Schreck, o Graus, die bis dahin sorgfältig versteckten Beine wurden jetzt entblößt! Und noch schlimmer, auch die wundervollen langen Locken fielen der Schere zum Opfer und wurden jetzt durchweg auf Kinnlänge gestutzt – wie es Scott Fitzgerald bis ins letzte Detail beschrieb, hatte Bernice sich das Haar stutzen lassen! Wie entfesselt machten die Kurzhaarfrisuren Furore: kurzgeschoren, als Bubikopf, mit Schmalzlöckchen oder Dauerwellen –die neuen Frisuren symbolisierten ein neues Zeitalter für die Frauen.

Noch nie zuvor hatten Frauen kurzes Haar getragen, noch nie zuvor hatten Frauen ihre Beine entblößt, Hosen getragen und in der Öffentlichkeit Zigaretten geraucht. Noch nie zuvor hatten Frauen wie Männer ausgesehen und sich auch so benommen! Es war kein reiner Zufall, daß die Neue Frau mit Eifer auf den jungenhaften Look stürzte, der in den »Goldenen Zwanziger Jahren« die ganz große Mode war – die neuen Kleider im **Charleston-Look** spiegelten die neuen Ansichten ihrer Trägerinnen wieder.

DER LOOK

Das Leben der Jugend spielt sich hauptsächlich bei Nacht ab, deshalb gelangt der **Charleston-Look** auch erst am Abend zur rechten Geltung. Als Look für Parties, Tanzvergnügen und andere besondere Abendveranstaltungen kehrt der **Charleston-Look** jedes Jahr wieder. Eine grazile Figur ist für diesen Look nicht unbedingt Voraussetzung, da Ihr Kleid eine tief angesetzte Taille hat und weit geschnitten ist. Das tief heruntergezogene Oberteil wird gewöhnlich von dünnen Trägern oder durchsichtigen und/oder angeschnittenen Ärmeln gehalten, und der Rock fällt bis zum Knie. Pailleten-, Perlen-, Jett- oder Straßstickerei auf dem Stoff sorgt für zusätzlichen Glanz.

Man kann noch viele Originalexemplare solcher Abendkleider aus dem »Goldenen Zwanziger Jahren« auf Flohmärkten oder in Antiquitätenläden, die sich auf Kleidung aus verschiedenen Epochen spezialisiert haben, aufstöbern; mit etwas Glück könnten Sie so das wirklich Echte ausgraben. Wenn nicht, dann wählen Sie aus Ihrer Garderobe ein gerade geschnittenes Kleid aus, binden sich eine breite Satin- oder Samtschärpe um die Hüften und verknoten sie mit einer Schleife oder einem Doppelknoten; ziehen Sie dann das Oberteil etwas hoch, so daß es blusig über die Schärpe fällt. Verzierte Säume betonen die einstmals verbotenen nackten Beine – Volants, Stufen, spitze Zipfel, eine einzelne Rüschenreihe, ein Straußenfedernband oder ein

Unten: Die Charleston-Lady von heute wird dieselben Accessoires wie ihre Schwester vor sechzig Jahren wählen: die Unterarmtasche, die Schuhe mit den abgerundeten Spitzen und den unerläßlichen Riemchendetails, die langen, langen Perlenschnüre (aus echten oder unechten Perlen), der Clochehut für den Tag, die Federkappe für den Abend und natürlich die Straußenfederboa.

breiter Stoffstreifen, der zu dem Grundmaterial des Kleides in Kontrast steht, passen also alle zu diesem Stil.

Die Farben können so schreiend sein, wie es Ihnen gefällt. Vergessen Sie alle dezenten und zurückhaltenden Schattierungen und suchen Sie die grellsten und auffälligsten Farben aus, die Sie sich vorstellen können und die zu dem hüpfenden Charlestonrhythmus passen: leuchtende Pink-, Violettrot- und Purpurtöne, Gold und Silber und viel Schwarz. Und denken Sie daran, daß die von Ihnen gewählte »Creation« einen angemessenen Mantel braucht: einen dreiviertel- oder knielangen Brokat- oder Samtmantel mit hohem Pelzkragen und breiten Stulpen wäre genau das Richtige; Stolen, Boas, Capes und kurze Jacken aus prachtvollen Stoffen und mit Federn oder Pelz eingefaßt, sind ebenfalls gut.

Das Tageskleid der Charlestonlady (sofern sie es überhaupt ertragen kann, ihren müden Körper nach durchtanzter Nacht aus den Satinlaken zu erheben) basiert auf derselben losen Silhouette; die Beine bleiben auch weiterhin entblößt, aber die obere Körperhälfte ist jetzt bedeckter. An kühleren Tagen sollte man ein lose sitzendes aber gut geschnittenes Kostüm kombiniert mit einer Seiden- oder Baumwollbluse mit kleinem Kragen tragen; oder versuchen Sie es mit einem breit gefälteten Rock und einer Strickweste oder einem Pullover, der weit über die Hüften fällt, so wie er etwa auch von der **Seereisenden** getragen wird, einem Stil, der ebenfalls von den Zwanziger Jahren inspiriert ist.

Und wenn Sie sich von dem **Charleston-Look** ganz und gar hinreißen lassen, dann sollten Sie daran denken, daß diese Emanzipation damals auch die Befreiung von der einengenden Unterwäsche der vorangegangenen Jahrzehnte bedeutete. Die Befreiung brachte weite und bequeme Kamisols, Hemdhöschen, französische Schlüpfer und ähnliches mit sich; schlüpfen Sie also in Satin, Seide und Chiffon oder die entsprechenden Synthetics. Solche altertümliche Unterwäsche findet man übrigens auch in Secondhandläden – immer weitaus billiger als ihre luxuriösen modernen Entsprechungen.

ACCESSOIRES

Charakteristische Accessoires verleihen der Charlestonlady ihren besonderen Stil. Für den »steppenden« »Tanz-bis-zum-Umfallen-«Look benötigen Sie eine lange Perlenkette, das typische Stirnband, farblich passende Schuhe mit abgerundeten Spitzen und geknöpften Riemchen, eine Federboa und eine überaus lange Zigarettenspitze. Das sind die typischen Kennzeichen der Charlestonlady, wirbeln Sie also mit den Perlen, werfen Sie sich die Federboa um den Hals, so daß die Enden auf dem Rücken herabhängen, und schlendern Sie in betont lässiger Haltung einher, wenn Sie nicht gerade tanzen.

Tagsüber ist der Cloche-Hut das wichtigste Zubehör; wählen Sie ihn aus weichem, herabhängenden Filz oder aus Baumwolle oder fein geflochtenem Stroh für den Sommer; tragen Sie ihn tief ins Gesicht gezogen und schmücken Sie ihn mit einem Grosgrainband, einer Brosche oder, leicht verrucht, mit einer Pfauenfeder. Lederschuhe mit taillierten Absätzen und ein oder zwei geknöpften Riemchen, beigefarbene Seidenstrümpfe, eine Brosche am Jackenaufschlag, eine kleine Unterarmtasche und die unerläßliche (echte oder unechte) Perlenkette geben dem Tageslook der Charlestonlady den letzten Pfiff.

Oben: Um die lange, schlanke Silhouette zu erzielen, die für diesen Look charakteristisch ist, werden Sie auch die richtige Unterwäsche benötigen. Entscheiden Sie sich für gerade, lose Hemdchen, Höschen und Hemdhöschen – Spitzenbesatz wäre fein, aber meiden Sie Rüschen oder Volants, die durch die Kleider durchscheinen würden.

GESICHT UND HAAR

Ob blond oder dunkel, Sie sollten wirklich Bernices Beispiel folgen und Ihr Haar zum Bubikopf stutzen lassen! Oder aber, Sie improvisieren: eine lockere aber gleichmäßig gewellte Dauerwellenfrisur kann durch vorsichtiges Föhnen glatt gezogen werden, oder Sie können Ihr Haar mit einem Gel oder einer Festigerlotion glätten und sich auf dieselbe Weise eine Kußlocke in die Stirn zaubern. Diejenigen unter Ihnen, die langes Haar haben und nicht zu drastischen Veränderungen bereit sind, sollten es zu einem lockeren Knoten aufstecken, so daß die Seitenpartien über die Ohren fallen und auf diese Weise der Eindruck einer Kurzhaarfrisur entsteht, oder aber es einfach zu einem Knoten im Nacken zusammenstecken.

Da dies in erster Linie ein Partylook ist, kann die Charlestonlady auch bei ihrem Make-up etwas dicker auftragen. Beginnen Sie mit einer sehr hellen Grundierung, die Sie mit einem passenden, losen Gesichtspuder überpudern. Geben Sie sich den Ausdruck tödlicher Langeweile bei einem weiteren Glas Champagner, indem Sie durch das Auftragen von dunklem Lidschatten die Augenlider schwer machen, zusätzlich betont durch einen grauen Lidstrich entlang des inneren Lidrandes. Die Wangen müssen mit einem Rouge in einem klaren Rot bestäubt werden, das eher nach vorne als auf die seitlichen Wangenpartien unter den Wangenknochen aufgetragen wird. Ziehen Sie die Konturen Ihrer Lippen mit einem grellroten Stift nach, so daß die Bögen spitz zulaufen, und malen Sie die Umrisse dann mit einem Lippenstift in einem klaren Rotton aus. Wenn Sie mutig genug sind, zupfen Sie die Brauen zu hauchdünnen Bögen.

Oben: Zwei schnelle Tricks für Ihren Kopf: versuchen Sie ein Kußlöckchen in der Mitte der Stirn und vielleicht auch im Nacken, das Sie mit einem Tupfer Gel in Form halten; für den Abend schaffen Sie eine sofortige Wirkung, indem Sie ein elastisches Stirnband oder ein Stück Schleife fest um die Stirn binden, um damit eine kleine Feder festzuhalten.

IDEEN

● Probieren Sie verschiedene Möglichkeiten aus, wie man eine lange Perlenschnur tragen kann: lose herabhängend, so daß Sie die Enden um die Finger schlingen können; zu einem einzelnen langen Knoten geschlungen; doppelt zu zwei gleich langen Schlingen um den Hals gelegt; oder doppelt mit einer Schlinge eng am Hals und der anderen lang herabfallend.

● Stirnbänder kann man leicht aus Samt- oder Satinbändern selber machen; schmücken Sie sie mit Streifen einer glitzernden Stickerei, die zu der auf Ihrem Kleid paßt; oder stecken Sie eine Brosche daran, oder tragen Sie eine Brosche an Ihrer Hüftschärpe. Wenn Sie wirklich Aufsehen erregen wollen, dann stecken Sie ein paar geschwungene Pfauenfedern in Ihr Stirnband.

● Machen Sie sich einen einfachen Turban als stilgemäßen Abendlook; vgl. unter **Die Schiffbrüchige** oder **Die Zigeunerin** wegen entsprechender Anleitungen; krönen Sie ihn durch eine Feder oder eine Brosche, die Sie in die Falten oder auf den rückwärtigen Knoten stecken.

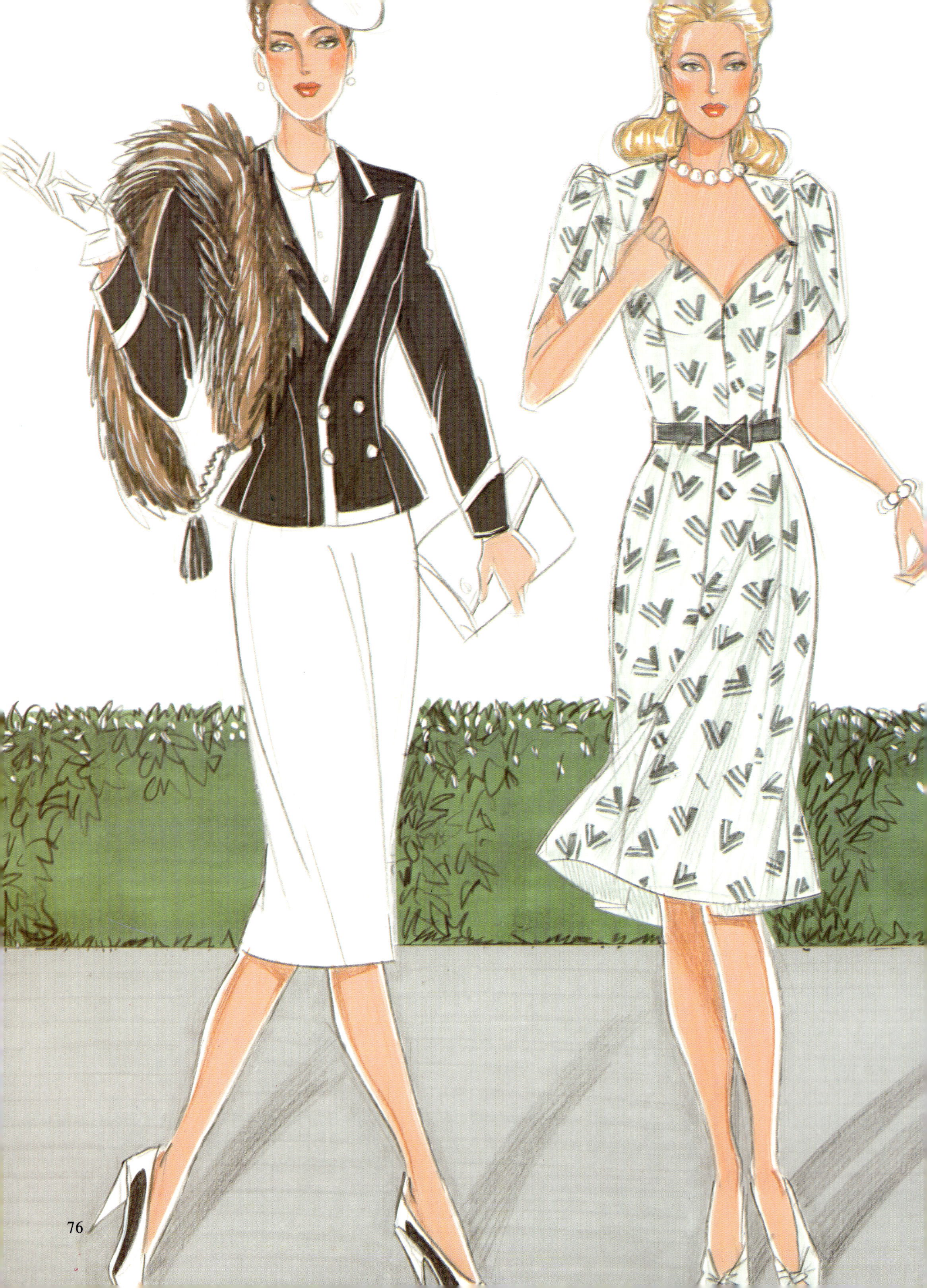

DIE ELEGANTEN VIERZIGER JAHRE

HINTERGRUND

Der Look der **Eleganten Vierziger Jahre** ist uns aus dem Modejahrzehnt zwischen 1937 und 1947 überliefert, das nach der Weltwirtschaftskrise begann, den Zweiten Weltkrieg hindurch andauerte und mit dem 1947 von Dior gestarteten »New Look« endete. Wir wollen uns an dieser Stelle jedoch nicht mit der eingeschränkten, funktionellen Kleidung befassen, die die Kriegsjahre selbst hervorbrachten – vgl. dazu **Die Praktische**. Denken Sie statt dessen zurück an die glanzvollen Zeiten der Dreißiger und Vierziger Jahre, wie sie in all den Hollywoodfilmen und Raymond Chandler-Romanen verherrlicht werden. An der Kleidung, wie sie die Jahre kurz vor und kurz nach dem Krieg hervorbrachten, beeindruckt besonders der Reichtum an Details: der Stoff wurde plissiert, gefältelt, mit Volants versehen, gerüscht, drapiert, überdruckt, mit Pelz besetzt und tailliert.

Die Frauen wurden geformt und zurecht gemacht (wahrscheinlich als eine Reaktion auf die extrem jungenhafte Aufmachung der Zwanziger Jahre), so daß sie sich gegen Ende der Dreißiger Jahre zu kurvenreichen Sirenen entwickelt hatten: in schräg geschnittenen Kleidern und Gewänder gewickelt, in große Mäntel und Pelze mit stark wattierten Schultern eingehüllt, das Haar statuengleich auf dem Kopf aufgetürmt. Die Röcke bedeckten die Knie, Handschuhe und Hüte waren unentbehrlich, Farben waren erlesen und blaß – *bois de rose* (Rosenholz); *eau de nil* (Nilgrün) und *ecru* (bastfarbig) waren beliebte Farbschattierungen. Hosen trug man am Strand und zu besonderen Anlässen in der Form von Abendpyjamas. Schiaparelli wartete mit ihrem »Shocking Pink« und ihren unerhörten Hutkreationen auf, und Balenciaga kleidete die Frauen in krasse Schwarz-Weiß-Kontraste.

Diese großen Modeexperimente wurden unglücklicherweise durch den Ausbruch des Zweiten Weltkrieges unterbrochen. Die Pariser Frühjahrskollektion von 1940 wurde innerhalb von zwei Wochen creiert, in einem Sonderurlaub, der Modeschöpfern, Hutmachern und Zubehördesignern gewährt wurde, um eine der wichtigsten Lebensadern zur Außenwelt für Frankreich am Leben zu erhalten. Als dann England und Frankreich ganz in den Krieg eingestiegen waren, wurden Stoffe furchtbar knapp, und jedes noch so kleine Rest- oder Stoffabfallstückchen wurde zu besonderen Recycling-Fabriken gebracht, wo diese Reste durch ein spezielles Verfahren wieder gebrauchsfähig gemacht wurden. Und obwohl es den Pariser Modehäusern gelang, während der Besatzungszeit offen zu bleiben, machten die Deutschen wiederholte Versuche, sie nach Berlin zu verlegen, vielleicht, weil sie den Einfluß der Mode auf die Moral der Menschen erkannt hatten.

Nach den harten Einschränkungen durch den Krieg begann Paris schon früh im Jahre 1945 wieder seinen Modezauber auszuüben: Balenciaga ließ die Rocksäume bis auf 40 cm vom Boden herunterfallen, Lelong veränderte die Silhouette der Frauen, indem er sie in röhrenartige, vorne übereinander zu wickelnde Jacken steckte, Madame Carpentier stellte die Mantelkrägen auf und versah die Mäntel mit kurzen Pelerinen, Balmain wandelte die Ausschnitte zu tiefen, rechteckigen Décolletés.

Schon bald erreichte die Botschaft die Modefans – alle Schnitte zielten darauf ab, sich den weiblichen Formen anzupassen und ihnen zu schmeicheln, nichts wurde ungeschmückt oder unverziert gelassen; da gab es Spitzen auf den Krägen, Plisseefältchen auf den Taschen, Fransen an den Schals, künstliche Obststräußchen an den Hüten und Kragenaufschlägen, Federn an den Hüten, überall Pelz, Jett-Stickerei auf den Abendkleidern, und Hüte waren in Hülle und Fülle auf die Modebühne zurückgekehrt. Einige Dinge blieben allerdings mehr oder weniger genauso wie vor dem Krieg: die Schultern waren immer noch wattiert (obwohl weniger stark als zuvor), die Röcke waren wadenlang, eher weitschwingend oder in Bahnen geschnitten als in Falten gelegt, die Jacken und Mäntel waren mit Kapuzen versehen, die Taillen waren eingeschnürt, und es gab Details im Überfluß.

Es soll hier folgendes für Sie genügen: Wenn Sie sich im Stil der **Eleganten Vierziger Jahre** kleiden wollen, dann stehen Ihnen grundsätzlich zwei Möglichkeiten offen – das Schneiderkostüm mit den wattierten Schultern, wie es von den Hollywoodstars der

Unten: Wenn Sie diesem Look den letzten Pfiff verleihen wollen, dann entscheiden Sie sich für Accessoires, die ganz unverhohlen aus den Vierziger Jahren stammen, wie beispielsweise auffällige Hüte, Strümpfe mit Rückennaht, Handtaschen in Koffer- oder Unterarmform, gerüschte Handschuhe und Schuhe und Sandaletten mit Plateausohlen.

Oben: Die modebewußten Damen jener Zeit trugen ihr Haar zu einer von zwei möglichen Frisuren: hochgekämmt und auf dem Hinterkopf eingeschlagen zu einer abgewandelten Pompadourfrisur, wie es links zu sehen ist, oder in der rechts gezeigten Pagenkopffrisur.

Vierziger Jahre, wie Bette Davies, Katharine Hepburn und Joan Crawford unsterblich gemacht, und in letzter Zeit von Bianca Jagger und Bette Midler getragen wurde; oder aber der Kleinmädchenlook, wie ihn Judy Garland verkörperte, die schräg geschnittene, knielange Kleidchen mit Puffärmeln trug, als sie sich den Weg in die Herzen aller ersang und ertanzte.

DER LOOK

Suchen Sie als passende Ausstattung für sich nach den herrlich geschneiderten, makellos gearbeiteten Kostümen der großen Modeschöpfer wie Giorgio Armani, Piero de Monzi, Anne Klein; oder, was noch besser ist, holen Sie sich das Echte für einen Bruchteil des Preises, was diese modernen Imitationen kosten. Stöbern Sie Secondhandläden nach vollständigen Kostümen aus den Dreißiger und Vierziger Jahren durch, oder suchen Sie nach Röcken und Jacken, die zueinander passen. Wenn Sie mit Ihrem Geld sparsam umgehen müssen, dann kaufen Sie sich zuerst nur die Jacke, denn an ihr finden sich die wichtigen Details; wenn Sie genug Geld zur Verfügung haben, sammeln Sie am besten gleich mehrere dieser Jacken, denn Sie werden feststellen, daß Sie sich ideal und todschick zu einem maßgeschneiderten Rock (aus welcher Epoche auch immer) kombinieren lassen, aber auch sehr gut zu Hosen, ja selbst zu Jeans aussehen. Suchen Sie nach Strickjacken mit Rollrevers, Kapuzen und Gürtel und nach der eleganten, stark taillierten Form mit Taillen- und Taschenakzenten. Bei Röcken wählen Sie am besten gerade Schnitte mit tiefen Gehfalten und rechtwinkligen, aufgesetzten Taschen oder die weitschwingenden Formen, die die späten Vierziger und beginnenden Fünfziger Jahre einleiten. Als grober Leitfaden sollte Ihnen dabei dienen, je weiter die Jacken umso enger der Rock, während sich engere, taillierte Jackenschnitte mit weiteren Röcken kombinieren lassen.

Achten Sie bei Ihrer Jagd nach Originalstücken auf die kreidigen Grau- und Beigeschattierungen der Dreißiger Jahre, und dann auf die gesprenkelten Tweedstoffe und Hahnentrittmuster der Vierziger Jahre, oft mit Samtkrägen, schwarzen Gürteln, kunstvoll gearbeiteten Taschen und wunderschönen Knöpfen. Und selbst wenn Ihnen das Kostüm nur fast paßt, können Sie es sich ja auf Ihre Figur umändern lassen; was Sie beim Kauf sparen ist mehr als genug, um den Schneider zu bezahlen.

Tragen Sie zu dem Kostüm Pullover mit schlichten Ausschnitten oder Blusen, so daß der Kragen oben unter der Kostümjacke hervorblitzt, Pullover mit Schluppenkragen oder schön gearbeitete Blusen aus Seide, Baumwolle, Crepe oder entsprechenden Kunstfasern. Man findet noch die Blusen und Pullover aus beiden Modeabschnitten: achten Sie auf Ajourstrickware, ungewöhnliche Stoffdrucke und kunstvolle Details, wie sie unsere Illustrationen verdeutlichen.

Während Sie nach genau diesem kleinen Kostüm suchen, sollten Sie auch nach einem Artikel aus der gleichen Periode Ausschau halten, der das Kernstück der zweiten Version dieses Looks ist – dem hübsch bedruckten Kleid im Prinzeßschnitt. Gewöhnlich hat es Puff-, Doman- oder Raglanärmel, die oft genau über dem Ellbogen enden, weist auf der Vorderseite verschiedene schmückende Details auf, wie etwa Knopfreihen aus kleinen runden Knöpfchen, Biesen oder Schrägstreifen und hat vielleicht noch eine Schleife, die nach hinten zu binden ist. Auch wenn einige Ausbesserungsarbeiten und Änderungen nötig sind, insbesondere wahrscheinlich ein neuer Gürtel, zögern Sie auch im Falle eines solchen Kleides nicht, es zu kaufen, wenn es Ihnen paßt. Diese Kleider kann man wunderbar zur Arbeit oder zu halboffiziellen Anlässen, wie etwa im Theater, tragen, und man findet sie gewöhnlich aus frühen Seidenimitationen mit Tupfen, Schnörkeln, winzigen Blumen oder sogar einer Art Deco-Motiven bedruckt. Aber das Beste an diesen Kleidern ist wohl, daß ihr Schnitt jeder Figur schmeichelt – die ungegürtete Prinzeßsilhouette kaschiert eine zu dicke Taille oder zu starke Hüften; mit einem Gürtel versehen verleihen große Größen zu mageren Figuren Fülle, das schräg geschnittene Oberteil vermittelt die Illusion eines volleren Busens. Tragen Sie diese Kleider Sommer wie Winter, Sie werden immer gut aussehen.

Als Darüber wählen Sie einen Mantel mit Aufschlagrevers oder eine Stola aus einer feinen Wolle wie beispielsweise Vikunjawolle oder auch einen Pelz (echt oder auch nicht). Stolen waren damals sehr beliebt und sind die perfekte Umhüllung als hebender Kontrast zu maßgeschneiderter Kleidung.

ACCESSOIRES

Seltsamerweise scheinen die Damen der **Eleganten Vierziger Jahre** genauso Accessoire-besessen gewesen zu sein wie genau fünfzig Jahre zuvor ihre Schwester, das **Gibson-Girl**. Auch sie mußte stets Hut und Handschuhe tragen. Sicherlich erreichten Hüte während dieser Periode ihren Höhepunkt an Ausdruckskraft, als eine von den Surrealisten beeinflußte Schiaparelli sie wie umgedrehte Schuhe formte! Sollten Sie auf ein preisgünstiges Original in gutem Zustand stoßen, dann erstehen Sie es natürlich. Wenn nicht, dann nehmen Sie einen Stroh- oder Velourleder-Clochehut, eine weiche Baskenmütze oder einen breitkrempigen Hut, und lassen Sie beim Schmücken Ihrer Phantasie freien Lauf. Verwenden Sie Federn, Straß, Pailletten, Blumen, künstliche Oststräußchen, Bänder und Tüllschleier. Wenn Sie Ihren Hutschmuck gerne häufig variieren wollen, dann stecken Sie Bänder und Zierrat besser mit Broschen fest, anstatt sie festzunähen.

Als Handschuhe wählen Sie ellbogenlange Modelle aus gerüschter Baumwolle oder Leder, vielleicht sogar aus Nylon. In Ermangelung solcher können Sie auch lange, ungerüschte, und als allerletzte Möglichkeit auch gewöhnliche, kurze Handschuhe nehmen. Tagsüber wie am Abend sind Handschuhe unentbehrlich.

Beim Schmuck sollten Sie sich wieder für die echten Stücke aus jener Periode entscheiden, sofern Sie welche auftreiben können. Suchen Sie nach frühem Plastikschmuck, nach Imitationen von Halbedelsteinen; die Vierziger Jahre waren eine Ära fanatischer Schmuckimitationen. Der Modeschmuck wurde als geistiges Kind von Coco Chanel geboren, die Ende der Zwanziger Jahre erkannte, daß sich die beständig wachsende Mittelschicht echte Juwelen nur schwer würde leisten können. Also wurden die falschen Klunker geboren und in den Dreißiger und Vierziger Jahren fast bis zum Exzess getragen. Ohrringe, Ketten und Armbänder in kühnen, klaren Farben können zueinander passend gewählt oder zu auffälligen, großen Formen geschliffen und manchmal auch mit Metall oder Metallverzierungen kombiniert sein. Groß und auffällig und manchmal auch richtig protzig lautet die Regel. Wenn Sie einen dezenteren Stil vorziehen, dann können Sie zu dem Prinzeßkleid auch nur eine Kette und Ohrringe tragen; Kostümfans werden sich für Broschen und Ohrringe entscheiden, aber wenn es Ihnen gefällt, dann können Sie auch Handgelenke, Finger, Hals und Ohrläppchen mit Schmuck behängen.

Während des Krieges malte man sich die Seidenstrümpfe mit Bein-Make-up auf, manchmal sogar die Rückennaht. So weit brauchen Sie heute natürlich nicht zu gehen – aber die Strümpfe (im Krieg »Nylons« genannt) sollten, um stilgemäß zu sein, Hochfersenverstärkung und Rückennaht haben. Die Schuhe sind zumeist hoch, entweder mit Plateausohlen oder Keilabsätzen, eventuell mit Zehloch und im Sommer mit einer Unzahl von Riemchen. Wenn Sie es ganz richtig machen wollen, dann sollte Ihre Handtasche zu den Schuhen passen und besser einen kurzen Bügel als einen Schulterriemen haben. Denken Sie bitte daran, daß eine Dame jener Ära immer mit Handtasche, Handschuhen und vielleicht sogar mit Zigarettenetui posierte, man würde es Ihnen also vielleicht verzeihen, wenn Sie sich doch für eine Schultertasche entschieden.

GESICHT UND HAAR

Sie können Ihr Haar in einer Vielzahl verschiedener Frisuren tragen: zu den strenger geschnittenen Kostümen und Kleidern wählen Sie am besten kleine Wellen oder Locken oder sonst eine glatte Pagenkopffrisur, irgendwo zwischen kinn- und schulterlang, vielleicht mit gelockten Spitzen. Etwas raffiniertere Damen können es auch mit der Pompadourvariation jener Periode versuchen – Sie kämmen das Oberhaar zurück, ziehen es glatt über ein Rundkissen und stecken es fest, wie es in der Illustration zu sehen ist. Generell wird das Haar aus dem Gesicht gekämmt – tragen Sie lieber Ihren Hut und Ihre Ohrringe zur Schau.

Das Make-up war zu jener Zeit schwer, beginnen Sie also mit einer abdeckenden Grundierung, die Sie mit einem passenden Puder überpudern. Verteilen Sie ein Mittelbraun oder Dunkelblau auf die unteren Lidhälften und etwas Elfenbein unter die Brauen. Die Augenbrauen werden zu sehr dünnen Bögen gezupft und nachgezogen, falls sie zu hell sind. Ziehen Sie die Lippenkonturen erst mit einem sehr dunkelroten Stift nach, bevor Sie die Lippen mit einem leuchtendroten Lippenstift ausmalen. Lakieren Sie die Fingernägel passend zum Lippenstift.

IDEEN

● Benutzen Sie die Reste von Änderungen, um daraus Bänder für Hüte zu machen. Binden Sie einen Streifen davon um einen Hut, und stecken Sie dann irgendeinen der vorgeschlagenen Schmuckgegenstände daran.

● Sollten an Ihrer Bluse, Ihrem Kostüm oder Ihrem Kleid ein oder zwei Knöpfe fehlen, ersetzen Sie alle Knöpfe durch Originalknöpfe aus einem Trödelladen oder durch moderne Imitationen. Im Notfall nehmen Sie einfach Perlmuttknöpfe in gebrochenem Weiß oder Grau.

● Ersetzen Sie kaputte Schulterwattierungen (Blusen und Kleider hatten damals oft wattierte Schultern) in Originalkleidungsstücken durch neue aus Schaumstoff – das ist wirklich notwendig, um die Form zu erhalten, auch wenn es dafür vielleicht erforderlich ist, das Futter aufzutrennen.

● Täuschen Sie mit Hilfe von Krageneinsätzen die Wirkung einer Bluse unter einem Pullover vor (vgl. Illustration) – solche Krageneinsätze sind gewöhnlich aus gestärkter Baumwolle, manchmal mit Spitzenbesatz; sie ersparen Ihnen eine Menge Bügelarbeit!

Unten: Kleine Details, die die stilgerechte Wirkung vervollständigen, wie geometrisch geformte Knöpfe – verwenden Sie ähnliche geometrische Formen, um weniger interessante Knöpfe auf Pullovern und Blusen zu ersetzen. Um sich die Ausgaben für viele neue Blusen zu ersparen, können Sie Einsatzkrägen aus weißer Baumwolle oder Spitze verwenden.

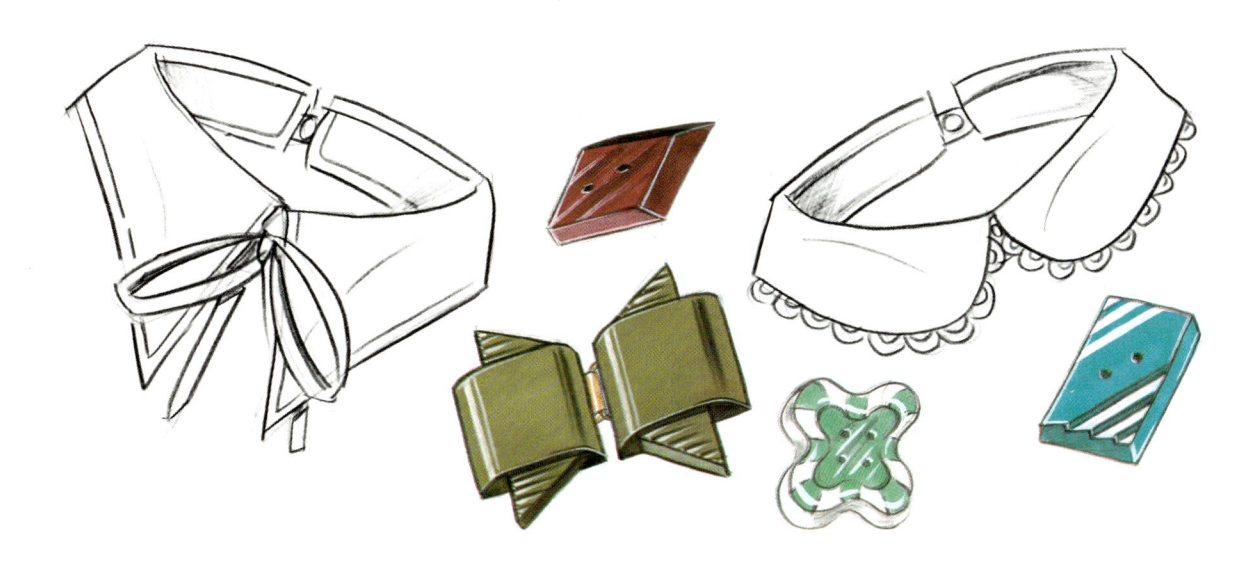

80

DIE FUTURISTIN

HINTERGRUND

Obwohl Sie es möglicherweise für einen nicht ernst zu nehmenden Look halten, gibt es die futuristische Mode schon mindestens so lange, wie das 20. Jahrhundert selbst andauert, und vielleicht werden wir einmal die ultra-zweckmäßigen Welten so bevölkern, wie es unter anderem H.G. Wells und Asimov beschrieben haben. Aber vielleicht wollen Sie sich auch schon jetzt dafür kleiden. Die Heldinnen der Science Fiction Filme gehen das Kleidungsproblem auf zwei verschiedene Weisen an. Der erste, funktionelle, alles verhüllende Stil ähnelt dem der **Praktischen**, ist jedoch farbiger und greller. Overalls und Raumanzüge in leuchtenden Neonfarben sind hier das Gebot der Stunde.

Die zweite Art der futuristischen Kleidung ist ausgefallener und phantastischer. Der Science Fiction Kult und ungeheuer erfolgreiche Raumfahrtodysseefilme wie *2001* und *Krieg der Sterne* haben dazu beigetragen, diesen Look während der letzten Jahre zu einem populären und vertrauten Stil zu machen. Das Wesen dieses Looks ist immer noch die Utopie, obwohl manchmal mit leicht ironischem Beigeschmack. In letzter Zeit läuft der futuristische Stil parallel zu der Technologie-Bewegung im Bereich der Architektur, die ebenso Elemente der Industrietechnologie und der Fabrikarchitektur in unser trautes Heim bringt wie die futuristische Mode die Entdeckungen des Raumfahrtzeitalters in bezug auf Material und Form auf die Erde herunterholt. Ein paar Modeschöpfer haben uns Beispiele für den neuen Look gegeben: in den Sechziger Jahren machte sich Courrèges seinen Namen mit diesem Look: Mikroröcke aus Plastik, eng sitzende Helme, Strümpfe in leuchtenden Farben und wadenlange weiße Stiefel. Dann frischte '78 und '79 Thierry Mugler diesen Look wieder auf, mit breit wattierten Schultern (manche sogar mit hölzernen Stützen), großen Tuniken, engen Hosen, silbernen Beschlägen, eckigen Hüten und wadenlangen Stiefeln – diesmal in Silber.

DER LOOK

Für welche Version dieses Looks Sie sich auch entscheiden, dies ist kein Stil für Schüchterne oder Menschen mit wenig Phantasie. Er paßt auch nicht zu Übergewichtigen, es sei denn, die Overalls haben genau den richtigen Schnitt, und alle, außer den wirklich Superschlanken, sollten die Mikroröcke vergessen. Es ist durchaus ein Look für alle Tage, aber er ist ideal für Parties und Nachtlokale.

Beginnen Sie mit einem Bodystocking oder einem Leotard, undurchsichtigen Strümpfen und darüber ein hochgeschlossenes T-Shirt, alles in elektrisierenden Farben. Als nächstes suchen Sie sich eine Jacke, eine Tunika oder ein oberschenkellanges Kleid, gerade oder leicht ausgestellt geschnitten. Idealerweise sollte diese Oberbekleidung mit Metalldetails oder geometrischen Steppnähten verziert sein und Metallverschlüsse haben. Der Kragen kann etwas oder auch sehr viel hochstehen. Tragen Sie dies über einem Bodystocking oder über Strumpfhosen. Röcke sind immer kurz und aus Plastik (farblos, durchsichtig, durchscheinend oder undurchsichtig; das hängt ganz allein davon ab, wieviel Sie verhüllen wollen) oder anderen Stoffen wie Filz, dicken Wollstoffen und wattierten Materialien. Auch sie können leicht ausgestellt oder schräg geschnitten sein wie die Röckchen der Eiskunstläuferinnen.

Die Keilhosen und Stretchhosen (beide aus Skisportgeschäften) oder Overalls werden entweder in die Stiefel gesteckt, oder, wenn sie an den Fesseln eng sitzen, zu flachen Schuhen getragen. Die Overalls aus Nylon oder Materialien mit Metalliceffekt haben Industrieverschlüsse wie etwa Druckknöpfe, Nieten, Knebel, Haken und Klettenverschlußstreifen, aber kaum Knöpfe. Sie können in der Taille und/oder an den Fesseln gekräuselt, sowie zudem

Unten: Zu der **Futuristin** passen Science Fiction Accessoires. Als Fußbekleidung wählen Sie wadenhohe Stiefel, Schmuck aus Plastik oder Metall und eng anliegende Helme und Mützen, aber um die Augen vor dem Sternenfunkeln zu schützen, sollten Sie darüber einen Hutrand tragen.

gesteppt und wattiert sein, und man kann sie in eleganten Boutiquen oder auch bei Industriezulieferfirmen erstehen.

Sowohl die Tuniken als auch die Hosen sollten aus weicheren Stoffen als die Röcke gefertigt sein; Jerseystoffe, Seide, Satin oder Strick sind für diesen Zweck geeignet, besonders wenn es sie glänzend und in schreienden Unifarbtönen gibt – vermeiden Sie Muster und Drucke, es sei denn, sie sind einfach und geometrisch. Als letztes kann man nun zu diesem Look noch einen Steppmantel, ein Cape oder einen billigen durchsichtigen, aber farbigen Plastikregenmantel darüberziehen.

ACCESSOIRES

Moonboots finden Sie in Skisportgeschäften; achten Sie auf Kreppsohlen, Keilabsätze, gesteppte Schäfte und Metallicakzente; aber wählen Sie keinesfalls rustikale, ländliche Modelle – in Ihrer Raumkapsel gibt es bestimmt keinen Schlamm. Als preiswerte flache Schuhe können Ihnen Ballettschuhe dienen – es gibt sie in unzähligen Farben, einschließlich Gold und Silber. Natürlich gibt es teurere, flache Schuhmodelle, beispielsweise aus Leder mit Metalliceffekt und mit futuristischen Applikationen.

Gürtel sollten groß sein. Suchen Sie nach Leder mit Metalliceffekt oder leuchtend farbigen Plastikgürteln mit auffälligen, geometrischen Schnallen. Dünne Blechstreifen tun es ebenfalls. Aber, ganz gleichgültig, woraus Ihr Gürtel gemacht ist, achten Sie lediglich darauf, daß er auffällig ist. Tragen Sie ihn über einer Tunika oder als Taillenmarkierung, wo Mikrorock und T-Shirt aufeinandertreffen. Die Gürtel können auch verschiedene Metallklammern haben, an denen Sie Schlüssel, Geldbörsen für Kleingeld und dergleichen festmachen können, damit Sie keine Handtasche brauchen. Wollen Sie dennoch eine Handtasche tragen, dann wählen Sie einen jener glänzenden Aluminiumkoffer oder einen durchsichtigen Plastikbeutel in einer leuchtenden Neonfarbe.

Schmuck sollte ebenfalls sehr auffällig sein. Suchen Sie sich große Stücke aus Titanium oder Neonplexiglas aus, oder wählen Sie batteriebetriebenen Schmuck, der in der Dunkelheit leuchtet. Probieren Sie es mit Broschen, Anhängern, großen Ohrringen und Haarschmuck in geometrischen Formen. Eine weitere Möglichkeit bietet auch die große Auswahl an Schmuck, der von der Technologie inspiriert ist, aus Plastik, Drahtgittern und Brechungsfolien. Zudem gibt es leuchtend farbige, reizvolle Broschen, Ansteckknöpfe und Ohrringe, die sich Mikrochips und Computerzubehör zunutze machen, und sogar noch ausgefallenere Erfindungen wie beispielsweise Hologramm-Buttons – je verrückter, desto besser. Aber tragen Sie nicht zuviel auf einmal – ein oder zwei auffällige Stücke haben eine größere Wirkung.

Als Krönung dieses Looks setzen Sie bei kaltem Wetter eine Kapuze oder einen gestrickten Helm mit Kinnriemen und/oder Visier auf. An wärmeren Tagen tragen Sie einen Plastikschirm auf dem Kopf, wie etwa die Beispiele in unseren Illustrationen.

GESICHT UND HAAR

Wie kaum einen anderen Look in diesem Buch kann man den Look der **Futuristin** allein durch Frisur und Make-up erzielen, aber beides muß sehr extrem sein. Das Haar sollte aus dem Gesicht gekämmt getragen werden und kann in jeder erdenklichen Farbe, einschließlich Blau, Grün oder Pink, eingefärbt werden – für die etwas Schüchternen genügt eine einzelne Strähne in einer dieser Farben. In kurzes Haar kann man Gel oder Festigerlotion einreiben, so daß

Links: Den futuristischen Look können Sie durch ein futuristisches Gesicht erzielen. Folgen Sie den Make-up-Anleitungen auf der anderen Seite unter *Gesicht und Haar*, und wählen Sie die Farbschattierungen so wild, wie es Ihnen gefällt.

Oben: Verwandeln Sie weniger aufregende Sweatshirts und T-Shirts mit Hilfe von futuristischen Applikationen, die Sie aus Aufbügelstoffen ausschneiden. Oder aber nähen Sie Ihre Sterne und Blitzstreifen einfach auf.

es leicht absteht, mittellanges Haar sollte zu geometrischen Frisuren geschnitten werden (ganz à la Sasson im Stil der Sechziger Jahre), langes Haar kann man über jedem Ohr zu einer Schnecke winden oder oben auf dem Kopf zu einem Pferdeschwanz zusammenbinden, wie es die Illustration verdeutlicht.

Beim Make-up sollten Sie an Grace Jones und Lena Lovich denken. Das Gesicht wird weiß oder dunkel geschminkt, die Augen werden durch auffällige Farben stark akzentuiert, die Wangenknochen werden betont, das ganze Gesicht bemalt, als ob es eine freie Leinwand wäre.

MAKE-UP-ANLEITUNG, SCHRITT FÜR SCHRITT

1. Tragen Sie eine sehr helle, sogar weißliche, oder eine sehr dunkelbraune Grundierung über das ganze Gesicht, einschließlich der Augenlider, auf.
2. Ziehen Sie mit einem Augenbrauenstift eine dünne Linie vom äußeren Augenwinkel hinauf zum Ende der Braue *und* vom inneren Augenwinkel hinauf zum Anfang der Braue.
3. Tragen Sie zunächst einen orange- oder pinkfarbenen Lidschatten auf das Lid vom Wimpernrand bis zur Lidfalte auf.
4. Als nächstes wählen Sie eine kontrastierende Farbe, wie etwa Limonengrün oder ein leuchtendes Blau, und verteilen diese Farbe von den Brauen herunter bis in die Lidfalte. (Dabei können Sie den Linien Ihrer natürlichen Brauen folgen, oder aber, wenn sie hell genug sind, wie in der Illustration einfach neue Brauenlinien bis hinauf zum Haaransatz zeichnen.)
5. Tragen Sie in der Lidfalte eine dritte Konturenfarbe auf, beispielsweise Rot, Purpur oder Marineblau, und verteilen Sie sie bis zum inneren Augenwinkel, so daß sie das Auge ganz einrahmt.
6. Nehmen Sie einen weichen Kajalkohlestift in Marineblau, Schwarz oder Braun, je nach Ihrer übrigen Farbwahl, und malen Sie damit am inneren Lidrand entlang einen Keil um das ganze Auge.
7. Zur Betonung Ihrer Wangen nehmen Sie ein dickes Blatt Papier zur Hand und halten es gegen Ihre Wangenknochen bis hin zum Haaransatz. Jetzt tragen Sie unter den Wangenknochen ein schimmerndes Rouge auf, wobei Sie das Papier gut festhalten, um den Wangenknochen eine scharfe Kontur zu verleihen.
8. Schließlich ziehen Sie die Lippenkonturen mit einem braunen oder violettroten Stift nach, wobei Sie die beiden Spitzen der Oberlippe möglichst spitz und hoch hinaufziehen und die Unterlippe wie ein umgekehrtes Dreieck zeichnen. Malen Sie dann diese Umrisse mit einem knalligen Rot, Pink oder Violettrot aus. Wenn Sie wollen, können Sie sich mit dem Konturenstift auch noch kleine Muster auf das Gesicht malen – Sterne, Mondsicheln und Zickzacklinien sind passende Motive.

IDEEN

● Schmücken Sie Ihr Haar mit einer stilvollen Haarnadel. Sie kann aus einem ähnlichen Material wie Ihr Schmuck sein oder ein etwas ungewöhnlicher Ersatz, wie beispielsweise Cocktailsticker, die preiswert und für diesen Zweck geradezu ideal sind; sammeln Sie sie einfach auf Ihren intergalaktischen Cocktailparties.

● Bereichern Sie Ihre Kleidung mit glänzenden oder metallisch schimmernden Materialien um zusätzliche Details. Betonen Sie Ellbogen, Knie und Taschen mit entsprechenden Flicken oder bringen Sie einfach geometrische Formen wie Zickzacklinien und Dreiecke an.

● Schmuck ist leicht selbst gemacht. Sammeln Sie kleine Elektronikteilchen oder profanere Eisenwaren wie Unterlegscheiben, Bolzen und Schrauben. Dekorieren Sie sie auf Metallscheiben, wie Sie sie schon für die Flicken gebraucht haben, oder hängen Sie sie einfach an Ohrringhaken oder kleben Sie sie auf Rohbroschen, wie man sie in Bastelgeschäften kaufen kann.

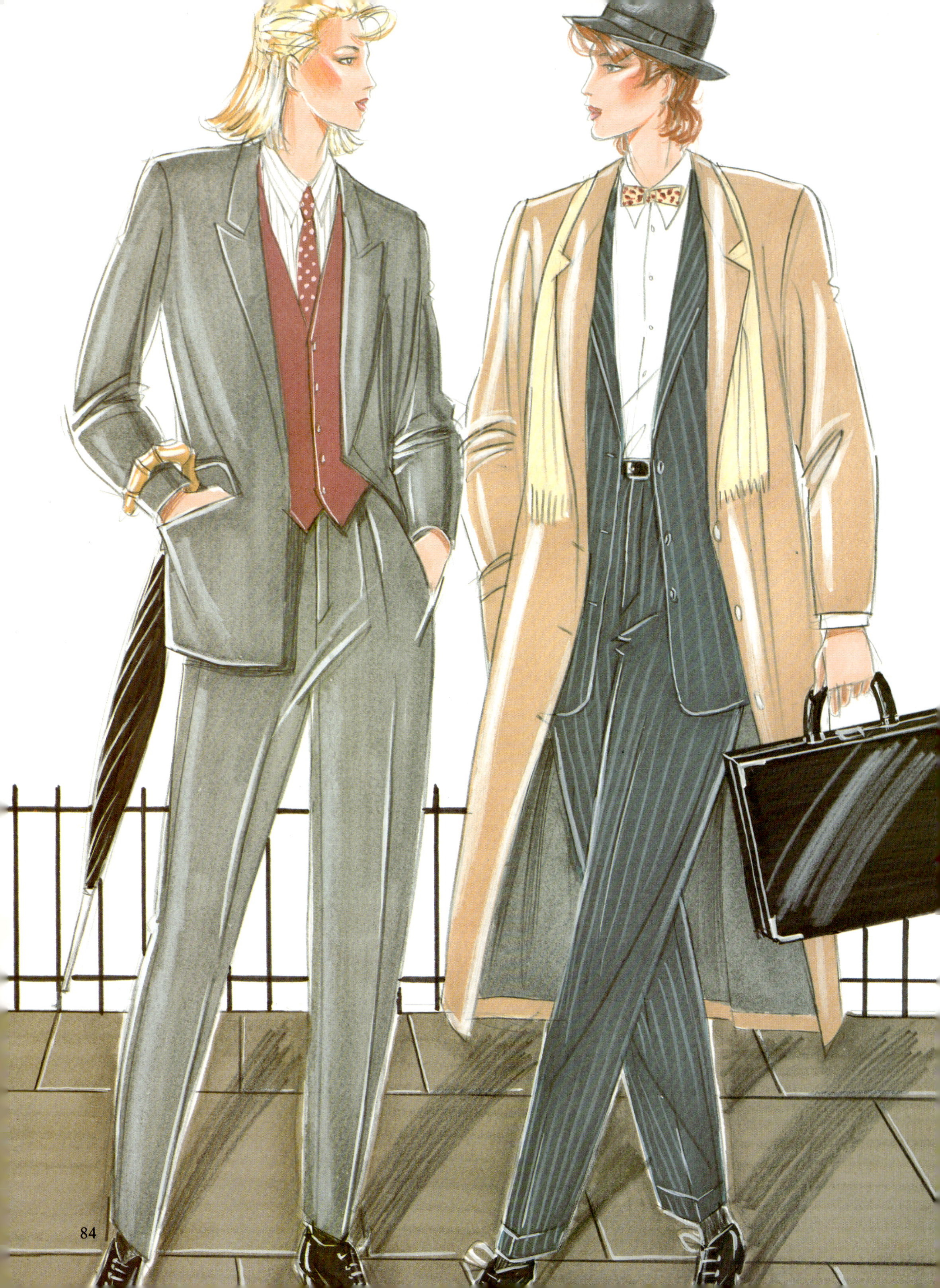

DER GENTLEMAN-LOOK

HINTERGRUND

Als Dustin Hoffman in *Tootsie* Frauenkleider anzog, veränderte sich von dem Augenblick an sein ganzes Leben. Nun gut! Es mag nichts über eine wirkliche Dame gehen, aber es geht auch nichts über einen echten Gentleman. Der Gentleman zeigt stets vollkommene Manieren und vollkommene Kleidung – niemals nachlässig oder auch geckenhaft. Dieser Look wurde in den großartigen Schneiderateliers von London und New York geboren und wird immer noch tagtäglich überall auf der ganzen Welt von den Herren in den leitenden Positionen getragen. Er hat sich im Test der Zeit bewährt, weil es ein Look ist, der unkompliziert zu erreichen und bequem zu tragen ist, es ist also nicht verwunderlich, daß die französischen und italienischen Modeschöpfer ihn schon seit vielen Jahren »benutzen«. Gegenwärtig sind ihm Cerrutti, Armani und Piero de Monzi zugeneigt. Nüchternheit, hin und wieder gepaart mit einem Hauch von *Brio*, lautet das Geheimnis dieses ewigen Klassikers. Das Grundelement dieses Looks, der maßgeschneiderte Anzug, wird heute gleichermaßen von Männern wie Frauen in praktisch allen Farben und Strukturierungen getragen. Wir wollen uns hier für unsere Zwecke an die traditionelle Ausstattung halten; die abgewandelte Version finden Sie unter **Die Geschäftsfrau**.

Unten: Wählen Sie für den Gentleman-Look männliche Accessoires wie beispielsweise Schnürschuhe mit flachen Absätzen oder Mokassins zu Strümpfen mit Argylemuster, Krawatten mit den traditionellen Punkten oder Streifen und schlichte Gürtel in klassischen Farben.

DER LOOK

Dieser Look beginnt mit einem zwei- oder dreiteiligen Anzug. Er sollte aus einfarbigem Wollflanell oder aber mit feinen Nadelstreifen in Grau, Schwarz oder Marineblau sein. Die Jacke sollte perfekt sitzen, mit gezackten Revers, rückwärtigen Schlitzen und zwei oder drei Knöpfen; die Hosen sollten entsprechend der jeweilig aktuellen Herrenmode geschnitten sein. Holen Sie sich diesen Anzug von dem Mann in Ihrem Leben (falls er Ihre Größe hat), aus einem Herrenbekleidungsgeschäft oder einem Secondhandladen. Wenn Sie feststellen, daß Ihnen diese Art sich zu kleiden gefällt, dann sollten Sie sich überlegen, ob Sie sich nicht einen Anzug von einem Schneider maßschneidern lassen. Oder erstehen Sie secondhand einen Anzug, der fast paßt und lassen ihn sich umändern. Denken Sie aber daran, daß es sehr wichtig ist, daß dieser Anzug perfekt sitzt; andernfalls schleicht sich schnell die **Immigrantin** in den **Gentleman-Look** ein.

Unter dem Anzug tragen Sie das klassische, weiße Baumwollhemd mit Kragen und Manschetten. Diejenigen »Gentlemen« unter Ihnen mit weniger Scheu vor Farben, können auch ein hell- oder mittelblaues Hemd mit Nadelstreifen wählen, aber tragen Sie auf keinen Fall Hemden mit Biesen oder Rüschen. Heben Sie sich solche für den Abend auf – vgl. unter **Der Dandy-Look**.

Als Darüber wählen Sie den klassischen Trenchcoat oder einen Herrenmantel aus feinem Tweed oder auch einfarbig Kamelhaar, Marineblau oder Grau. Entsprechend der jeweilig aktuellen Mode kann dieser Mantel kurz über dem Knie enden oder bis in die Wade reichen sowie weit oder eng geschnitten sein.

ACCESSOIRES

Die Accessoires für den **Gentleman-Look** findet man in jedem Herrenbekleidungsgeschäft. Wenn Sie an diesem Look wirklich Spaß finden, dann sollten Sie nur das Beste kaufen – tragen Sie ihn jedoch mit leicht ironischen Hintergedanken, dann tut es auch etwas Billigeres. Beginnen Sie mit der feingestreiften oder weiß gepunkteten Krawatte (etwas elegantere »Gentlemen« können statt dessen auch eine Fliege in denselben traditionellen Mustern tragen). Wählen Sie gedeckte Blau-, Burgunder- und Grüntöne, gelegentlich vielleicht auch ein helles Gelb, Blau oder Rosa. Binden Sie die Krawatte wie in der Illustration verdeutlicht, und halten Sie den Knoten, wenn Sie mögen, mit einem Krawattenclip oder einer Krawattennadel mit oder auch ohne Knopf, aber hüten Sie sich vor allem Auffälligen.

Für die Füße wählen Sie Mokassins oder Collegeschuhe in Schwarz, Weinrot oder Marineblau zu gleichfarbigen oder kontrastierenden Strümpfen. Wenn Sie gemusterte Strümpfe lieben, dann achten Sie auf geschmackvolle, neutrale Schattierungen. Ihr Gürtel kann entweder aus einfarbigem Leder passend zu Ihren Schuhen oder aber auch aus gestreiftem Gurtband in den klassischen Farbkombinationen Burgunder/Marine oder Schwarz/Grau sein. Oder aber Sie halten Ihre Hosen mit Hilfe von Hosenträgern fest – diese herrlichen Anachronismen passen besonders gut unter eine Weste, zumal eine Gürtelschnalle vielleicht nur eine unschöne Beule werfen würde.

Tragen Sie eine Aktentasche, um darin Papiere und Make-up-Utensilien unterzubringen (die Innenseiten helfen wunderbar, Ordnung zu halten). Wenn Ihnen eine Aktentasche für Ihre Zwecke zu groß oder zu klobig erscheint, dann nehmen Sie statt dessen eine dünne Kollegmappe aus Leder mit Reißverschlüssen an drei Seiten. Man bekommt sie in Musikgeschäften (für Notenblätter oder in Bürobedarfsläden). Für Geld und Scheckkarte holen Sie sich eine passende Brieftasche, aber achten Sie darauf, sie in der Innentasche Ihrer Jacke zu tragen anstatt in der rückwärtigen Hosentasche, wo sie nur eine Einladung für Taschendiebe bedeutet.

Taschentücher wie auch Fliegen können einem helfen, die strenge Linie durch einen Farbtupfer etwas aufzulockern – stecken Sie beispielsweise ein Baumwoll- oder Seidentaschentuch, einfarbig, im Paisleymuster oder getupft, in die äußere Brusttasche Ihrer Jacke. Oder tragen Sie ein gestärktes weißes Taschentuch in einer Hosentasche. Hübsch ist auch ein Taschentuch mit Ihrem Monogramm.

Die Wahl des Schmucks müssen wir ganz Ihrem Geschmack überlassen – und Geschmack ist hier das wichtige Stichwort. Wenn Sie das Gefühl haben, Sie sollten der strengen Linie Ihrer Kleidung eine »feminine Note« verleihen, dann sind dazu eine feine Goldkette um Hals oder Handgelenk, schlichte, klassische Goldreifen, glatt oder gedreht und kleine Ohrstecker mit Gold- oder Silberknöpfen oder Perlen am besten geeignet. Dieser Look eignet sich nicht für selbstgemachte, glitzernde, folkloristische oder ausgefallene Akzente, deshalb sollte auch der Schmuck zurückhaltend ausgesucht werden – eine klassische Uhr mit einem Glacé oder Krokoband wird vielleicht Ihre beste und einzige Investition sein.

Auch bei Hüten sollten Sie sich wiederum für bewußt dezente Modelle entscheiden. Ein gut sitzender, weicher Filz oder Schlapphut ist genau das Richtige.

Unten und gegenüber: Einfarbige, weiße oder pastellgetönte Hemden aus Oxford-Hemdenstoff sind für diesen Look grundlegend, aber Sie können diese ein wenig variieren, indem Sie sich vielleicht einen weißen Kragen auf einem farbigen Hemd, ein paar Haarbiesen auf der Vorderseite oder ein Hemd mit Latz und abnehmbarem Kragen erlauben. Wirkliche Gentlemen würden es sogar für richtig halten, Hemd und Kragen zweimal am Tag zu wechseln, und sich nichts dabei denken!

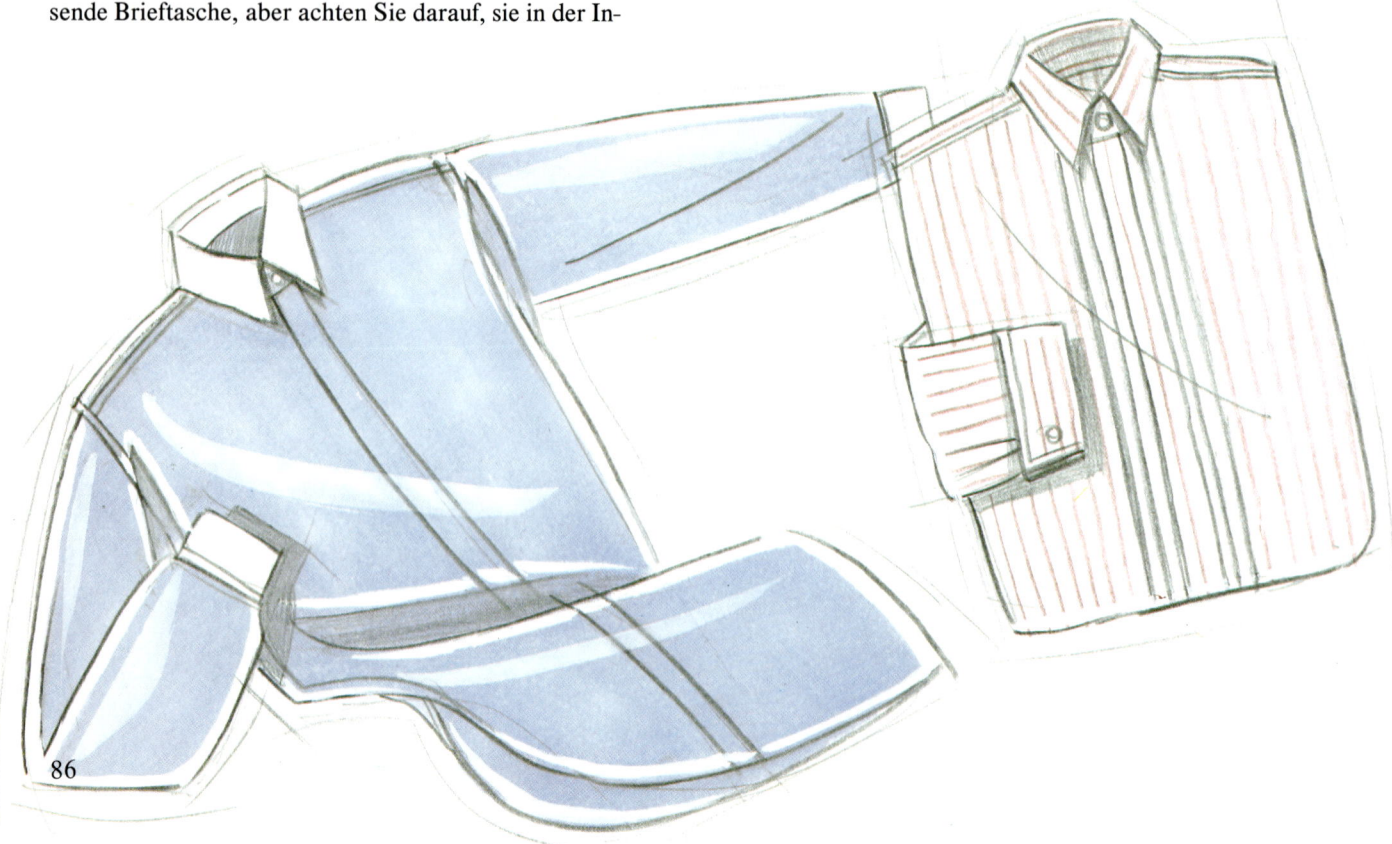

GESICHT UND HAAR

Obwohl minimal, kann das Make-up dazu dienen, diesem Look die notwendige Farbe zu verleihen. Wählen Sie für die Augen neutrale Schattierungen wie Grau oder Creme, für die Lippen helle Apricot- und Rosatöne. Die Augenbrauen müssen dicht sein – entweder von Natur aus oder nachgestrichelt. Das Haar sollte glatt und adrett sein, vorzugsweise weniger als schulterlang, wobei natürlich die kurzen Bubikopffrisuren ideal sind. Wenn Sie es kurz tragen, frisieren Sie es mit einem Gel zurück. Der letzte Akzent liegt auf dem Kinn. Um es optisch zu verbreitern, tragen Sie auf den Ecken des Kinns elfenbeinfarbigen Highlighter auf und dann etwas gelblich grauen Puder unter das Kinn, damit Ihr Gesicht eher rechteckig wirkt.

IDEEN

● Wenn die Kragen und Manschetten von Baumwollhemden verschlissen sind, dann ersetzen Sie sie durch reinweiße. Entweder Sie lassen das von einem Hemdenmacher erledigen, oder aber sie suchen sich solche Ersatzstücke in Näh- und Handarbeitsläden oder den entsprechenden Kaufhausabteilungen. Solche neuen, weißen Kragen oder Manschetten werden zu einem einfarbigen oder Nadelstreifen-Hemd sehr gut aussehen, allerdings weniger zu einem älteren weißen Hemd. In einem solchen Fall trennen Sie den Kragen einfach ganz ab, krempeln die Manschetten hoch und tragen dieses kragenlose Hemd zum Look der **Immigrantin**.

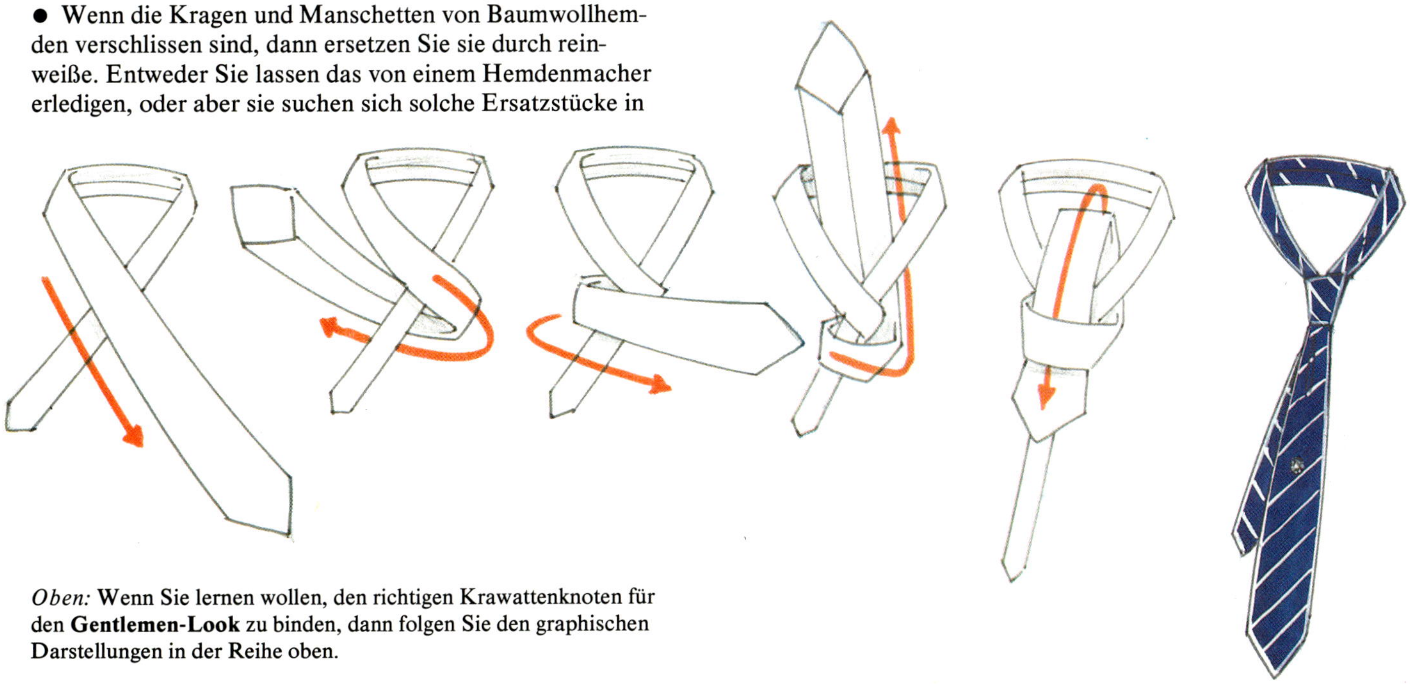

Oben: Wenn Sie lernen wollen, den richtigen Krawattenknoten für den **Gentlemen-Look** zu binden, dann folgen Sie den graphischen Darstellungen in der Reihe oben.

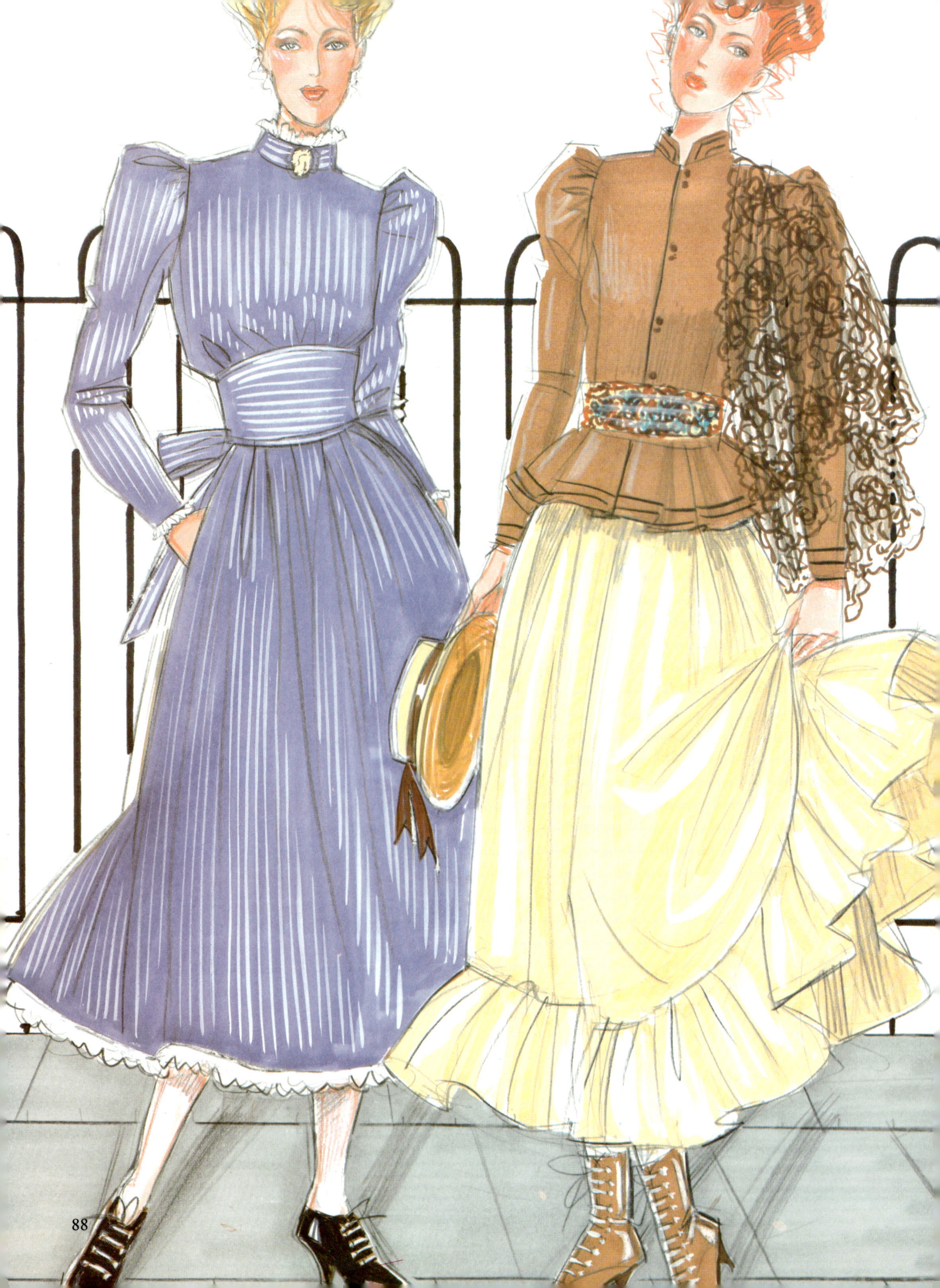

DAS GIBSON-GIRL

HINTERGRUND
Das Gibson-Girl ist uns unmittelbar aus jenen Tagen der Geschichte (1900–1910) überliefert, als sich die Mittelschicht in Europa und Amerika eines stetig wachsenden Wohlstands erfreute, vollkommen blind gegen die Kriegswolken, die sich drohend zusammenbrauten. In England saß Eduard VII. auf dem Thron und herrschte noch selbstbewußt über das riesige Empire, das er geerbt hatte. In Amerika baute Teddy Roosevelt sein Land zur Weltmacht auf.

Das **Gibson-Girl** hat seinen Namen von den bezaubernden Zeichnungen des amerikanischen Illustrators Charles Dana Gibson. Er war mit der älteren Schwester von Nancy Astor verheiratet, einer berühmten Schönheit, und ihre zarten, aristokratischen Züge, ihren langen, schlanken Hals und die elegante, schlanke Figur machte er in der Schöpfung des **Gibson-Girls** unsterblich. Mrs. Gibson war in ihrer äußeren Erscheinung keineswegs einzigartig; sie verkörperte den Typ der jungen Frau jener Tage – frisch, aufgeweckt und im Aufbruch.

Für die Frauen war es eine Zeit der Emanzipation. Die Bewegung der Stimmrechtlerinnen war auf ihrem Höhepunkt, das Fahrrad hatte seinen Durchbruch, und die Kleidung wurde schnell immer zwangloser. Obwohl man immer noch Korsett trug, wurden doch einige der vielen Schichten von Unterkleidern abgelegt; die Röcke, an Umfang reduziert, waren jetzt weitschwingend oder in Bahnen geschnitten und fegten mit den Säumen nicht mehr den Boden, und die Stoffe waren nicht mehr so dick und unbequem. Diese Entwicklungen erleichterten die immer populärer werdenden sportlichen Aktivitäten, und schon bald wurde es auch für die Frauen akzeptabel zum Fahrradfahren Sportknickerbockers zu tragen. Bewegungsfreiheit war der Grundgedanke, der zu einem neuen, romantischen Kleidungsstil führte. Dieser drückte sich besonders in der S-kurvenartigen Silhouette aus, die man durch eine betont krumme Haltung des Rückens erzielte, was die Franzosen *sans ventre* (ohne Bauch) nannten.

Wie bei allen romantischen Bewegungen ging die ursprüngliche Inspiration bald verloren, und der Look wurde immer akzentuierter. Die sanft fließenden Kurven der eduardianischen Linie entfalteten sich zu den unerhörten, gewundenen Dekadenz- und Gewächshausmotiven der Art Nouveau, denen erst die nüchterne Realität des 1. Weltkriegs ein abruptes Ende setzte. Aber bevor es vorüber war, war dieser Look nicht nur in den zahlreichen Illustrationen jener Zeit festgehalten worden, sondern auch mit Hilfe der neuen Kunst der Fotografie, wie beispielsweise im Werk eines der frühesten und brillantesten Fotografen, Jacques-Henri Lartigue.

DER LOOK
Seither sind Variationen des **Gibson-Girl**-Looks immer wieder populär gewesen und erst im vergangenen Jahrzehnt von der Modeschöpferin Laura Ashley mit ihren hochgeschlossenen Ausschnitten, weichen Rüschen und zartgemusterten Stoffen wieder aufgegriffen worden. Modeschöpfer für Abendroben, wie etwa John Bates, Gina Fratini, Zandra Rhodes und Oscar de la Renta, haben diesen Look schon lange für ihre Zwecke genutzt, aber es war Laura Ashley, die ihn wieder zu einer akzeptablen Tageskleidung machte. Während die Original-Gibson-Girls große, statuenhafte Geschöpfe waren, kann heute jede Frau die moderne Version dieses Looks tragen und eine gute Figur darin machen.

Sie können sich tagsüber oder abends, Sommer wie Winter wie ein **Gibson-Girl** kleiden. Die (im folgenden beschriebenen) Elemente bleiben immer die gleichen, nur die Stoffe wechseln. Es ist eine wunderbar schmeichelnde Art sich zu kleiden, die mit ihren bauschigen Ärmeln und Röcken sowohl sehr schlanken Frauen steht als auch solchen, die ihre Hüften und Oberschenkel etwas kaschieren wollen.

Unten: Das **Gibson-Girl** schwelgt in Accessoires: die Schuhe können einfache schwarze Pumps oder die stilgemäßen geschnürten oder geknöpften Stiefeletten mit den geschwungenen Absätzen sein; die Handschuhe sind aus Spitze oder Leder, vorzugsweise mit einer Rüsche über dem Handgelenk; der Schmuck ist antik oder eine entsprechende Imitation; die Taschen sind weiche Beutel mit Kordelzug; die Gürtel sind breit und die Strümpfe immer farbig, entweder dunkel oder hell.

Ebenso ist dieser Look wie geschaffen für Abendroben; hierfür sollten Sie Stoffe wie Samt, Brokat, kernige Seide, schweren Satin, Taft, Organza und andere glänzenden Materialien wählen.

Wie Sie sehen können, ist das wichtigste Kleidungsstück für die Tagesversion dieses Looks eine Jacke (oder für den Sommer eine Bluse) mit Schößchentaille – das heißt mit einem enganliegenden Oberteil und einem etwas weiteren Streifen an der Gürtellinie. Dieses Kleidungsstück hat leichte Puff- oder Keulenärmel und kann mit Knöpfen, Druckknöpfen oder Schnüren bestückt sein – das einzig Wichtige ist die grundlegende Form. Man kann einen ähnlichen Effekt erzielen, indem man einfach einen Gürtel über eine kurze Jacke oder einen kurzen Pullover bindet, die ungefähr 10 cm über die Taille reichen, aber die beste Wirkung erzielt man natürlich nur mit einer richtig geschnittenen Jacke.

Unter dieser Jacke tragen Sie eine hochgeschlossene Bluse. Dank des Vorbilds der Prinzessin von Wales erfreuen sich diese romantischen Blusen in der letzten Zeit einer ungeheuren Renaissance, und man kann sie überall und in allen Variationen kaufen. Die traditionelle Bluse ist weiß, mit

Links: In bezug auf eine betont feminine Wirkung ist für den Abend das **Gibson-Girl** durch nichts zu schlagen. Wählen Sie eine weiße oder cremefarbene, hochgeschlossene Bluse mit Rüschen auf der Vorderseite. Fügen Sie einen knie- oder wadenlangen Rock aus irgendeinem Stoff, von Velourleder bis Brokat, hinzu, kämmen Ihr Haar hoch, stecken Sie noch eine Kamee oder eine ähnliche Brosche an den Ausschnitt, und vertreiben Sie sich die späten Stunden.

einer Rüsche oder Spitze entlang des Ausschnitts, der Manschetten und der Frontpasse, aber die Auswahl ist groß und die Kombinationsmöglichkeiten unendlich. Achten Sie jedoch darauf, daß die Manschetten- und Kragenrüschen unter der Jacke oder dem Pullover hervorblitzen.

In bezug auf Farben und Stoffe gibt es keinerlei Beschränkungen. Die Originalfarben waren im Winter gedeckt – Braun-, Marine-, Flaschengrün- und dunkle Rottöne – und im Sommer helle Pastellschattierungen derselben Grundtöne. Auch waren Streifen sehr modern, angefangen von feinen Nadelstreifen bis hin zu sehr breiten Streifenmustern. Die Farbkombination bleibt ganz Ihnen überlassen, aber Sie sollten nicht zwei kontrastierende Streifenmuster oder zu viele Farben miteinander kombinieren.

Um eine stilgerechte – und auch die hübscheste – Wirkung zu erzielen, sollte man das Schößchenoberteil mit einem weiten, wadenlangen Rock kombinieren. Wenn Sie lieber Hosen tragen, dann wählen Sie leicht bauschige Schnitte, und stecken Sie die Hosenbeine in Ihre Stiefel (vgl. *Accessoires*). Die passenden Stoffe für Röcke oder Hosen sind etwa leichte Wollstoffe, Cord und Chaly für den Winter und Seersucker oder ähnliche Baumwollstoffe für den Sommer. Selbst Paisley-, Blumen- und zarte abstrakte Musterdrucke sind hübsch, vorausgesetzt, die Farben sind nicht zu grell.

ACCESSOIRES

Die Liste der Accessoires für das **Gibson-Girl** ist endlos. Immerhin war es zur Jahrhundertwende für die Damen und Herren der besseren Gesellschaft nichts Ungewöhnliches, sich sechsmal am Tag umzuziehen, und natürlich wurden die Accessoires jedesmal mit gewechselt.

Beginnen Sie bei den Füßen. Zu der Tages- und Winterversion des Looks sollten Sie Stiefel tragen. Sie können in klassischer Form mit kniehohem Schaft sein, aber noch besser sind wadenhohe, enganliegende Stiefel, die vorne geschnürt oder geknöpft werden. Die Absätze sind mindestens 5 cm hoch und vielleicht tailliert. Für den Sommer und Abend tragen Sie Schuhe mit Fesselriemchen oder irgendwelche anderen Modelle mit mittelhohem Absatz aus weichem Glacéleder; für den Abend aus Lackleder, Spitze oder Velvetine. Wenn Sie ganz stilgerecht sein wollen, dann müssen Sie zu diesen Schuhen Seidenstrümpfe mit Strumpfhalter tragen. (Selbst Ihre Unterwäsche kann im Stil jener Periode sein – benutzen Sie das Kamisol und den Petticoat der **Schäferin**.) Suchen Sie nach Strümpfen von seidiger, durchscheinender Struktur, oder wählen Sie dickere, wie die Original-Florstrümpfe. Tragen Sie sie zu Sommerkleidern und Abendstoffen in Creme- und Pastelltönen und in dunkleren Farben im Winter oder zu dunkleren Kleidern. Die hebende Wirkung farbiger Beine paßt ebenfalls zu diesem Look – vielleicht ein leuchtendes Rot oder Smaragdgrün.

Betonen Sie die Taille Ihres Rocks oder Ihrer Jacke durch einen breiten Gürtel (bis zu 15 cm breit) aus Leder, Velourleder, Gurtband oder einem der Stoffe, die wir für die Abendrobe empfohlen haben. Der Gürtel kann geschnallt, geschnürt oder auch gebunden werden, die Hauptsache ist nur, gürten, gürten, gürten Sie Ihre Taille!

Der Schmuck sollte altmodisch aussehen oder wirklich antik sein. Sie können ruhig eine ganze Menge davon tragen – zu Zeiten Königs Eduards war es nichts Ungewöhnliches Ohrringe, Ketten, Armbänder und eine Brosche auf einmal zu tragen, aber wenn Sie das tun, dann achten Sie darauf, daß die einzelnen Stücke zueinander passen. Tragen Sie die Brosche an der Jacke, die Kette unter Jacke auf der Bluse. Wenn Sie keinen antiken Schmuck besitzen, dann lesen Sie unter »Ideen« nach, wie Sie sich einen Choker leicht selber machen können.

Tragen Sie Handschuhe an den Händen, oder wenigstens bei sich. Für den Sommer können es kurze aus Baumwoll-Ekrü oder Glacé sein, für den Winter längere, hochgeschobene, oder Stulpenhandschuhe; für festliche Anlässe gibt es die fingerlosen Spitzenhandschuhe – sie erlauben es Ihnen auch, dutzende von Ringen zur Schau zu tragen.

Die Krönung des ganzen bildet ein großer Hut mit Krempe, idealerweise mit Blumen oder Federn geschmückt. (Diese Wunderwerke der Hutmacherkunst sind heute neu unerschwinglich; suchen Sie statt dessen nach alten Stücken in Secondhandläden, die Sie über eine Schüssel gestülpt über heißem Wasser wieder in Form bringen und mit neuen Bändern, künstlichen Blumen und Schleiern schmücken, wobei Sie sich entweder an das Vorbild des Originals halten oder aber auch eine eigene Création schaffen können.)

GESICHT UND HAAR

Hochgesteckte Locken waren zur Jahrhundertwende **de rigueur**. Wenn Sie sehr fülliges Haar haben, ist das kein Problem für Sie. Wenn nicht, dann kämmen Sie Ihr Oberhaar zurück, glätten es vorsichtig in Form und stecken es mit Kämmchen oder verzierten Gummibändern fest. Locken oder Wellen sind ebenfalls richtig – vgl. unter **Die Immigrantin** wegen der Anleitung, wie Sie sich Stoffwicklerlocken machen können. Ebenso sieht es sehr hübsch aus, wenn Sie sich ein Sträußchen künstlicher Blumen oder auch Bänder hinten ins Haar stecken oder wenn Sie sich von vorne oder seitlich einzelne Haarsträhnen hochbinden. Achten Sie jedoch darauf, daß solche Bänder zu Ihrer übrigen Kleidung passen – Samt und Velvetine für den Winter und den Abend, Grosgrain oder Satin für die Sommertage. Probieren Sie ruhig auch gemusterte Bänder mit Streifen-, Karo- und Blumenmustern, aber was für einen Haarschmuck Sie auch für sich auswählen, vergessen Sie nie, daß das Wesen dieses Stils in einem Maximum an Fülle und Weichheit liegt.

Das Make-up ist entsprechend zart. Die Grundierung sollte natürlich sein und wird sorgfältig mit losem Puder überstäubt. Beginnen Sie Ihr Augen-Make-up, indem Sie einen rosigen Lidschatten über das ganze Lid auftragen und zur Lidfalte hin einen grauen oder bräunlichen Ton übergehen lassen. Tragen Sie diese zweite Schattierung auch unter dem unteren Wimpernrand auf, um den Augen eine umflorte Tiefe zu geben, aber achten Sie darauf, daß es eine weiche, verwischte Linie ergibt. Vollenden Sie das Make-up durch ein rosiges Rouge und einen sehr natürlich getönten Lippenstift.

IDEEN

– Fertigen Sie sich einen Choker selbst, indem Sie einfach ein 45 cm langes Band um den Kragen Ihrer Bluse oder Jacke vorne zu einer einfachen oder doppelten Schleife binden. Oder nehmen Sie ein 2,5 bis 3,5 cm breites Band, das Sie hinten binden, und stecken Sie vorne in der Mitte eine Brosche daran – eine Kamee wäre ideal, aber jede andere kleine, hübsche Brosche tut es auch.

● Ziehen Sie dünne, seidige Bänder durch weiße Sommerwäsche, wie Petticoats, Blusen, Kamisols, Pantalons, und tragen Sie ein gleichfarbiges Band in Ihrem Haar und/oder an Ihrem Hut.

Von links nach rechts: Ein flacher Filzhut, mit einem Knötchenschleier umwickelt, der hinten festgebunden wurde, das Ganze wird durch zwei gelockte Straußenfedern gekrönt, die vorne angesteckt wurden; ein schlichter Strohhut, der über dem Krempenansatz mit einem Band geschmückt wurde, die Stoßkante wird durch einen Strauß aus kleinen künstlichen Blumen verdeckt.

92

DIE ZIGEUNERIN

HINTERGRUND

Seit die Blumenkinder der Sechziger Jahre ihren eigenen Lebensstil zu entwickeln begannen und sich entschlossen, den Hauptstrom der Mode einfach zu ignorieren, indem sie sich in eine bunt zusammengewürfelte Mischung farbenfroher Folklorekleider kleideten, ist die **Zigeunerin** immer unter uns gewesen. Die Ursprünge dieses Looks sind allerdings wesentlich älter. Zigeuner sind eine Romani sprechende Volksgruppe, die über ganz Europa und Nordamerika verstreut ist und inmitten industrialisierter Gesellschaftsformen ein unabhängiges Nomadenleben bewahrt. Zwischen dem 12. und 15. Jahrhundert sind die Zigeuner aus dem Nordwesten Indiens ausgewandert, man glaubte jedoch, sie seien aus Ägypten gekommen – daher rührt ihr englischer Name »Gypsies«. Wie alle Reisenden haben sie auf ihrem Weg fremde Bräuche und Gegenstände aufgegriffen, und daraus entwickelte sich mit der Zeit auch ihre exotische und bunt zusammengewürfelte Kleidung. Wenn wir uns in romantischen Vorstellungen ergehen, dann denken wir an großäugige, dunkelhäutige Schönheiten, in weite, frohe Kleidungsstücke gehüllt und mit funkelndem Goldschmuck, die in leuchtend bemalten Zigeunerwagen von Ort zu Ort ziehen. Es ist nicht schwer zu begreifen, warum so ein Look (und die dazugehörige Philosophie) von der Jugend der Sechziger Jahre angenommen wurde.

Wie alle in der freien Natur geborenen Looks, wurde die **Zigeunerin** natürlich von den Modeschöpfern gezähmt und verfeinert (wie beispielsweise von Yves St. Laurent und Oscar de la Renta) und in einer zugänglicheren und luxuriöseren Verpackung neu präsentiert. **Die Zigeunerin** ist ein Look, der sowohl praktisch genug für den Tag als auch exotisch genug für besondere Anlässe ist. Er kann von jedem Figurentyp getragen werden, sieht allerdings am besten an Frauen aus, deren Teint es ihnen erlaubt, eine Mischung aus sehr leuchtenden Farben zu tragen; obwohl man diesen Look wohl auch erzielen könnte, indem man pastellfarbene Kleidungsstücke übereinander anzieht, hat dies nicht die einschlagende Wirkung und ist auch genaugenommen nicht korrekt. Tragen Sie also kraftvolle Farben wie Rot, Orange, Gold und Gelb, abgesetzt durch Gelbbraun, Schwarz, Braun und Weiß und mit Akzenten in leuchtendem Blau, Türkis und Grün.

Darüberhinaus ist die **Zigeunerin** ein Look für das Spiel mit Mustern, und durch den steten Zufluß traditionell bedruckter Kleidungsstücke aus Indien und China gibt es an dieser Art von Kleidung keinen Mangel. Die kleingemusterten Drucke aus der französischen Provence sind ebenfalls ideal obwohl natürlich weitaus teurer, wie auch die helleren Laura-Ashley-Motive.

DER LOOK

Wie viele der Looks in diesem Buch kennt die **Zigeunerin** eine Version mit Hosen und eine mit Rock. Fangen wir mit den Hosen an – sie können aus allen möglichen Stoffen sein, angefangen von dünnen, preiswerten Baumwollstoffen für den Sommer bis hin zu schwerem Samt und Wollstoffen für den Winter; eine reiche **Zigeunerin** trägt vielleicht sogar Leder oder Velourleder. Es sollten allerdings Hosen im Harems- oder Zuavenschnitt (wie Sie unter **Die Araberin** finden) sein. Sie können schnell einen ähnlichen Effekt erzielen, indem Sie weite Hosen in waden- oder kniehohe dunkle Lederstiefel stecken und die weiten Hosenbeine bauschig über die Schäfte fallen lassen.

Unten: Lederstiefel, ob hoch oder flach, in Naturtönen oder eingefärbt, verziert oder schlicht, mit hohen oder flachen Absätzen, sind für diesen Look wesentlich. Für den Abend tauschen Sie sie gegen Sandaletten ein. Der Schmuck ist zu allen Zeiten verwegen und klimpernd – in leuchtenden Farben oder aus glitzernden Metallen.

Als nächstes kommt die weiße Bluse dazu – traditionsgemäß mit sehr weiten, bauschigen Ärmeln, Schlupfausschnitt und spitzem Kragen, aber jede andere locker sitzende Bluse tut es auch. Stecken Sie sie in die Hose oder tragen Sie sie darüber, wenn sie bis über die Hüften fällt. Darüber ziehen Sie ein kurzes Bolero oder eine knopflose Weste.

Wenn Sie den authentischen Zigeunerstil vorziehen, dann wählen Sie anstelle der Hosen einen weitschwingenden, gestuften Rock. Es gibt solche Röcke aus allen erdenklichen Stoffen, angefangen bei Baumwollvoile bis hin zu Satin, aber bleiben Sie wegen des romantischen Effekts bei leuchtenden Unifarben oder kleinen Druckdesigns. Sie können sogar mehrere Röcke übereinanderziehen, je weiter um so besser, und zögern Sie nicht, darunter noch Petticoats zu tragen. Weiße viktorianische Unterwäsche mit Spitzenbesatz kann einen ähnlichen Zweck erfüllen, aber zwei oder drei übereinandergetragene Röcke in aufeinander abgestimmten Farben sehen besser aus. Der äußerste Rock könnte beispielsweise in schwarz sein, mit einem roten Unterrock und einem purpurfarbenen Petticoat noch darunter. Dazu sollten Sie eine weiße Bluse und ein besticktes oder bunt bedrucktes Bolero tragen.

Sei es nun, um sich in kühlen Sommernächten einzuhüllen oder auch am Wohnwagenlagerfeuer warm zu halten – wählen Sie einen nahtlosen Überwurf wie etwa einen Poncho oder ein großes Tuch. (Diese Stoffquadrate sind unglaublich vielseitig – tragen Sie sie auch zu der **Immigrantin**, der **Kosakin**, der **Romanin** und der **Jungen Romantikerin**, je nach Stoff und Muster.) Für die **Zigeunerin** wählen Sie am besten Tücher in leuchtenden Unifarben oder mit Stickerei auf Blumendruck – fröhlich gemusterte Tücher sehen wunderbar zu einfarbigen Kleidern aus, oder, wenn Sie genügend Vertrauen in Ihr Farbempfinden haben, dann tragen Sie zwei mit zueinander passenden Mustern. Im Sommer können diese Tücher aus dünner Seide oder Baumwolle sein; im Winter bestickte Wolle oder sogar eine Karodecke.

Wie die Illustration zeigt, kann man die Tücher auf zahlreiche verschiedene Arten tragen – um beide Schultern, vorne mit einem Knoten oder einer Brosche zusammengehalten, über eine Schulter und auf der gegenüberliegenden Hüfte geknotet oder halb über dem Haar mehrfach umeinander gewickelt.

ACCESSOIRES

Wer gerne im Überfluß schwelgt, wird die **Zigeunerin** lieben. Es ist ein sehr schmuckvoller Look; nichts ist zuviel. Tragen Sie dutzende von Armreifen, dreifache Gürtel und überall Schals und Tücher.

Für kühleres Wetter ist das wichtigste Accessoire für diesen Look ein Paar Stiefel. Sie können flache oder hohe Absätze haben und sollten dunkel und einfarbig sein. Wenn Sie prunken wollen, dann tun Sie dies in einem leuchtend farbigen Paar samt Applikationen, Stickereien und/oder mit Quasten oder Goldmünzen geschmückt. Stecken Sie bei kaltem Wetter die Hosenbeine in die Stiefelschäfte, oder tragen Sie die Stiefel zu den weiten Röcken – sie sind wirklich unentbehrlich. Im Sommer tauschen Sie die Stiefel gegen Sandaletten ein – flache mit Schnüren und Münzen oder auch Modelle mit hohen Absätzen zu den sommerlichen Röcken. Und haben Sie auch keine Scheu vor funkelnden, metallischen Akzenten, gleichgültig ob Münzen, Glasperlen oder Leder im Metallic-Effekt.

Von links nach rechts: Vier Möglichkeiten, ein großes, diagonal gefaltetes Viereckstuch oder ein Dreieckstuch zu tragen: über beide Schultern, vorne überkreuzt und die Enden im Rücken der Taille verknotet; über den Kopf, wobei Sie beide Enden über die Schultern werfen; um beide Schultern, vorne geknotet und mit einer Brosche zusammengehalten; und über einer Schulter, wobei die beiden Enden über der gegenüberliegenden Hüfte verknotet werden.

Ein weiteres notwendiges Requisit ist die schön umwickelte Taille. Aus Schals, Stoffresten oder Leder- oder Velourlederstreifen läßt sich eine breite Schärpe machen. Wenden Sie die gleichen Techniken für die Umwicklung der Taille wie bei der **Araberin** an – zuerst das breite Schärpenband, das durch ein schmaleres Band darüber festgehalten wird – sei es ein Gürtel, eine Gardinenkordel, ein Baumwollstreifen oder ein Schal, den Sie zu einem schmalen Gürtel rollen. Oder aber Sie binden sich ein Tuch um die Taille, so daß es wie ein Überrock schräg über die Hüfte fällt.

Schals sind auch für die Erstellung des Kopfschmucks der Zigeunerin unentbehrlich. Die traditionell gesinnten Vagabunden unter Ihnen werden sich ein mit Blumenmuster bedrucktes Tuch um den Kopf binden und im Nacken knoten, aber Sie können es durchaus auch seitlich oder unter dem Kinn knoten, wenn es Ihnen gefällt. Das einzig Wichtige ist, daß das Tuch gemustert und wenn möglich sogar mit Fransen besetzt ist. (Tücher mit einem prächtigen Blumenmuster aus roten oder rosa Rosen sehen zu diesem Look sehr reizvoll aus.) Binden Sie sich ein Halstuch im Paisleymuster oder mit Polkatupfen um, wenn Sie den Zigeunerschal auf zwanglosere Art tragen wollen. Vielleicht binden Sie noch ein zweites Tuch zu einem Band gerollt über das erste, wie es in der einleitenden Illustration zu sehen ist. Lesen Sie auch unter **Die Kosakin** wegen weiterer Tücherideen nach.

Schmuck kennt keine Grenzen. Fangen Sie bei Ohrringen an, aber lassen Sie es nicht bei einem Paar bewenden – wenn Sie die Ohrläppchen durchstochen haben, tragen Sie mehrere in unterschiedlichen Größen. Oder tragen Sie nur einen Ohrring, der unter dem Kopftuch hervorblitzt. Als Ketten nehmen Sie große Gold-, Silber-, Messing- oder Bronzeketten, an denen große Steine wie Achat, Bernstein oder Koralle baumeln. Aber lassen Sie es auch hier nicht bei einer Kette: je mehr, um so fröhlicher der Effekt. Auch Armreifen tragen Sie am besten gleich dutzendweise – stapeln Sie sie in verschiedenen Metallen und Formen am Arm übereinander. (Tragen Sie sie im Sommer weiter oben am Arm als Armspangen auf braungebrannter Haut, neben Fesselkettchen zu Sandaletten.) Zeigen Sie schließlich auch so viele Ringe, wie es Ihnen Spaß macht. Der Reichtum der **Zigeunerin** ist kein Geheimnis.

GESICHT UND HAAR

Beginnen Sie mit einer warmen, honigfarbenen Grundierung und einem passenden Puder, es sei denn, Ihr Teint ist von Natur aus dunkel. Verteilen Sie einen sandfarbenen Lidschatten über das ganze Lid und ein dunkleres Braun in die Lidfalte. Verleihen Sie Ihren Augen einen tiefen, geheimnisvollen Ausdruck, indem Sie mit einem schwarzen Kajalkohlestift entlang der Wimpern im inneren Lidrand eine feine Linie ziehen. Wählen Sie ein rostfarbenes Rouge für die Wangen und annähernd die gleiche Farbe für die Lippen.

Tragen Sie Ihr Haar so wellig und wild wie möglich, indem Sie entweder Stoffwicklerlocken ausbürsten (Vgl. die **Immigrantin**) oder aber normale Lockenwickler und Festiger verwenden.

IDEEN

- Verwenden Sie glänzende, offen gewebte, mit Blumenmuster bedruckte Stoffquadrate, um daraus Tücher selber zu machen. Ribbeln Sie die Ränder zu Fransen auf oder nähen Sie fertige Fransen oder Quasten darauf.

- Stöbern Sie Geschäfte auf, die folkloristische Kleidung verkaufen, wie beispielsweise Geschäfte, die sich auf die Waren aus bestimmten Ländern wie Rußland, Ungarn oder Griechenland spezialisiert haben. Dort finden Sie stilechtere und ungewöhnlichere Muster und Sachen: beispielsweise weiche, wollene Kopftücher aus skandinavischen Ländern; gestreifte Baumwolle in warmen Farben aus Griechenland.

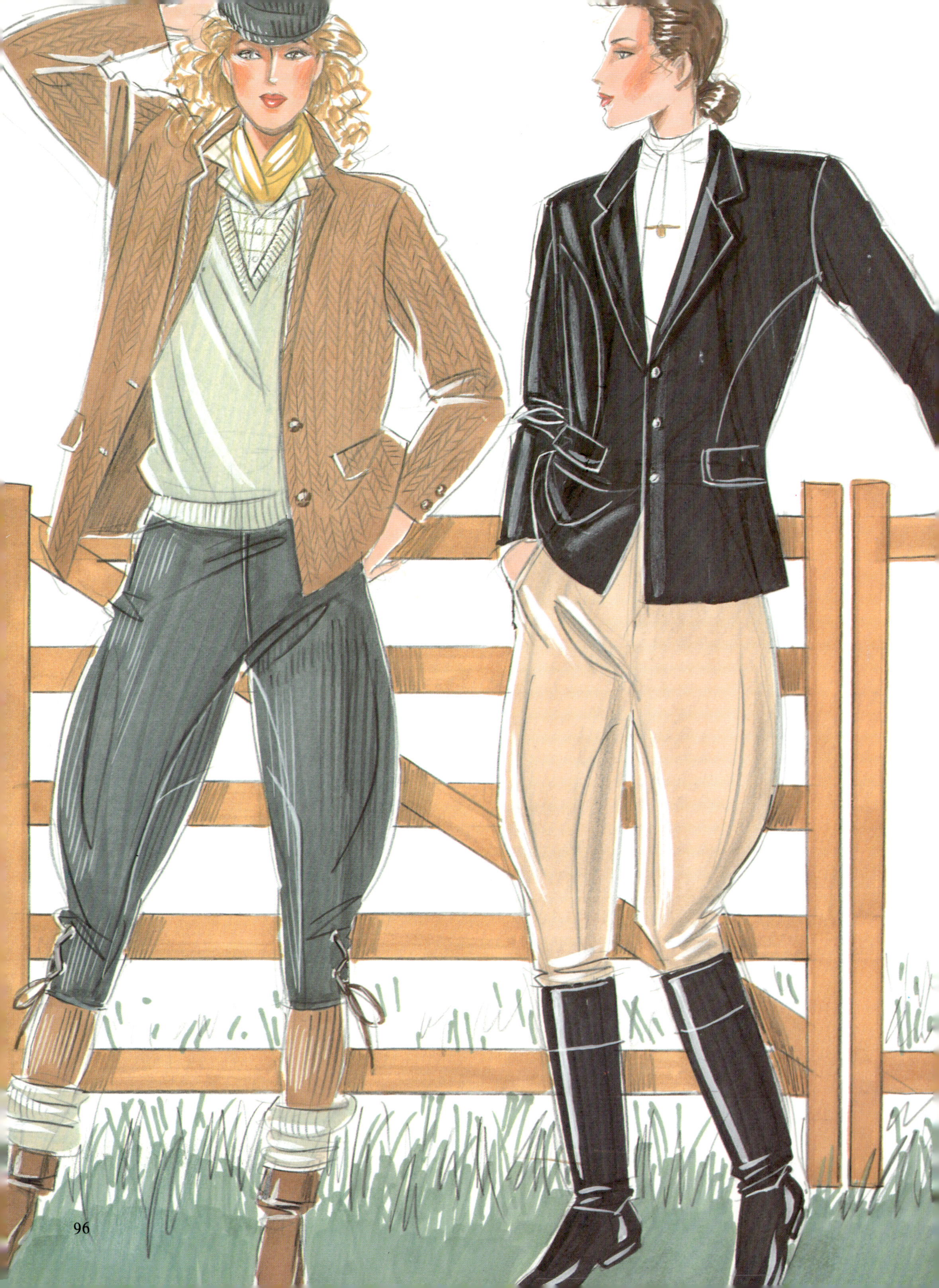

DIE AMAZONE

HINTERGRUND

Neblige Morgen, reifbedeckte Felder, mit Sattel und Trense über dem Arm in den Stallhof, um aufzusatteln, früh genug für das Treffen am Herrenhaus; geschniegelt herumstolzierende Jäger, Gentlemen in Jagdrock und schwarzer Kappe; Damen, wenn nicht in Reitkleidung, dann in eleganten schwarzen Jacken mit makellos weißer Halsbinde, alle bereit für den Ruf des Masters, die Meute bei Fuß und der Fuchs in der Ferne: »Hallo! Ho!« und los geht's über Hekken und Gräben!

Wenn dieses Szenario sich in Ihren Augen wie eine archaische Tradition liest, die nur noch von den letzten, übriggebliebenen des »Landadels« gepflegt wird, dann wird Ihr Interesse vielleicht augenblicklich vollkommen erlöschen. Aber bevor Sie mit den Motiven und dem Verhalten derer ins Gericht gehen, die in eleganten Jagdgesellschaften der Jagd zu Pferde hinter der Meute fröhnen, sollten Sie einen Augenblick überlegen, was wir ihnen – zumindest in bezug auf Kleidung – verdanken. Diese Reiterdamen liefern Ihnen einen der bequemsten und praktischsten Looks für Ihre Garderobe, gar nicht zu reden von einer Auswahl vielseitiger Elemente (wie etwa die Reitjacke oder die Reitstiefel), die zu festen Modeartikeln geworden sind und sich in einer Vielzahl anderer Looks neben der **Amazone** integrieren lassen.

Die Kleidung der wahrhaft pflichtbewußten Amazone wird durch ein Regelbuch genau diktiert; man folgt strengen Regeln darüber, was man zur Jagd, zum Turnier, zum morgendlichen Ausritt im Stadtpark oder, als jüngere Mitglieder der reiterlichen Zunft, in die Reitschule und den Pony Club trägt. Allerdings können diese Regeln für uns übrige gelockert werden. Achten Sie lediglich darauf, daß Sie die richtigen Grundelemente auswählen, selbst wenn Sie gezwungen sind, bei der Zusammenstellung des Looks etwas künstlerische Freiheit zu gebrauchen. Nur die abschließende Wirkung zählt.

DER LOOK

Die Amazone kann unter zwei verschiedenen Kleidungsstilen wählen, obwohl die Silhouette und die Grundelemente der beiden ähnlich sind. Anhänger der eleganten Jagd oder der Dressurreiterei legen sehr viel Wert darauf »gut gekleidet« zu sein, während die Kleidung für einen lockeren Querfeldeingalopp natürlicherweise zwangloser ist. Beide Versionen dieses Looks können je nach Anlaß auch in der Stadt getragen werden; die zuletzt genannte ist ideal für ein Leben auf dem Lande, wo die elegantere Version wohl etwas deplaziert wirken würde (es sei denn, Sie haben ernsthaft vor, zu jagen.)

Reitjacke und Reitstiefel sind wesentliche Bestandteile beider Versionen des Looks. Heutzutage bekommt man sie ohne weiteres auch aus anderen Quellen als den traditionellen Reitsportausstattern; die Jacken gibt es in einer Viel-

Unten: Auf keinen Fall mit dem **Cowgirl** zu verwechseln, ist dies ein wesentlich feinerer Look und schick genug, um Ihnen den Erfolg zu sichern. Achten Sie darauf, daß Ihre Stiefel sauber und poliert sind, Ihre Halsbinde und die Netzhandschuhe makellos. Die korrekte Reitkappe ist unten zu sehen, aber weniger Reiter-gesinnte Fans dieses Looks können auch eine Mütze aus Cord oder Tweed wählen.

zahl verschiedener Farben und Muster und die Stiefel in vielen Variationen, so daß es also kein Problem ist, für jeden Geschmack das Passende zu finden.

Für den eher förmlichen Look sind bei der Wahl der Farben die Zügel straffer aufgenommen, und Sie sollten sich hier wirklich an Schwarz, Weiß, Beige oder Steingrau halten. Eine taillierte Reitjacke aus schwarzem Kammgarnstoff ist das wichtigste Stück; einreihig, mit kleinem Kragen, schmalen Revers und schrägen Taschen (in denen wahrscheinlich ein paar Zuckerstückchen sind), hat diese Jacke zudem Rücken- oder Seitenschlitze, damit sie korrekt über den Rücken des Pferdes fallen kann. Unter der Jacke trägt man ein makellos weißes Hemd mit ebensolcher Halsbinde; die elegante Halsbinde, ein ungefähr 8 cm breiter Seiden- oder Baumwollschal, wird hoch am Hals gebunden, so daß die Enden nach vorne fallen und mit einer Nadel zusammengehalten werden.

Beigefarbene Twilljodhpurhosen (eines der Vermächtnisse der britischen Radschas) sitzen über den Hüften bauschig und bequem, aber von den Knien abwärts bis zu den Knöcheln maßgeschneidert und eng. Denken Sie daran, daß Sie, wenn Sie diesen Look ernst nehmen, vielleicht Thermounterwäsche brauchen werden. Es gibt keine wärmenden Schals, Mäntel oder Capes, um den eisigen Wind abzuwehren, wenn Sie sich dazu entschieden haben, sich auch im tiefsten Winter so zu kleiden.

Die lockere, zwanglose Ausführung des Amazonenlooks ist am leichtesten zu erreichen. Nehmen Sie bequeme, natürliche Stoffe: Tweed, Cordsamt und gekämmte Baumwolle, wobei die Schwere der Stoffe je nach Jahreszeit variiert. Wählen Sie die feineren Farbschattierungen der Natur: Moos-, Oliv- und Blattgrün-, Rost-, Kastanien-, Sand- und erdige Brauntöne in einfarbigen, gesprenkelten, Fischgräten-, Hahnentritt- und anders gemusterten Tweedstoffen für Ihre Reitjacke und Beige, Steingrau, Sand oder Oliv für Ihre Jodhpurs aus Cord oder Twill.

Die tweedartige Reitjacke dieser Version der **Amazone** ist ähnlich geschnitten wie die elegante schwarze Ausführung. Und auch die klassischen Jodhpurhosen finden sich hier, obwohl Sie diese gegen weniger streng geschnittene Alternativen austauschen können: weiche Cordsamtjodhpurs, die außen an den Unterschenkeln geschnürt sind, Breeches, die unter dem Knie geknöpft werden, ja sogar die weiten Cordhosen der Farmer passen zu diesem Look, aber stecken Sie letztere in die Stiefel, damit die Hosenbeine nicht herumflattern. Wenn Sie eine Abneigung gegen Jodhpurs und ähnliche Hosen haben, ansonsten aber Gefallen an dem Reiterlook finden, dann versuchen Sie es statt der Hosen, mit einem weichen, tweedartigen Rock oder einem Hosenrock aus Tweed oder Cord.

Sie werden auch eine Auswahl an Blusen und Pullovern brauchen; greifen Sie zu diesem Zweck auf all die warmen und praktischen Kleidungsstücke aus der Garderobe der **Gutsbesitzerin**, der **Schottin**, der **Fischerin** und dem Landlook der **Klassischen Dame** zurück.

Viyella (ein Baumwoll-Wollgemisch) Hemden mit kleinem, spitzen Kragen, einfarbig oder im traditionellen, bunten Würfelkaro, sind genau das Richtige unter kuscheligen Shetland- oder Lammwollpullovern mit V-Ausschnitt, unter ärmellosen Pullovern, gestrickten Westen oder sogar unter der Aranjacke (vgl. S. 98 mit der **Schottin**). Benutzen Sie

Oben: Der beigefarbene oder hell lodengrüne gummierte Regenmantel ist ein unentbehrliches Stück, ob Sie nun eine echte **Amazone** sind oder nicht. Wenn Sie es etwas zwangloser lieben, dann binden Sie den Gürtel zu einem einfachen Knoten anstatt ihn durch die Schnalle zu ziehen.

den Pullover dazu, die Farbkomposition Ihrer Kleidung etwas zu heben; tragen Sie beispielsweise einen burgunderfarbenen Pullover unter einer olivgrünen Jacke oder einen gelben Pullover zu einem rost- oder moosfarbenen Mantel.

Weil dies ein Look für harte Arbeit im Freien ist (Pferde werfen mit ihren Hufen eine ganze Menge Dreck auf), ist Ihnen ein zusätzliches Kleidungsstück erlaubt, das Sie vor Kälte und Feuchtigkeit schützen soll: der klassische, steingraue »Mac«. Dieser steife, gummierte Regenmantel wurde extra dafür entworfen, auf dem Pferderücken getragen zu werden; der tiefe Schlitz im Rücken erlaubt es dem Träger, bequem im Sattel zu sitzen, und die mit Metallösen versehenen Luftlöcher unter den Armen verhindern jedes Gefühl von Unbehagen. Schlagen Sie also den Kragen hoch, knöpfen Sie den Mantel zu und schnallen Sie den Gürtel darüber, und der Regen wird von Ihnen abprallen wie vom Gefieder einer Ente, denn dieser Mantel gehört zu den wasserdichtesten Kleidungsstücken, die je erfunden wurden. Und was noch besser ist, er braucht keine teure Reinigung – schrubben Sie ihn einfach gründlich ab, wenn er einmal schmutzig ist.

ACCESSOIRES

Viele der Stiefelformen auf dem Markt basieren auf den traditionellen englischen Reitstiefeln, es wird also nicht schwierig sein, ein Paar zu erstehen – die klassischen, kniehohen Lederstiefel mit flachem Absatz sind schlicht in der

Form und wundervoll verarbeitet. Zu der schwarzen Reitjacke und der weißen Halsbinde sollten Sie auch schwarze Stiefel wählen, und achten Sie darauf, daß sie auch stets gut poliert sind. Zu der zwangloseren Version können Sie auch kniehohe, dunkelbraune oder rotbraune Lederstiefel, braune, lederne Schnürstiefel oder Jodhpurstiefel wählen (letztere sind knöchellange Stiefeletten mit Reißverschlüssen in den Innenseiten, elastischen Einsatzstreifen oder überkreuzten Lederriemchen mit Schnallen). Die hohen Schaftstiefel mit dem abgesetzten rehbraunen Streifen am oberen Schaftrand sind ebenfalls sehr schön und können wegen der farblichen Mischung aus Schwarz und Braun zu beiden Versionen des Amazonenlooks getragen werden. Und dann bietet sich da noch der perfekte Partner zum Reiterregenmantel an: der vor kurzem wiederentdeckte Leinenschaftstiefel; vielleicht hat ein robuster Gummifuß inzwischen den vormals ledernen ersetzt, aber der Schaft ist wie eh und je aus steingrauem Kanevasleinen. Eine Vielzahl verschiedener Stiefelformen lehnt sich lose an die Form des Reitstiefels an, aber im allgemeinen sollten Sie immer daran denken, daß das Schlichte das Beste ist. Sollten Sie jedoch etwas Schmuck lieber haben, dann wählen Sie als Verzierung für die Fersen Ihrer Stiefel Trensengebisse, Sporen und Ketten.

Die passende Kopfbedeckung ist ein weiteres wichtiges Accessoire für die Amazone. Zu der eleganteren Version tragen Sie eine schwarze, harte Samtkappe; das ist die traditionelle Reitkappe mit Schirm. Zu dem zwangloseren Stil wählen Sie eine flache Tweedmütze, die zu allen möglichen zwanglosen Landbekleidungen großartig paßt. Die Reitkappe werden Sie wohl in einem Reitsportgeschäft kaufen müssen, aber die anderen Mützen finden Sie ohne Schwierigkeiten in jedem Sportgeschäft. Oder greifen Sie als letzte Möglichkeit auf ein Kopftuch zurück (immerhin zeigt sich die Königin von England häufig damit).

Außerdem brauchen Sie warme Strümpfe, Reithandschuhe (vorzugsweise aus beigefarbenen oder gelben Netzstrick) und eine Krawatte. Für den schwarzberockten Look dient die Halsbinde als Krawatte, aber für den zwanglosen Stil wählen Sie eine gestrickte oder grob gewebte lange Krawatte, eine weiche Fliege oder ein Halstuch im Paisleymuster, daß Sie in den Hemdkragen stecken.

Eine Amazone trägt selten eine Tasche (wo läßt sie bloß all ihre Habseligkeiten?), trotzdem würde zu diesem Look eine Tasche von der Art der Jagd- oder Anglertaschen aus Leinen passen (vgl. **Die Gutsbesitzerin** und **Die Fischerin**).

GESICHT UND HAAR

Die Amazone verbringt praktisch ihre ganze Zeit im Freien; (wenn sie nicht gerade über die Felder galoppiert, mistet sie Ställe aus, putzt ihr Pferd oder bereitet sein Futter aus Gerste und Mengfutter). Als Folge wirkt ihr Gesicht gesund und natürlich, mit den typischen, deutlich rosigen Wangen. Tragen Sie für eine gleichmäßige Tönung des Teint eine helle Grundierung auf; dann folgt ein goldener Lidschatten über das ganze Lid verteilt und eine rostbraune Schattierung der Lidfalte, wobei Sie vielleicht an den äußeren Augenwinkeln etwas Waldgrün in den Rostton mischen. Sofern Ihre Wangen nicht von Natur aus rosig sind, tragen Sie ein hellbraunes Rouge auf und zum Abschluß einen bräunlich-apricotfarbenen Lippenstift.

Jede vernünftige Amazone weiß, daß sie ihr Haar trotz oder gerade wegen des Windes aus dem Gesicht halten muß. Damen mit kurzem Haar haben hier kaum Probleme, aber diejenigen unter Ihnen mit langem Haar, sollten einige traditionelle Frisurenmöglichkeiten ausprobieren. Ein Haarnetz kann sehr wirkungsvoll aussehen, besonders wenn es wie eine Kappe um das ganze Haar getragen wird, und ist vielleicht dem konventionellen Knoten vorzuziehen. Ein Pferdeschwanz sieht genauso aus, wie das Wort es sagt, und ist natürlich überaus passend; binden Sie ein schwarzes Samtband zu einer Schleife darum. Zöpfe wie Pferdeschwänze sind zu diesem Look angemessen, aber wenn Sie solche Schulmädchenfrisuren nicht mögen und Ihre Locken lieber lang und offen tragen, dann achten Sie darauf, daß Sie sie mit einfachen Schildpatt- oder »Gold«spangen zurück und aus den Augen halten.

IDEEN

● Nehmen Sie Wollstoffstreifen, um daraus lange Krawatten oder Fliegen zu fertigen; oder stricken Sie einen einfachen Streifen (5x45cm) mit geraden Enden aus einem groben, oliv- oder rostfarbenen grob textilierten Garn.
● Lernen Sie, die Halsbinde richtig zu binden, und suchen Sie nach einer passenden Nadel, um sie festzustecken.
● Behandeln Sie Ihre Lederaccessoires wie Ihren Sattel und pflegen Sie sie häufig mit der guten, altmodischen Lederseife. Mit ihr werden Sie so einen herrlichen Glanz erzielen, und die Stiefel und Taschen werden den wunderbaren Lederduft, wie man ihn aus den bestgepflegtesten Sattelkammern kennt, annehmen.

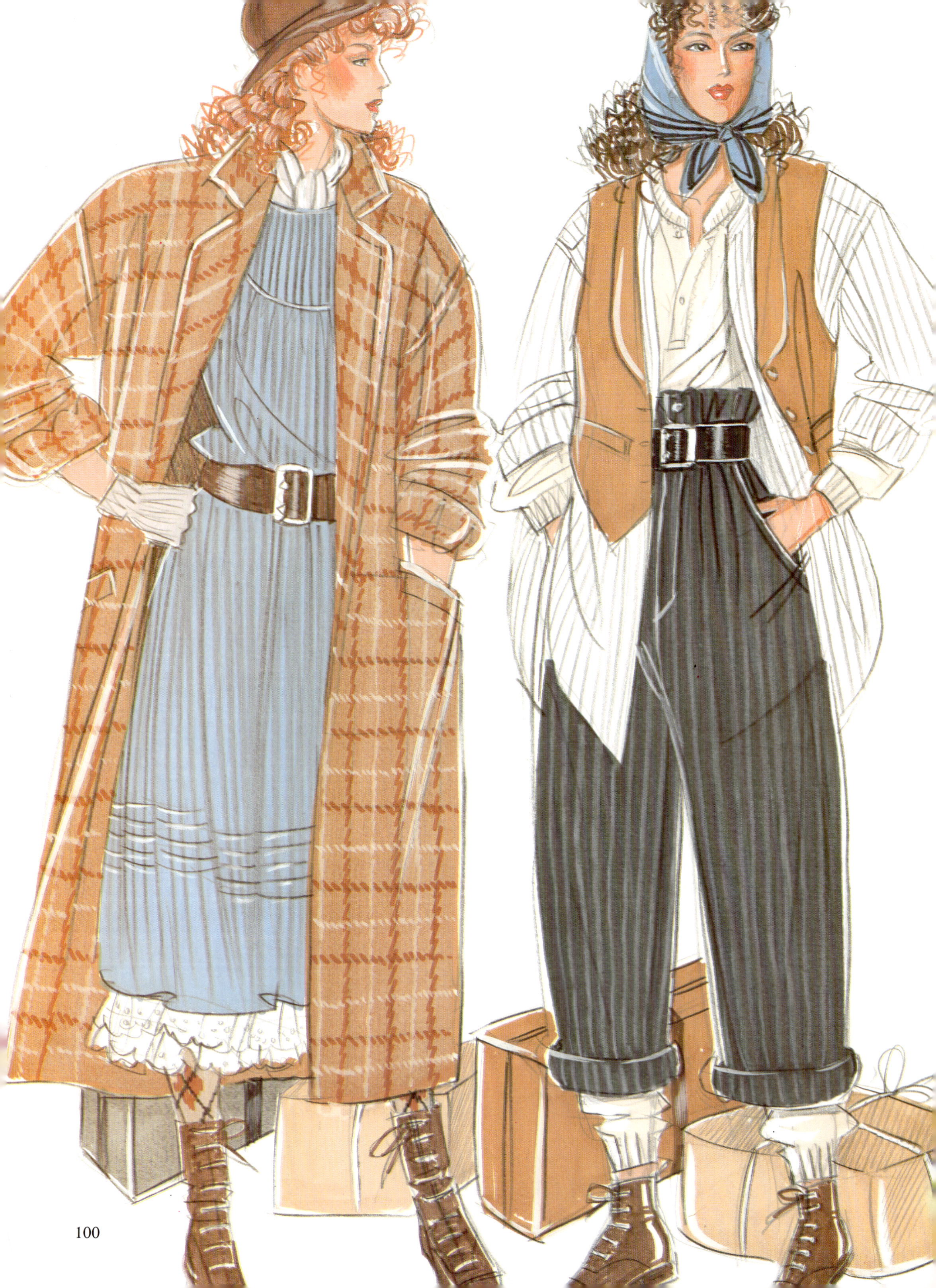

DIE IMMIGRANTIN

HINTERGRUND

Stellen Sie sich vor, Sie müßten noch heute nacht Ihr Zuhause verlassen und könnten an Kleidern nur mitnehmen, was Sie am eigenen Leibe tragen können, dann bekommen Sie eine gute Vorstellung davon, wie man sich als Immigrantin kleidet. Denn wenn Sie sich für eine solche erfundene Abreise kleiden, dann werden Sie feststellen, daß Sie zuerst kleinere, engere Kleidungsstücke anziehen, als nächstes etwas weitere und schließlich vielleicht mit ein paar Sachen aus dem Schrank Ihres Vaters oder Bruders aufhören. **Die Immigrantin** ist der Prototyp eines Looks, bei dem man viele Kleidungsschichten übereinander zieht. Die Person, die diese Art der Kleidung populär gemacht hat, ist ohne Zweifel Diane Keaton in Woody Allens Film *Der Stadtneurotiker* (1977). Ihr bezaubernder und exzentrischer Stil hat der Modewelt für die folgenden zwei Jahre seinen Stempel aufgedrückt; tatsächlich könnte einem dieser Stempel auch als unauslöschlich erscheinen, weil verschiedene Modeschöpfer ihn immer noch als Basis für ihre Kollektion benutzen.

DER LOOK

Obwohl etwas kompliziert, ist der Kleidungsstil der **Immigrantin** sehr anpassungsfähig und aufgrund seiner vielen Schichten ein idealer Kaltwetterlook – man kann ihn aber sogar auch wärmerem Wetter anpassen, wenn man die Stoffe auswechselt und ein paar Schichten wegläßt. Zudem gibt es innerhalb des Looks eine femininere und eine burschikosere Version, obwohl Accessoires und Proportionen dieselben bleiben, für welche Version Sie sich auch entscheiden.

Beginnen Sie damit, in großen Größen zu denken. Suchen Sie in Secondhandläden nach übergroßer Kleidung. Graben Sie kragenlose Hemden, handgestrickte Pullover, lange Westen, einreihige Jacken und Mäntel aus den üblichen Stoffen aus. Herrenhosen sind ebenfalls von Nutzen, auch wenn sie nicht perfekt sitzen. Die Stoffe sollten immer Baumwolle, Wolle, Tweed oder Cord von guter Qualität sein, aber machen Sie sich keine Gedanken, wenn sie schon etwas abgetragen aussehen. Dies ist ein Look ganz nach dem Geschmack von Schnäppchenjägern – Sie können für diese Art der Kleidung aus der Kollektion berühmter Modeschöpfer ein kleines Vermögen ausgeben; oder aber Sie bezahlen nur ein paar Pfennige, indem Sie Flohmärkte, Auktionen und Secondhandläden durchstöbern. Zweifellos findet man die meisten Schnäppchen an Orten, wo man es gar nicht erwartet. Suchen Sie also nach alter Kleidung nicht nur an den üblichen Fundorten für nostalgische Kleider sondern beispielsweise auch in Möbeltrödlergeschäften.

Das Ankleiden beginnen Sie mit einem langärmligen T-Shirt oder, wenn es sehr kalt ist, mit einem naturweißen Thermounterhemd. Als nächstes folgt die Bluse oder ein Hemd (die burschikosere Version lautet: Nadelstreifen, ohne Kragen, vielleicht mit Frontbiesen oder -latz; die femininere Version hat leichte Puffärmel und vielleicht ein niedliches Blumenmuster). Wenn die Bluse eng tailliert ist, dann stecken Sie sie in den Bund einer Hose oder eines weiten Rocks; hängt sie eher lose und reicht bis über die Hüften, dann können Sie sie auch über die Hose oder den Rock tragen und in der Taille einen Gürtel darüber binden. Über diese Ober- und Unterteile tragen Sie eine weite Weste, oder, bei entsprechendem Wetter, zuerst einen Pullover und dann eine Weste. Auf das alles folgt eine große Jacke und schließlich noch Mantel, Tuch und/oder Schal. **Die Immigrantin** hält sich wirklich warm! Wenn Sie einen Rock tragen, dann achten Sie darauf, daß er ziemlich weit ist, und lassen Sie eine ganze Anzahl von Sachen darunter hervorblitzen – Petticoats, lange Unterhosen, Leg-War-

Unten: Dekorativere Herrenkleidungsstücke wie Argylekaros und Paisley-Muster passen sehr gut zu diesem Look. Schwere Schnürstiefel mit dicken Sohlen, geräumige Stofftaschen und ein etwas zu großer Herrenhut vervollständigen den Lumpeneffekt der Kleidung der **Immigrantin**.

mers, ja sogar Hosen. Wenn Sie die Hosenversion dieses Looks wählen, dann denken Sie daran, daß die Hosen nicht zu passen brauchen. Sind sie etwa in der Taille zu weit, dann schnüren Sie sie einfach mit einem Gürtel zusammen (vgl. unten unter *Ideen* und *Accessoires*); reichen die Hosenbeine nur gerade bis zu den Knöcheln, krempeln Sie sie einfach noch ein Stückchen weiter auf und zeigen Sie Ihre Strümpfe. Der diesem Look zugrunde liegende Gedanke ist, so auszusehen, als ob Sie gerade erst von Bord des Einwandererschiffs gekommen wären.

Im Sommer lassen Sie den Mantel beiseite und wählen leichtere Stoffe wie Leinen, Chaly, Baumwolle und Cord. Auch darf Ihr Rock jetzt kürzer sein, ja sogar schon über dem Knie enden, und die Bluse darf kurze Ärmel haben. Weste, Schals und Tücher bleiben jedoch, sowie auch jede weitere »Schicht«, die das Wetter zuläßt.

Die Wahl der Farben bleibt Ihnen überlassen. Sie können sich an die traditionellen Farben der Herrenmode halten, wie etwa Marineblau, Braun oder Schwarz, und sie durch verwandte hellere Schattierungen, wie Hellblau, Beige und Grau, akzentuieren. Oder aber Sie bringen farbenfreudige Akzente mit ein und experimentieren mit außergewöhnlichen Kombinationen. Beispielsweise könnten Sie eine blau-weiß gestreifte Nadelstreifen-Jacke mit einer marineblauen Weste kombinieren oder einen pinkfarbenen Pullover mit blaukarierten Hosen. Dies ist auch der richtige Look für ungleiche, aber farblich aufeinander abgestimmte Strukturen. Denken Sie sich nichts dabei, Streifen-, Druck-, Tweed- und Karomuster zu mischen, vorausgesetzt, daß die Farben miteinander harmonieren. **Die Immigrantin** ist ein großartiger Look für die Experimentierfreudigen unter Ihnen.

ACCESSOIRES

Wenn Sie sich nach Secondhandkleidern umschauen, dann suchen Sie gleichzeitig auch nach Secondhandaccessoires, wie Herrenhüte, Gürtel, Hosenträger, Tücher, Schuhe und Stiefel. Wenn Sie es sich leisten können, dann kaufen Sie die Sachen, die Ihnen passen, in gutem Zustand. Tragen Sie zu Ihrer »vielschichtigen« Immigrantenkleidung einen Herrenfilzhut oder eine »Kreissäge« á la Maurice Chevalier, aber achten Sie darauf, daß der Hut eine Spur zu groß ist und etwas über die Augen fällt. Wenn er wirklich zu groß ist, ansonsten aber genau richtig, passen Sie Ihren Kopf dem Hut an, indem Sie sich zuerst ein Tuch oder ein Stirnband umwickeln, bevor Sie den Hut darauf setzen (vgl. unter **Die Kosakin** wegen verschiedener Ideen, wie man den Kopf umwickeln kann).

Die Gürtel können ebenfalls Herrengröße haben. Sie können auch jede Breite haben und aus praktisch jedem Material bestehen. Wickeln Sie sie sich zweimal um die Taille, oder stecken Sie die langen, überflüssigen Enden weg, indem Sie sie mehrfach um den Gürtel wickeln. Gedrehte Stoffstreifen und Schals können auch als Gürtel dienen – selbst ein Stück Seil oder Kordel paßt hier. Sie können aber auch Ihre Hose oder Ihren Rock mit Hilfe von Hosenträgern festhalten, die Sie über Hemd und Pullover, aber unter der Weste tragen.

Stiefel sollten knöchelhoch und geschnürt sein, mit Kreppoder Ledersohlen und so klobig, wie es Ihnen gefällt. Eduardianische Stiefeletten oder Gamaschen sind für diesen Zweck ebenfalls das Richtige, aber mit einer solchen Fußbekleidung betreten Sie schon den Bereich der wohlhabenden Immigrantin. Tragen Sie zu diesen Stiefeln texturierte oder gemusterte, dicke Strumpfhosen – wenn Sie kein Freund von zu vielen Mustern sind, dann sind die gerippten Strumpfhosen die Klassiker, aber dominierende Texturierungen wie Argylerhomben und Zopfmuster sind noch besser. Wenn es sehr kalt ist, ziehen Sie noch ein Paar Strümpfe über Ihre Strumpfhose und schlagen sie über den Schaftrand Ihrer Stiefel um.

Ihre Handtasche sollte ebenfalls übergroß sein – immerhin enthält sie alles, was Sie auf dieser Welt noch besitzen. Tragen Sie also einen Leinen- oder Lederranzen oder eine bunte Reisetasche. Vielleicht möchten Sie zusätzlich noch eine kleine Schultertasche für Kleingeld und Lippenstift über Ihrer oberen Kleidungsschicht tragen. Solche Schultertaschen sind auch nützlich, um Tücher und Schals festzuhalten. Tragen Sie Schals und Tücher um den Kopf und/oder um die Schultern gewickelt, in Paisleymustern, mit leuchtenden Blumendrucken oder Deckenkaros. (Vgl. unter

Unten: Die **Immigrantin** ist ein idealer Look für langes Haar. Tragen Sie es über den Ohren zu Schnecken gedreht und gewickelt; zu zwei Zöpfen, die Sie in der Mitte auf dem Rücken mit einer Schleife zusammenfassen; oder flechten Sie es zu beiden Seiten, überkreuzen Sie die Zöpfe oben auf dem Kopf und befestigen Sie an jedem Zopfansatz eine Schleife. Eine weitere Möglichkeit sind die Stoffwicklerlocken, die Sie nach der Anleitung auf der folgenden Seite machen können.

Die Zigeunerin wegen Ideen, wie man Tücher und Schals tragen kann.)

In bezug auf Schmuck sollten Sie alles Auffällige meiden. Vielleicht haben Sie ein oder zwei einfache Ringe oder eine Paar hübsche Ohrringe oder eine antike Brosche, die Sie sich an die Jacke stecken, aber das ist alles.

GESICHT UND HAAR

Zur **Immigrantin** gehört wesentlich ein gesundes Aussehen, also nur wenig Make-up, außer etwas Rouge auf die Wangen und ein wenig Lippenstift. Vielleicht ziehen Sie noch einen feinen Lidstrich in Blau oder Grün entlang des inneren unteren Lidrands, um Ihre Augen größer und staunender wirken zu lassen.

Sie können diesen Look mit Hilfe von Flechtfrisuren vollenden. Flechten Sie Ihr Haar beispielsweise zu beiden Seiten zu je einem Zopf, und binden Sie die beiden Zöpfe dann auf dem Kopf zusammen, wobei Sie das Band unter einer Schleife verstecken. Eine andere Möglichkeit ist es, die beiden Zöpfe über den Ohren zu Schnecken zu winden und mit Haarnadeln festzustecken. Oder lassen Sie die Zöpfe einfach über den Rücken fallen und binden Sie sie mit Bändern in unterschiedlichen Farben zusammen. Wenn Ihr Haar für solche Frisuren zu fein oder zu kurz ist, flechten Sie nur ein oder zwei Strähnen, und schmücken Sie die Enden mit dünnen Bändchen, die Sie zu Schleifen binden.

Wenn Sie es jedoch wirklich stilecht machen wollen, dann müssen Sie Ihr Haar auf Stoffetzen aufwickeln. Je nach Länge und Fülle Ihres Haars brauchen Sie dazu Fetzen aus einem dicken Baumwollstoff von 15–30 cm Länge und 10 cm Breite. Falten Sie die Streifen auf die Hälfte, und wickeln Sie die Spitze einer Haarsträhne darum, wobei Sie das Haar zuvor anfeuchten, wenn es sehr fein ist oder »fliegt«. Indem Sie den Stoffetzen als Wickler benutzen, drehen Sie die Haarsträhne jetzt bis zur Kopfhaut auf und befestigen den Stoffwickler dann durch einen losen Knoten. Je dünner die Strähne, um so fester die Locke. Wenn Sie sehr langes Haar haben, dann benutzen Sie die ganze Länge des Stoffetzens, um die Haarsträhne damit zu umwickeln, dann rollen Sie sie zum Kopf auf und machen sie mit einem Knoten fest. Dieser uralte Trick hat gleich mehrere moderne Vorteile – Sie können auf diesen weichen »Wicklern« schlafen, Sie sehen selbst mit diesen Wicklern auf dem Kopf einigermaßen flott aus, und Sie können auf diese Weise sowohl Ringellocken erzielen, wenn Sie die Locken nicht ausbürsten, als auch prachtvolle Wellen, wenn Sie die Locken ausbürsten. Wenn Sie mutig genug sind, können Sie sich vielleicht sogar mit Stoffwicklern, die farblich zu Ihrer Kleidung passen, auf die Straße wagen – es ist sicherlich weniger anstößig als die üblichen Wickler in einer ähnlichen Situation.

Oben: Stoffwicklerlocken sind eine ideale Begleitfrisur für viele der folkloristischen Looks in diesem Buch wie beispielsweise **Die Zigeunerin**, **Die Kosakin** und natürlich **Die Immigrantin**. Wie man diese Stoffwicklerlocken macht können Sie der Anleitung unter *Gesicht und Haar* entnehmen.

IDEEN

● Drehen Sie einen Stoffstreifen oder einen überflüssigen Schal, wenigstens 60 cm lang, zu einer Rolle, verwenden Sie ihn, wie in der Illustration zu sehen, als Gürtel. Vgl. auch unter **Die Kosakin** wegen Vorschläge, wie man auf verschiedene Weise ein Stirnband tragen kann.

● Leg-Warmer können auch als Arm-Warmer dienen und sehen in dieser Verwendung besonders gut über T-Shirts und Blusen zu einer Weste aus.

● Einteilige, naturweiße Unterwäsche mit langem Bein sieht zu einem weiten, gekräuselten Rock großartig aus. Ziehen Sie nur noch eine Weste darüber und los!

● Der vollkommene Rock wäre ein Rock aus alten, wattierten Steppflicken á la Ralph Lauren. Machen Sie ihn sich für einen Bruchteil des Preises aus Resten selber.

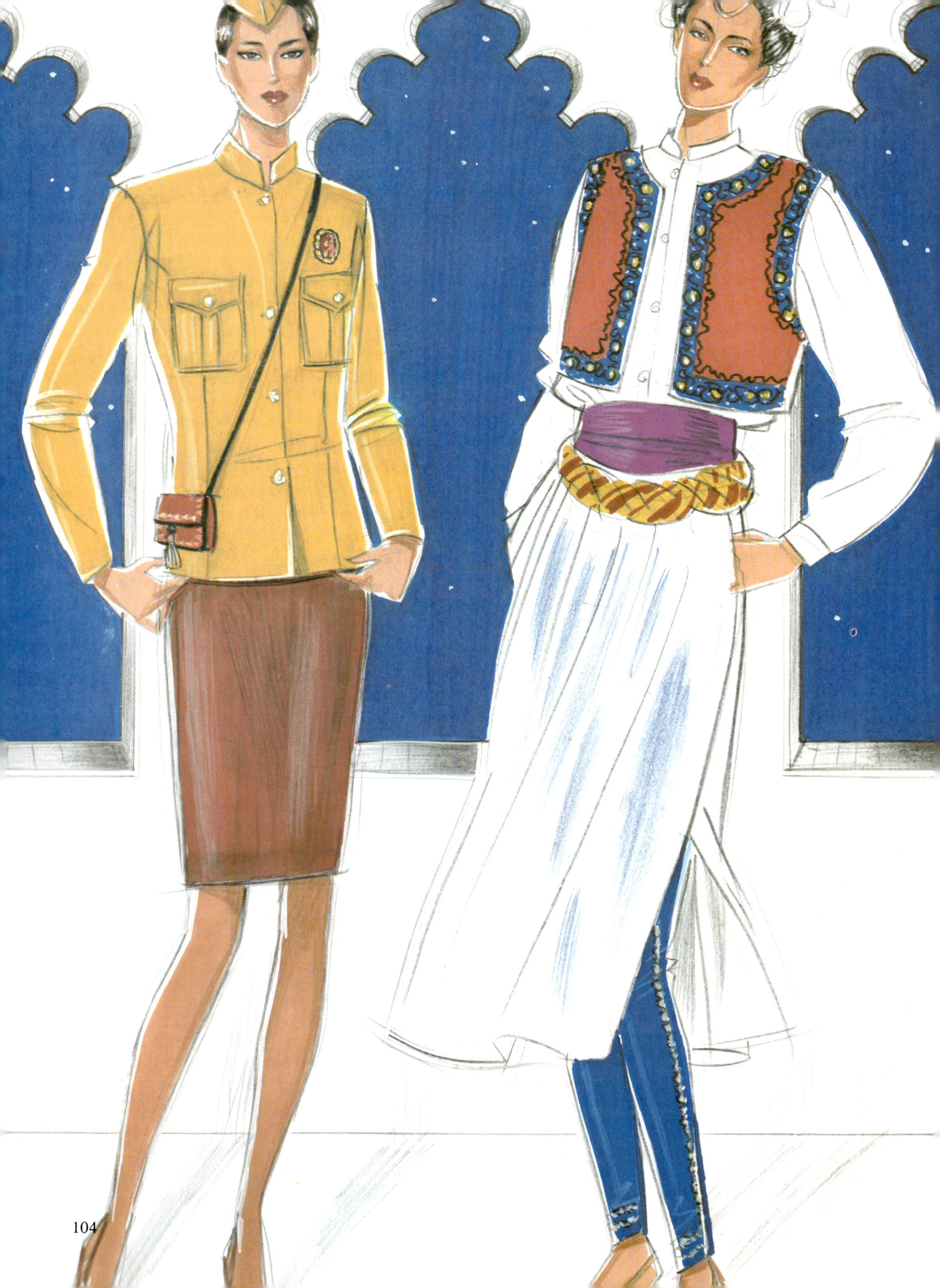

DIE INDERIN

HINTERGRUND

Brodelnde, von Menschen wimmelnde Städte, kühle Hügelniederlassungen und hohe Gebirgszüge, öde Wüsten, schläfrige Küstendörfer, fruchtbare Farmen und Teeplantagen, Tempel, Schreine und heilige Flüsse mit brennenden Scheiterhaufen und Pilgern; die funkelnde Pracht der Maharadschas; ihre Marmorpaläste und juwelengeschmückte Elefanten; die wundersamen Denkmäler der Mogul-Herrscher, unter ihnen das himmlische Tadsch Mahal; die britischen Radschas, die Holländer, die Portugiesen; Kiplings *Schlichte Geschichten aus Indien*, Scotts *Raj Quartet*, Rushdies *Midnight Children* und gerade erst Attenboroughs Film *Gandhi*: das alles – und viel, viel mehr ist Indien.

Von einem der größten Länder der Erde kommt die Inspiration für einen Modelook mit einem einzigartigen Flair, stark an Geschichte und Tradition angelehnt und von Dramatik erfüllt. Es ist ein Stil, der das Rätsel seines Ursprungslandes reflektiert, denn Indien ist ein Flickwerk aus verschiedenen Einflüssen, ein Schmelztiegel der Religionen, Zivilisationen und Kulturen; besetzt, befreit und zurückerobert seit unerdenklichen Zeiten, blühten hier die Dynastien und Reiche auf und verfielen wieder, bis zur Einigung und Unabhängigkeit 1947. Alle haben diesem Land der Gegensätze ihren Stempel aufgedrückt; und die meisten haben zum einen oder anderen Zeitpunkt auch ihren Beitrag zum Repertoire der indischen Kleidung und damit zum indischen »Look« geleistet.

Die Faszination Indiens endet nicht mit den letzten Tagen der Radschas. Die Anziehungskraft der exotischen und rätselhaften Ausstrahlung dieses Landes zog die Blumenkinder der Sechziger Jahre an, als sie mit der Suche nach Erleuchtung und einer Alternative zu den bankrotten Werten der westlichen Welt begannen. Sie kamen nicht nur mit Gurus, Meditations- und Yogatechniken zurück; zusätzlich brachten sie die äußeren Zeichen des indischen Lebens mit: weiche, handbedruckte Baumwolle, seiden- und goldverbrämte Saris aus Benares; durchwirkte Karostoffe aus Madras, kunstvoller Radschasthanischmuck, Teppichbrücken, Bodenmatten aus Baumwollgewebe und bemalte Kästchen aus Kaschmir und von den Hügeln zu Füßen des Himalaya, mit funkelnden Spiegelapplikationen besetzte Kissen, Taschen und Bettdecken aus den königlichen Städten Jaipur und Jodhpur und gaufrierte Büffelhauttaschen und -beutel von Chandi Chowk Bazaar in Delhi.

DER LOOK

Nur wenige westliche Frauen besitzen die selbstsichere Haltung, um den höchst eleganten Sari zur Schau zu tragen (obwohl sich viele Indienreisende einen solchen mitbringen, um ihn dann zu etwas anderem umarbeiten zu lassen); aber all die Tunika- und Hosenschnitte haben nachfolgend einen Platz in der Garderobe vieler westlicher Frauen und der Kollektion vieler Modeschöpfer gefunden. Darunter waren die *salwars* und *kameez* aus Nordindien und von den Sikhs: Hosen, die in der Taille und an den Fesseln eng anliegen, ansonsten aber weit sind und zu einer langen, losen Tunika getragen werden; die *churidhar*- und *kurta*-Versionen: Hosen, die über den Hüften bauschig fallen, aber von den Knien abwärts bis zu den Knöcheln supereng sitzen und unter einer eng anliegenden Tunika mit Seitenschlitzen, Mandarinkragen und passendem weichen Baumwollschal getragen werden; die ländlichen »pijama« (aus den Urdu- und Hinduworten für »Bein« und »Kleidung«): Hosen mit Bindegürtel in der Taille und losen, halblangen Beinen. Sie werden alle aus weicher Baumwolle oder Seide gefertigt in einer Auswahl typisch indischer Farben. Dann sind da auch noch die vielseitigen *dhoti* und *lunghi*: beides nahtlose Stoffbahnen, letzterer gewöhnlich wie ein Sarong zu tragen, ersterer mit einem Teil des Stoffs durch die Beine hindurchgezogen, und schließlich noch die Radschasthaniröcke in lebhaften, auffälligen Farben und die Kaschmir-Mäntel mit wattiertem Futter in prachtvollen Farben. (Vergl. unter **Die Schiffbrüchige**.)

Bei dieser großen Auswahl an traditionellen Elementen (gar nicht zu reden von den vielen Stücken in Ihrer Garderobe, die Sie sehr leicht für diesen Stil umfunktionieren können) ist die **Inderin** ein Look, der vergleichsweise einfach zusammenzustellen ist. Zudem können Sie noch unter ziemlich unterschiedlichen Alternativmöglichkeiten auswählen: einem kühlen und eleganten Stil mit schlichten Linien für den Tag und einem prunkvoll zauberhaften und goldverbrämten Stil für die Nacht. Der erste, den man »Nehrustil« nennen könnte (nach Jawaharal Nehru, dem ersten Premierminister der Republik Indien, 1889-1964), basiert auf der Kleidung der gebildeten Geschäftsleute. Der letztere ist eine Mischung aus der traditionellen Radschasthani Maharadscha-Typ Kleidung, wie sie von den Mitgliedern des königlichen Mogulhofes geliebt und für die Nachwelt in ihren persisch beeinflußten juwelenartigen Miniaturen festgehalten worden sind.

Um sich für die brodelnden Straßen der Großstadt zu kleiden, folgen Sie am besten dem Beispiel der Inder selbst. Tragen Sie gut geschnittene Einzelteile aus frischen und kühlen Naturfasern wie

Unten: **Die Inderin** kann sich ganz nach ihrem Geschmack schmücken: die Kopfbedeckung kann ein Turban, ein Schiffchen á la Nehru oder ein Schädelkäppchen sein, die Schuhe können bestickt sein, auf Tüchern und Taschen können Metallfäden und kleine Spiegelapplikationen glitzern, und der Schmuck kennt keine Grenzen.

Baumwolle, Leinen, Kattun und Rohseide übereinander. Beginnen Sie mit einem der folgenden Teile: einer längeren Jacke, einer seitlich geschlitzten Tunika, einem gerade geschnittenen, dreiviertellangen Mantel, einem Mantelkleid oder einem langen Herrenhemd; generell gilt, daß die »Mandarin-« oder »Nehru«kragen am besten geeignet sind. Unter der von Ihnen gewählten Oberbekleidung tragen Sie einen schmal geschnittenen Rock (knie- oder wadenlang) oder ein Paar der bereits beschriebenen Keilhosen; aber nehmen Sie nicht die engsten Schnitte, es sei denn, Sie sind superschlank. Tragen Sie das Oberteil mit einem Gürtel, oder lassen Sie es lose hängen; es kann bis zur Hüfte, bis zur Mitte der Oberschenkel oder auch, wenn es eine Tunika ist, bis zum Knie fallen. Wenn Sie eine knielange Tunika oder ein Mantelkleid wählen, dann probieren Sie einmal aus, an kälteren Tagen eine Weste darüber zu tragen; eine aus schwerer Baumwolle mit Seitentaschen, die etwas länger als gewöhnlich ist, wäre richtig. Welche Kombination dieser Kleidungsstücke Sie auch wählen, achten Sie darauf, daß die Linien und Proportionen klar, deutlich und unkompliziert sind, mit einem absoluten Minimum an Schmuck und Details.

Für den Tageslook sollten Sie immer einfarbige statt gemusterte Stoffe wählen; heben Sie sich die Blumenmuster und die geometrischen Dessins für den Abend auf. Als Farben wählen Sie aus den Schattierungen exotischer Gewürze: Papikarot, Muskatbraun, Zimt, Curry, Safrangelb, schwarzer und weißer Pfeffer. Und suchen Sie kontrastreiche Kombinationen: vielleicht eine zimtfarbene Jacke über einen weißen Rock, eine schwarze Tunika zu paprikaroten Hosen oder ein senfgelbes Mantelkleid mit einer schwarzen Weste darüber.

Quellen für authentische Exemplare solcher Kleidungsstücke sind inzwischen leicht zu finden, seit es einen großen Zufluß an allen möglichen Waren aus Indien in den Westen gibt. Mittlerweile gibt es eine Unmenge von Läden, die alle Arten von »indieninspirierten« Waren anbieten, und viele indische Geschäft, die das »Echte« verkaufen. Die erstaunlichste Quelle für »Nehru«jacken sind jedoch Bekleidungszulieferfirmen für Restaurants: die klassische Kellnerjacke aus dickem, weißem Baumwollstoff, mit Stehkragen, aufgesetzten Taschen und vorne in einer einzelnen Reihe weiße Knöpfe geknöpft, ist eine gute Nachahmung der indischen Jacke. Tragen Sie sie mit oder ohne Gürtel, aber knöpfen Sie sie bis oben zu, und Sie werden von den Menschen, die die Straßen des alten Delhi bevölkern, nicht mehr zu unterscheiden sein.

Wenn die Sonne untergeht, legen Sie die kühle geschäftsmäßige Straßenkleidung ab. Statt dessen, leuchten Sie anstelle der Sonne, glitzern Sie wie die Prinzessin von einer Mogulminiatur, oder funkeln Sie wie der zeitlose Mond, dessen Licht sich in den Palastteichen und Wassergärten bricht. Abendkleidung und Abendstoffe kennen keine Grenzen, lassen Sie also der Extravaganz freien Lauf.

Als Wichtigstes, stürzen Sie sich auf glänzende Stoffe; man findet heute eine Fülle von relativ preiswerten indischen Stoffen mit eingewebten Gold- oder Silberfäden. Die Auswahl reicht von den leuchtendsten, farbenfrohesten Brokat-, Karo- und »Tartan«stoffen, die traditionell in Madras hergestellt werden und innerhalb der Bastionen des britischen Empire von je her beliebt waren, bis hin zu den feiner eingefärbten Gazestoffen und Seiden. Zögern Sie nicht, Stoffe, Muster und Farben miteinander zu mischen: bequeme Baumwolle mit Satin; fließende Seide mit Chiffon; bedruckte und gestreifte Stoffe, Tupfen- und Blumenmuster. Das gleiche gilt auch für die Farben: die Inder lieben Farben, und ihre in feurigem Pink und Türkis, goldenem Gelb und leuchtendem Orange gefärbten Seiden sind von ausgezeichneter Qualität und relativ preiswert. Wählen Sie leuchtendere und vielfältigere Farben und Kontraste als für den Tag: leuchtendes Rot zu Burgunder und Gelb, Himmelblau zu Marine, Smaragdgrün zu Pink.

Die Linien und Proportionen brauchen jetzt nicht mehr so streng gewahrt zu werden, lassen Sie also die Blusen wogen, die Hosen bauschig fallen, die Röcke wirbeln. Schmuck *ist* das Gebot der abendlichen Stunde; die Blusen dürfen bestickt sein, die Westen mit kleinen Spiegelapplikationen besetzt und die Fesselbündchen der Hosenbeine mit winzigen, klingelnden Glöckchen umsäumt sein. Wenn Sie sich abends lieber an die echt indischen Proportionen halten wollen, dann wählen Sie dieselben Formen und Schnitte, die wir für die Tageskleidung vorgeschlagen haben – all diese Hosen- und Tunikaformen sehen sicher in Abendstoffen ganz großartig aus, genauso wie beispielsweise auch eine schlicht geschnittene Nehrujacke aus kunstvollem Brokat zu einem einfarbigen Rock oder einer einfarbigen Hose.

ACCESSOIRES

Sie können den Look der **Inderin** schon durch die kluge Nutzung weniger passender Accessoires herbeizaubern, wenn die Elemente, aus denen Sie Ihre indische Kleidung zusammenstellen vielleicht nicht ganz authentisch sind.

Hüte und Kopfputz der richtigen Art werden dafür sorgen, daß niemand Ihre nationale Identität mißdeuten kann. Das archetypische Kennzeichen ist die inzwischen zum Klassiker gewordene, schiffchenförmige »Nehru« mütze; traditionsgemäß aus weißem Kanevasleinen, ist sie genau die richtige vollendende Note für den frischen, schlichten Tageslook. Tragen Sie die beiden Spitzen der Mütze nach vorne und nach Hinten und darunter Ihr Haar entweder lang und offen oder zu einem adretten und eleganten Knoten aufgesteckt. Zu einem weniger strengen Look können Sie sich auch ein weiches, dünnes Tuch um den Kopf binden und ein Ende davon über eine Schulter werfen; dieses Accessoire begleitet traditionsgemäß viele der Tuniken- und Hosenformen, die von den indischen Frauen getragen werden. Authentische Exemplare – große Rechtecke aus weicher Baumwolle oder Seide – erhält man gemustert oder einfarbig mit gemustertem Rand. Wenn Sie das Tuch nicht über dem Kopf tragen wollen (ein Zeichen der Bescheidenheit!), probieren

Links: Bauschige Abendhosen, mit Goldpailletten und klimpernden kleinen Münzen bestückt – jede weite Hose kann auf diese Weise verschönert werden.

Sie eine andere typisch indische Art, es zu tragen: drapieren Sie es von vorne nach hinten, so daß die beiden Enden nach hinten über die Schulter fallen und vorne eine weiche, tiefe Kapuzenform entsteht; oder tragen Sie es als *lunghi*, diagonal gefaltet und seitlich über der Hüfte geknotet.

Wenn Sie bei einer wirklich glanzvollen Abendveranstaltung die ganze Gesellschaft in den Schatten stellen wollen, dann lassen Sie sich von den juwelengeschmückten Turbanen der indischen Prinzen von Derbers inspirieren. Ein aus Brokat oder Seide üppig geschlungener Turban wird zu einer gleichfarbigen oder farblich abgestimmten Tunikajacke und Keilhosen prachtvoll aussehen. Stecken Sie noch ein großes, funkelndes Schmuckstück vorne an den Turban, sowie ein oder zwei Federn. Für etwas gedämpftere Abendveranstaltungen wählen Sie statt dessen ein adrettes Käppchen mit kleinen Spiegelapplikationen und Radschasthani-Stickerei.

Als Fußbekleidung tragen Sie vorzugsweise Sandaletten; sie wirken am elegantesten mit halbhohem Absatz, aber sorgfältig ausgewählte flache Sandaletten können ebenfalls passend sein. Für den Tag wählen Sie die klassische Sandalenform mit nur einem Lederriemchen oder, wenn Ihnen das besser gefällt, eine einfache Pumpsform. Abends dürfen Sie die Fußbekleidung der Extravaganz Ihrer übrigen Kleidung anpassen. Schuhe oder Sandaletten, mit oder ohne Absatz, können so schmuckvoll sein, wie es Ihnen gefällt; Leder mit Metalliceffekt und kunstvolle Materialien sind *de rigueur*, ebenso wie reich bestickte Pantoffeln mit hochgebogenen Spitzen, wie sie traditionsgemäß von denen in strenger Abgeschlossenheit lebenden Frauen an den königlichen Höfen getragen wurden. Nackte, braune Beine oder sehr dünne, leicht getönte Strumpfhosen passen zu diesen Schuhen am besten.

Die Gürtel sollen ebenfalls verziert sein: suchen Sie nach Flechtwerk aus feinen Kettchen, mit Metallfäden durchwirkter Baumwolle, mit Quasten besetzte Satinkordeln und gewebte und bestickte Stoffe. Selbst sehr reich verzierte Exemplare solcher Gürtel sind vielseitig verwendbar: ein sehr schmuckvoller Gürtel sieht zu den extrem schlichten Tageskleidern umwerfend aus, wirkt aber genauso passend zu einer Abendrobe aus reich gemusterten Stoffen.

Zurückhaltend bei Tag, verwegen bei Nacht ist die Regel in bezug auf Schmuck. Am Abend können Sie Ihre Arme mit Armreifen und Armbändern, Ihren Hals mit Ketten und Halbedelsteinen, die Finger mit Ringen und die Ohren mit Knöpfen und Reifen behängen; fügen Sie noch ein paar Fußkettchen, ein oder zwei Zehringe sogar einen Nasenknopf hinzu, wenn Sie sich exotisch genug dafür fühlen. Beschränken Sie jedoch bei Tag diese Art von Schmuck auf ein Minimum: ein einzelnes Silber- oder Korallenarmband, beispielsweise, oder ein Paar auffälliger Bernsteinohrringe sind genug.

GESICHT UND HAAR

Um das Gesicht zu erzielen, das zum dem Look der **Inderin** paßt, werden Sie etwas künstlerisches Gespür benötigen. Beginnen Sie mit einer Grundierung, die so dunkel wie möglich ist, und verteilen Sie sie sorgfältig auch den Hals hinunter, es sei denn, Sie haben von Natur aus einen dunklen Teint. Pudern Sie das ganze mit einem passenden, losen Gesichtspuder über. Benutzen Sie für die Augen ein Kajalkohlestift; streichen Sie damit am unteren Wimpernrand und auch innerhalb des unteren Lidrandes entlang. Dann tuschen Sie sowohl die oberen als auch die unteren Wimpern mit schwarzer Mascara. Wählen Sie ein warmes, burgunderfarbenes Rouge für die Wangenknochen und malen Sie sich einen fernöstlichen Schmollmund, indem Sie die Lippen zunächst mit einem burgunder-/pflaumenfarbenen Konturenstift umranden und dann mit einem bordeauxroten Lippenstift ausmalen. Als einen letzten Hauch von Stilechtheit malen Sie sich mit etwas Lippenstift das traditionelle Zeichen auf die Mitte der Stirn oder färben sich den Scheitel mit etwas Lebensmittelfarbe rot.

Wenn Sie von Natur aus mit langen und glatten, dunkelbraunen oder schwarzen Haaren gesegnet sind, dann tragen Sie sie auch in der vorteilhaftesten Weise zur Schau, indem Sie sie offen fallen lassen. Wenn Sie nicht zu diesen Glücklichen gehören, dann tragen Sie Ihr Haar zu dem traditionellen Knoten auf dem Hinterkopf oder zu einem Chignon zurückgerollt.

IDEEN

● Probieren Sie, in warmen Sommernächten eines jener kühlen, kurzärmeligen Oberteile zu tragen, die die Taille entblößen, wie sie die indischen Frauen unter ihren Saris tragen.

● Gestalten Sie Ihre Abendaccessoires schmuckvoller, indem Sie winzige Messing- oder Silberglöckchen und Glasperlen auf die Enden von Schals und auf Gürtel und Pantoffel nähen; ersetzen Sie Knöpfe durch ähnliche Dinge.

● Zu weite Hosensäume können Sie zusammenfassen, indem Sie ein Gummiband von der Länge Ihres Fesselumfangs in die Säume einziehen; verbinden Sie die Enden des Gummibands mit ein paar Stichen und nähen Sie die Lücke im Saum wieder zu; krönen Sie Ihr Werk durch selbstgemachte Fesselbündchen aus bestickten Bändern.

Unten: Einfache Hosen und Schals werden verwandelt, indem man goldene Glöckchen aufnäht und in die Säume Gummiband einzieht, um die Hosenbeine zusammenzuraffen.

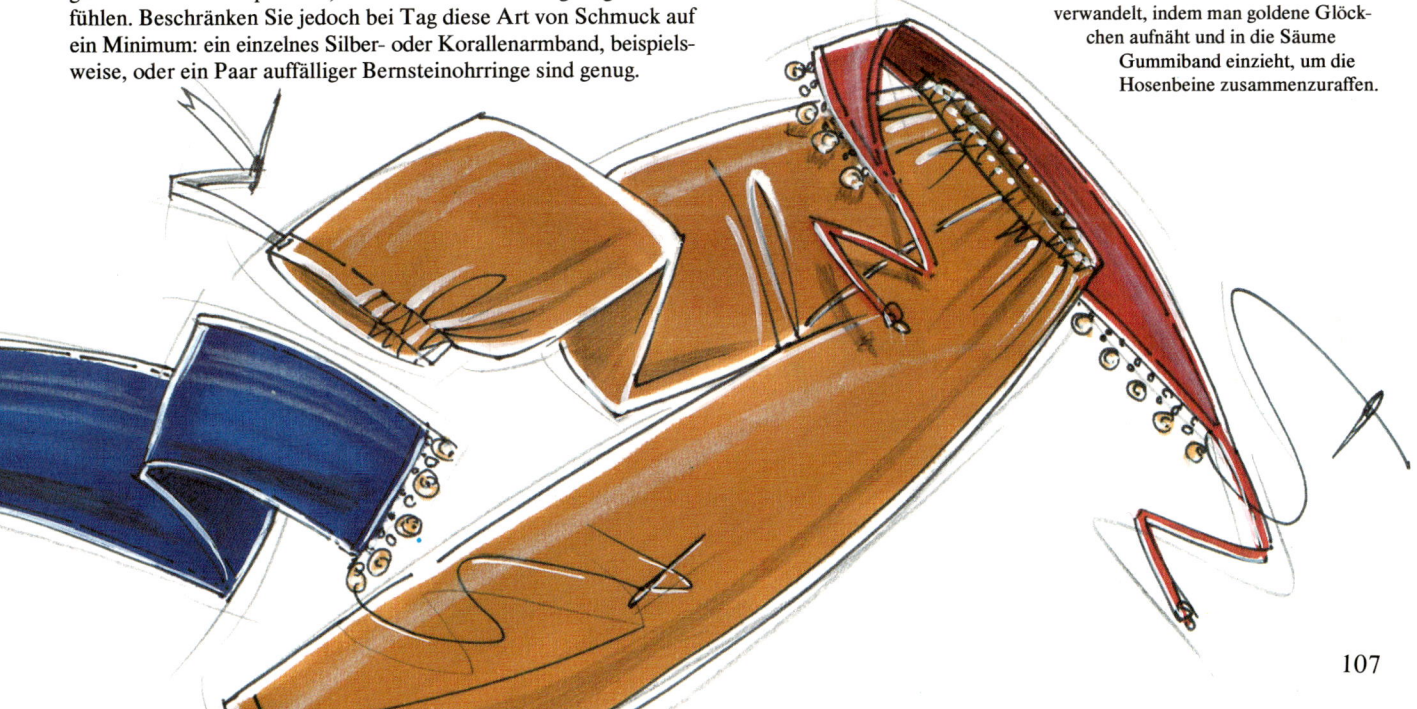

108

DIE NAIVE

HINTERGRUND

»Zucker und Gewürz und alle feinen Sachen, daraus sind die kleinen Mädchen gemacht«, so lautet ein alter englischer Kinderreim. Die *Naive* ist auf reizvolle Weise verletzlich. Süß, zart und vollkommen ohne Falsch, ist sie die Prinzessin aus dem Märchen, die so empfindsam war, daß sie eine einzige Erbse durch dutzende von Matratzen hindurch spürte; oder Shirley Temple in *Bright Eyes* (1934) und *Rebecca of Sunny Brook Farm* (1938); so ist auch Marilyn Monroe in *Manche mögen's heiß,* ganz sanfte Naivität und großäugiger Sexappeal.

Dieses Bild geht tatsächlich bis in das späte 18. Jahrhundert zurück, als zum erstenmal Kinder nicht länger nur als Miniaturerwachsene betrachtet, sondern ermutigt wurden, sie selbst zu sein und man sie in einfache, weite Kleidchen kleidete, die ihnen Bewegungsfreiheit zum Spielen gaben und ihre kindliche Unschuld widerspiegelten.

DER LOOK

Unschuld ist das Vorrecht der Jungen, oder zumindest der im Herzen jung gebliebenen Menschen. Die **Naive** verkörpert einen Kleinmädchenlook für Frauen jeden Alters, der allerdings wirklich ideal nur für Frauen unter dreißig ist. Man kann ihn für Frauen mittleren Alters verändern; aber in diesem Fall sollten sehr kurze Röcke und zuviele Rüschen vermieden werden.

Das Wesen dieses Looks liegt in naiver Reinheit, daher sind die Kleider entweder vollkommen weiß oder pastellfarben. Fangen Sie mit einer weißen Bluse an, die mit einer Spitzenborte oder ein oder zwei Rüschen besetzt ist. Die Bluse darf kurze Puffärmel oder vollere, dreiviertellange Ärmel haben; im Sommer kann sie auch im Kamisolstil sein, aber sie muß in jedem Fall weiß sein.

Kleine Bubikragen und winzige Perlknöpfchen sind ebenfalls eine hübsche Note. Idealerweise sollte diese Bluse aus einem feinen Naturgewebe wie reine Baumwolle, Leinen oder Seide sein. Tragen Sie dieses sittsame kleine Stück zu einem kurzen weißen Rock oder Hosenrock. Der Rock kann schräg geschnitten oder weich und weitschwingend sein; er kann am Saum mit einer Rüsche besetzt sein oder eine tiefe Taille haben, aber er sollte über dem Knie enden, es sei denn, Sie sind eine etwas ältere **Naive**, in welchem Fall Rock oder Hosenrock gerade unterhalb des Knies enden sollten.

Dies ist ein idealer Sommerlook, aber er kann auch für den Winter abgewandelt werden, wenn man andere Stoffe und Texturierungen wählt. Aber die Farbzusammenstellung bleibt immer dieselbe, vielleicht mit einem zusätzlichen Hauch von Taubengrau, Chinchillabeige, Taubenblau und Häschenbraun, aber nur in Form von Mänteln und Jacken oder Schuhen.

Fast jeder hat ein paar weiße Einzelstücke in seiner Garderobe, aber, was diesem Look seine spezielle Unschuldsnote verleiht, ist der rüschenbesetzte oder flauschig kuschlige Pullover, den man dazu trägt. Er wird wahrscheinlich nur taillenkurz sein oder ein kleines Schößchen haben; es kann eine Strickjacke oder ein Pullover sein, aber er muß weiß, zartrosa, babyblau, sanftgelb oder blaßgrün sein. Möglicherweise ist er auch mit winzigen gestickten Blumensträußchen geschmückt, hat einen spitzenartigen Kragen oder ist ganz zart gestreift; er kann ein feines Netzstrick sein, oder aus schlichter,

Unten: **Die Naive** muß ihre Accessoires süß und schlicht halten: Handtaschen und Schuhe sind stets weiß oder pastellfarben, die Absätze sind flach, der Schmuck blumig und vor allem zurückhaltend.

Oben: Unterwäsche dient für die **Naive** als Oberbekleidung. Tragen Sie zu Röcken Kamisols als Tops, sofern Sie nicht zu durchsichtig sind; versuchen Sie es mit langen Schlüpfern als Shorts. Wenn Sie keine spitzenbesetzte Unterwäsche besitzen, dann können Sie ein einfaches Baumwollunterhemd immer mit einer gerüschten Lochspitze verzieren.

einfarbiger Lammwolle, aber wie immer er auch aussieht, er sollte der höchste Ausdruck femininer Mädchenhaftigkeit sein. Wählen Sie ihn so süß, wie es eben geht. Im Winter kann dieser Pullover aus dicker Angorawolle oder weichem Mohair sein, für den Sommer sollten Sie ein fein gestricktes Leinen-Seide-Gemisch wählen.

ACCESSOIRES

Natürlich muß der jugendliche Eindruck sich bis hinunter zu den Füßen erstrecken. Wählen Sie wieder Weiß oder Pastelltöne für Ihre Schuhe in Slipperform mit flachen Absätzen. Sie können eine einfache Pumpsform haben oder Fesselriemchen oder dünne Seidengazebänder, die Sie sich um Ihre zarten Fesseln schnüren. Tragen Sie diese leichten kleinen Schuhe zu nackten, braunen Beinen, Baumwollsöckchen oder extrem dünnen, hellen Strumpfhosen, je nach dem, wie festlich der Anlaß und Ihre Kleidung ist.

Bei der Wahl des Schmucks entscheiden Sie sich für Herzen und Blumen. Ein goldenes Medaillon für den Hals, Broschen in Form von Blumensträußchen, Haarschmuck in Form von Schmetterlingen oder anderen kindlichen Motiven. Wenn Sie die Ohrläppchen durchstochen haben, probieren Sie schlichte Perlen oder emaillierte Herzen an kleinen Ringen; aber meiden Sie vor allem alles Auffällige und Freche. Tragen Sie ein einzelnes Silber- oder Goldkettchen um das Handgelenk oder den Hals und immer nur einen zarten Ring. Armbänder sollten im Stil der Amulettarmbänder sein – also eher Gliederkettchen als Reifen, die diesem sanften Look einen unerwünscht harten Zug geben würden.

Als eine letzte, köstliche Note tragen Sie ein spitzenbesetztes Taschentuch in einer Tasche an Ihrem Pullover oder in einer hübschen, pastellfarbenen Schultertasche.

Auch Unterwäsche kann für diesen Look als Kleidung dienen – Kamisoltops, altmodische Unterhosen, Petticoats, alle modernen Nachahmungen wie auch echte alte Stücke sind für diesen Zweck zu gebrauchen, vorausgesetzt, sie sind in reinstem Weiß und makellos gebügelt.

GESICHT UND HAAR

Geben Sie sich ein blasses, verwundbares Gesicht durch Auftragen einer Grundierung, die heller als gewöhnlich ist und zum Elfenbein hin changiert. Tragen Sie einen Lidschatten in Perlfarben wie Blassrosa, Grau, Taupe oder hellstes Blau auf. Benutzen Sie Mascara für Ihre

Rechts: Zu große Pullover, die in einem Lochmuster gestrickt sind, kann man in Form bringen, indem man über den Ärmelbündchen und der Taille Bänder einzieht – in diesem Fall erhält der Pullover durch das Band sogar ein kleines Schößchen.

Wimpern, und malen Sie sich große Kinderaugen, indem Sie entlang des inneren Lidrandes ganz dicht am Wimpernrand mit einem blauen oder grauen Stift einen feinen Strich ziehen. Lassen Sie Ihre Wangen durch einen Hauch von rosa Rouge erröten; geben Sie Ihren Lippen mit einem Lippenstift in einem perlschimmernden Rosa oder einer Spur von Lipgloss etwas Glanz.

Das Haar wird mit einem schmalen Stirnreif aus dem Gesicht gehalten oder zu einem Pferdeschwanz zurückgekämmt oder zu Schnecken aufgesteckt, die Sie mit kleinen Mädchenspangen samt Pelztierchen, winzigen Blumensträußchen oder Schleifen schmücken. Wenn Ihr Haar für solche Frisuren nicht lang genug ist, dann tragen Sie es leicht gewellt oder in lose hängenden Ringellocken.

IDEEN

● Ziehen Sie durch spitzenbesetzte Kleidungsstücke und Unterwäsche Satinbänder. Nehmen Sie dazu weiße oder pastellfarbene Bänder, nicht breiter als 1,5 cm. Dieselben Bänder können Sie auch dazu gebrauchen, spitzenartig gestrickte Pullover, die in der Taille und an den Ärmeln ausgebeult oder zu weit geworden sind, wieder in Form zu bringen. Ziehen Sie die Bänder dafür wieder gleichmäßig durch die Kanten, so daß regelmäßige Fältchen entstehen, ziehen Sie die Bänder dann zur richtigen Weite zusammen und binden Sie die Enden zu einer winzigen Schleife.

● Machen Sie sich ein billiges Medaillon selbst, indem sie einen preiswerten, herzförmigen Glücksbringer an ein Satinband hängen. Tragen Sie es entweder wie ein Choker eng um den Hals oder aber lang geradebaumelnd.

● Wenn Sie im Umgang mit Nadel und Faden geschickt sind, dann sticken Sie sich einzelne Blumenrispen oder kleine Sträußchen auf einen überflüssigen, leicht eingelaufenen Pullover – geradezu perfekt für diesen Kleinmädchenlook.

● Nähen Sie mit kleinen Reihstichen feine Rüschenspitzen auf die Säume von Röckchen, Unterwäsche und Petticoats.

Rechts: Medaillions werden zu Ketten oder Armbändern, je nach dem, wie lang das Band ist, an das man sie hängt – vgl. »Ideen«.

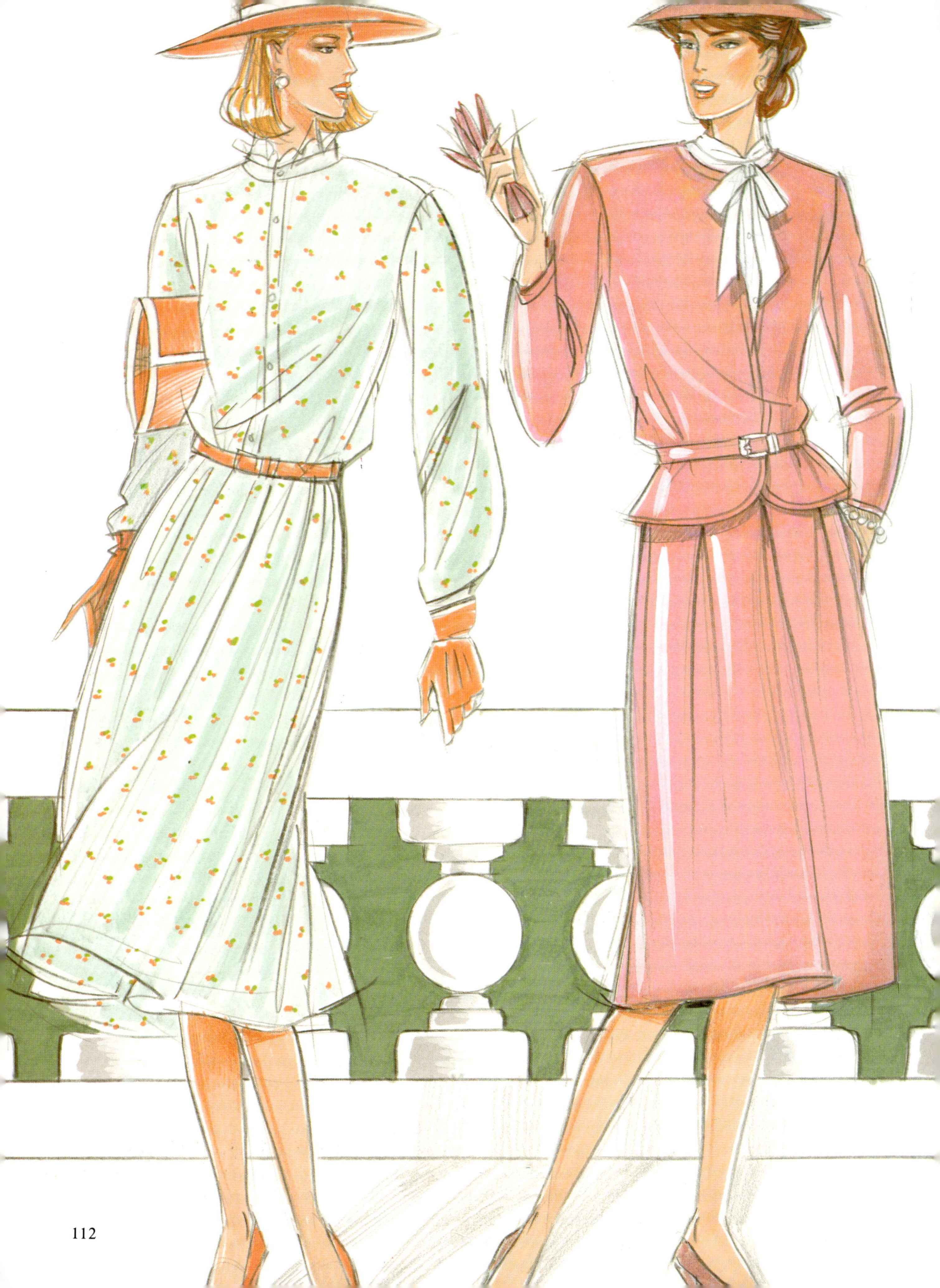

DIE LADY

HINTERGRUND

Fürstin Gracia war eine; die Prinzessin von Wales ist fraglos eine; und Catherine Deneuve ebenfalls. Die **Lady** ist das weibliche Gegenstück zum **Gentleman**, und wie alle Dinge von Qualität ist sie sofort zu erkennen.

Sie mag Tresore voller Juwelen haben, aber sie wird nie über ihren Reichtum sprechen, sie mag Titel haben, aber sie wird doch nie über ihre Abstammung sprechen, sie mag die Erbin mehrerer Morgen an Grundbesitz sein, aber sie wird niemals damit prahlen – kurz gesagt, sie besitzt eine gelassene, angemessene Würde und makellose Manieren; immer – zu jeder Zeit und an jedem Ort – verhält sie sich bis ins Kleinste korrekt.

Aber Sie brauchen keinesfalls die Reichtümer der Fürstin Gracia, die Schönheit der Deneuve oder die Erziehung der Prinzessin von Wales zu besitzen, um eine Lady zu sein. Ganz ohne Zweifel können Sie sich wie eine Lady benehmen, und Sie können sich leicht wie eine kleiden.

DER LOOK

Für besondere Anlässe, wie beispielsweise Staatsempfänge, kann sich die **Lady** wie die **Debütantin** kleiden, bei zwangloseren Gelegenheit wie die **Klassische Dame**, auf Transatlantikseereisen wie die **Seereisende** und auf dem Lande wie die **Gutsbesitzerin**. An dieser Stelle wollen wir uns mit der halb-formellen Tageskleidung der Lady beschäftigen, wie sie für Anlässe wie Tee- oder Lunchgesellschaften und Bridgeparties angemessen ist. Zu solchen Gelegenheiten sind kreidige oder dunkle Farbschattierungen akzeptabel, aber keine leuchtenden Primärfarben. Die **Lady** trägt sehr viel Naturweiß, das sie mit Himbeerrot, Himmelblau, Apricot, Pfefferminzgrün und manchmal auch mit Marineblau oder Zinngrau kombiniert.

Obwohl hier Korrektheit das Gebot der Stunde ist und die einzelnen Elemente dieses Looks Modeklassiker sind, läßt sich dieser Look dennoch mit Phantasie und Eleganz tragen. Tatsächlich hat praktisch jeder Filmstar der Vierziger und Fünfziger Jahre in der einen oder anderen Version des modischen Dauerbrenners der **Lady** vor der Kamera posiert: dem Hemdblusenkleid. Gewöhnlich ist das Oberteil wie eine Bluse oder ein Hemd geschnitten, mit einem Kragen und einer Knopfreihe, der Rock fällt gerade, leicht ausgestellt oder etwas glockig, damit man sich bequem darin bewegen kann. In den Fünfziger Jahren wurde der Rock immer weitschwingender bis hin zur Tellerform, während er in den Sechziger Jahren dagegen fast hauteng auf Figur gearbeitet war. Für den Winter kann das Hemdblusenkleid aus einem leichten Wollstoff, einem feinen Schottenkaro oder aus Cord sein, für den Sommer wählt man einen leichten Baumwollstoff, Seide oder entsprechende Syntheticgewebe. Für beide Jahreszeiten gilt, daß man entweder einfarbig oder aber ein direkteres Muster wählt – dünne Streifen, winzige Blumen, feine Karos, geschmackvolle, abstrakte Motive. Nichts Auffälliges oder Grelles darf von der gelassenen Selbstbeherrschung der Trägerin ablenken. Für formelle Anlässe darf das Hemdblusenkleid vielleicht eine Rüsche um den Ausschnitt haben, einen spitzenbesetzten Kragen oder aus einer Seide wie Schantung oder Crêpe de Chine gefertigt sein. Der Schnitt wird jedoch in jedem Fall derselbe sein – ein wunderbares Beispiel für diskrete Untertreibung.

Tragen Sie zu dem unentbehrlichen Hemdblusenkleid die unentbehrliche Strickjacke. Auch hier hängen Ausführung und Material von Jahreszeit und Anlaß ab – im Winter ist es vielleicht eine vernünftige Shetland- oder Lammwollstrickjacke mit V-Ausschnitt; im Sommer

Unten: Machen Sie aus sich eine wirkliche Lady durch die Wahl der richtigen Accessoires: Schuhe mit flachen Absätzen, Perlenketten, kurze rein weiße Handschuhe mit Perlknöpfchen, unaufdringlicher Schmuck, gepflegte Handtaschen und bezaubernde Hüte ganz nach Ihrem Geschmack, sei es mit künstlichen Blumen oder mit Schleiern geschmückt (vgl. *Ideen*).

Rechts: Wenn eine Lady betont kühl und gefaßt wirken möchte, dann wählt Sie ein Set aus Pullover und passender Strickjacke zu einem darauf abgestimmten Rock und natürlich eine Perlenkette.

eine dünne Woll- oder Baumwoll/ Wollgemischjacke mit Perlmutt- knöpfchen. Wenn Sie nicht aufs Geld schauen müssen oder den Luxus lieben, dann sollten Sie für alle Jahreszeiten und alle Gelegenheiten Kaschmir wählen – obwohl teuer, bedeutet es auch höchste Eleganz.

Tatsächlich sollten Sie aber nicht mit der Strickjacke aufhören. Tragen Sie einen gleichfarbigen, kurzärmeligen Pullover darunter, und jede Mutter wäre stolz auf Ihr Aussehen. Sollten Sie sich für so ein Twinset entscheiden, dann tragen Sie es zu einem leicht gekräuselten oder gefälteten Rock. Der Rock kann die gleiche Farbe wie das Twinset haben oder aber im Kontrast gewählt sein, aber wie bei der **Seereisenden** muß er perfekt sitzen und von ausgezeichneter Qualität sein.

Als Alternative kann die **Lady** als Tageskleidung auch ein Kostüm wählen, besonders wenn es etwas kühl ist. In diesem Fall wählen Sie am besten klassisch schlichte Schnitte, nicht die breitschultrigen Extreme aus den **Eleganten Vierziger Jahren** oder der maskuline Look, wie wir ihn von der **Geschäftsfrau** und dem **Gentleman-Look** her kennen. Das Kostüm der **Lady** wird eine einreihig geknöpfte Jacke und einen leicht ausgestellten, glatten oder gefälteten Rock haben, oder vielleicht eine taillenkurze, zweireihige Jacke mit verdeckten Verschlüssen. Der Rock wird eine dezente Länge, nicht über dem Knie, haben, und die Jacke sollte groß genug sein, daß man auch einen Pullover darunter tragen kann. Sollte die Gnädige Frau Gefallen an dem Kostümlook finden, dann sollte Sie sich ein Kostüm von der größten Kostümschneiderin aller Zeiten zulegen - von Coco Chanel. In den Zwanziger Jahren machte Chanel die knopflose, kastenförmige Jacke mit Kontrastpaspelierung populär, die seitdem von allen großen Ladies getragen wurde und wird. Dieses Kostüm hat gewöhnlich einen relativ gerade geschnittenen Rock und benötigt wegen der Paspelierung nur wenig Accessoires – tragen Sie einfach einen Hut, Handschuhe und eine Perlenkette dazu, und Sie sind bereit für den nächsten Lunch.

Als Darüber wählen Sie einen gut gearbeiteten, leicht ausgestellten Wollmantel – nicht zu maskulin oder zu streng im Schnitt; er sollte beim Gehen leicht mitschwingen.

ACCESSOIRES

Ohne Hut ist die **Lady** nicht richtig angezogen. Tragen Sie im Sommer ein Strohmodell mit breitem Rand passend zu Ihren Schuhen (vgl. rechts); im Winter ein ähnliches Modell aus Filz. Zu diesem Look gehören keine Schleier, Kunstblumen, wilde Federn oder ähnlich exotische Verzierungen – lediglich ein Grosgrainband über dem Krempenansatz.

Ebenso ist eine **Lady** ohne Handschuhe nicht angezogen. Wenn Sie wollen, tragen Sie sie in einer Hand, oder legen Sie sie über die Handtasche, aber sie müssen sichtbar vorhanden sein. Kurze Handschuhe, die gerade bis zum Handgelenk reichen, aus Baumwolle oder Glacé für den Sommer, Lederhandschuhe von gleicher Länge für den Winter. Handtaschen sollten betont schlicht sein – keine Schultertaschen, auffällige Verschlüsse oder wilde Farben. Die Handtasche kann entweder einen kleinen Bügel haben oder eine der modernen Unterarmtaschen sein, aber sie sollte in jedem Fall farblich zu Ihren Schuhen passen.

Was Schmuck angeht – können Sie sich eine Lady ohne ihre Perlenkette vorstellen? Du liebe Güte, sie würde sich ja vollkommen nackt vorkommen. Tragen Sie bei Tag eine kurze Kette oder einen Choker im Ausschnitt Ihres Hemdblusenkleids oder Pullovers und eine längere oder doppelreihige Kette am Abend. Tatsächlich tauchen die Perlen überall auf – an den Ohrläppchen, an den Fingern, am Handgelenk. Sie sind jedoch immer von der kleinen, dezenten Art, nie übergroße Exemplare, wie sie keine Auster je hervorbringen könnte. Andere mögliche Schmuckstücke wären vielleicht Gold- oder Silberketten oder einfache Armreifen, Broschen, Kameen, aber auf keinen Fall offensichtlich unechte oder auffällige Stücke. Die **Lady** ist echt, sie besitzt nichts, was unecht ist. Familienerbstücke, sollten Sie welche besitzen, sind natürlich ideal.

Die Schuhe müssen vernünftig sein – flache Absätze, nicht höher als 5 cm für den Tag und vielleicht bis zu 6 cm für besondere Anlässe. Die Schuhe sollten sehr schlicht sein und zur Handtasche und Hut passen. Keine Lady würde, nicht einmal im Hochsommer, ohne Strümpfe ausgehen, wählen Sie also die feinsten, die Sie finden können, je nach Kleidung in Creme- oder Grautönen.

Auch die Gürtel sind dezent gehalten. Keine auffälligen Schnallen, kein Namenszug des Designers, kein Herstellerzeichen – einfache, schmale Lederbänder mit dezenten Gold- oder Silberschnallen, um die Taille Ihres Kleids oder Ihrer Strickjacke zu betonen.

GESICHT UND HAAR

Geben Sie sich einen makellosen Teint, indem Sie eine cremefarbene Grundierung auftragen und mit einem passenden losen Puder überpudern. Betonen Sie die Augen mit einem weichen Steingrau auf der unteren Lidhälfte, einer sanften Muschel- oder Elfenbeinschattierung unter den Augenbrauen und einem Tupfer Grau, Taupe oder Graublau im äußeren Augenwinkel. Verteilen Sie letzteren in die Lidfalte und um die Augen herum mit einem Hauch davon auf dem unteren Lid. Akzentuieren Sie die Augen noch etwas stärker, indem Sie mit einem Konturenstift im inneren, unteren Lidrand eine Linie ziehen, die Sie so weich wie möglich halten. Betonen Sie Ihre herrlich hohen Wangenknochen mit einem pinkfarbenen Rouge, und schließen Sie Ihr Make-up mit einem rosigen Lippenstift ab.

Die Frisur muß schlicht sein. Ein klassischer, stumpfer Schnitt in jeder Länge, von Pagenkopf bis schulterlang, ist gut, genauso etwa traditionelle Frisuren wie der Knoten, in diesem Fall entweder im Nacken oder auf dem Hinterkopf getragen. Als Haarschmuck nehmen Sie am besten Samtstirnbänder für den Winter und für das ganze Jahr Gold- und Silberspangen, aber denken Sie daran, daß der Gesamteindruck entschieden ruhig sein muß.

IDEEN

- Kopieren Sie den Effekt des Hemdblusenkleides, indem Sie Rock und Bluse, die farblich gleich oder aufeinander abgestimmt sind, anziehen, aber achten Sie darauf, die Taille durch einen schmalen Leder- oder Stoffgürtel in einer Komplementärfarbe zu markieren.
- Ersetzen Sie Plastik- oder Stoffknöpfe auf Strickjacken, Mänteln und Kleidern durch perlig schimmernde Knöpfe – angefangen bei den flachen Perlmuttknöpfen mit vier Löchern bis hin zu den winzigen Rundknöpfen, je nach erforderlicher Größe. Ladies haben einfach einen Fable für solche Reihen von kleinen Perlknöpfchen!

Oben: Umwickeln Sie die Krone eines breitkrempigen Huts mit Tüll, und lassen Sie das Ende im Rücken lose herunterfallen; bei einer Pillboxform verschleiern Sie Ihr Gesicht mit dem Tüll, stecken die Enden unter die Krone und binden sie dann zu einer Schleife.

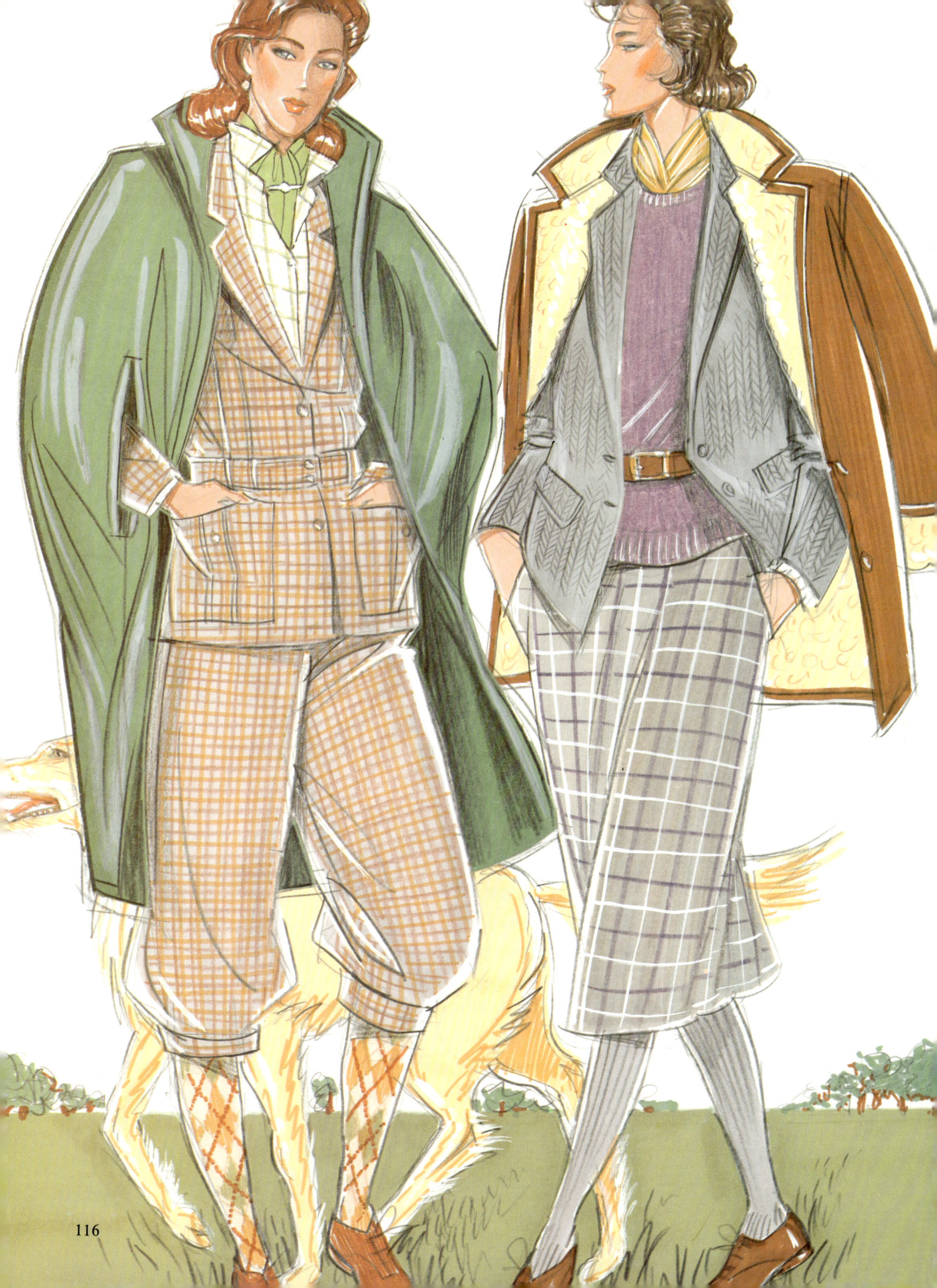

DIE GUTSBESITZERIN

HINTERGRUND

In »Landadels«kreisen ist es Tradition, daß eine Generation in die Fußstapfen der vorangegangenen tritt, und die Sloanes (in England) und Preppies (in Amerika), die Land»adeligen« von heute (jeder einzelne von ihnen zumindest ein kleiner »Gutsbesitzer«), bilden da keine Ausnahme; auch ihr Leben ist ein Spiegelbild des Lebensstils ihrer Eltern. Unverändert trotten Sie zu den gleichen Jagdparties und Geländejagdrennen, zum sonntäglichen Morgengottesdienst und zu den Guts- und Dorffesten. Und was tragen sie zu all diesen gesunden und munteren Höhepunkten des Landlebens? Man höre und staune, sie tragen so ziemlich das gleiche, was Mami auch schon zu solchen Anlässen getragen hat.

Man möchte meinen, daß das wohl kaum ein Rezept für einen Modelook sein kann; aber verschiedene Faktoren sorgen dafür, daß der Stil der Gutsbesitzerin mit der Zeit geht, ohne seinen traditionellen Charakter zu verlieren. Wenn man die richtige Kombination wählt, gibt es keinen Grund, warum dieser Look altmodisch oder unmodern wirken sollte.

Die Gutsbesitzerin ist im Grund genommen die **Klassische Dame** auf dem Lande. Diese beiden feinsinnigen Vertreterinnen einer gehobenen Schicht nehmen denselben Standpunkt zu ihrer Garderobe ein: Betrachte jede Neuerwerbung als Investition. Es mag vielleicht nicht furchtbar viel Spaß machen, sich eine Garderobe zeitlos eleganter Kleidungsstücke aufzubauen. Aber da das Geld wieder knapper wird, erfreut sich der Stil der **Gutsbesitzerin** mittlerweile ungeheurer Beliebtheit bei den Modeschöpfern, insbesondere in Frankreich, Italien und Amerika. *Le style anglais* wird mit Recht als ein klassischer Look betrachtet, und die Modehäuser haben die Grundelemente insoweit weiter entwickelt, daß dieser Stil für jeden tragbar geworden ist. So sind also die Dinge, die einst nur der wirklichen Gutsbesitzerin vorbehalten waren, jetzt für uns alle zugänglich gemacht worden.

Unten: Vernünftige Wanderschuhe und Taschen, die genügend Platz für ein Fernglas bieten, bilden das Rückgrat der Accessoires der **Gutsbesitzerin**. Suchen Sie nach aufgesetzten Taschen und Ziersteppnähten auf Leinen- oder Ledertaschen.

Die Beliebtheit dieses Looks bei den Modeschöpfern bedeutet für Sie, daß Sie die Elemente des Looks ohne Schwierigkeiten überall erstehen können, es sei denn, Sie möchten sich lieber an die traditionellen Ausstatter, wie etwa das »Preppymekka« L.L. Bean in Maine oder Brooks Brothers in New York, Burberry's oder The Scotch House in London halten.

DER LOOK

Ähnlich wie die **Naturfreundin**, so wählt auch die **Gutsbesitzerin** in erster Linie Farben aus, die ihre Umgebung widerspiegeln: Braun- und Grünschattierungen sind hier das Richtige, aber beleben Sie diese Grundpalette, indem Sie die Violett- und Rottöne der Moor- und Heidelandschaft mit hinzunehmen: sanftes Purpur und Blau, ein Hauch von Pink oder Rosenrot, Schattierungen in Silber und Zinngrau.

Die Stoffe sind warm und bequem, haltbar und praktisch; das müssen sie für so ein frisches und gesundes Leben im Freien auch sein. Wickeln Sie sich in Flanell- und Viyella-, Shetland- oder Lammwoll-, Tweed- und Cordstoffe und in die unzähligen anderen, gut imprägnierten und wattierten Materialien. Lassen Sie sich von der **Amazone** und der **Schottin** inspirieren; ihr Stil (besonders der Schottenkilt und die Wolljacke) wird unter den Sloanes und Preppies mit Gutsbesitzerstatus immer zu den Favoriten zählen.

Wenn Sie schmale Hüften und lange Beine haben, dann geben Sie sich ruhig der Schwäche der **Gutsbesitzerin** für alle Arten von Knickerbockers, Breeches, Jodhpurhosen im Stil der **Amazone** und natürlich Caddyhosen hin. Letztere waren ursprünglich dem männlichen Gutsbesitzer vorbehalten, aber sie sehen auch an einer Dame großartig aus. Über dem Knie superweit geschnitten, sitzt der Bund bei den Caddyhosen etwas weiter

117

unter den Knien als bei den üblichen Knickerbockers (vgl. auch unter *Ideen*). Kombinieren Sie sie mit einer traditionellen Norfolkjacke aus passendem Tweed, deren typischen Merkmale die gut sitzenden Kellerfalten vorne wie hinten, sowie der eingearbeitete Taillengürtel sind. Zögern Sie nicht, für diese Ausstattung verschiedene interessante Tweedstoffe miteinander zu mischen; karierte, gemusterte, gesprenkelte und andere Variationen sind allesamt passend. Argylekniestrümpfe, Golfschuhe und eine passende Jagdmütze (oder eine Sherlock-Holmes-Mütze) vervollständigen diesen sehr traditionellen Look, der stets von den Moorhuhnjägern in den schottischen Mooren getragen wird. Knickerbockers aus Wollstoff oder Tweedmischgeweben oder auch aus Cord können in gleicher Weise mit einer leichtfarbigen oder kontrastierenden Weste, Reitjacke oder einer dicken Wollstrickjacke, wie etwa die besonders gemusterten Aranjacken, kombiniert werden. Oder, wenn Sie weniger mutig sind, tauschen Sie die Breeches gegen warme lange Hosen aus denselben Stoffen, mit Aufschlägen und Bundfalten.

Kostüme aus weichen Tweedstoffen oder Tweedröcke mit passenden Mänteln bilden die Grundelemente der förmlichen Version dieses Looks. Ein fein karierter oder gemusterter Tweedrock kann zu einer gleichartigen oder aber auch einfarbigen Jacke getragen werden. Halten Sie sich an das Regelbuch der **Gutsbesitzerin** und bleiben Sie bei klassischen Schnitten und Proportionen.

Als Kleidung für alle Tage trägt die **Gutsbesitzerin** Hemden in farbigen Deckaromustern und Lammwollpullover. Für das sonntägliche Mittagessen oder den Umtrunk mit dem Vikar bleiben Sie bei denselben Tweedstücken, kombinieren Sie aber mit einer schlichten, farblich abgestimmten Seidenbluse und darüber eine Strickjacke mit rundem oder V-Auschnitt. Eine andere Möglichkeit wäre ein Twinset mit einer Per-

Oben: Die ideale Überkleidung für die **Gutsbesitzerin** schließt Jacken ein, die weit und mit ausreichend Taschen versehen sind. Von links, eine Steppjacke, ein gummierter olivgrüner Parka und natürlich die unerläßliche Daunenweste.

lenkette um den Hals; wählen Sie eine Farbe, die zu Ihrem sanft gekräuselten oder gefälteten Wollrock paßt.

Das Darüber der **Gutsbesitzerin** ist sehr charakteristisch und bietet viele Möglichkeiten. Ein guter Tweedmantel, der ein Leben lang halten wird, ist ein absolutes Muß; ein- oder zweireihig, hat er am besten im Rücken einen Schlitz oder eine Falte. Sherlock-Holmes-Capes, Lodenjacken und Schaffelljacken sind ebenfalls passend.

Noch wichtiger sind für die wirklich aktive **Gutbesitzerin**, die an allen Geländejagden teilnimmt und einen großen Teil ihrer Zeit mit dem Aus- und Einladen des Range-Rovers verbringt, die wasserdichten Kleidungsstücke, einst von Sloane und Preppy geliebt und jetzt charakteristische Uniform ähnlicher Typen; das eine oder andere dieser Kleidungsstücke ist für jeden ernsthaften Anhänger dieses Looks unentbehrlich. Die traditionelle Jagdjacke, die Barbourjacke, gibt es in Olivgrün mit einer gummiartigen Oberfläche; sie fällt lose bis über die Oberschenkel und hat große Taschen, sowie eine Kapuze. Die klassische Landjacke von heute, die Huskyjacke, ist kreuzweise abgesteppt und warm wattiert; es gibt sie in den Farben Olivgrün oder Marineblau, sowie in Jacken- wie in Westenform. Eine weitere beliebte Ausführung (die Puffajacke) ist horizontal in breiten Streifen abgesteppt und wattiert; auch diese ist wiederum in Jacken- oder Westenform in Oliv oder Marine zu haben.

ACCESSOIRES

Robuste Taschen und Stiefel sind für diesen Look unentbehrlich; kaufen Sie sie in Jagdzubehörgeschäften. Jagdtaschen sind vollkommen in Ordnung. Es gibt eine ganze Reihe verschiedener Modelle zur Auswahl: Patronentaschen in sanft braunem oder sandfarbenem Leder, ähnliche Modelle aus mittel- oder flaschengrünem Leinenkanevas mit Schulterriemen und Einfassung aus braunem Leder, Ranzenformen aus olivgrünem Leinenkanevas mit Netzaußentaschen – alle mit langen, verstellbaren Riemen, so daß man sie sich diagonal umhängen kann.

An den Füßen tragen Sie geschnürte Golfschuhe und die Tagesmodelle der **Schottin** oder Mokassins und andere flache, zwanglose Slipper. Borgen Sie sich die Reitstiefel der **Amazone** aus und die archetypischen grünen Gummistiefel der **Fischerin**. Halten Sie die Absätze so flach wie möglich, und wählen Sie stets strapazierfähige Materialien. Wollstrümpfe, Kniestrümpfe oder gerippte Strumpfhosen sollten an frostigen Tagen zu Knickerbockers oder Caddyhosen getragen werden. Zu Röcken und Kostümen passen am besten Strumpfhosen in Naturtönen oder in der Farbe auf die übrige Kleidung abgestimmt.

Plündern Sie die Hutmacher des Landadels: flache Tweedkappen, Filz- oder Tweedhüte oder Varianten; Jagdmützen oder Sherlock-Holmes-Mützen mit Ohrenklappen oder der allgegenwärtige Hermèsschal – sie alle passen gut zu diesem Look. Und was immer Sie auch vorhaben, vergessen Sie auf keinen Fall Ihren Jagdstock!

GESICHT UND HAAR

Reizvolle, feine Gesichter verraten den Stammbaum des Landadels, vermeiden Sie also alles Auffällige oder Exotische. Nehmen Sie bei der Wahl des Lidschattens die Farbpalette Ihrer Garderobe wieder auf, wobei Sie gegebenenfalls die Grün- und Brauntöne durch Rotviolett-Schattierungen absetzen, wenn Sie ein weniger konventionelles Aussehen wünschen. Etwas rosiges Rouge auf die Wangen, so daß sie wie von der frischen Luft gerötet erscheinen, und ein zartgetönter Lippenstift werden Ihnen Komplimente einbringen wie: »So ein furchtbar nettes Mädchen, nicht wahr? So wohlerzogen!«. Sie müssen für gepflegtes, glänzendes und gesundes Haar sorgen; glänzend wie das schwarzglänzende Fell des Labradorhundes oder leuchtend gold wie das Fell des Golden Retriever!

IDEEN

● Probieren Sie verschiedene Möglichkeiten aus, Jagdhüte zu schmücken: verwenden Sie zu diesem Zweck Hundeleinen und -halsbänder oder Ledergürtel mit Schnallen, um sie um Schlapphüte und Clochemodelle zu binden – es sind originelle Alternativen zu den gängigen Kordeln und Bändern. Oder binden Sie einfach eine Wollkordel um Ihren Hut, die zu Ihrem Pullover oder Ihren Handschuhen paßt. Stecken Sie noch ein oder zwei prahlerische Fasanenfedern dazu.

● Putzen Sie ausgebeulte Hosen mit weiten Beinen zu Caddyhosen auf; schneiden Sie dazu die unteren Beinhälften ab, lang genug, daß die Hosenbeine später über das Bündchen überhängen können, fassen Sie die ungesäumten Ränder in einem schmalen Band zusammen, das unterhalb des Knies um Ihr Bein paßt; dann werden die Caddyhosen schön pumpig über das Bündchen fallen. (Vgl. auch unter **Der Fair-Isle-Look** wegen der Anleitung, wie Sie sich auf ähnliche Weise Knickerbockers selber machen können.)

● Flicken Sie die Ellbogen von Tweed- oder Wolljacken, ja sogar von Henry-Higgins-Strickjacken mit Leder- oder Velourlederflicken im echten sparsamen Gutsbesitzerstil.

Rechts: Schmücken Sie einfache Hüte mit eigenen Funden von den Feldern wie Fasanenfedern, oder verwenden Sie zu diesem Zweck kurze Lederbänder oder Hundehalsbänder (Vgl. *Ideen*).

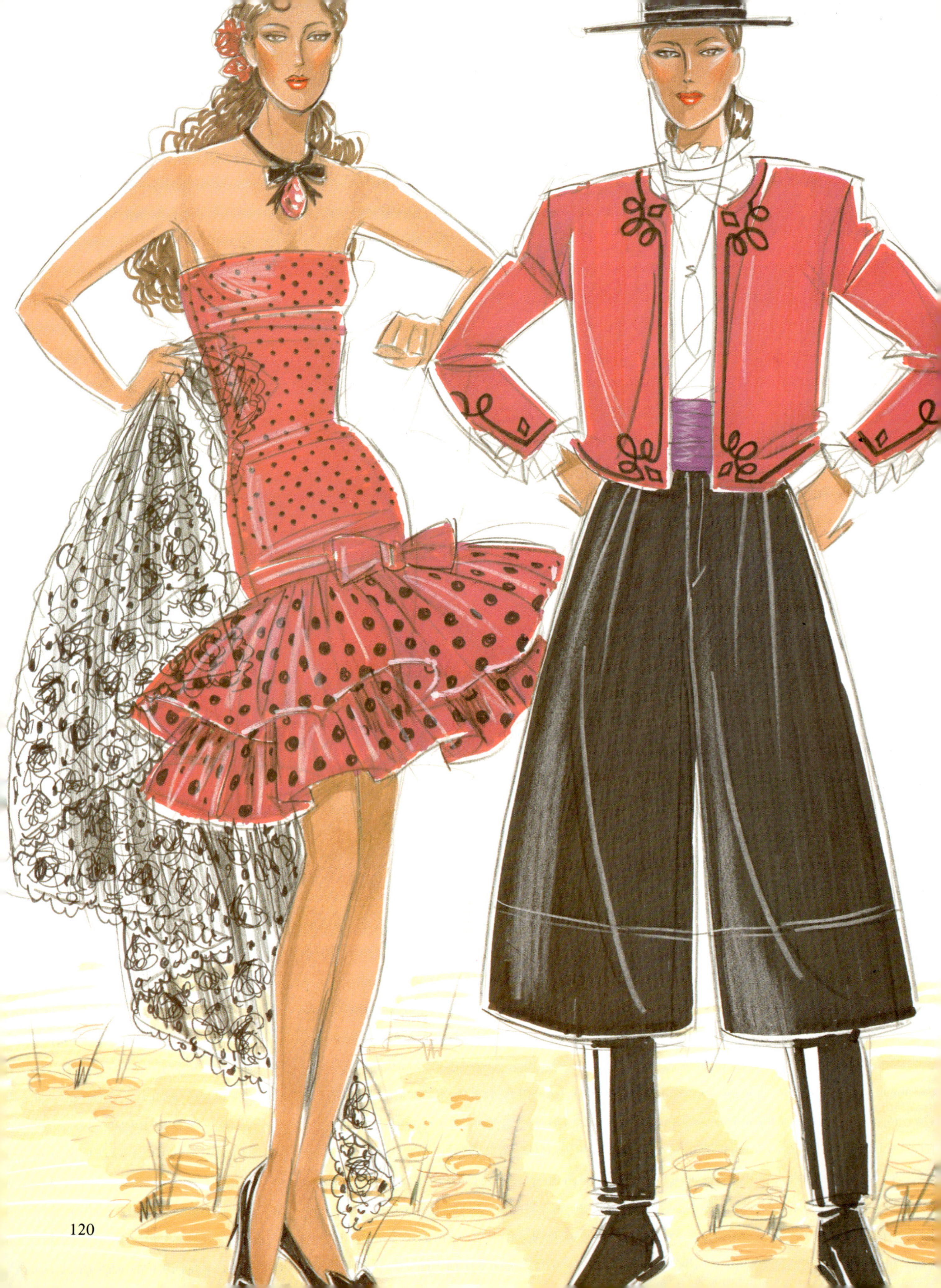

DIE ROMANIN

HINTERGRUND

Hinter diesem Look steht der glühende Stolz der Spanier, wie er uns in den Geschichtsbüchern und Legenden überliefert ist: Christopher Columbus, die Conquestadores, Don Quixote, Katharina von Aragon, Picasso, die großen Stars der Stierkampfarena – in der Tat eine bunt zusammengewürfelte Mannschaft, aber ihnen allen ist gemeinsam der Stolz, das Kühne und das heißblütige Temperament der Romanen. Die Dramatik und Leidenschaft ihrer Geschichte spiegelt sich in den Kontrasten dieses Looks wider, angefangen vom Ernst der Matadorenkleidung bis hin zu dem überladenen Rüschenschmuck am Kleid der Flamencotänzerin. Ob Sie nun tatsächlich eine dunkelhaarige, heißblütige romanische Lady sind oder auch nicht, durch die Wahl der richtigen Kleider können Sie jedenfalls etwas von dem verwegenen Zauber der Gauchos, Matadores oder der Flamencotänzerinnen einfangen.

DER LOOK

Die Partyversion dieses Looks geht direkt auf die eindrucksvollen Flamencokostüme zurück. Carmen Miranda, die brasilianische »Bombe«, propagierte diesen farbenfrohen Stil bis zum Extrem in Filmen wie *Galopp ins Glück*: obwohl geschmückt mit Kleidern, die mit Volants und Rüschen geradezu überladen waren, mit Schuhen auf 7 cm Plateausohlen und einem halben Obstgarten auf dem Kopf – beeindruckte Sie immer noch mit dem Tempo ihrer Samba! Heute würde es Ihnen wahrscheinlich schwer werden, eine normale Party in einer solchen Aufmachung zu genießen – heben Sie sich also den Carmen-Miranda-Look für Kostümparties auf. Aber die abgeänderte und gedämpfte Version des Flamencokleids gibt eine eindrucksvolle Partykleidung ab, sofern Sie den Schwung und die Figur dafür haben, sie zur Schau zu tragen.

Das Kleid basiert auf einem eng anliegenden Mieder mit Schößchen und einem auf Stäbchen gearbeiteten Décolleté; dieses Oberteil kann aus Seide, Satin, Samt oder einem anderen feinen Material sein und dünne Spaghettiträger haben oder auch nicht. Es kann im Rücken gerade geschnitten sein oder in einem tiefen, sinnlichen Rückenausschnitt sehr viel braungebrannte Haut zeigen; vorne ist das Décolleté vorzugsweise herzförmig und nicht gerade geschnitten, weil es der Grundgedanke des Kleides ist, Ihre natürlichen Vorzüge zu betonen, um so ein provokativ erotisches Aussehen zu erzeugen.

Unten: Zu der **Romanin** gehören ein paar der charakteristischsten Accessoires überhaupt: die Spitzenmantilla, der quastengeschmückte Fächer und der Sombrero sind an erster Stelle zu nennen. Vollenden Sie den Effekt durch breite Gürtel, glänzende schwarze Stiefel und Stulpenhandschuhe in einer leuchtenden Farbe.

Der Rock des Kleides sollte weit von der Taille abwärts gestuft sein und entweder knapp ober- oder unterhalb des Knies enden; er darf nicht bodenlang sein, denn dies ist kein Ballkleid. Eine andere Möglichkeit ist es, daß der Rock wie bei den Flamencotänzerinnen hauteng geschnitten ist und dann vom Knie abwärts in einer Kaskade gestufter und wogender Rüschen aufspringt, die mit Spitze oder Seidenband in einem kontrastierenden Farbton eingefaßt sind.

Im Winter 1982 präsentierten viele Modeschöpfer ihre Version von Kleidern, die auf dem romanischen Grundthema basierten; einige der erotischsten und schlichtesten darunter hatten Röcke aus steifer, schwarzer Spitze, sehr weitschwingend und sehr durchsichtig, unter denen als letzter Pfiff zu einem verwegenen und enthüllenden Look Netzstrümpfe getragen wurden. Sofern Sie aber nicht die Beine und das Selbstbewußtsein haben, so etwas zur Schau zu stellen, sollten Sie sich besser für etwas weniger Extravagantes entscheiden.

Die Wahl der Farben ist von entscheidender Bedeutung, wenn man das Wesen des romanischen Looks einfangen will. Es dominiert die Dramatik von Schwarz, dem Scharlachrot, leuchtendes Gelb, Kobaltblau und tiefes, dunkles Purpur entgegengesetzt wird. Vollenden Sie also Ihre Partyaufmachung mit riesigen, künstlichen Treibhausblüten aus Chintz und Organza in einer dieser grellen Farben; stecken Sie sie ins Haar, zwischen den Busen oder an die Hüfte. (Wegen weiterer Accessoires zu dieser Partyaufmachung vgl. unten.) Zum Glück für diejenigen mit einem weniger feurigen Temperament, gibt es für die **Romanin** auch einen zahmeren Look, in dem man sich ohne Scheu auf die Straße wagen kann, und wie bei vielen folkloristischen Looks in diesem Buch gibt es eine männliche und eine weibliche Version. **Die Romanin** hat viele Elemente mit anderen folkloristischen Looks wie der **Kosakin** und der **Zigeunerin** gemeinsam – die gleichen bauschigen Hosen, die gleichen glänzenden Lederstiefel, die gleiche leuchtende Farbkomposition.

Beginnen wir mit den bauschigen Hosen oder einem weitschwingenden oder gestuften Rock. Wählen Sie beide in schwarz oder dunkelbraun aus feiner Wolle oder dicht gewebter Baumwolle, aber achten Sie auf eine großzügige Gesamtwirkung. (Vergessen Sie nicht, daß Sie draußen in den weiten Ebenen oder in der Stierkampfarena auf den Rücken Ihres galoppierenden Pferdes springen müssen!) Der Rock sollte ziemlich lang sein und auf jeden Fall über den Rand der glänzenden Stiefel fallen. Stecken Sie die Hosenbeine in die Stiefelschäfte und/oder umwickeln Sie sie an den Fesseln mit Lederschnüren. Eine elegante Alternative zu den bauschigen Hosen sind die Toreadorhosen, die traditionsgemäß in der Arena getragen werden – enge, schwarze Hosen, die nur bis zu den Knöcheln reichen. Baumwolle oder Wolle oder sogar Leder sind für den Tag das Beste; für den Abend wählen Sie exotischen, schwarzen Velvetine oder Satin. Tragen Sie zu den Toreadorhosen flache, glänzende Lackpumps oder auch schwarze Pumps mit hohen Absätzen und eine bestickte oder verzierte Jacke oder ein Cape; wenn die Toreadorhosen aus Leder sind, sehen die lose fallenden Umhänge am besten aus. Eine weitere Alternative für den Abendlook ist der gestufte Rock aus Spitze, Velvetine oder Satin zu derselben, schön geschmückten Jacke.

Als Top tragen Sie eine weiße Bluse mit bauschigen Ärmeln, gezacktem Ausschnitt, spitzem Kragen und vielleicht einer Rüsche am Ärmelbündchen. Nebenbei bemerkt, paßt dieselbe Bluse auch zu dem **Dandy-Look**, der **Piratin** und anderen folkloristischen Looks. Diese einfachen Elemente aus einem dunklen Unterteil und einem weißen Oberteil bilden die Grundlage, aber der romanische Look wird erst durch die nächste Ergänzung wirklich zum Leben erweckt.

Das Darüber kann so eng anliegen wie die Bolerojacke des Matadors oder so lose hängen wie eine Pferdedecke, aber es muß immer die charakteristischen, kräftigen romanischen Farben aufweisen, von denen bereits die Rede war. Kleidungsstücke aus unstrukturierten Stoffen können mit kühnen Streifen aufwarten, gewöhnlich Weiß oder Creme mit einer der oben aufgezählten Farben kombiniert. Wenn Sie auf Figur gearbeitete Kleidung vorziehen, dann sollten Sie ein Bolero mit oder ohne Ärmel wählen, das hoch über der Taille endet oder eine taillenlange, leicht eckig geschnittene Strickjacke mit schwarzen Posamenten (in Schlange gelegte Litze, wie es in der Illustration zu sehen ist) oder, zu zwangloseren Anlässen, eine längere Wollfilzjacke, die mit Blumenmotiven bestickt ist.

Um über die weiten, grasbewachsenen Ebenen zu reiten, oder einfach, um auf kalten Straßen nicht zu frieren, tragen Sie einen der »ewigen« Hits aus der Garderobe des Gauchos – das Cape, den Poncho oder den mexikanischen Umhang. Das Cape kann bis kurz über die Taille oder auch bis hinunter zu den Knöcheln fallen; der Poncho kann Fransen haben oder auch nicht und ist in der Länge genauso variabel; der mexikanische Umhang kann alles sein, angefangen bei einer handgewebten Pferdedecke bis hin zu der feinsten Alpakadecke aus der Wolle der langhaarigen, klugen Lamas. Damit Ihnen der Unterschied klar wird, der Poncho ist ein quadratisches Stoffstück, das gewöhnlich durch einen dafür vorgesehenen Schlitz über den Kopf gestreift und mit den Zipfeln nach vorne und nach hinten getragen wird, während der mexikanische Umhang einfach ein Stück Stoff ist, das groß genug ist, um es sich umzuwickeln. Werfen Sie sich diese wunderbaren und vielseitigen Kleidungsstücke einfach über die Schultern und befestigen Sie sie mit

Rechts: Die weniger förmlich gekleidete **Romanin** trägt eine leuchtend bunte Decke als Umhang und vollendet den Matadoreffekt durch Gauchohandschuhe und Toreadorhosen, die mit der charakteristischen Litzenborte verziert sind.

einer großen Pferdedeckennadel, oder schmücken Sie sie mit einer silbernen Brosche oder einem dicken Ledergürtel.

ACCESSOIRES

Um bei Ihrer Partyausstattung anzufangen, es gibt wenige, aber maßgebliche Accessoires, die für die romanische Tänzerin charakteristisch sind. Sofern es sich nicht um einen Kostümball handelt, lassen Sie Ihre Kastagnetten besser zu Hause, aber Sie sollten auf jeden Fall eine Mantilla tragen. Das ist eine Art Schleier, der entweder ein großes Quadrat kunstvoller schwarzer Spitze ist – von der weichen, schweren Art, kein steifer Nylontüll –, das hinten auf dem Kopf mit einem prächtig geschwungenen und geschnitzten Schildpattkamm festgesteckt wird, oder aber ein Seidentuch, angefangen bei einem kleinen Quadrat bis hin zu einer wogenden Hülle, aber immer mit langen, seidigen Fransen umsäumt und eine Sinfonie aus leuchtenden Farben, vorzugsweise in traditionellen Blumenmustern. Der Kopfschmuck aus schwarzer Spitze kann ziemlich kurz oder auch so lang sein, daß man ihn sich aus Gründen der Schicklichkeit oder auch, um einen leichten Windzug abzuhalten, um die Schultern legen kann. Die Mantilla wird allerdings nur ihrer optischen Wirkung wegen getragen und nicht aus praktischen Gründen. Wenn Sie ein farbiges Kleid gewählt haben, dann setzen Sie einen schwarzen oder andersfarbigen Schleier dagegen.

Tragen Sie ein schwarzes Samt- oder Satinband als Dekor als Choker um den Hals – entweder ganz schlicht oder mit einer funkelnden Brosche, und tragen Sie einen seidenen Pompadour, bestickt, mit Quasten verziert oder ganz einfach. Im Sommer können Sie das spanische Flair noch steigern, indem Sie auch noch einen Fächer tragen (und sogar benutzen!) – aber achten Sie darauf, daß Sie folkloristisch korrekt bleiben, und machen Sie nicht den Fehler einen asiatischen Fächer auszusuchen – nichts könnte dem romanischen Aussehen und Temperament ferner sein als der fernöstliche Lebensstil. Ein spanischer Fächer ist aus Papier oder Seide oder Elfenbein (wenn Sie eines dieser wunderschönen Exemplare, die heute Antiquitäten sind, finden und sich leisten können) und ist mit Landschaftsszenen, Blumenmustern oder sogar mit zarten Genremalereien bemalt. Das typisch romanische Merkmal ist die Einfassung mit schwarzer Spitze oder einer schwarzen, roten oder gelben Seidenrüsche, und der Griff ist mit seidenen Quasten geschmückt.

Als Schuhe wählen Sie schwarze Pumps mit hohen Absätzen aus Leder, Velour- oder Lackleder mit spitzen oder abgerundeten Spitzen, je nach der aktuellen Mode. Denken Sie daran, daß starke Kontraste der Schlüssel zu diesem Look sind. Tragen Sie also beispielsweise Netzstrumpfhosen zu Velourlederschuhen oder scharlachrote Strumpfhosen zu schwarzem Lack und Spitzen oder schwarze Strumpfhosen zu einem purpurroten Kleid.

Für die Tagesversion ist das Accessoire, das Sie mit einem Schlag zu einer **Romanin** machen kann, der schwarze, flache und breitrandige Gauchohut. Gewöhnlich hat er lange Filzbänder, um ihn zu befestigen, die man vorne herunterhängen lassen oder aber unter dem Haar verbergen kann. Zudem paßt dieser Hut (der bei allen Herren in Latein- und Südamerika sehr beliebt ist und in erster Linie zu eleganten Anlässen getragen wird) gut zu vielen klassischen, etwas bühnenhaften Looks und nicht nur zu speziell romanischer Kleidung.

Das zweite, höchst wichtige Requisit ist ein Paar Stulpenhandschuhe. Für den Ritt über die rauhen Ebenen sollten sie aus braunem oder schwarzem Schweinsleder sein, vielleicht mit ein paar Silberplättchen und Ziersteppnähten. Zu eleganterer Kleidung erstehen Sie diese Handschuhe in leuchtenden, auffälligen Farben wie Rot, Purpur oder Blau und lassen sie der einzige leuchtende Fleck in einer ansonsten dramatischen Farbkombination aus Schwarz und Weiß sein.

Um weite Hosen und sperrige Decken zusammenzuhalten, brauchen Sie einen kräftigen Gürtel, wenigstens 7–10 cm breit. Zu förmlicher Kleidung sollte er aus feinstem, glänzenden Glacé- oder schwarzem Lackleder sein; zu zwangloser Kleidung wählen Sie das robusteste Kalbsleder in Schwarz-oder Brauntönen. An den Füßen tragen Sie hohe, glänzende, schwarze oder braune Stiefel zu eleganter Kleidung oder robustere, flachere Exemplare zu zwangloser Kleidung. Einfache Cowboystiefel passen ebenfalls zu Hosen und Poncho oder Umhang. Für die elegante Version sollte die Handtasche klein und elegant sein – feines, schwarzes Glacéleder ist ideal, aber zu der robusteren Version für die berittenen Streifzüge über die weiten Ebenen bietet sich ein größerer Spielraum. Alles was weich, handgefertigt, befranst, abgesteppt und eher größer ist wird das Richtige und groß genug sein, wenn nötig Handschuhe, Hut und Satteldecke aufzunehmen. Schauen Sie auch nach Taschen, die aus handgewebten Decken und noppigen Textilien gefertigt sind.

Der Schmuck sollte sich auf die Ohren und Handgelenke beschränken. Ohrringe können große Reifen aus Gold, Silber oder ähnliche, halbedle Metalle wie Messing sein oder mit leuchtend farbigen Steinen wie Korallen oder Gagat behängt sein. Die meisten romanischen Länder sind für ihre Silberarbeiten bekannt, halten Sie also die Augen auf nach solchen echten, gehämmerten oder eingelegten Stücken.

GESICHT UND HAAR

Beginnen Sie mit dem Auftragen einer Grundierung plus Puder, die etwas dunkler als normal ist, es sei denn, Sie haben eine leichte Sonnenbräune oder eine sehr gute natürliche Farbe. Benutzen Sie einen sehr dunkelgrauen oder braunen Lidschatten für das ganze Lid bis zur Lidfalte hinauf, und verteilen Sie ihn auch unter dem unteren Wimpernrand. Tragen Sie unter den Augenbrauen einen elfenbeinfarbigen Highlighter auf und vermischen Sie ihn in die Farbe auf dem Lid. Ziehen Sie mit einem schwarzen oder dunkelbraunen Kajalkohlestift eine Linie entlang des inneren Lidrandes, und stricheln Sie auch die Brauen nach, damit sie so dicht wie möglich wirken. Tragen Sie ein bordeauxrotes Rouge unterhalb der Wangenknochen auf, und vollenden Sie Ihr Aussehen, indem Sie die Lippen mit einem roten Konturenstift nachziehen und mit einem roten Lippenstift ausmalen. Lackieren Sie die Nägel passend zum Lippenstift.

Tragen Sie Ihr Haar zu einem Knoten im Nacken geschlungen, oder machen Sie sich mit Hilfe von Stoffwicklern üppige, romanische Wellen (wie unter **Die Immigrantin** beschrieben), indem Sie die Stoffwicklerlocken ausbürsten, bis sich weiche Wellen ergeben. Beide Frisuren sehen sowohl unbedeckt als auch unter dem Gauchohut gut aus.

IDEEN

● Machen Sie sich einen mexikanischen Umhang selber, indem Sie die Enden eines lose gewebten Stoffstücks aus dicker Baumwolle oder Wolle mit einer großen Nadel auffransen, oder aber nähen Sie einfach fertige Woll- oder Baumwollfransen, die Sie am Meter kaufen können, auf den Stoffrand auf.

● Ähnlich kann man sich aus einem großen quadratischen oder rechteckigen Stoffstück leicht einen Poncho selber machen, indem man einen Schlitz für den Kopf hineinschneidet und die Kanten mit Lederstreifen oder dem klassischen Einfaßstich säubert.

● Schmücken Sie eine schon vorhandene Jacke mit Litze. Umrahmen Sie Taschen, Halsausschnitt und Bündchen mit einer Doppelreihe und legen Sie in der äußeren Reihe die Litze zu einer großen Schlinge, wie es die Illustration verdeutlicht.

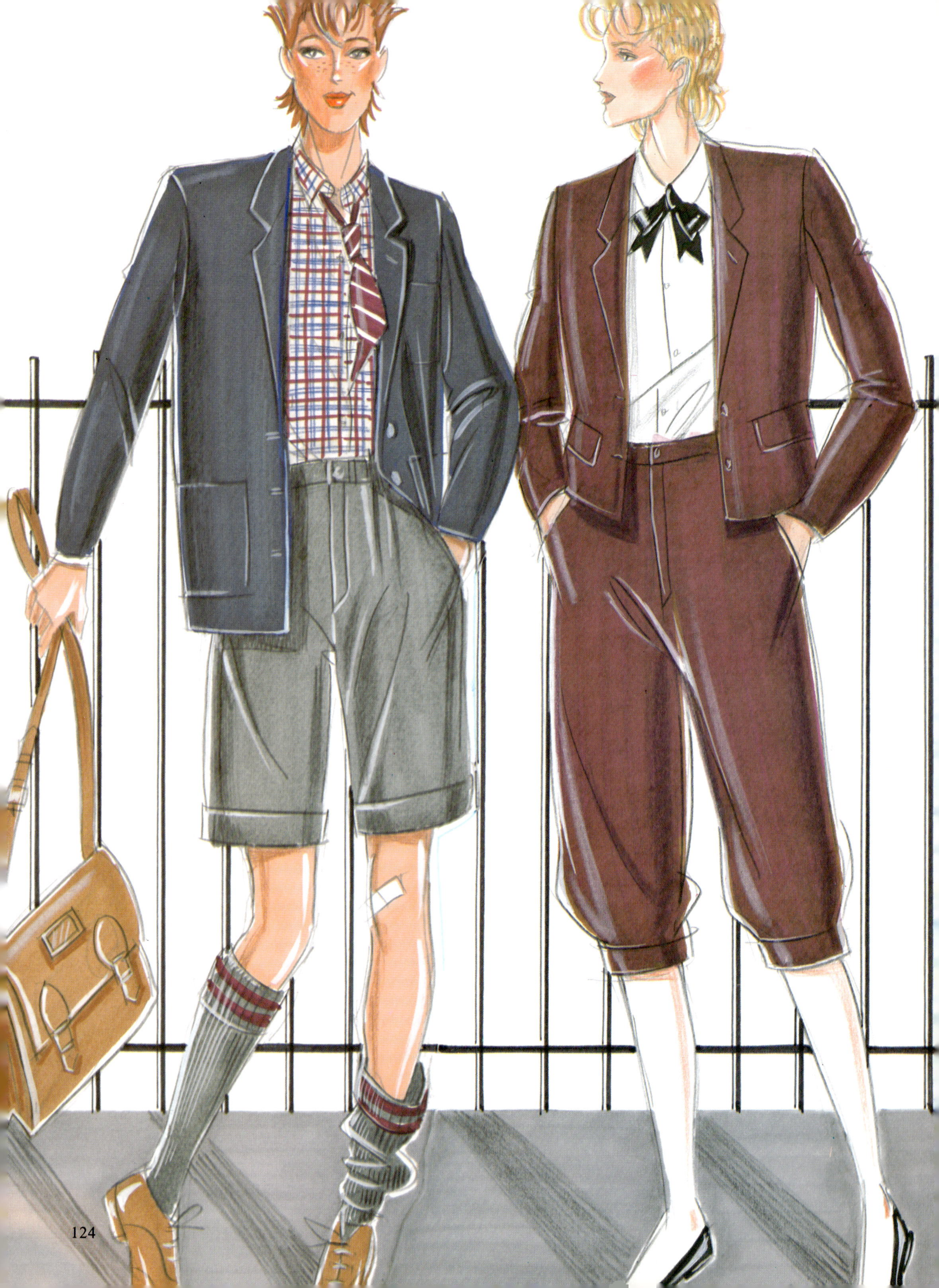

DER KLEINE JUNGE

HINTERGRUND

Schiffchen und Schnecken und Sommersprossen und Blazer und Schulranzen – daraus sind kleine Jungen gemacht. Denken Sie an die kleinen Rangen in gepflegten Privatschulen; oder an Jean Sebergs Bürstenhaarschnitt in Jean-Luc Godards *Außer Atem* (1960); oder an die Kleidung der jungen Tatum O'Neil in *Paper Moon* (1973) – und Sie bekommen die richtige Vorstellung davon. Das französische Wort *gamin* und seine weibliche Form *gamine* werden immer noch regelmäßig gebraucht, um diesen Kleidungsstil zu beschreiben. *Gamin* bedeutet Lausbub, Kind, Range, und obwohl die Ursprünge dieses Looks älter sind, setzte er sich erst richtig durch mit Jean Sebergs frischem, jungenhaften Gesicht und ihrem radikalen Haarschnitt in Godars Film Anfang der Sechziger Jahre. Dieses ganze Jahrzehnt hindurch beherrschte er dann die Mode, angefangen bei Twiggys jugendlicher Figur, bis hin zu den Philosophien des »alles-geht, raus-auf-die-Straßen, laßt-uns-Spaß-haben« des »Swinging London« und der Beatles.

Der Look ist inzwischen vollkommen international und zu einem Hauptthema der Mode geworden. Es ist allerdings ein Look, der nur wirklich gut wirkt, wenn Sie ziemlich zierlich gebaut sind, ein »offenes« Gesicht und das zugehörige Temperament haben.

DER LOOK

Es ist leicht, sich wie ein kleiner Junge anzuziehen. Es ist ein vielseitiger Look, mit dem Sie fast überall zurecht kommen werden, denn es gibt innerhalb des Looks eigentlich drei grundlegende Versionen: den Lausbub, den Schuljungen und Little Lord Fauntleroy. (Diese Art der Kleidung könnte also Ihre Gaderobe ganz beherrschen und all Ihre Modepobleme für immer lösen!) Es ist zudem ein internationaler Look und großer Favorit der Modeschöpfer – Dior, Valentino, Kenzo und Yves St. Laurent haben ihn immer wieder mit ungeheurem Erfolg benutzt. Wir können hier nicht die sozio-psychologischen Gründe für die Beliebtheit dieser Art sich zu kleiden untersuchen. Es soll hier genügen festzustellen, daß dieser Look einen tiefverwurzelten Reiz besitzt und immer phantastisch aussieht.

Beginnen wir mit der zwangloseren Version, dem Lausbub – einem herrlichen Sommerlook. Sammeln Sie Unmengen von einfarbigen oder kühn gestreiften T-Shirts und weiten Shorts in allen Farben, die zu Ihnen passen. Rollen Sie die Ärmel der T-Shirts (und wenn Sie wollen auch die Bündchen der Shorts) auf. Als Fußbekleidung tragen Sie Tennisschuhe oder irgendwelche anderen Schuhe mit Kreppsohlen und dazu Baumwollrippenstrümpfe. Als Darüber ziehen Sie für die Shorts und die Jacke strapazierfähige Stoffe wie Denim, Popeline oder Drell. Tragen Sie diese strapazierfähige Kleidung zu leicht sonnengebräuntem Teint und Sommersprossen (vgl. unter *Gesicht und Haar* wie man letztere vortäuschen kann).

Die zweite Version dieses Looks basiert auf der Schuljungenkleidung. Als Berufskleidung kombinieren Sie eine Jacke im Blazerstil mit gleichfarbigen oder farblich abgestimmten Knickerbockers oder einem Hosenrock. Die Knickerbocker können bis kurz über oder unter das Knie reichen; der Hosenrock darf von deutlich über dem Knie bis hinunter zur Wade fallen, je nach aktueller Mode, Anlaß und Wetter. Das Material sollte wieder strapazierfähig sein – vielleicht Seesucker für den Sommer, Cord oder Flanell für den Winter. (Wenn Sie den **Kleinen Jungen** zu geschäftlichen Anlässen tragen, sollten Sie *wirklich* kurze Hosenröcke und sehr grelle Farben vermeiden. Die Farbpalette setzt sich aus den traditionellen Schulfarben wie Burgunderrot, Marineblau, Grau und Dunkelgrün zusammen, mit Akzenten in Beige, Gelb, Weiß und Hellblau.)

Tragen Sie zu diesem »Anzug« Baumwollhemden mit Kragen. Wählen Sie Nadelstreifen oder Unifarben – Schulausstatter und Herrenmodegeschäfte werden sie weitaus

Unten: Die Bedürfnisse des **Kleinen Jungen** sind minimal: eine einfache Uhr, vielleicht mit einem Micky-Maus-Zifferblatt, Schnürschuhe, eine Schultasche aus Leinen oder Leder und ein gestreifter Schal.

Oben: Die Sommerausrüstung für den **Kleinen Jungen**: ein gestreiftes T-Shirt und Bermudashorts (vielleicht etwas hochgerollt, um die braungebrannten Beine zu zeigen). Als abschließende Note ein Elastikgürtel mit einer einfachen Schnalle, und Sie sind fertig!

preisgünstiger anbieten als Damenmodegeschäfte, vorausgesetzt, es macht Ihnen nichts aus, Ihr Hemd von links nach rechts zu knöpfen. Hören Sie jedoch nicht beim Hemd auf. Als gut angezogener kleiner Junge brauchen Sie auch noch irgendeine Art von Krawatte. Wählen Sie zwischen der traditionellen, kurzen, gestreiften Schuljungenkrawatte, einer fertig gebundenen Fliege mit Gummiband oder irgendeiner der unter *Ideen* vorgeschlagenen Alternativen. Wenn Sie ein ordentlicher kleiner Junge sind, werden Sie die Krawatte direkt unterhalb des Hemdkragens binden. Es sieht aber vielleicht genauso gut aus, wenn sie auf halber Höhe oder leicht schief hängt.

Die dritte, die Abend-Version dieses Looks, ist im wesentlichen der Page. Tragen Sie dieselben, bereits erwähnten Elemente aus Blazer und Unterteil, aber jetzt aus kostbaren Stoffen wie Satin, Brokat, Taft, Samt oder Velvetine. Bleiben Sie bei den oben angegebenen schlichten traditionellen Farben, und tragen Sie auf jeden Fall eine weiße oder naturweiße Bluse aus feiner Baumwolle oder Seide mit Kragen und einem Minimum an Rüschen. Wenn Sie wie ein reiches Kind aussehen wollen, dann binden Sie sich ein leuchtendes, seidiges oder kariertes Taftband um den Kragen Ihrer Bluse und vielleicht ein passendes Band ins Haar.

Das Darüber ist jetzt leicht genug vorherzusagen – Sie können alles wählen, was ein kleiner Junge als bestes Stück am Sonntag tragen würde. Im Sommer beherrscht der Blazer die Szene. Im Winter ist ein Chesterfield oder ein Tweedmantel mit Raglanärmel das ideale Kleidungsstück. Diese Mäntel können jede Länge haben, von über kniekurz bis wadenlang, je nach den Proportionen Ihrer übrigen Kleidung. Denken Sie daran, daß dieser ewige Favorit sich auch mit anderen Looks kombinieren läßt, wie etwa mit der **Geschäftsfrau**, der **Klassischen Dame**, dem **Fair-Isle-Look**, dem **Gentleman-Look**, der **Immigrantin** und dem **Schulmädchen**.

ACCESSOIRES

Als Kopfbedeckung wählen Sie Kappen. Sie sollten entweder die gleiche Farbe wie Ihr Blazer oder Mantel haben oder farblich darauf abgestimmt sein, mit oder ohne Emblem auf der Vorderseite. Der Schnitt kann der einer Schuljungenmütze sein: klein und adrett, mit einem kleinen Schirm; oder wie von einer Lausbubenmütze: ballonartig mit einem großen Schirm – ideal, um Ihr Haar darunter zu verstecken.

Strümpfe und Schuhe sollten in höchstem Maße funktionell und bequem sein. Tennisschuhe, Golfschuhe und Schnürschuhe mit Söckchen oder Kniestrümpfen sind ideal. Die Strümpfe können gemustert oder einfarbig sein; weiße Baumwollrippenstrümpfe für den Sommer, Argyle- oder Zopfmusterstrümpfe für den Winter. (Kniestrümpfe sind am vielseitigsten, da man sie hochgezogen oder auch heruntergerollt tragen kann.) Für den Abend tragen Sie flache Pumps (am besten aus Lackleder oder mit einer Schleife) und weiße Strümpfe.

Als einen zusätzlichen Farbtupfer können Sie sich einen langen Schal um den Ausschnitt Ihres Blazers oder Mantels wickeln. Gestreifte Schals sind beispielsweise ideal und können passend zu den Strümpfen ausgesucht werden. Wenn es wirklich kalt ist, halten Sie Ihre Hände in gestrickten Fingerhandschuhen oder Fäustlingen warm – so düster oder farbenfreudig wie Sie wollen. Suchen Sie danach in den Kinderabteilungen oder bei Schulausstattern, wenn Ihre Hände nicht zu groß sind.

Als Handtasche tragen Sie einen Ranzen aus Leder oder aus ledereingefaßtem Leinen. Kaufen Sie sich einen, der für wirkliche Schulkinder gedacht ist: Sie werden feststellen, wie zweckmäßig diese Ranzen mit ihren Außentaschen und ihrem geräumigen Innenleben sind.

Schmuck als solcher bleibt auf ein Minimum begrenzt. Vielleicht tragen Sie bei Tag eine Micky-Maus- oder Superman-Uhr oder Manschettenknöpfe am Abend, aber dies *ist* wirklich ein schmuckloser Look.

GESICHT UND HAAR

Um eine gleichmäßige Tönung des Teint zu erzielen, benutzen Sie eine getönte Feuchtigkeitscreme, aber keinen Gesichtspuder. Tragen Sie auf die Wangen ein rosiges Rouge viel weiter vorne als üblich auf, um sich ein »pausbäckiges« Aussehen zu verleihen. Wenn Sie mutig genug dazu sind, malen Sie sich mit einem sehr hellbraunen Augenbrauenstift, den Sie fein angespitzt haben, Sommersprossen auf. Verteilen Sie sie über die oberen Wangenpartien und den Nasenrücken.

IDEEN

● Geben Sie Ihrem Ranzen, Ihrem Blazer und/oder Ihrer Mütze mit Hilfe von Anstecknadeln eine persönliche Note – nehmen Sie dazu die traditionellen Wappen oder verrücktere, modernere Buttons in Regenbogenfarben oder mit Cartoonmotiven.

● Hellen Sie Schnürschuhe auf, indem Sie andere Schnürsenkel einziehen. Suchen Sie nach Schnürbändern mit Streifen, Polkatupfen und leuchtend bunten Farben, die Ihren Füßen etwas Farbe verleihen.

● Den passenden Halsschmuck können Sie sich aus einem 60–90 cm langen Samt-, Grosgrain- oder Satinband selber machen. Sie wollten sowieso Bänder von verschiedenen Längen und aus unterschiedlichen Materialien sammeln – sie lassen sich für die Accessoires vieler Looks verwenden. Als **Kleiner Junge** tragen Sie zu Ihrem weißen Abendhemd ein burgunderfarbenes oder marineblaues, schwarzes oder braunes Samtband; für den Tag kann aus einem Stück dicken Grosgrain eine Krawatte werden. Als Fliegen binden Sie einfach oder doppelte Schleifen, wobei Sie den Knoten entweder direkt am Hals oder etwas lose hängend tragen. (vgl. unter **Der Gentleman-Look** wegen der Anleitung, wie man eine Krawatte bindet.)

● Binden Sie die Fäustlinge mit einem Stück Band, Schnur oder dickem Garn zusammen, so daß sie aus den Ärmeln Ihres Mantels herausbaumeln.

Unten: Ein paar Feinheiten, die das jungenhafte Bild vervollständigen: geschnürte Halbschuhe mit leuchtend farbigen Schnürsenkeln – Streifen wären beispielsweise hübsch: schmücken Sie Ihre Schultasche mit Ansteckknöpfen Ihrer Wahl; beugen Sie dem Verlust von Handschuhen und Fäustlingen vor, indem Sie sie mit einem Stück Garn oder Kordel miteinander verbinden.

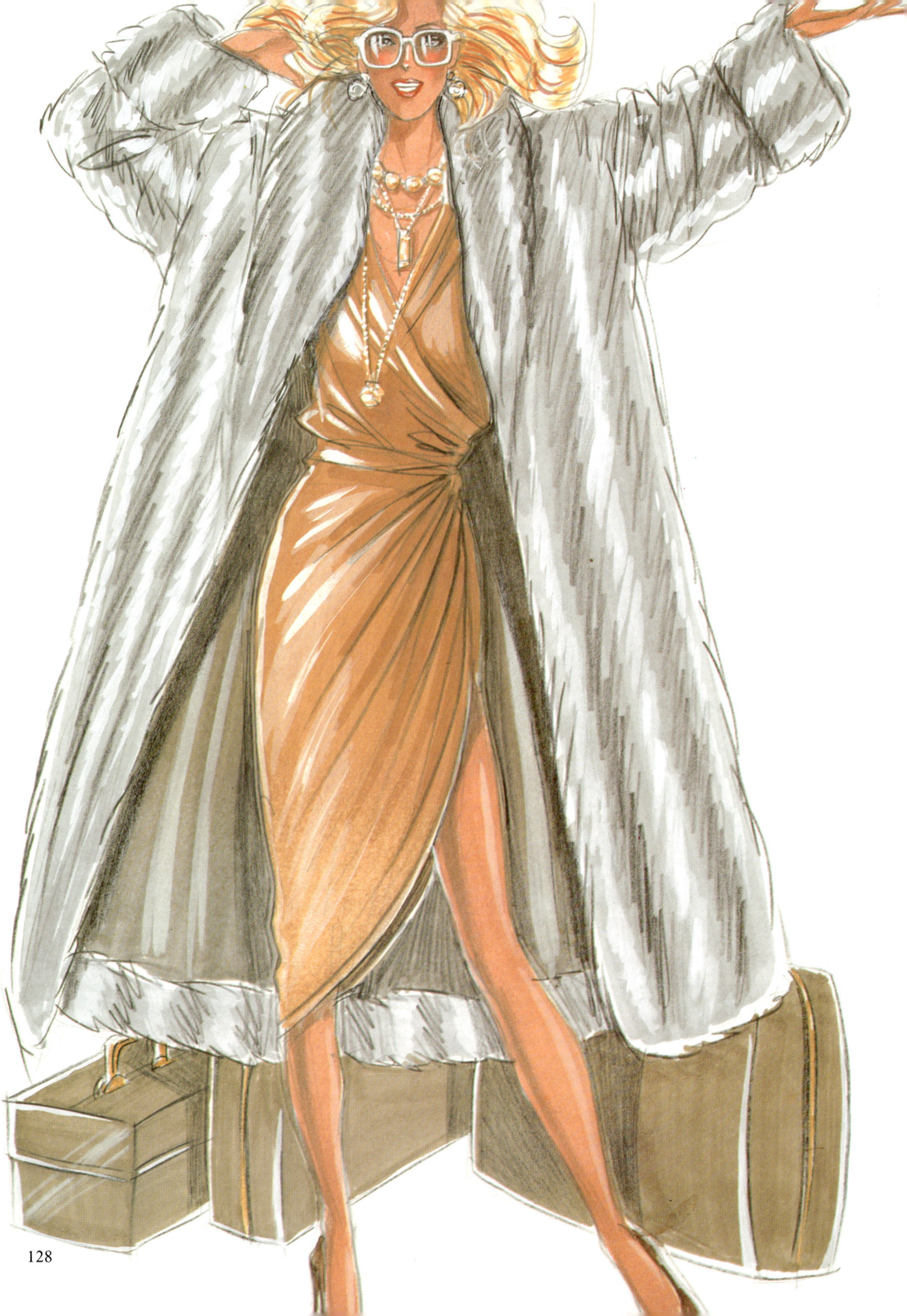

DER FILMSTAR

HINTERGRUND

»Wie das Mädchen sagte: 'Ein Kuß auf das Handgelenk ist ein schönes Gefühl, aber ein Diamantarmband ist unvergänglich.'« (Adlai Stevenson (1900–1965) in einer Ansprache vor dem Chicago Council of Foreign Relations, 22. März 1946.)

Und so ist es auch mit dem **Filmstar**. Stars werden von allem, was glitzert, magisch angezogen, seien es nun helle Scheinwerfer, kostbare Juwelen oder der sternenübersäte Himmel über dem Zentrum ihres Universums, Hollywood. Aber während das junge Starlet vielleicht in dem Vorgeschmack auf den Lohn seines Geschäfts schwelgt und seine funkelnden Klunker bei jeder Gelegenheit zur Schau trägt, hat das Auftreten des wahren Stars im großen und ganzen mehr Klasse.

Starappeal oder Charisma ist diese undefinierbare Ausstrahlung, die bewirkt, daß man sich umdreht, und die immer, gleichgültig zu welcher Gelegenheit, als etwas Besonderes erstrahlt. **Der Filmstar**, verkörpert in so unsterblichen Größen wie Rita Hayworth, Greta Garbo, Marlene Dietrich und Sophia Loren, hat vielleicht auch die Art von Schönheit, die einem den Atem raubt. Aber, was das Charisma und das Aussehen eines Stars unterstreicht, ist ein hohes Maß an Selbstbewußtsein, das ihn jeden anderen im Raum überstrahlen läßt. Während das Starlet also vielleicht funkelt, erstrahlt der **Filmstar**.

Natürlich sind die meisten von uns keine Stars – obwohl viele von uns sich heimlich das Aussehen und das Selbstbewußtsein wünschen, das die Stars zu etwas Besonderem macht. Aber, während Körperbau und lange Beine ein Geschenk des Himmels sind, ist der **Filmstar**-Look, was Kleidung und Stil anbelangt, erstaunlich leicht nachzuempfinden.

Unten: Nur die luxuriösesten Accessoires für diesen höchst teuren Look. Vergoldetes Leder ist die ideale Verfeinerung für Schuhe und Handtaschen, die Handschuhe sind lang und gerüscht und vorzugsweise aus Glacé- oder Velourleder, der Schmuck ist echt oder sieht zumindest so aus. Schals, große Hüte und Sonnenbrille sind allesamt für Ihre Reisen inkognito wichtig.

DER LOOK

Genauso wie ein großer **Filmstar** zu einer unsterblichen, klassischen Figur wird, setzt sich die Aufmachung, die für ihn bezeichnend ist, nicht aus der Art von Kleidung zusammen, die von einer Saison zur anderen aus der Mode kommt. Die idealen Kleider sind in schlichten Farbschattierungen gehalten und aus teuren Stoffen gefertigt. Sollte Ihnen dieser Stil gefallen, dann verzweifeln Sie nicht, wenn Ihnen vielleicht die Diamanten fehlen, um ihn sich leisten zu können. Kaufen Sie sparsam und sorgfältig auswählend – vielleicht nur ein oder zwei der im folgenden erwähnten Artikel pro Jahr, und geben Sie sich nicht mit den anderen Dingen ab, für die man oftmals Geld verschwendet.

Für die Kleidung des **Filmstars** sollten die Farben allem voran geschmackvoll ausgesucht sein. (Andernfalls könnte sich, eh man sich versieht, **Der Vamp** einschleichen.) Tragen Sie Weiß, Elfenbein, Beige, Gelbbraun, Grau, Gold oder Schwarz, wenn diese Farben Ihnen schmeicheln. **Der Filmstar** führt ein internationales Leben, deshalb sind die Kleider, die er trägt, elegante und teure Klassiker, die in Rom wie in New York, in diesem wie im nächsten Jahr, immer richtig sind. Der Look beginnt mit dem unerläßlichen, wadenlangen Pelzmantel. Idealerweise ist es ein langhaariger Pelz in einer der oben erwähnten Schattierungen. Wenn Sie dagegen sind, tote Tiere auf Ihrem Rücken zu tragen, dann sollten Sie eine der herrlich überzeugenden Imitationen, die jetzt auf dem Markt sind, in Betracht ziehen. Die Pelzimitation hat seit jenen glänzenden, etwas unschönen Modellen, die man in den Sechziger und Siebziger Jahren trug, eine beachtliche Wendung durchgemacht. Ein Mantel aus Pelzimitat hat auch andere Vorteile – beispielsweise ist er leichter zu reinigen, leichter an Gewicht und leichter umzuarbeiten, wenn sich Form und Saumlänge verändern. Eine gute Pelzimitation wird Sie ein paar Hundert im Gegensatz zu ein paar Tausend für einen echten Pelz kosten, und sie wird fast genauso schön aussehen und sich fast genauso schön anfühlen. Wenn Sie sich für einen

Links: Ein Tageslook für den **Filmstar**: Hut und Jacke aus Pelz (oder Pelzimitat), Leder- oder Velourlederhosen und ein Kaschmirpullover. Im Sommer trägt sie Seiden- oder Leinenhosen zu einer Seidenbluse – herrlich einfach, nicht wahr?

Pelzmantel entschließen, dann wählen Sie ein schlichtes Design – wenigstens für Ihren ersten Pelz!

Unter Ihrem Pelz setzt sich der Luxus fort. Tragen Sie schräggeschnittene, drapierte Kleider aus feinsten Stoffen, vorzugsweise aus echtem Velourleder, aus Seide, feiner Wolle oder Jersey (oder wenigstens überzeugende Nachahmungen). Zu eher zwanglosen Anlässen (wie etwa dem Lunch mit Ihrem Agenten) tragen Sie einen kürzeren Pelzmantel, einen einfarbigen Lammwoll- oder Kaschmirpullover, Velourleder- oder Seidenhosen plus ein paar von Ihren Juwelen (vgl. Tips unter *Accessoires*).

An wärmeren Tagen sollten Sie Ihren Pelzmantel ablegen und sich der **Seereisenden** oder der **Lady** anschließen, die sich in den hellsten Schattierungen kleiden.

Denken Sie bitte daran, daß das Wesen dieses Looks in Qualitätskleidung liegt – Sie dürfen Look nicht mit dem Spaß verwechseln, den man dabei haben kann, wenn man sich in der Filmstarversion für niedrigere Ansprüche, nämlich als **Vamp**, kleidet. Nichts am Filmstar ist billig oder vulgär. Er bewegt sich mit gelassener Selbstsicherheit, sicher in dem Wissen, daß er immer im Zentrum der Aufmerksamkeit steht – oder, falls noch nicht, bald stehen wird.

ACCESSOIRES

Ohne Frage ist das wichtigste Accessoire für den **Filmstar** seine Sonnenbrille. Der ihn anbetenden Fans müde geworden, die ihn grüßen, wo er auch geht und steht, kennt der Filmstar nur das eine Verlangen, inkognito zu reisen. Deshalb braucht der Star gleich mehrere Paare von Sonnenbrillen. Wählen Sie Formen und Farben, die Ihnen schmeicheln, wobei Sie bedenken sollten, je blasser Ihr Teint, um so blasser sollten auch die Rahmen und Gläser Ihrer Sonnenbrille sein. Zu besonderen Anlässen möchten Sie vielleicht auch einmal kühl durch ein »geflügeltes« oder straßbesetztes Modell aus den Fünfziger Jahren blicken. (vgl. *Ideen*)

Stars tragen ihren Kopf hoch, daher ist ein schmeichelnder Kopfputz *de rigueur*. Wickeln Sie sich einen langen Seiden-, Chiffon- oder Kaschmirschal um den Kopf, und setzen Sie, wenn Sie wollen, noch einen breitrandigen Hut (und selbstverständlich die obligatorische Sonnenbrille) obendrauf – eine Möglichkeit, wundervoll auszusehen, während man vorgibt, sich vor der Menge zu verstecken.

Makellos manikürte Hände kann man durch Handschuhe schützen – vorzugsweise lange und gerüschte Handschuhe, die bei Tag zum Pelzmantel oder aber zu Hut und Schal passen. An kalten Tagen sollten Sie Ihren Kopf ebenfalls mit Pelz bedecken. Eine russische Mütze mit Samt- oder Lederkrone und einem breiten Pelzbesatz paßt hervorragend zu Ihrem Mantel.

Wenn Sie wirklich schick sein wollen, müssen Sie in bezug auf Schmuck tiefstapeln (wiederum, um sich vom **Vamp** zu unterscheiden), was auch gut ist, denn Sie werden nur die teuersten Schmuckstücke (oder ihre besten Imitationen) tragen. Wählen Sie Diamanten, Smaragde, Rubine und/oder Saphire. Tragen Sie Ringe und Ohrringe oder eine Halskette und Armband, aber niemals alles vier. Vielleicht möchten Sie als ein Zeichen von ganz persönlichem Stil eine bestimmte Sache sammeln, beispielsweise »Diamant«armbänder, und sie zu Ihrem typischen Markenzeichen machen. Tragen Sie dann ein halbes Dutzend übereinander am Arm, vielleicht über Ihre Lederhandschuhe. (Manche der weniger feinsinnigen Starlet werden möglicherweise auch ihre Ringe über den Handschuhen tragen.)

Selbstverständlich müssen Gürtel, Handtaschen und Fußbekleidung von allerbester Qualität sein. Wählen Sie neutrale Farben, die zu Ihrem Pelz (Ihren Pelzen) passen oder farblich darauf abgestimmt sind, wobei Sie sich nach der Farbe Ihres Hutes oder Ihrer Handtasche richten. Die Schuhe sollen hohe Absätze haben und werden gleichermaßen zu Hosen und Kleidern getragen, und, wenn Sie ein Starlet sind, auch zum Badeanzug. Wenn Sie es sich leisten können, dann wählen Sie Schuhe und Stiefel mit schmückenden Details wie Applikationen in gleichfarbigen oder abgestimmten Schattierungen oder Verzierungen aus vergoldetem Leder (Federn, Muscheln oder Streifen usw.). Im Sommer wählen Sie Schuhe, die vorne offen sind, um Ihre leuchtend rot lackierten Zehnägel zur Schau zu tragen. Zu solch exklusiver Fußbekleidung tragen Sie nur die feinsten Strümpfe in den hellsten Tönen – Grau oder Beige.

GESICHT UND HAAR

Lassen Sie sich eine wallende Mähne wachsen, oder setzen Sie sich eine künstliche auf den Kopf. Ihr Haar sollte lang und üppig sein, oder zumindest doch schulterlang und makellos frisiert. Bändigen Sie es (wie oben vorgeschlagen) im Garbo-Stil mit Hilfe von wehenden Schals, wie es in den Illustrationen verdeutlicht ist. Oder verwenden Sie den allerschönsten Haarschmuck, wie straßbesetzte Spangen und Kämmchen (vgl. unter *Ideen*, wie Sie sich solche selber machen können).

Das passende Make-up übernehmen Sie von der **Lady**, aber sorgen Sie für etwas zusätzlichen Glanz durch einen leuchtenderen oder dunkleren Lippenstift und falsche Wimpern (idealerweise – sofern Sie die Geduld dazu haben – einzeln anzukleben). Zur Vollendung des Looks müssen Ihre Finger- und Zehnägel immer perfekt lackiert sein. Für eine professionelle Maniküre benötigen Sie folgende Hilfsmittel: saugfähige Watte, eine Nagelbürste, eine Schüssel mit warmen Seifenwasser, Wattestäbchen, Nagelfeilen, eine Nagelhautschere, eine weiches Handtuch, Handlotion, ein Orangenholzstäbchen und Nagelhautcreme.

1. Entfernen Sie allen alten Nagellack gründlich mit einem Nagellackentferner auf Ölbasis.
2. Mit Hilfe einer Nagelfeile feilen Sie jeden Nagel in ein langes Oval, wobei Sie mit gleichmäßigen Strichen und von beiden Seiten feilen.
3. Wenn ein Nagel zu lang oder beschädigt ist, schneiden Sie ihn mit der Nagelschere gerade ab, und runden Sie dann die Seiten mit der Feile ab.
4. Massieren Sie jeden Nagel mit einer fetthaltigen Handcreme.
5. Baden Sie die Fingernägel fünf Minuten in warmen Seifenwasser, bürsten Sie sie dabei, wenn nötig, mit der Nagelbürste und verwenden Sie Zitronenwasser um Flecken zu bleichen.
6. Tragen Sie mit einem Wattestäbchen auf jeden Finger Nagelhautcreme auf. Dann schieben Sie mit einem in Watte gewickelten Orangenholzstäbchen vorsichtig die Nagelhaut an jedem Nagel zurück.
7. Spülen Sie die Finger mit klarem Wasser ab und tragen Sie die Handlotion auf.
8. Wenn die Fingernagelspitzen Weiß nötig haben, fahren Sie unter dem Nagelrand mit einem weißen Nagelstift entlang.
9. Tragen Sie farblosen Unterlack auf, um zu verhindern, daß die Farbe die Nägel verfärbt, und um einen glatten Untergrund für den Nagellack zu schaffen.
10. Tragen Sie den Nagellack zweimal auf, und lassen Sie jede Lackschicht wenigstens fünf Minuten trocknen. Wenn Sie breite Nägel schmaler erscheinen lassen wollen, dann tragen Sie einen hellen Nagellack auf die Mitte des Nagels auf und lassen auf beiden Seiten einen schmalen Streifen unlackiert. Bei der Farbwahl sollte man beachten, daß dunkle Töne die Hände zarter erscheinen lassen, während hellere, sonnigere Schattierungen sehr vorteilhaft zu Sonnenbräune passen.
11. Verschmierte Lackspritzer entfernen Sie mit einem in Nagellack getauchten Wattestäbchen.

IDEEN

● Verwenden Sie Straß»juwelen« (die man einzeln kaufen kann), um preiswerte Accessoires, wie Haarkämmchen aus Plastik, Sonnenbrillengestelle, Strümpfe entlang der rückwärtigen Beinnaht oder Schals zu schmücken. Tupfen Sie mit einem Wattestäbchen etwas Klebstoff auf und setzen Sie die Straßsteinchen dann einzeln auf.

● Lange, flatternde Seiden- oder Chiffonschals kann man ziemlich preiswert und oftmals in ausgezeichneter Qualität in Antikkleiderläden finden. Ebenso anderen Schmuck von der Filmleinwand der Vierziger und Fünfziger Jahre – wie beispielsweise Federn, Seidenhandschuhe, Federboas, Pelzstolen und Juwelenimitationen – können Sie in Secondhandläden finden, Sie können Ihre Garderobe wundervoll verschönern, während sie ihnen gleichzeitig helfen, Geld für die kostspielige Grundausstattung dieses Looks zu sparen.

Oben: Lesen Sie oben unter Ideen nach, wie Sie gewöhnlichen Accessoires Glanz verleihen können.

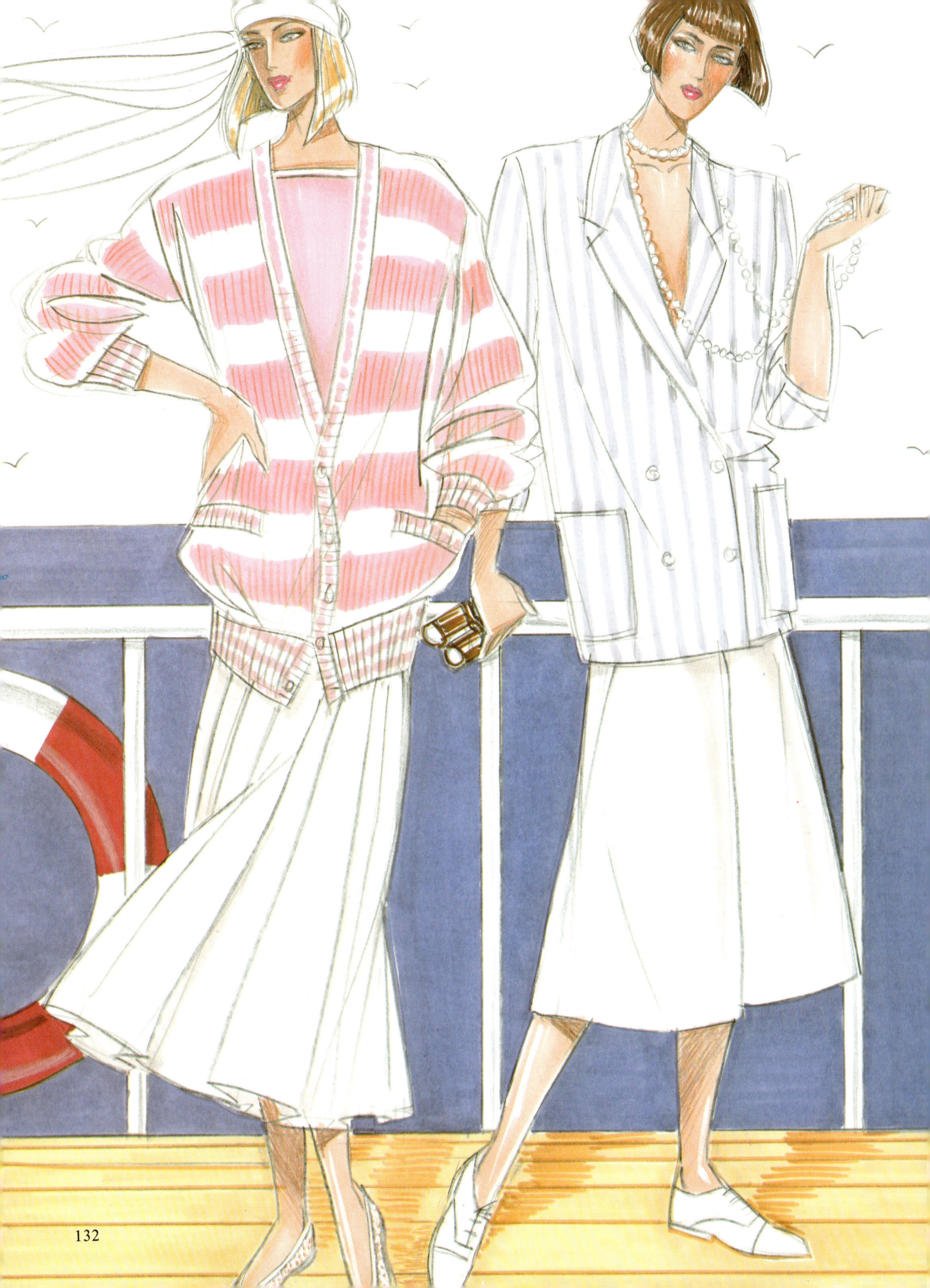

DIE SEEREISENDE

HINTERGRUND

Frühstück in Ihrer Kabine, ein Spaziergang über stürmische Decks, ein Sonnenbad am geschützten Swimmingpool, Beilkespiel in frischer Seeluft, Lunch in orientalischen Teeräumen, Dinner in Speisesälen mit funkelnden Kristallüstern, die Nacht durchtanzen in vollbesetzten Ballsälen. Das war das Leben der **Seereisenden**. Vor nur fünfzig Jahren wurden Weltreisen noch in erster Linie von Ozeandampfern durchgeführt. Diese schwimmenden Paläste umwarben einen wohlhabenden Kundenkreis, der selbstverständlich annahm, daß die hohen Serviceerwartungen, die man vom Land her mitbrachte, auch auf hoher See erfüllt würden. Diese Kunden wurden nicht enttäuscht.

Die Inventarliste eines dieser Schiffe von der Holland-Amerika-Linie prahlte mit 20.000 Silberplatten und -karaffen, 400.000 Stück Wäsche und drei Küchen; das waren die glücklichen Tage, bevor die Weltwirtschaftskrise solchem Luxusleben ein jähes Ende bereitete.

DER LOOK

Es ist leicht, sich wie eine dieser privilegierten Reisenden zu kleiden. Die Elemente sind klassisch, leicht zu erstehen, und das Resultat ist ein Look mit Klasse. **Die Seereisende** ist im wesentlichen ein Look der Zwanziger Jahre (vgl. **Der Charleston-Look** als eine elegantere Version jener Tage) und hat als solcher eine klare, geometrische Linienführung, die den Einfluß der Art-Deco-Bewegung verrät. Beginnen Sie mit einer langen Strickjacke mit V-Ausschnitt. Sie sollte hüftlang und vorne mit einer Reihe von Perlmuttknöpfen zu knöpfen sein. Sie kann aus jedem feinen Strickmaterial wie Baumwolle, Lammwolle oder Kaschmir oder auch Synthetikgarnen von guter Qualität gefertigt sein, und sollte idealerweise in Weiß, Creme oder einem Pastellton gehalten sein. Marine- oder Königsblau sind ebenfalls angemessen »nautische« Farben, das resultierende Ensemble wirkt jedoch weniger zart.

Tragen Sie diese Jacke über Ihrem einteiligen Badeanzug, wenn Sie vom Swimmingpool zum Beilkespiel schlendern, aber kombinieren Sie sie in erster Linie mit einem gleichfarbigen, wadenlangen Faltenrock. Die Falten können sehr schmal sein, wenn Sie es auch sind, oder Sie wählen Kellerfalten, wenn Sie etwas kräftiger gebaut sind. Auf alle Fälle muß dieser Rock aber von einer guten Qualität sein, so daß die Falten großzügig fallen und im Wind flattern können – nichts sieht schlimmer aus, als zerknitterte und knapp bemessene Falten. Wenn Sie sich die Ausgabe leisten können, dann entscheiden Sie sich für Stoffe erster Qualität wie Leinen, Seide, schwere oder feine Wollstoffe, Barathea, Gabardine oder Mischgewebe dieser Art – sie werden ewig, oder doch zumindest Ihr Leben lang, halten. Die **Seereisende** ist ein Modeklassiker und sieht an Jung wie Alt gleichermaßen attraktiv aus.

Wenn Sie eine seemännischere Version wünschen, dann kombinieren Sie eine marineblaue Strickjacke mit einem kontrastfarbenen Rock – Rot oder Creme. Und natürlich können Sie die Farben auch umkehren: eine rote Strickjacke zu einem cremefarbenen, blauen oder schwarzen Rock. Blusen und Hemden sind weiß (oder, zu der zarteren Version, in Pastellfarben) und haben einen kleinen Kragen, Perlmuttknöpfe und sind manchmal auf der Vorderseite in feine Fältchen gelegt.

Unten: Die **Seereisende** sammelt etwas weniger seemännische Accessoires als ihre Schwester für den **Marine-Look**. Ihre Schuhe haben zwar auch Krepp- und Gummisohlen aber einen leichten Absatz, die Handtaschen können geräumig und gestreift sein aber in Pastelltönen, und sie borgt sich ein paar elegante Feinheiten von dem **Charleston-Look** – Perlen und lange, fließende Schals geben diesem eleganten Bordlook die abschließende Note.

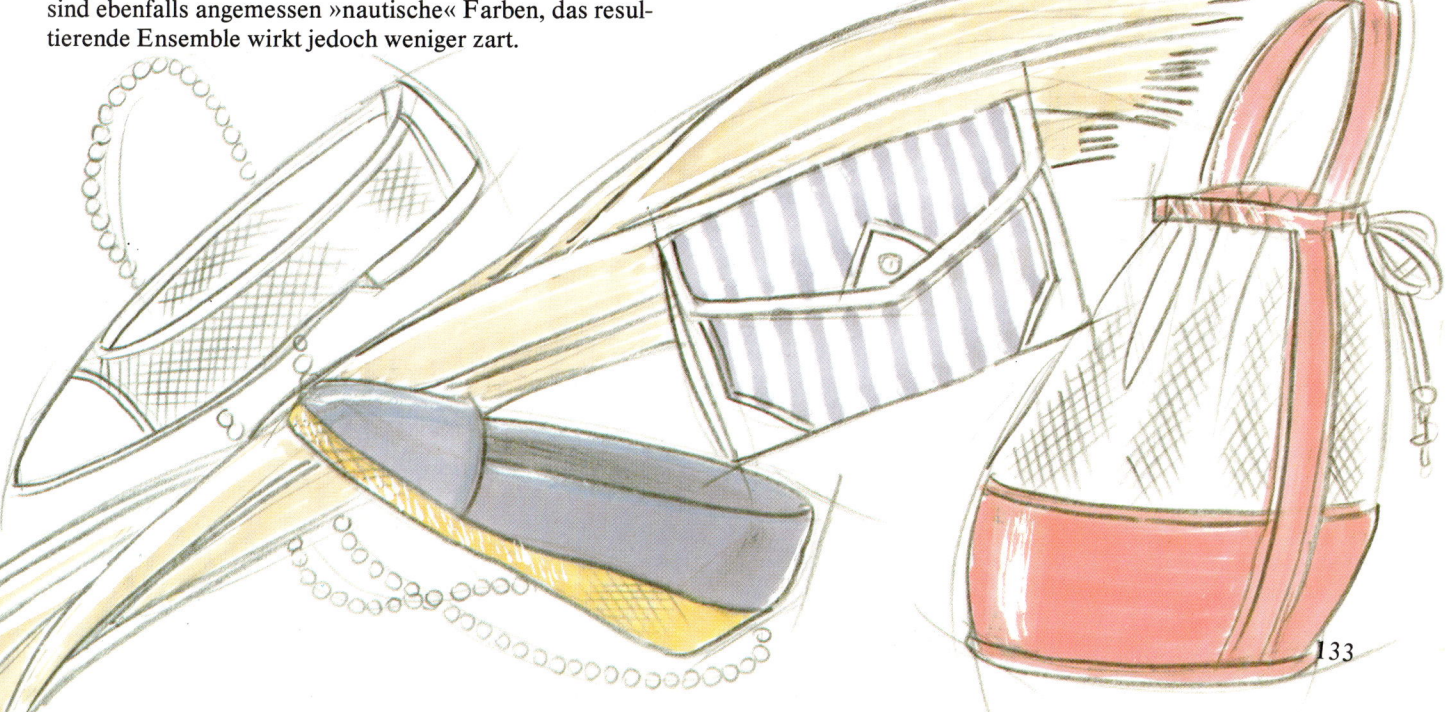

Lassen Sie sich zum Ausspannen mit einem guten Buch in derselben Strickjacke, jetzt aber mit einer gerade geschnittenen, gleichfarbigen Hose kombiniert, auf eine Rattanchaiselongue nieder. Wieder steht Qualität an erster Stelle und die Farben sollten einer der beiden beschriebenen Kombinationsmöglichkeiten folgen. Ein wadenlanger Hosenrock, wiederum in Weiß, Creme oder einem Pastellton, paßt ebenfalls zu der Strickjacke. Was die Länge anbelangt, so kann der Saum, je nach Länge der Strickjacke und den Proportionen der jeweiligen **Seereisenden**, auch von kurz unterhalb des Knies bis knapp über die Knöchel reichen.

Für die Bordnächte schlagen Sie entweder unter **Der Charleston-Look** nach, oder Sie tragen ein höchstes Maß an Unterstatement zur Schau – in seidig glänzenden Abendpyjamas mit Kontrastpaspelierung und perlschimmernden Knöpfen.

ACCESSOIRES

Beleben Sie die betonte Sachlichkeit des Ensembles der **Seereisenden** durch eine phantasievolle Anwendung von Accessoires. Beginnen Sie damit, Ihren Kopf auf eine der im Folgenden beschriebenen Weisen mit Tüchern oder Schals zu umwickeln: wickeln Sie sich ein großes, quadratisches, diagonal gefaltetes Tuch um den Kopf, so daß es wie bei dem **Filmstar** den Kopf ganz bedeckt; tragen Sie ein Tuch derselben Art im Nacken geknotet unter einem Hut mit einer schmalen Krempe, oder sogar über einem Hut, um ihn bei einem Seesturm festzuhalten. Sie können aber auch lange Seidenschals oder schräg gefaltete Tücher als Stirnbänder tragen im Stil der jungen, fröhlichen Dinger der Zwanziger Jahre. Als Hut wählen Sie einen Clouche – ein glockenförmiger Hut mit schmaler Krempe, die manch-

Oben: Ein paar Ideen für Hüte und Schals, die Ihnen helfen, auch beim schlimmsten Sturm schick auszusehen: von links, ein sehr langer Schal mehrfach um den Hals gewickelt; ein Mützenschirm auf das unbedeckte Haar gesetzt; ein langer Schal oder ein großes Vierecktuch um den Kopf gewickelt, wobei die Enden um den Hals gebunden und seitlich verknotet sind; derselbe Schal unter einem Hut getragen, so daß die Enden frei herabwehen.

mal über einem Auge heruntergezogen ist – natur- oder hellgefärbtes Stroh ist ideal für den Sommer, Filz für den Winter. Wenn Sie Hut und/oder Schal aufgesetzt haben, fügen Sie noch eine Sonnenbrille mit hellgetönten Gläsern und hellem Gestell hinzu. Zu der Hosenversion sieht eine Kappe mit Schirm großartig aus.

Eine weitere stilgemäße Verwendung des langen Schals ist es, wenn Sie ihn anstelle von oder zusätzlich zu Perlen um den Hals tragen (vgl. auch unter *Schmuck*). Der klassische Schal ist aus schwerer, naturweißer Seide, aber wählen Sie ihn jeweils passend zu Ihrer Kleidung. Tragen Sie ihn um den Nacken drapiert, so daß beide Enden vorne lose herabhängen, oder geben Sie sich ein Flair von Unbeschwertheit, indem Sie ein Ende lässig über eine Schulter werfen.

Die Accessoires, die Sie zu diesem eleganten und feinen Look tragen, laufen darauf hinaus, sich mit den Accessoires der **Lady** oder des **Charleston-Looks** zu überschneiden, so daß also die Investition in einen langen Seidenschal, eine

Perlenkette oder einen Clouche, die an sich schon Modeklassiker sind, viele weitere Verwendungen finden kann.

Als Fußbekleidung tragen Sie zu Rock und Pullover Schuhe in Weiß, gelblichem Grau und Pastellfarben. Schuhe mit abgerundeter Spitze und geknöpften Riemchen über dem Rist im Stil der Zwanziger Jahre sind ideal, wie auch zweifarbige Schuhe mit perforierter Spitze und Ferse. Zu diesen hellen Schuhen gehören braungebrannte Beine oder, in Ermangelung solcher, die feinsten naturweißen Strümpfe. Sie sollten seidig schimmern, um Ihren Beinen Eleganz zu verleihen. Sandaletten mit hohen Absätzen tun es zur Not auch, sind aber für den echten Reisestil etwas zu elegant. Zu der zwangloseren Hosenversion tragen Sie bastbesohlte Leinenschuhe – die Kreppsohle ist genau das Richtige, um beide Füße fest auf Deck zu halten. Solche Leinenschuhe gibt es in dutzenden von Farben, sie sind relativ preiswert und passen gut zu anderen ungezwungenen Kleidern des **Marine-Looks**, der **Klassischen Dame** und der **Sportlerin**. Tennisschuhe sehen hier ebenfalls toll aus.

Als Tasche tragen Sie zu dem Rock eine Unterarmtasche, vielleicht mit einem Art-Deco-Spangenverschluß; zur Hose ein Modell mit Schulterriemen oder im Stil eines Lederbeutels.

Als Schmuck sind Perlen oder zumindest helle, rundgeschliffene andere Steine *de rigueur*. Es können sehr lange, doppelte oder einfache Ketten sein, oder auch halblang oder eng wie ein Choker. Vergessen Sie sie auf keinen Fall, denn Sie werden sich ohne sie nicht wohl fühlen. Weitere Schmuckstücke sollten ebenfalls aus Perlen sein – Armbänder, hängende Ohrringe, selbst Ringe. Mondopal und Korallen sind Variationen desselben Themas eines bewußt untertriebenen, femininen Chics. Wegen anderer, verwegener Accessoires vgl. **Der Charleston-Look**.

GESICHT UND HAAR

Eine leichte, goldene Sonnenbräune ist für diesen sehr kultivierten Look die ideale Voraussetzung; sollte es Ihnen an einer solchen mangeln, dann beginnen Sie mit einer sehr transparenten Grundierung, die Sie mit einem passenden Puder überpudern. Verteilen Sie über das ganze Lid einen elfenbeinfarbenen Lidschatten, den Sie mit etwas Dunkelblau in der Lidfalte und einem Tupfer Rosa im inneren Augenwinkel akzentuieren. Ziehen Sie mit einem marineblauen Kohlestift eine Linie genau unterhalb des Wimpernrandes und tuschen Sie die Wimpern mit einer marineblauen Mascara. Den Abschluß bildet ein pinkfarbenes Rouge für die Wangen und ein pink- oder rosenfarbener Lippenstift.

Das Haar können Sie wie beim **Charleston-Look** kurz gestutzt tragen oder zu irgend einer anderen lockeren Frisur, die vom Winde verweht hübsch aussieht und nicht zu aufwendig ist.

IDEEN

- vgl. oben unter »Accessoires« wegen Ideen, was man mit Schals und Hüten alles anfangen kann.

136

DIE ASIATIN

HINTERGRUND

Wirft man einen Blick auf den Hintergrund der **Asiatin**, dann stößt man auf eine ungewöhnliche Tatsache. Angefangen im 17. Jahrhundert ist bis zum heutigen Tag immer wieder in den letzten Jahrzehnten jedes Jahrhunderts alles Asiatische ganz groß in Mode gekommen.

Die Ausweitung des Handels mit China im späten 17. Jahrhundert brachte mit Bambus, Chrysanthemen und Drachen bedruckte oder bestickte chinesische Seiden in Mode und in den aufstrebenden Kaufmannsschichten in Europa einen wachsenden Bedarf an Gewürzen, Teppichen und halbedlen Materialien. Gegen Ende des 18. Jahrhunderts ließen sich Kunsttischler wie Thomas Chippendale durch die asiatischen Kunsttischler inspirieren, die klaren Linien und lackierten oder vergoldeten Paneelen ihrer Möbel nachzuahmen. Der daraus resultierende Stil wurde unter der Bezeichnung Chinoiserie bekannt. Im 19. Jahrhundert bedeutete der Aufstieg Japans zu einer internationalen Macht, daß die wachsenden Mittelschichten in den Genuß von Schiffsladungen voller japanischer Importgüter kamen, darunter Drucke, Fächer, Textilien, Porzellanwaren, Möbel und Kleider – eine Mode, die in den frühen Gemälden der Impressionisten (wie etwa Monet und Manet und der Maler Whistler und Mary Cassant) festgehalten worden ist.

Die letzten Jahre des 20. Jahrhunderts erweisen sich in bezug auf diese Neigung nicht als Ausnahme: Japan erfreut sich eines weiteren Exportbooms, und der Westen bemüht sich, mit seiner höchst eindrucksvollen Leistungskraft auf den Gebieten der Telekommunikation, der Microprozessortechnologie und sogar der Mode Schritt zu halten. Zusammen mit der Lockerung der Handelsbeschränkungen zum chinesischen Festland bedeutet dies, daß wir aus Bergen von Korbwaren, Bambusmöbeln, preiswerter Kleidung und bestickten Handarbeiten auswählen können, die sich jetzt in den Warenhäusern der meisten westlichen Städte türmen.

Verschiedene Modehistoriker haben die These vertreten, daß die Moden anderer Länder nachgeahmt werden, wenn eine Nation langsam zu einer Macht oder Bedrohung heranwächst. Diese These könnte natürlich ein gutes Stück dazu beitragen, die Faszination zu erklären, die asiatische Waren auf uns ausüben – wenn man bedenkt, wie sehr uns Japan wirtschaftlich und Chinas Milliardenbevölkerung politisch Sorgen macht. Wenn wir jedoch den soziologischen Aspekt dieses Looks einmal beiseite lassen, sind wir gezwungen, diese beiden Länder Asiens für unsere Zwecke miteinander zu verschmelzen, da es viele Kleidungsstücke gibt, die beiden gemeinsam sind.

DER LOOK

Wie alle folkloristischen Looks ist der Look der **Asiatin** erstaunlich vielseitig. Sie können reichverzierte Gewänder aus Seiden- oder Brokatstoffen wählen, um damit wie ein goldener Buddha die Nacht durch Ihren Glanz zu erhellen; Sie können aber auch eine der praktischsten und zwanglosesten Kleidungen der Welt tragen, wie sie die chinesischen Bauern während der Kulturrevolution entwickelten, als Mao Tse-Tung versuchte, die Reichtümer Chinas gleichmäßig zu verteilen. Ob Sie also in Ihrer eigenen Version der Madame Butterfly erstrahlen oder durch die Reisfelder schlendern wollen, Sie werden für beide Garderobenfragen eine Antwort in der **Asiatin** finden.

Beginnen Sie mit dem Kimono – einem weitärmeligen, seitlich gebundenen, knöchellangen Gewand, das durch eine

Unten: Um der **Asiatin** den letzen Pfiff zu geben, können Sie aus einer großen Fülle preisgünstiger Accessoires auswählen. Schützen Sie sich vor Regen und Sonne mit Schirmen aus Ölpapier, entweder vollkommen einfach oder mit einem hübschen Muster; gehen Sie auf Sandalen mit Raffiabastsohlen oder wählen Sie Riemchenslipper aus Baumwolle oder Seide mit bestickter Spitze; tragen Sie Ihre weltlichen Habseligkeiten in Handtaschen aus Strohgeflecht oder glänzender Seide.

Oben: Asienfans wählen als Überkleidung die Jacke mit den traditionellen Schnürverschlüssen; erstehen Sie sie aus wattierter Baumwolle für kalte Tage oder aus glänzendem Seidenstoff für den Abend. Der schön geschnittene Cheong Sam mit Mandarinkragen (rechts) aus zart bedruckter Seide oder Satin ist ideal für förmliche Anlässe.

breite Schärpe gehalten wird. Tragen Sie ihn bei Tag taillenlang zu Keil- oder Pumphosen: im Sommer mit Sandalen (Zori), im Winter die Hosenbeine in flache Stiefel gesteckt. Unter dem Kimono tragen Sie ein Baumwoll-T-Shirt oder auch überhaupt nichts. Als Farben passen zum Kimono klare leuchtende Töne wie Safrangelb, Lackrot, Mitternachtsblau, Jadegrün, Korallrot; kombinieren Sie diese Farben mit dem scharfen Kontrast von Weiß und Schwarz. Die Muster sollten traditionelle asiatische Motive wie Drachen, Schmetterlinge, Gräser, Vögel, Berglandschaften und gedrängt geometrische Formen aufweisen. Erstehen Sie Ihren Kimono in Asianshops, Secondhandläden und Geschäften, die Kampfsportkleidung verkaufen – (naturweiße Judojacken aus dickem Baumwollstoff sind für Sommer wie Winter ideal), oder machen Sie ihn sich nach einem einfachen Schnitt selbst – immerhin wird Ihnen die Arbeit durch keinerlei Reißverschlüsse, Knöpfe oder Taschen erschwert.

Eine mutigere Asienliebhaberin wird die traditionellen, knöchellangen Kimonos tragen – Sommer wie Winter. Wenn Sie sich allerdings für diese Form entschieden haben, dann achten Sie bitte darauf, mit den richtigen Accessoires die Akzente zu ersetzen (vgl. unten), damit der Look nicht zu sehr verwässert wird. Zu besonderen Anlässen, wie beispielsweise dem chinesischen Neujahrsfest, kann die Wirkung des schmuckvollen, knöchellangen Kimonos mit Hilfe von Stickereien noch eindrucksvoller gestaltet werden. Zum Beispiel können Sie in Sommernächten zum Ausgehen einen in leuchtenden Farben bestickten Seidenkimono mit nichts als Sandaletten dazu tragen; im Winter ziehen Sie noch eine Keilhose darunter, in traditionellem Schwarz oder farblich auf den Kimono abgestimmt. Als Abendroben sind Kimonos unübertroffen; sie sind rein und schlicht, bequem zu tragen, schmeicheln – je nach Design und Fülle – allen Figurentypen, es gibt sie in einer Vielzahl von Stoffen und sie wirken immer elegant und ausdrucksvoll.

Als eine leicht aufreizende Abendrobe sollten Sie das Cheong Sam wählen: ein Kleid mit gerade geschnittenem Rock und eng anliegendem Oberteil, Mandarinkragen und seitlichem Rockschlitz, das gewöhnlich in seidigen Stoffen angeboten wird (vgl. auch die Illustration). Normalerweise wird es mit einer Reihe von diagonal entlang der einen Schulter sitzenden seidenüberzogenen Schnürverschlüssen zugeknöpft.

Die Kleidung der Bauern ist sogar noch einfacher zu tragen und leichter zu erstehen, da sie unter Modeherstellern nichtasiatischen Ursprungs viele Nachahmer gefunden hat. Für diese zwanglose Version der **Asiatin** tragen Sie dieselben Keilhosen wie oben beschrieben, sei es im Sommer aus reinster Baumwolle, im Winter aus Wolle oder aus Schantungseide für den Abend. Darüber tragen Sie die unerläßliche Bluse mit Mandarinkragen (so benannt nach dem Titel, den die neun obersten Staatsbeamten der Kaiserlich-Chinesischen Administration trugen). Diese Bluse hat also typischerweise einen kleinen Stehkragen und wird vorne entweder horizontal oder diagonal wie das Cheong Sam-Kleid geknöpft; sie kann von taillenkurz bis hüftlang sein und aus allen möglichen Materialien, angefangen bei der glänzendsten Seide bis hin zu einem schweren Wollstoff.

Als Darüber wählen Sie die Wonne eines jeden Kommunenarbeiters – eine wattierte Steppjacke, ebenfalls mit dem typischen Mandarinkragen. Sie finden sie in traditionellem, dunklen Indigoblau (das sich beim Waschen wunderschön auswäscht), aber auch aus leuchtend bunt bedruckter Baumwolle, übersät mit Schmetterlingen und Blumen, aus Cord, Wolle, Filz, glänzendem Satin, wattierter Seide, Velvetine und schwerstem Brokat. Oft mit Litzen eingefaßt und gewöhnlich mit Schnür- und Knebelverschlüssen besetzt, sind diese Jacken wegen der gesteppten Wattierung besonders warm und praktisch. Zudem können sie sehr vielseitig sein. Wenn Ihnen beispielsweise diese Art von Jacken grundsätzlich gefällt, dann wählen Sie eine einfarbige Jacke aus Wollstoff aus (vielleicht mit Seidenfutter und kombinieren sie mit zwanglosen Hosen oder auch einem Abendrock. Als eine elegante Kombination könnte man sich etwa sowohl Jacke als auch Rock aus schwarzem Velvetine oder Satin vorstellen.

ACCESSOIRES

Kimonos, ob kurz oder lang, und hüftlange Mandarinblusen sollten mit einem *Obi* gegürtet werden – einem breiten Schärpengürtel, der auf dem Rücken zu einer großen, flachen Schleife gebunden wird. Es gibt sehr präzise, traditionelle japanische Techniken, wie man den *Obi* zu binden hat, aber wenn Sie sich ein Stück Stoff oder ein diagonal gefaltetes Tuch mehrmals um die Taille schlingen und dann die Enden dahinterstecken, ist das durchaus vertretbar. Vollenden Sie den Effekt, indem Sie noch etwas darüber binden – ein Band aus gedrehtem Stoff würde beispielsweise über dem *Obi* gut aussehen. Zum einen könnten Sie vielleicht mit Metallfäden durchwirkte Brokatstoffe wählen, oder, für den Tag, meterweise handbedruckte Baumwolle.

Sandalen bilden die ideale Fußbekleidung zu diesem Look. Wählen Sie zu den formellen Kimonos Modelle mit hohen Absätzen oder mit einem Lackriemchen und hohen Holzsohlen. Für den alltäglichen Gebrauch nehmen Sie die *Zori*–Schlappschuhe mit Raffiabastsohlen und Samtriemchen oder die flachen chinesischen Ballerinas mit Riemchen über dem Rist. (Bei den anfänglichen Importen kamen sie nur in Schwarz bei uns an, aber inzwischen findet man sie in unzähligen Farben und auch aus Satin oder Samt mit leuchtend bunt bestickten Spitzen.) Im Haus können Sie auch die warmen Zehstrümpfe aus weißer Baumwolle in Ihren *Zoris* tragen – sie passen ebenfalls großartig zu einem Baumwollkimono als Morgenmantel.

Wegen der vielen aufgedruckten Muster und Stickereien, die wesentlich zu dem Look der **Asiatin** dazugehören, bleibt weiterer Schmuck auf ein Minimum begrenzt. Wenn Sie sich ohne Schmuck nackt fühlen, dann wählen Sie Halbedelsteine wie Jade, Koralle, Opal und Perlen für Ohrringe, geschnitzte Anhänger, Perlenketten und Ringe – typische Motive wie Drachen, Buddhafiguren und Blumen sind reichlich zu haben. Im Sommer sollten Sie einen Fächer tragen (und auch benutzen!). (Achten Sie aber darauf, daß er auch wirklich zur fernöstlichen Spielart und nicht zur Garderobe der **Romanin** gehört.)

Handtaschen gehören eigentlich nicht zu diesem Look, es sei denn, Sie benötigen sie für Ihren Einkaufsbummel. In diesem Fall wählen Sie eine billige, buntbedruckte Börse oder, für größere Päckchen, eine Netztasche. Am Abend können Sie etwa einen glänzenden, bestickten Pompadour oder eine kleine Unterarmtasche tragen, aber das sind eigentlich westliche Accessoires, weil die großzügigen Falten des Kimonos und die Schichten des *Obi* perfekte Versteckmöglichkeiten bieten. Eine andere Möglichkeit sind die zahllosen verschiedenen Arten von Taschen, die aus Gräsern wie etwa Rattan geflochten werden.

GESICHT UND HAAR

Sofern Sie nicht von Natur aus einen dunklen Teint haben, sollten Sie Ihrem Gesicht mit einer goldigen Grundierung einen warmen Ton verleihen. Lidschatten bleibt auf die untere Lidhälfte begrenzt, um die längliche Form der Augen zu betonen; tragen Sie vom inneren Augenwinkel her einen Sandton auf, den Sie nach außen hin mit einem Kastanienbraun mischen, das Sie am äußeren Augenwinkel zu einem V oder einer Flügelform ausziehen. Verteilen Sie die gleiche Farbe unter dem unteren Wimpernrand und tuschen Sie nur die obere Wimpernreihe mit Mascara. Betonen Sie die asiatischen hohen Wangenknochen mit Hilfe eines elfenbeinfarbenen Highlighter, unter den Sie ein bräunliches Rouge auftragen. Stimmen Sie die Farbe des Lippenstiftes auf Ihre Kleidung ab, wobei Sie innerhalb eines Apricot-Orange-Rot-Spektrums bleiben und einen Lippenpinsel zur Hilfe nehmen sollten, um makellose Konturen zu erzielen.

Zu zwanglosen Anlässen sollten Sie Ihr Haar in einem glatten Bubikopf oder zu einem einzelnen Zopf geflochten tragen. Zu Ihrem feinsten Kimono schlingen Sie Ihr Haar zu einem Knoten im Nacken, den Sie dann wie unten unter *Ideen* vorgeschlagen schmücken.

IDEEN

● Schmücken Sie Ihren Haarknoten, indem Sie lange Haarnadeln, lackierte Eßstäbchen oder einen passenden Cocktailsticker hinein stecken. Oder verzieren Sie ihn mit einem Sträußchen künstlicher oder echter Blumen – wählen Sie Chrysanthemen, Naturgräser oder Gladiolen.

Links: Als letzte Feinheit für diesen Look stecken Sie Ihr Haar auf und schmücken es mit lackierten Eßstäbchen.

140

DIE NATURFREUNDIN

HINTERGRUND

Durchstreifen Sie die herbstlichen Wälder, wirbeln Sie mit den Füßen das Herbstlaub auf, sammeln Sie Brombeeren und Hagebutten für Marmeladen und Gelees, und schwelgen Sie in den goldenen, flammenden Farben des Herbstes. Während die **Gutsbesitzerin** und die **Amazone** bei der Treib- oder Hetzjagd sind, zieht die **Naturfreundin** es vor, die Natur von ihrer schönsten Seite zu beobachten.

Die **Naturfreundin** hat an allen Jahreszeiten Freude, aber wenn man sie zu einer Wahl drängen würde, dann würde sie sich für Frühling und Herbst entscheiden. Diese rustikale Dame weiß, daß sie auf ihren Streifzügen durch die Natur, auf denen sie Holunderbeeren und Holzäpfel oder Stechpalmen, Disteln und Efeu sammelt, Bäche überqueren, schlammige Ufer hochklettern und sich ihren Weg durch verstricktes Unterholz und überhängende Zweige bahnen muß. Um sich gegen solche Hindernisse zu schützen, braucht sie eine entsprechende Kleidung und praktische Schuhe.

DER LOOK

Ihre Farbgebung spiegelt Ihre Umgebung wider: moosige Grüntöne von Blättern und Büschen, Rot- und erdige Brauntöne des Waldbodens, leuchtendes Rostbraun oder Herbstbäume und die satten Rottöne von Beeren, Platanen- und Ahornlaub; gelegentlich wird sie noch das sanfte Mittelblau von Glockenblumen und Vergißmeinnicht hinzufügen.

Die Stoffe sind ebenfalls der Natur entnommen. Wählen Sie für Ihren Waldlook Tuche von unterschiedlicher Schwere: gewebte Wollstoffe, weiche Cord-, Flanell- und Viyellastoffe, Strickwaren aus texturiertem Garn, dicke Tweedstoffe und angetragenes, geschmeidiges Leder. Und zögern Sie nicht, sich etwas von dem ländlichen Cousin der **Naturfreundin**, dem Holzfäller, auszuborgen. Auch er verbringt sein Leben unter den Bäumen des Waldes, und seine warme, praktische karierte Wolljacke und die einfarbigen oder gemusterten Flanellhemden passen gut in die Garderobe der **Naturfreundin**.

Ziemlich weite Hosen bieten den besten Schutz vor kratzenden Zweigen und pieksenden Dornensträuchern. Wählen Sie sie aus einem warmen, dicken Schottenplaid in einer feinen Farbkomposition oder aber aus Cord. Wenn Sie lieber einen Rock tragen, tauschen Sie die Hosen gegen einen leicht gekräuselten Hosenrock oder einen Dirndlrock aus einem der oben vorgeschlagenen Stoffe und tragen Sie darunter dicke Wollstrumpfhosen.

Flanell- oder Viyellahemden in kleinen Würfelkaros, sanften Karomustern oder auch einfarbig sind genauso warm und bequem, wie sich ihr Name anhört. Darüber trägt man texturierte Pullover aus unregelmäßigen Garnen in Waldfarben. Die Shetland- oder Lammwollpullover der **Amazone** oder der **Gutsbesitzerin** passen ganz gut hierher, oder borgen Sie sich etwas vom **Fair-Isle-Look**. Wenn Sie sich um einen angemessenen rustikalen Look bemühen, können Sie den Pullover auch zum Hauptmerkmal Ihrer Kleidung machen. Suchen Sie nach Exemplaren mit kuscheligen Krägen, doppelten Manschetten und breit ge-

Unten: Schuhe und Stiefel der **Naturfreundin** sind fürs Wandern gemacht, ihre karierten Schals und Strümpfe sollen wärmen, aber trotzdem sieht sie schick aus!

rippten Bündchen. (Die Strickerinnen unter Ihnen könnten sich malerische Pullover über eines ihrer Lieblingsnaturthemen anfertigen oder gestrickte Motive von Waldbeeren, Früchten und Blumen in ein einfarbiges Kleidungsstück einfügen).

An frischen, frostigen Morgen und eisigen, nebligen Abenden ist ein warmes Darüber unerläßlich. Wenn Sie Hose oder Rock einfarbig gewählt haben, dann ziehen Sie jetzt die Lumberjacke Ihres Holzfällercousins in einem gedämpften Karodesign darüber, knöpfen sie zu und gürten sie mit einem robusten Ledergürtel. Dagegen werden Sie eine karierte Hose mit einem Cord- oder Tweedblouson oder einer Jacke, die weiter geschnitten ist als beispielsweise die Reit- oder die Norfolkjacke, kombinieren; Außentaschen müssen groß genug für einen Vorrat an Kiefernzapfen für das Feuer sein. Eine andere Möglichkeit wäre vielleicht eine gestrickte Jacke oder eine dicke Strickjacke aus doppeltem Garn (vgl. den Aran der **Schottin**), auch hier können Sie die Jacke wieder mit einem Gürtel in der Taille gürten oder aber offen tragen.

Das letzte Kleidungsstück, das Ihrer Wahl freigestellt ist, ist ein großes, gewebtes Tuch oder eine quadratische Decke aus Varuna oder schwereren Wollgemischen, wie Wolle und Kaschmir, sofern Sie sich das leisten können. Drapieren Sie sich dieses Tuch um die Schultern und über den Kopf. Ein bunter Umhang oder ein großer, fließender Poncho von der **Romanin**, eine große Lederweste, vielleicht mit wolligem Futter, oder sogar eine gesteppte Daunenweste sind weitere praktische Alternativen.

ACCESSOIRES

Das Durchwaten endloser Waldbäche erfordert robustes, wasserdichtes Schuhwerk. Aber etwas ästhetischer und immer noch ziemlich vernünftig sind Stiefel und Schuhe mit Krepp- oder Gummisohlen, praktisch und bequem, ohne oder mit flachen Absätzen. Robustes Leder, widerstandsfähiges Wildleder oder kräftiges Leinen sind das Richtige für das Obermaterial – in Waldgrün- und Erdschattierungen. Die Auswahl der Modelle reicht von den flachen Robin-Hood-Stiefeletten aus Wildleder mit umgeschlagenen Schaftstulpen, über die robusten waden- oder knöchelhohen Schnürstiefel, bis hin zu den Stiefeln mit Schaffellfutter oder solche, bei denen Wildleder- oder Lederbänder kreuzweise über das Oberleder geschnürt werden; derbe, strapazierfähige Wanderschuhe genügen ebenfalls den Ansprüchen. Ebenso tun es auch robuste Gummistiefel.

Strümpfe müssen von der wärmsten Sorte sein; gesprenkelte oder texturierte Wollgarne mit doppelter oder dreifacher Fadenzahl sorgen für eine zusätzliche Kälteisolierung, wenn man solche Strümpfe über gerippte Wollstrumpfhosen trägt. In Gummistiefeln sind Thermostrümpfe unerläßlich. Stecken Sie die Hosenbeine in die Strümpfe und schnüren Sie die Stiefel darüber; oder tragen Sie Kniestrümpfe über Strumpfhosen in knöchelhohen Stiefeln zu tweedartigen Röcken oder Hosenröcken.

Karierte Halstücher und Schals und Wollhandschuhe werden die übrigen, noch nicht verhüllten Körperteile schützen; binden Sie sich einen Schal um den Hals oder Kopf, oder falten Sie ein lose gewebtes, quadratisches Wolltuch mit Fransen (vgl. unter **Der Fair-Isle-Look**) diagonal und tragen Sie es um den Kopf, im Ausschnitt Ihres hochgeschlagenen Jackenkragens oder lose über die Schultern von Mänteln und Jacken drapiert.

Ihre Lieblingshalsbinden und -bänder finden in der Garderobe der **Naturfreundin** ebenfalls einen Platz; eine Halsbinde im Paisley- oder Karomuster aus feinem Wollstoff wird im Ausschnitt eines Viyellahemdes adrett aussehen. Ein weicher Filzhut mit herabhängender Krempe (im Farmerstil) und ein großer Lederbeutel oder, noch besser, ein geflochtener Weidenkorb (für Waldpilze, Brombeeren und wilden Knoblauch) ist das letzte, was Ihnen noch in Ihrer Ausstattung fehlt.

Rechts: Schals kann man nicht nur um den Hals wickeln – tragen Sie sie beispielsweise als Haarbänder oder diagonal.

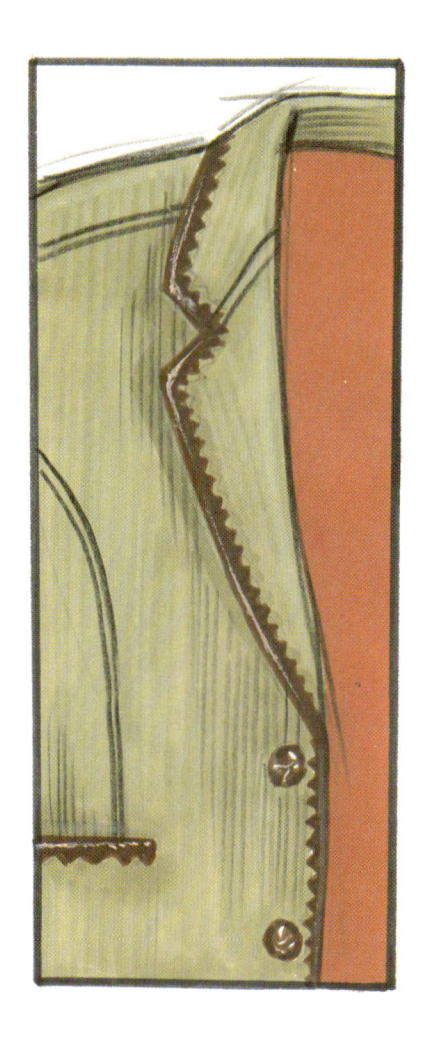

Oben und links: Verlängern Sie das Leben von Kleidungsstücken, indem Sie abgeschabte Kanten mit Leder einfassen und Knöpfe ersetzen; verschönern Sie Ihre Hüte, indem Sie sie mit Waldfunden schmücken. (Vgl. unten unter *Ideen*).

IDEEN

● Sammeln Sie Waldeserinnerungen auf einem Streifzug durch die Natur, einem Spaziergang im Park oder aus Ihrem eigenen Garten: Samenhüllen und -schalen, kleine Sträußchen getrockneter Blumen und Zweige mit Hagebutten oder anderen Beeren. Sprühen Sie sie zum Schutz mit Klarlack über, und benutzen Sie sie dann als Schmuck für Filzhüte und Knopflöcher. Machen Sie eine rustikale Brosche daraus, indem Sie solche Fundstücke auf Rohbroschen kleben oder die Stengel um solche Rohbroschen winden.

● Verlängern Sie das Leben durchgeschlissener Manschetten, Taschenränder oder Strickjackenkanten, indem Sie sie mit Leder einfassen. Ersetzen Sie Plastik- oder ähnlich phantasielose Knöpfe durch die traditionellen Knöpfe aus überkreuztem Leder.

● Nehmen Sie Garne in sanften Farben, um damit rustikale Motive auf Wollpullover, Handschuhe oder sogar Strümpfe aufzusticken. Wählen Sie Motive wie Früchte, Beeren, Blätter oder Blumenknospen. Versuchen Sie es vielleicht mit einem einzelnen Motiv über der Brust oder einem regelmäßigen Muster entlang der Kanten.

GESICHT UND HAAR

Das Gesicht der **Naturfreundin** spiegelt ihre Hingabe an die Natur wider: Kamille, Henna, Nessel oder Rosmarin werden in Wasser gekocht, um nach dem Abkühlen als Haarspülung zu dienen. Eiweiß oder Eigelb werden zur Behandlung von fettiger beziehungsweise trockener Haut verwendet. Aber die beiden wichtigsten Merkmale für diesen Look sind ein Gesicht, aus dem gesunde Vitalität leuchtet, und Haar, das außerordentlich glänzt und gut geschnitten ist, gleichgültig zu welcher Frisur.

Make-up ist zweitrangig und wird nur sehr sparsam angewendet. Um die Augen können Sie vielleicht einen Lidschatten in Rost- oder sanften, sumpfigen Grüntönen auftragen, dazu etwas Lippenstift. Die Wangen bekommen eine natürliche Farbe nach einem kurzen Spaziergang an der frischen Luft oder indem Sie ein rostrotes oder rosiges Rouge auftragen.

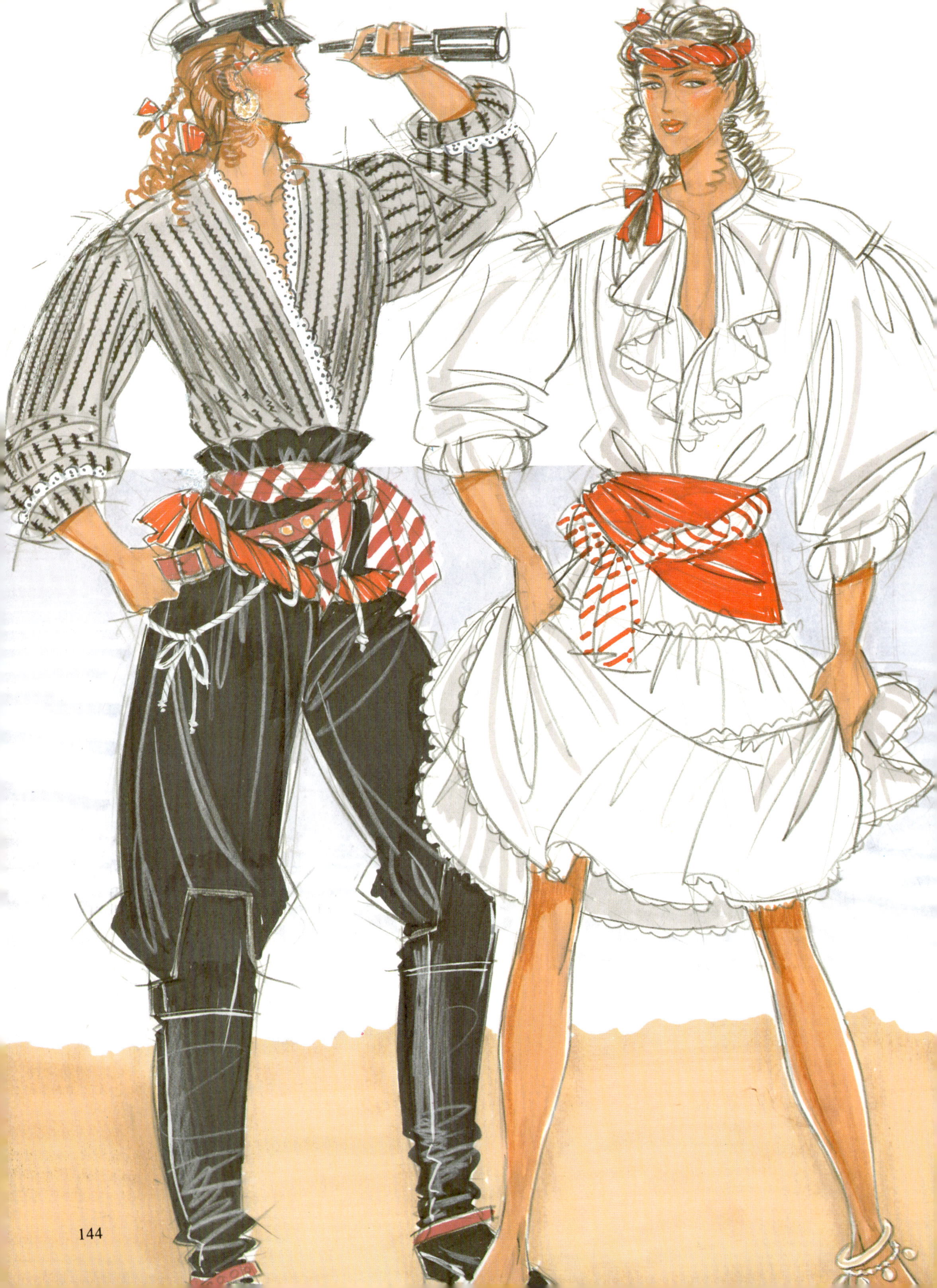

DIE PIRATIN

HINTERGRUND

Johoho und 'ne Pulle voll Rum: Erinnern Sie sich an Captain Hook in *Peter Pan*? Oder Long John Silver in der *Schatzinsel*? Die Namen beschwören eine ganze Brut finsterer Gestalten herauf, mit Holzbein und Augenklappe, eine Pistole oder ein Entermesser in der Faust und einen Papagei auf der Schulter. Die beiden genannten Antihelden, obwohl selbst Romangestalten, gingen auf die wirklichen Piraten zurück, die nicht weniger finster waren. Dreihundert Jahre lang, zwischen dem 16. und dem 19. Jahrhundert, durchstreiften umherschweifende Banden von Seeräubern die Gewässer um die nordafrikanische Küste und die karibischen Inseln und plünderten die Flotten der großen Seemächte. Es wurden grimmige Seegefechte ausgefochten, Schätze verloren, Gefangene gemacht; die Piraten waren die Heimsuchung der Meere. Ihr bunt zusammengewürfeltes äußeres Erscheinungsbild entstand aus der breitgefächerten Auswahl an Waren, die sie als Beute machten. Wenn Sie sich von der Romantik der Karibik angezogen fühlen, dann stehlen Sie sich ein weitärmeliges, weißes Hemd von der **Zigeunerin**, nehmen sich Wäsche von der **Schäferin** und eine bauschige Hose von der **Araberin**, schaffen eine Feder von der **Jungen Romantikerin** beiseite, lassen eine Weste vom **Dandy-Look** mitgehen, ahmen die Stoffwicklerlocken der **Immigrantin** nach und berauben den **Gentleman** seiner goldenen Uhr. Die Piratin sieht in ihren prahlerischen Kleidern überaus verwegen und in ihren Fetzen sexy aus – es ist ein idealer Look, um eine schwierige Situation zu meistern.

DER LOOK

Obwohl oftmals grausam, konnten die Piraten auch eitel sein und liebten es, ein oder zwei Rüschen oder ein Schmuckstück oder auch drei oder kostbare Seiden und Samt zu tragen (alles zweifellos erbeutet). Und gerade wegen dieser Rüschen ist dies auch ein idealer Look für Frauen – und man kann ihn jeden Tag tragen oder für Parties und besondere Anlässe aufputzen. Es ist allerdings auch ein ziemlich komplizierter Look mit sehr vielen Details; es kostet einige Mühe, diesen Look zu erreichen, die Eiligen und Ungeduldigen unter Ihnen sollten ihm also lieber aus dem Weg gehen. Immerhin hatten die Piraten stundenlang Zeit, mit den erbeuteten Kleidern herumzuprobieren, und tagelang Zeit, um sich in Spiegelscherben zu bewundern.

Beginnen Sie also mit einer weitärmeligen, weißen Bluse mit gezackten Kragen und V-Ausschnitt und Spitzenrüschen in Hülle und Fülle. Tragen Sie dazu dunkle, bauschige Hosen, mit gekräuselter Taille und aufgerollten oder -gekrempelten Beinen, oder probieren Sie ein zu weites Paar Hosen, das Sie hochziehen und in der Taille gürten wie auch unter **Die Immigrantin** vorgeschlagen. Wenn Sie lieber eine Piratenlady sein wollen, dann tauschen Sie die Hosen gegen einen kurzen, weißen Baumwollpetticoat mit einem breiten Rüschen- oder Spitzenbesatz, aber tragen Sie die Bluse über dem Rock, und gürten Sie sie wie unten beschrieben.

Unten: Die **Piratin** geht barfuß oder trägt hohe, glänzende schwarze Stiefel; sie benutzt Seilstücke, um damit Stoffreste als Gürtel oder Stirnbänder zu umwickeln, Hosentaillen zu raffen, Hosenbeine hochzubinden, damit das Salzwasser ihnen nichts anhaben kann, und um ihr Fernglas und gestohlene »Juwelen« daran zu hängen.

Rechts: Als Darüber geht nichts über eine lange, taillierte Jacke mit großen Stulpen samt glänzender Messingknöpfe. Tragen Sie sie zu Hosen oder kurzen Röcken – sie sieht sogar noch besser aus, wenn Sie eine Uhrentasche um den Hals und einen Papagei auf der Schulter tragen.

Sollten Sie unter sengender Sonne segeln, vergessen Sie die Bluse, und tragen Sie statt dessen eine ärmellose Weste oder ein Kamisol. Dieses Top kann vollkommen schlicht, netzhemdartig oder mit Spitzen besetzt sein, sehr eng oder sehr weit sitzen (im letzten Fall vgl. unten unter *Ideen*).

Darüber tragen Sie einen Gehrock, eine lange Kapitänsjacke oder sogar einen marineblauen oder schwarzen Blazer. Stilechte Kleidung kann man entweder ausleihen oder in Secondhandläden finden oder bei den Kostümverleihs der Theater ausborgen. Oder plündern Sie den Kleiderschrank eines Herren.

ACCESSOIRES

Die beschriebene Ausstattung mag vielleicht eine etwas ungewöhnliche Kombination sein, aber sie ist nichts im Vergleich zu den bunt zusammengewürfelten Accessoires, die man benötigt, um wie ein wirklicher Pirat auszusehen.

Fangen Sie mit dem Hut an. Es kann eine Kapitänsmütze samt Schirm und Goldlitze sein, oder Sie können sich auch aus einem breitkrempigen Filzhut den traditionellen Piratendreispitz formen, wie unten unter *Ideen* beschrieben. Ebenso sehen Stirnbänder aus zerfetzten Stoffstreifen passend aus, wenn Sie sie so in der Stirn tragen, wie es in der einleitenden Illustration zu sehen ist.

Stoffetzen sind in der Tat ein wichtiges und ungewöhnliches Kennzeichen dieses Looks. Verwenden Sie sie in gedrehter Form als Gürtel, tragen Sie sie als Schals oder Halstücher, nehmen Sie sie als Schnüre, um weite Hosenbeine zusammenzuschnüren, wickeln Sie sie um feuchte Haarsträhnen, um sich Stoffwicklerlocken zu machen, binden Sie sie zu Schleifen als Schmuck für solche Locken, und tragen Sie sie schräg über einer Schulter als spaßhafte Nachahmung der Paradeschleifen. (In Streifen gerissene, weiße Baumwollaken sind zu diesem Zweck ideal).

Die andere Möglichkeit, Ihre Piratenkleider zusammenzuhalten, ist ein dicker, schwarzer oder brauner Ledergürtel, mindestens 5 cm breit, mit einer schweren Messingschnalle. Dieser breite Ledergürtel wird über Blusen und T-Shirts getragen, ob Sie sie in den Hosen- oder Rockbund stecken oder nicht. Schnallen Sie den Gürtel eng, oder markieren Sie Ihre Taille mit einem Stoffetzen, um dann den Ledergürtel lose unterhalb der Taille umzubinden, wie es ebenfalls in der einleitenden Illustration zu sehen ist.

Der Schmuck sollte aus klingenden Metallen sein – tragen Sie Golddublonen an Lederschnüren; schmücken Sie sich mit antikem Goldschmuck wie Taschenuhren, Broschen und Vergrößerungsgläsern. Benutzen Sie Broschen, um damit Ihren Piratenhut zu verzieren oder eine Straußenfeder festzustecken, oder stecken Sie sie an anderen extravaganten Stellen fest, wie etwa auf dem Stirnband oder an Ihrem Stoffgürtel. Lange Gold- und Silberketten passen ebenfalls gut, vorausgesetzt, sie sind schwer genug – vgl. unter *Ideen*, woher man derartige Stücke preiswert bekommen kann.

An den Füßen sollten Sie, solange es Wetter und Anlaß zulassen, gar nichts tragen; ist das nicht möglich, dann wählen Sie Segelschuhe oder, noch besser, Stiefel von jeder Länge, angefangen von wadenhohen Schäften, bis hin zu der überhohen Form, die übers Knie reichen und auf die jeder Pirat, der auf sich hält, stolz wäre. Dieses Luxuselement des Looks erweist sich allerdings als ziemlich vielseitig, sofern Sie in einer Gegend mit rauhem Klima leben, denn diese Stiefel passen ideal zu anderen Looks wie etwa zu der **Zigeunerin**, der **Jungen Romantikerin** und der **Immigrantin.**

GESICHT UND HAAR

Da dies ein Sommerlook ist, tragen Sie keinerlei Grundierung, sondern lediglich Ihre Sommerbräune zur Schau. Sollte es Ihnen an einer solchen ermangeln, dann wird Ihnen ein bräunlich getöntes Gel helfen. Ziehen Sie im inneren Rand des Augenlids, so dicht wie möglich am Wimpernkranz, mit einem leuchtend blauen oder marineblauen Stift eine feine Linie. Tuschen Sie die oberen und unteren Wimpern mit marineblauer Mascara, und lassen Sie Ihre Wangen mit Hilfe eines Rouges von einer warmen Rosttönung leuchten, sofern Ihr Gesicht nicht bereits von Sonne und Wind glüht. Das Haar sollte so wild und füllig wie möglich getragen werden. Legen Sie kurzes Haar mit Hilfe von Festiger und elektrischen Wicklern in Wellen, langes mit Hilfe von Stoffwicklerlocken, die Sie zu weichen Wellen ausbürsten.

IDEEN

● Machen Sie sich einen Hut, für den jeder Pirat seine Totenkopfflagge hergeben würde: rollen Sie die gegenüberliegenden Enden eines breitkrempigen Huts hoch, stecken Sie sie an beiden Seiten mit einer Sicherheitsnadel, einer Brosche oder einem knopfartigen Ohrstecher fest. Fügen Sie dann noch eine rote oder weiße Straußenfeder hinzu, wie Sie es der Illustration entnehmen können.

● Machen Sie ein zu großes T-Shirt passend, indem Sie den überflüssigen Stoff vorne zu einem Knoten binden und/oder indem Sie je einen Knoten auf den Schultern von ärmellosen Kamisoltops binden.

● Machen Sie sich aus 35 bis 50 cm langen Messingkettenstücken, die Sie in verschiedenen Durchmessern von 0,5 bis 2,5 cm in Eisenwarenläden kaufen, Ihre Ketten preiswert selber.

● Als wirklich stilechte Note sollten Sie sich mit einem blauen Filzstift eine Tätowierung auf den nackten Oberarm zeichnen. Malen Sie die Umrisse eines Ankers oder eines Schädels mit gekreuzten Knochen, füllen Sie sie mit einem roten Filzstift, und umranden Sie die Umrisse wenn nötig noch einmal mit einem feinen, schwarzen Filzstift.

● Wenn Sie sich einen breiten Ledergürtel nicht leisten können, dann überlegen Sie sich doch, sich einen entsprechenden Gürtel aus einer doppelten Lage braunem oder schwarzem Filz und einer 7,5 x 10 cm großen, silberfarbenen Schnalle selber zu machen. (Beide Zutaten bekommt man in Handarbeits- und Nähzubehörläden.)

Oben: Greifen Sie sich ein ärmelloses Herrenunterhemd von Ihrem Obermaat, verknoten Sie die überschüssige Länge auf den Schultern, und Sie haben eine perfekte Lösung für heißes Wetter.

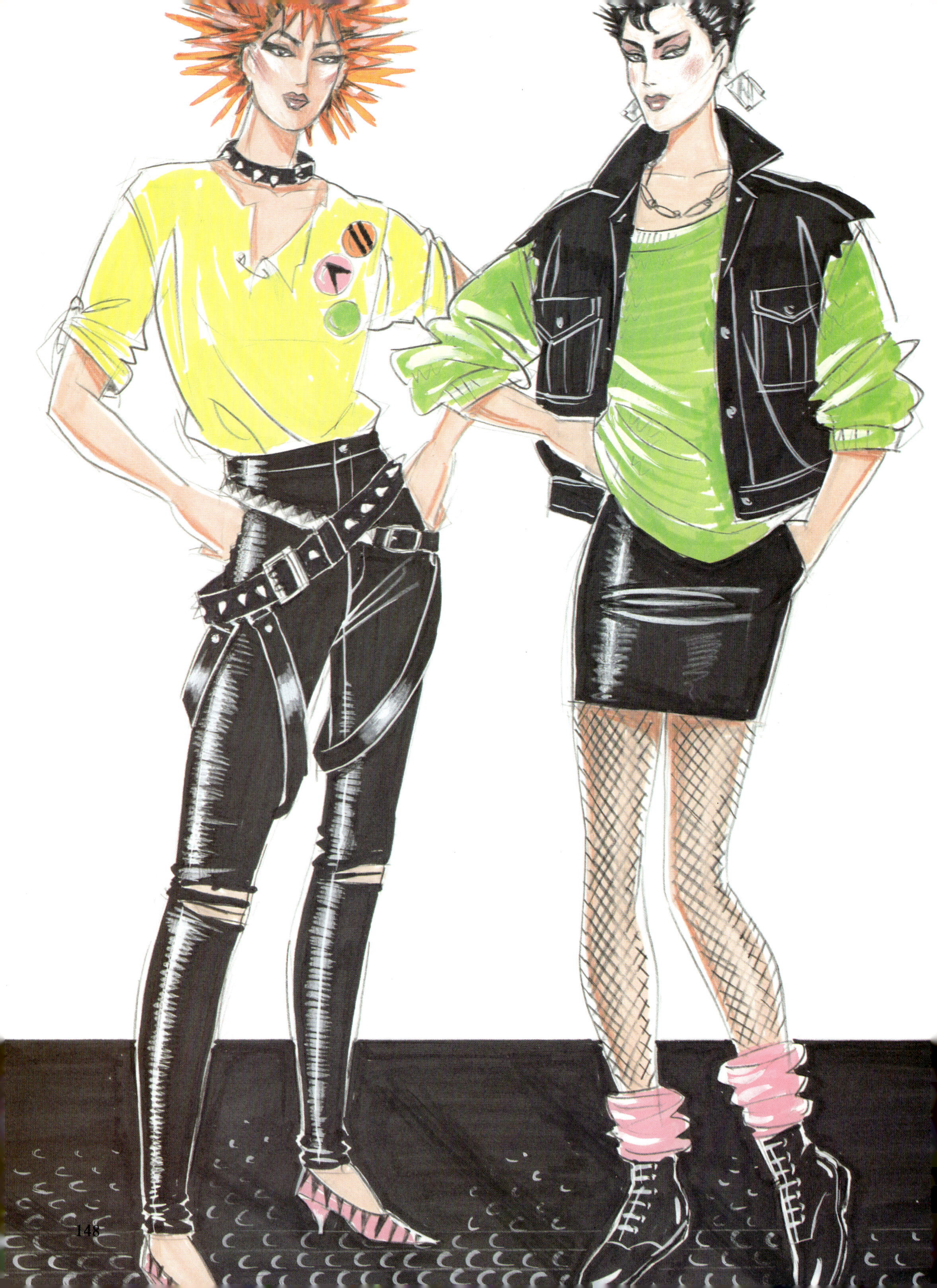

DIE PUNKERLADY

HINTERGRUND

Was Ende der Siebziger Jahre als eine musikalische Alternative begann, endete schließlich in einer durchgreifenden Veränderung unseres Aussehens. Punkrock wurde in den abgelegenen Straßen von London geboren, aber er hat sich mit seinem frenetischen Rhythmus, seinen anstößigen (hin und wieder auch obszönen) Texten, seinen einfachen Harmonien und seinem aggressiven Vortrag durch junge Menschen in ungewöhnlicher Aufmachung den Weg in den Hauptstrom erkämpft. Es wird behauptet, daß viele der ursprünglichen Punkgruppen wie The Slits, The Damned, The Jam, The Sex Pistols und Siouxsie and The Banshees zuerst kaum ihre Instrumente spielen konnten. Es war in der Tat eine antimusikalische Musikbewegung – d.h. jeder konnte es versuchen, vorausgesetzt, er oder sie hatten genügend Mumm und waren in der Lage, genügend lauten Krach zu machen.

Auf den Bühnen und in den Sälen, wo diese Bands ihre rauhe Musik aufführten, herrschte zweifellos Anarchie – die Fans spuckten, krakeelten und hüpften in zusammengewürfelten Secondhandklamotten herum, die sie mit so wertlosen Objekten wie Sicherheitsnadeln und Rasierklingen schmückten. Die Assoziation mit Gewalttätigkeit und Sado-Masochismus war offensichtlich, und diesen frühen Punks gelang es, beinahe überall Anstoß zu erregen. Genau wie bei den jugendlichen Rebellen der Fünfziger Jahre und den Hippies der Sechziger Jahre war die Botschaft klar: Lehnt eine Gesellschaft ab, die der Jugend keine Hoffnung mehr zu bieten hat, und traut keinem über 25.

Nur fünf Jahre später ist der Punk verwässert, dann aufpoliert, eingefärbt und neu verpackt zu einem großen Mode- und Musikgeschäft geworden. (Nehmen Sie den Niedergang von Hazel O'Connor in dem Film *Breaking Glass* zum Beweis.) Der Scheitelpunkt der Neuen Welle ist längst vorüber; von der ursprünglichen Energie und Vitalität der Punks sind nur noch kleine Überreste geblieben. Die Jugendlichen, die in abgetragenen Klamotten herumliefen, müssen mit Belustigung oder vielleicht auch mit Entsetzen zusehen, wie Modeschöpfer wie Zandra Rhodes und Vivienne Westwood Hunderte für ihre Kopien verlangen. Punkkleidung ist inzwischen viel besser verkäuflich geworden – sie ist auf aggressive Weise sexy, ja sogar sexistisch, mit Tränen, die genau an den richtigen Stellen sitzen, mit Sicherheitsnadeln und auseinanderklaffenden Reißverschlüssen, die nackte Haut hervorblitzen lassen, und mit einer großen Anzahl von Metallnieten. Das ganze wirkt leicht bedrohlich und auf erregende Weise dekadent.

Inzwischen ist der Punk vorbei und fast ganz verschwunden, aber selbst wenn Sie dieser Bewegung nicht direkt angehört haben, werden Sie sich doch nie wieder genau wie vorher kleiden. Wir können jetzt die Röcke wieder kürzer tragen, haben weniger Scheu vor grellen, schreienden Farben (nehmen Sie **Die Tänzerin** zum Beweis), unser Haar wird zurückgekämmt, so daß es etwas hoch steht, und für junge Mädchen ist der Kurzhaarschnitt zurückgekehrt. Vielleicht haben Sie weder Zeit noch Lust und Mut, sich jeden Tag wie die **Punklady** zu kleiden, aber wenn Sie sich von diesem wilden Look angezogen fühlen, dann heben Sie ihn sich für Parties und lange Nächte in der Stadt auf. Es gibt Orte, an denen man sich tatsächlich langweilig und stumpfsinnig fühlt, wenn man nicht wenigstens ein bißchen auffällig gekleidet ist.

DER LOOK

Die Punklady ist eine etwas unsichere Mischung aus Kleidern, die den Beatnicks, d.h. den Rockern der Fünfziger Jahre, den Halbstarken der Sechziger Jahre und einer Freakshow entlehnt sind. Verwechseln Sie diese Lady nicht mit ihrer höheren Ansprüchen genügenden, höchst dandyhaften Cousine, der **Jungen Romantikerin**. Die Erscheinung der **Punklady** hat nichts, auch nur im entferntesten Romantisches an sich.

Unten: Die **Punkerlady** sammelt Accessoires aus Plastik und Metall, vorzugsweise in grellen Neonfarben und aggressiven Mustern wie Rasiermesserstreifen, Blitzzacken oder Raubkatzendruck.

Oben: Ideen, wie man ein alltägliches T-Shirt verwandeln kann: mit Hilfe einer Sicherheitsnadel am Ärmel können Sie Ihren Arm etwas mehr entblößen; ein Riß auf der einen Seite wird mit kleineren Sicherheitsnadeln geschlossen, um den Ausschnitt werden kleinere und größere Sicherheitsnadeln zu einer Kette zusammengehakt, und ein Riß in der unteren Hälfte des T-Shirts wird mit Hilfe von zwei Sicherheitsnadeln und einem billigen Kettchen zusammengehalten.

Unglücklicherweise gibt es keinen leichten Weg, diesen Look zu erzielen, außer daß Sie sich zu einem Modeschöpfer begeben, der bizarre Kleidung für die Elite der Punkrock-Industrie und ihre Gefolgschaft creiert. Oder aber, Sie halten Ihr Geld fest, entscheiden sich für den ursprünglichen Straßenlook und werden etwas aggressiv im Umgang mit Ihrer Kleidung. Schneiden Sie mit einer Schere in den Stoff, und vergrößern Sie den Riß durch Reißen oder Schneiden zu der gewünschten Breite. (Solche Schlitze lassen sich besonders gut in dehnbares Strickgewebe reißen.)

Lassen Sie diese Risse entweder auseinanderklaffen, oder haften Sie eine Seite mit einer Sicherheitsnadel aus Messing oder Stahl zusammen. Falls Ihnen der Riß zu groß geraten ist, schließen Sie ihn mit einer ganzen Reihe von Sicherheitsnadeln oder verengen den Schlitz mit Hilfe von ein oder zwei feinen Kettchen, die Sie entweder zu beiden Seiten des Schlitzes festnähen oder mit winzigen Sicherheitsnadeln festheften. (Vgl. auch die Illustrationen wegen weiterer Ideen.)

Dieselbe Technik läßt sich auch bei Baumwoll-T-Shirts, seien es kurzärmelige für den Sommer oder hochgeschlossene für den Winter, anwenden. Reißen Sie Schlitze in die Ärmel, vielleicht auch den Rücken hinunter oder kreisförmige Schlitze um den Ausschnitt herum. Sie können auch eine Schulter abschneiden oder einen Ärmel kürzen, oder einfach die Ärmel hochrollen und die Bündchen mit Sicherheitsnadeln feststecken.

Enge Hosen jeder Art, von dreiviertellangen Gymnastikhosen bis zu Stretchhosen, von Zuavenhosen bis hin zu Jeans, kann man einer ähnlichen Behandlung unterziehen. Sie können beispielsweise die Knie enger Hosen aufreißen oder am Knöchel ein oder zwei tiefe Schnitte hineinschneiden. Oder bauen Sie Schnürbänder in Ihre Kleidung mit ein – verwenden Sie dazu lederne Schnürsenkel, Wildlederstreifen oder Stoffetzen, die farblich zu Ihrer Hose passen oder kontrastieren. Wickeln Sie sich diese Streifen um die Hosenbeine, aber nicht in der kunstvollen Manier der **Zigeunerin** oder der **Kosakin**: machen Sie Ihre Punkschnüre so unregelmäßig und verknotet, wie es Ihnen Spaß macht. Binden Sie sich weitere Schnüre um die Oberschenkel und Knie, und halten Sie sie, wenn nötig, mit Sicherheitsnadeln fest; oder aber verbinden Sie die Beine Ihrer Hose mit einem Stoffstreifen oder einer Kette von 45 cm Länge, die Sie mit Sicherheitsnadeln feststecken.

Obenherum tragen Sie einen zottigen, mit Tierfellmotiven bedruckten Pullover. Vgl. **Die Rockerlady** wegen entsprechender Vorschläge, aber denken Sie daran, daß Ihre rauhere Punkschwester den Pastelltönen grellere Farben vorziehen wird. Wenn Sie einen Pullover finden, der lang genug ist, tragen Sie ihn als Kleid zu schwarzen Strumpfhosen ohne Fuß und spitzen, flachen Schuhen.

Die Farbwahl sollte schwarz, schwarz und nochmals schwarz sein. Ganz-schwarze Kleidung kennt man natürlich schon sehr lange; im Westen ist schwarz immer die Trauerfarbe gewesen; die Viktorianer trugen nach dem Tod von Prinz Albert, dem Gatten der Königin Viktoria, ein Jahr lang schwarz; die Rebellen der Fünfziger Jahre trugen nichts anderes, aber sie kannten damals noch keinen schwarzen Lidschatten und schwarze Fingernägel und schwarzen Lippenstift! Wenn Sie sich erst einmal von all dem Schwarz erholt haben, dann sollten Sie auch noch die grellsten Farben damit kombinieren – Shocking Pink, Electric Blau, scharfes Gelb. Seien Sie in der Auswahl von Farben, deren Zusammentreffen dem Auge weh tut, und Mustern, die nicht miteinander harmonieren, so boshaft wie möglich. Der Grundgedanke ist es, dem Betrachter auf die Nerven zu gehen. Entscheiden Sie sich für eine ganz eigentümliche Mischung von Strukturen – in Zebrastreifen gefärbtes Haar zu einer Kleidung mit Großkatzenmotivdruck, grüngestreiftes Haar zu grellen Versionen schottischer Tartankaros und schwarzen Leotards, weiße Gesichter zu Mohairpullovern und Plastikröcken.

Als Darüber geht nichts über die schwarze Lederjacke samt Ketten und Nieten. Nehmen Sie eine taillenkurze oder auch eine lange, tragen Sie sie weit oder eng, ohne Ärmel oder mit langen Ärmeln, die Sie aufkrempeln müssen. Tragen Sie diese Jacke gleichermaßen zu Minis wie zu Hosen. Oder aber Sie wählen einen der anderen Vorschläge, die Sie unter **Die Rockerlady** und **Die Katze** finden – ja sogar eine Jacke von der **Soldatin**. Vergessen Sie nicht, das dies das Paradebeispiel für einen ganz und gar zusammengewürfelten Look ist.

ACCESSOIRES
Strumpfhosen, Strumpfhosen ohne Fuß, Leotards, Leg-Warmer und Strümpfe spielen allesamt eine wichtige Rolle in der Garderobe der **Punklady**. Hier können Sie diejenigen verwenden, die zerrissen sind und Laufmaschen haben.

Ziehen Sie Strumpfhosen und Leotards zuunterst unter kurze Röcke und kurze Shorts, tragen Sie fußlose Strumpfhosen als Hosen zu langen, ausgebeulten, zottigen Pullovern, und ziehen Sie Leg-Warmer und dicke Strümpfe noch darüber. Dieses ungewöhnliche Übereinanderschichten ist sehr wichtig – zögern Sie nicht, einen Rock über Hosen, ja sogar über Overalls anzuziehen oder eine zerrissene Strumpfhose über eine andere. Immerhin versuchen Sie ja, genau das Gegenteil von gepflegt auszusehen.

In punkto Fußbekleidung gibt es keine Grenzen. Tragen Sie spitze Pumps mit geschwungenen Pfennigabsätzen aus den Fünziger Jahren, geschnürte Wanderstiefel mit Kreppsohlen, weiche und knautschige, halbhohe Stiefel, ja sogar abgetragene Tennisschuhe. Auch hier sollten Sie sich wieder für die unwahrscheinlichsten Kombinationen entscheiden, wie zum Beispiel Leg-Warmer über Stiefel, schwarze Strumpfhosen zu Tennisschuhen und Shorts, wenn es warm ist, Wanderstiefel mit Strümpfen zu einem kurzen Rock zu jeder Zeit.

Der Schmuck ist genauso bizarr – er kann so geschmacklos, kitschig oder häßlich sein, wie Sie es wollen. Tragen Sie Anstecknadeln mit zweideutigen Botschaften oder, den Freund aller Kokainschneider, die versilberte Rasierklinge an einer Kette. Oder machen Sie sich Ihre eigenen, billigen Schmuckstücke, wie unter *Ideen* beschrieben. Sicherheitsnadeln tauchen nicht nur an Ihrer Kleidung, sondern auch an Ihnen selbst auf – tragen Sie sie anstelle von Ohrringen in durchstochenen Ohrläppchen oder ineinander gehakt als Armbänder, Ketten und Fußkettchen, wie es in unserer Illustration zu sehen ist.

Handtaschen können jede Form haben, solange sie nur billig sind – solche aus den Fünziger und Sechziger Jahren stehen hoch im Kurs. Noch besser sind Plastikrucksäcke, Schnürbeutel oder verrückte Plastiktaschen.

Unten: Ein Punk-Gesicht samt billiger Ohrringe, mit Gel gefestigtem Haar und dem angemessenen schweren Make-up – vgl. unter *Gesicht und Haar.*

GESICHT UND HAAR

Beginnen Sie mit einer sehr hellen, vielleicht sogar weißen Grundierung, die Sie mit einem elfenbeinfarbenen oder weißen Puder überpudern. Verlängern Sie die Brauen mit einem braunen Augenbrauenstift hinuter zu den Wangen bis auf die Höhe der Augenwinkel. Dann nehmen Sie einen schwarzen Stift und ziehen damit entlang des oberen und unteren Wimpernkranzes einen dicken Strich und lassen die beiden Striche auf die verlängerte Augenbraue treffen. Auf den inneren und äußeren Winkel des Lids tragen Sie einen sehr dunkelgrauen, marineblauen oder sogar schwarzen Lidschatten auf, den Sie innen entlang der Nase und nach außen hin zu den verlängerten Brauen verteilen. Wenn Sie einen sehr harten Ausdruck wollen, dann tragen Sie diesen Lidschatten auch von der Lidfalte bis zu den Augenbrauen auf, so daß praktisch ein undurchbrochener Block dunkler Farbe entsteht.

Tragen Sie auf die Wangen entweder einen Tupfer Rouge in leuchtendem Pink auf, oder lassen Sie sie, wie sie sind. Zeichnen Sie die Konturen Ihrer Lippen mit einem dunkelbraunen oder schwarzen Kohlestift nach, wobei Sie, wenn Sie wollen, auch eine neue, extreme Form schaffen können. Füllen Sie diese Umrisse dann mit einem dunkel-bordeauxroten oder sogar schwarzen Lippenstift.

Kämmen Sie Ihr ganzes Haar zurück, und stecken Sie es in Strähnen fest. Reiben Sie jede Strähne mit Festigergel ein, und ziehen Sie das Haar dann über den ganzen Kopf zu spitzen Zacken; der Gesamteindruck sollte an eine sternenförmige Explosion erinnern.

IDEEN

● Sie können die Farbkomposition des Make-ups auch passend zu Ihrer Kleidung variieren; so könnten Sie beispielsweise die oben vorgeschlagenen Anweisungen abändern und zusätzlich zu den dunklen Lidschattentönen ein violettes Pink oder leuchtendes Blau verwenden. In diesem Fall sollten Sie die Fingernägel dann ebenfalls Pink oder Blau lackieren.

● Die Haarfrisur kann ebenso abgeändert werden – vielleicht möchten Sie die Stacheln nur auf der Mitte des Kopfes oder nur um das Gesicht herum. Oder vielleicht lassen Sie das ganze Haar zurückgekämmt und fixieren es mit einem Haarlackfirnis.

● Machen Sie sich aus feinen Kettchen, die man in Hobbyläden kaufen kann, und Sicherheitsnadeln billigen Schmuck selber. Wie in der Illustration verdeutlicht, kann man solche Ketten als Halsketten und Schmuck und auch für die Kleidung mit Sicherheitsnadeln verbinden.

● Suchen Sie in Armeebestandsläden nach Kleidung mit vielen Reißverschlüssen. Dort findet man eine hervorragende Auswahl an Overalls aus den verschiedensten Heereseinheiten.

152

DER MARINE-LOOK

HINTERGRUND

Die Großbrassen spleißen, hart nach Steuerbord, den Anker lichten und immer hart am Wind! Sie tragen frische Baumwolle, makelloses Leinen, und Ihr Thema ist das Rot, Weiß und Blau der Marine. Wenn Sie eine wahrhaft schiffsmäßige Garderobe seemännischer Inspiration suchen, dann sind dies die Farben, unter denen Sie segeln.

Der Jacht- und Segelsport ist schon viel länger populär als man sich vielleicht gemeinhin vorstellt. Schon Mitte der Fünfziger Jahre des 19. Jahrhunderts stritten Großbritannien und die USA um die Trophäe der America's Cup Jachtregatta, und Königin Viktoria verbrachte ihre Ferien auf der Isle of Wight, wo die Cowes Regatta ein gesellschaftliches Ereignis von erstem Rang war (und immer noch ist). In den jüngst vergangenen Jahrzehnten sind der Jacht- und Segelsport zu internationalen Sportdisziplinen erster Ordnung aufgestiegen. Wo immer eine Bucht oder ein Hafen ist, gleichgültig wie groß oder wie klein, wird man heutzutage über die ganze Welt verteilt auch den Typ der »Matrosin« finden.

Vielleicht hält sie sich am liebsten in den sonnigen Häfen des Jet-set auf: in den Mittelmeerhäfen von St. Tropez und Cannes oder den Buchten der Karibik oder von Florida und Maine. Vielleicht besucht sie auch nur häufig den nächstgelegenen Hafen und liebt es einfach, auf den Booten herumzulungern. Der Sommer ist Ihre Saison, und dieser Look ist ideal für Wochenenden oder Ferien an irgendeinem Strand- oder Badeort; putzen Sie ihn einfach etwas mehr heraus oder gestalten Sie ihn ganz schlicht, je nach dem ob Sie im eleganten St. Tropez oder auf der abgelegensten Insel an Land gehen.

»Rot, Weiß, Blau; frisch, sauber und adrett« sollte das Motto für den **Marine-Look** lauten. Trotz beengtem Achterschiff und winzigen Kajüten unter Deck werden Sie dort nie etwas anderes als strahlendstes Weiß kombiniert mit stark kontrastierenden Farben sehen, das Beste, was man zu einem braungebrannten Gesicht, sonnengebleichtem Haar und schlanken, braunen Beinen tragen kann. Eine der goldenen Regeln dieser Bootszunft lautet, alles makellos sauber zu halten. Jeden Morgen werden die Decks gewaschen, das Messing geputzt und das Mahagoniholz poliert; folgen Sie also diesem Beispiel in bezug auf den Inhalt Ihres Seesacks.

DER LOOK

Für Tage, an denen Sie auf dem Boot herumbasteln wollen, sind Sie mit weißen, marine- oder tief himmelblauen Shorts, Hosenröcken, dreiviertellangen Gymnastikhosen, Matrosenhosen oder Jeans – alles natürlich aus Baumwolle – auf dem richtigen Kurs. Als nächstes käme eine Auswahl untereinander austauschbarer Tops: kurz- oder langärmlige Baumwoll-T-Shirts mit U-Bootausschnitt und Matrosenstreifen und in Unifarben und das allgegenwärtige Netzpolohemd der Lacoste Machart. Einfarbige T-Shirts können auf der Vorderseite Seemannsmotive tragen, etwa den Namen Ihres Bootes, einen Anker oder vielleicht eine Seilschlinge. Für kühle Abende ist ein Sweatshirt oder ein Pullover

Unten: Halten Sie auf Rot, Weiß und Blau zu, und Sie können nicht sehr weit vom Kurs abkommen – die Schuhe können aus Leder oder Leinen sein, müssen jedoch Gummi- oder Kreppsohlen haben; die Hüte sollten eine Krempe haben, um Ihre Augen vor Sonne und Gischt zu schützen; und die Taschen sollten geräumig genug sein, um all die notwendigen Ausrüstungsgegenstände, die Sie an Bord verstauen, aufzunehmen.

unentbehrlich, binden Sie ihn sich um die Schultern oder um die Taille, wenn Sie ihn nicht gerade tragen. Die Sweatshirts können ein Motiv wie die T-Shirts haben oder auch ganz einfarbig sein; sehr französisch ist ein Segelpullover mit Knöpfen auf den Schultern; tragen Sie ihn in Marineblau und Weiß gestreift oder Marineblau und Rot gestreift; oder wählen Sie eine einfarbige, scharlachrote oder weiße Wollstrickjacke über einem gestreiften T-Shirt. Nimmt man noch ein paar Schals, Gürtel und andere Accessoires hinzu, dann bietet der **Marine-Look** aus einer minimalen Anzahl an Grundelementen eine vollständige Garderobe.

Zum Lunch im Royal Yacht Squadron in Cowes oder im New York Yacht Club sollten Sie sich zu einer eleganteren Version entschließen und von dem unsterblichen und wandlungsfähigen Matrosenanzug Gebrauch machen. Der traditionellen britischen Marineuniform nachempfunden, ist er schon seit langem ein Favorit der Modeschöpfer, die sich schon durch ihn haben inspirieren lassen.

Der Matrosenanzug kann so elegant oder so zwanglos sein, wie Sie es bestimmen, aber die Grundelemente bleiben immer die gleichen. Das Oberteil muß den typischen, viereckigen Matrosenkragen haben, der hinten über die Schultern herunterhängt und vorne zu einem V-Ausschnitt zuläuft. Das Anzugoberteil kann marineblau, weiß oder rot sein, und der Kragen, der an den Kanten mit Litzen oder Bändern dekoriert ist, kann dieselbe oder eine kontrastierende Farbe haben. Lange Shorts, ein Hosenrock oder ein Rock sind allesamt als untere Ergänzung des Anzugs möglich, und natürlich gibt es auch Kleider im **Marine-Look**. (Dies ist grundsätzlich ein Sommerlook, aber wenn Sie Wollstoffe wählen, dann paßt er auch für den Winter.) Als ein klassischer Look kommt er kaum je aus der Mode, sollten Sie aber die Sachen einmal nicht in den üblichen Geschäften finden, dann schauen Sie sich nach Marine- (wie auch Armee-) Bestandsläden um, die Marine- (wie auch Armee-) Ausrüstung und Kleidung verkaufen. Hier werden Sie auch die echten Matrosenhosen finden samt der breiten, geknöpften Frontklappe und den echten Glöckchen am Saum.

Zu besonders eleganten Anlässen tun Sie es dem Admiral gleich und nehmen Sie allen anderen den Wind aus den Segeln, indem Sie sich für die Paradeuniform des Seemannslooks entscheiden. Dafür ist das wichtigste Kleidungsstück ein doppelreihiger, marineblauer Blazer, mit zwei schnurgeraden Reihen glänzender Messingknöpfe; die Manschetten können mit Goldlitzen geschmückt sein, die Ihren Rang anzeigen! Kombinieren Sie diesen Blazer mit einem weißen oder naturweißen Flanell- oder einem frischen Leinenrock in Marineblau, Rot oder Weiß. Unter der Jacke sollten Sie ein weißes Seidenhemd oder einen gestreiften, aus einem seidigen Garn gestrickten Pullover mit hochgeschlossenem, rundem Halsausschnitt tragen. Andere mögliche Kombinationen und Materialien: beispielsweise ein Gabardine-Blazer zu einer Leinen- oder Flanellhose, oder eine Leinenjacke zu einer Hose aus Baumwolldruck.

Oben: Als Darüber wählt man zum **Marine-Look** die klassische gelbe Öljacke, um unfreundliches Wetter etwas aufzuhellen, oder aber den waschechten marineblauen Blazer zu förmlicheren Anlässen. Pullover können entweder mit nautischen Motiven geschmückt oder aber von echt »seemännischer« Machart wie der gestreifte Bretone sein.

Und schließlich, für den Fall, daß der Himmel seine Schleusen öffnet, eilen Sie unter Deck und greifen sich einen robusten Nylon- oder Öl-Overall; Kapuzen, Südwester, Overalls und Gummistiefel in Gelb, Orange, Marineblau oder Olivgrün werden für diesen Look unentbehrlich sein. (Die Jacht- und Segelüberkleidung bietet auch eine gute Lösung, wie man sich auf dem Fahrrad oder Motorrad trocken halten kann.)

ACCESSOIRES

Folgen Sie in bezug auf Schuhwerk dem Beispiel der Matrosen: Schnürschuhe oder Slipper sind flach und aus Leinen oder robustem Baumwollstoff; die Sohlen sind immer aus Gummi, oft mit Bastseil eingefaßt. Traditionell sind Leinenschuhe, die zum Teil einen bastbezogenen Keilabsatz haben. Alle Arten von flachen Baumwoll- und Leinenpumps sind ebenfalls großartig, genauso wie die bequemen Segeltuchturnschuhe. Setzen Sie nie mit hohen Absätzen oder Pfennigabsätzen einen Fuß an Bord; Sie würden auf den polierten Holzdecks eine große Zerstörung anrichten und zudem die Proportionen des Marine-Looks verderben.

Bei Tag ist die Jachtmütze ein praktisches Accessoire; sie sorgt dafür, daß der Wind das Haar nicht allzu sehr zerzaust, schützt die Augen vor dem gleißenden Sonnenlicht und den Kopf vor zuviel Sonne. Wählen Sie eine Baumwoll- oder Leinenmütze mit dem traditionellen Schirm; schmücken Sie diese Kopfbedeckung mit Seefahrtsinsignien, einem Seilstück oder einem Anker mit Tau (vgl. unter *Ideen*). In Marineblau mit goldverbrämtem Schirm oder mit weißer Krone und marineblauem Schirm wird eine solche Mütze den Blazerlook heben, und wenn man es ganz korrekt machen will, sollte man dazu eigentlich noch weiße Handschuhe tragen.

Die Gürtel können Kordel-, Leder- oder Elastic-Créations sein; wählen Sie Gestreifte in den passenden Farben, mit gewundenen Haken oder Schnallen. Segeltuch-, Leinen- oder Öltuchbeutel (auch Seesack genannt) mit Kordelzug sind die praktische Lösung, um all Ihre Utensilien unterzubringen. Oder nehmen Sie einen Leinenranzen in den Marinefarben – und vergessen Sie Ihre Sonnenbrille nicht.

GESICHT UND HAAR

Jachtfahrer gedeihen in frischer, gesunder, salziger Seeluft; und Segeln verleiht einem unvermeidlich eine gesunde, sonnengebräunte Gesichtsfarbe – die Kombination aus Salz, Wasser und Wind verbürgt dafür. Wenn Sie noch nicht ganz so weit sind, dann helfen Sie der Natur mit etwas getönter Feuchtigkeitscreme und ein paar verstreuten, flachen Sommersprossen nach (vgl. **Der Kleine Junge**). Tragen Sie einen cremefarbenen Lidschatten mit vielleicht einem Hauch von Blau in der Lidfalte und auf dem Lid auf, und tuschen Sie zum Abschluß die Wimpern mit marineblauer Mascara. Schützen Sie Ihre Lippen durch ein leicht getöntes Lipgloss. Ihren Malkasten holen Sie erst hervor, wenn Sie den Admiralsblazer anziehen; wenn Scharlachrot zu Ihrer Farbkombination gehört, dann wählen Sie ein entsprechendes Rot für auffällige Lippen und betonen die Augen kräftiger, indem Sie entlang des unteren Wimpernrandes einen Strich in Marineblau ziehen.

Gesund, sauber und natürlich lauten auch die drei Bedingungen für Ihr Haar; vielleicht entschließen Sie sich zu ein paar blonden oder hellen Strähnchen, um Ihrem Haar ein sonnengebleichtes Aussehen zu verleihen.

IDEEN

● Halstücher sind nützliche Accessoires; besonders wenn Sie gepunktet oder gestreift sind. Verwenden Sie sie auf die unterschiedlichsten Weisen: als Gürtel; um den Hals nach vorne geknotet; als Stirnband oben auf dem Kopf oder im Nacken geknotet; oder zu einem Dreieck gefaltet und unter dem Haar im Nacken geknotet.

● Schmücken Sie einen weißen oder marineblauen Kragen mit Bändern in kontrastierenden Farben, damit er wie ein Matrosenkragen aussieht; verwenden Sie Reststücke solcher Bänder, um Brusttaschen und Manschetten zu verzieren.

● Verwandeln Sie eine einfarbige marineblaue Jacke in einen Blazer, indem Sie sie mit Messingknöpfen und Goldlitzen aufputzen. Suchen Sie sich solche Knöpfe in Trödlerläden und die Litze bei Firmen, die Polsterzubehör verkaufen. Bügeln oder nähen Sie auf die Brusttasche ein Abzeichen auf – nehmen Sie ein Seefahrtsmotiv oder die Insignien eines erfundenen Jachtclubs.

● Machen Sie sich mit Hilfen von weichen Seilen und Kordeln die passenden Gürtel selber; probieren Sie, solche Seilstücke einfach oder doppelt zu nehmen und vorne zu verknoten, oder versuchen Sie es mit mehreren kleineren Schlingen, die Sie mit metallenem Jachtzubehör verbinden, oder flechten Sie mehrere Seilstücke zu einem flachen Gürtel zusammen.

Unten: Gürten Sie Ihre Taille für den **Marine-Look** mit weißem oder farbigem Nylonseil, das Sie mit einem doppelten Knoten verknoten, oder machen Sie sich das seemännische Spleißen zu nutze, um einen Karabinerhaken auf das Seil aufzuziehen.

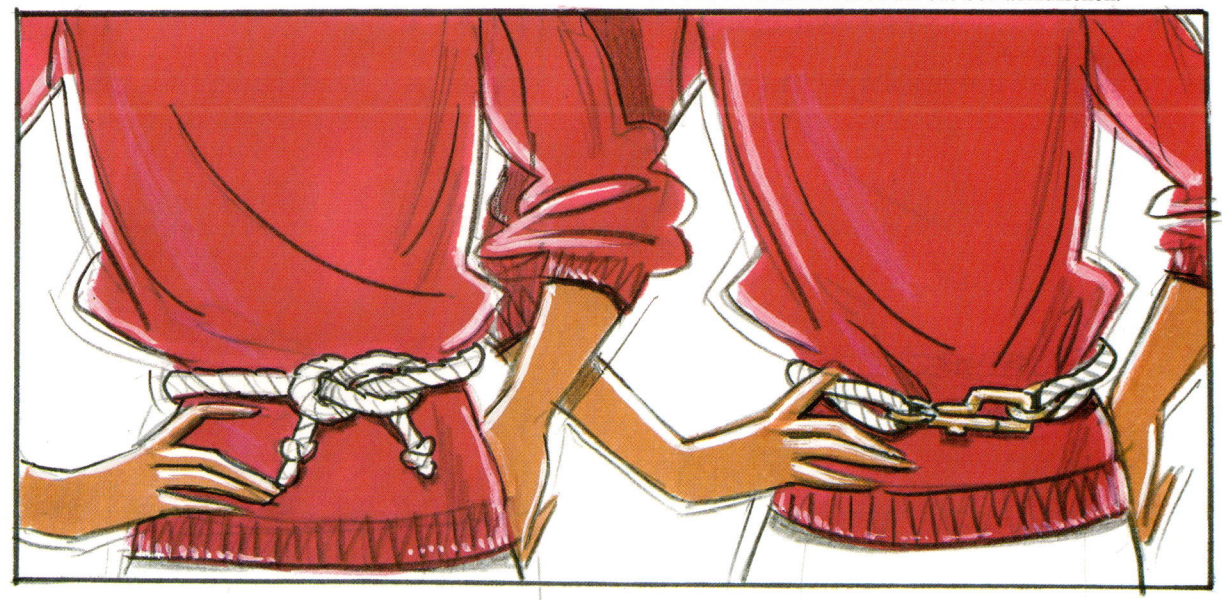

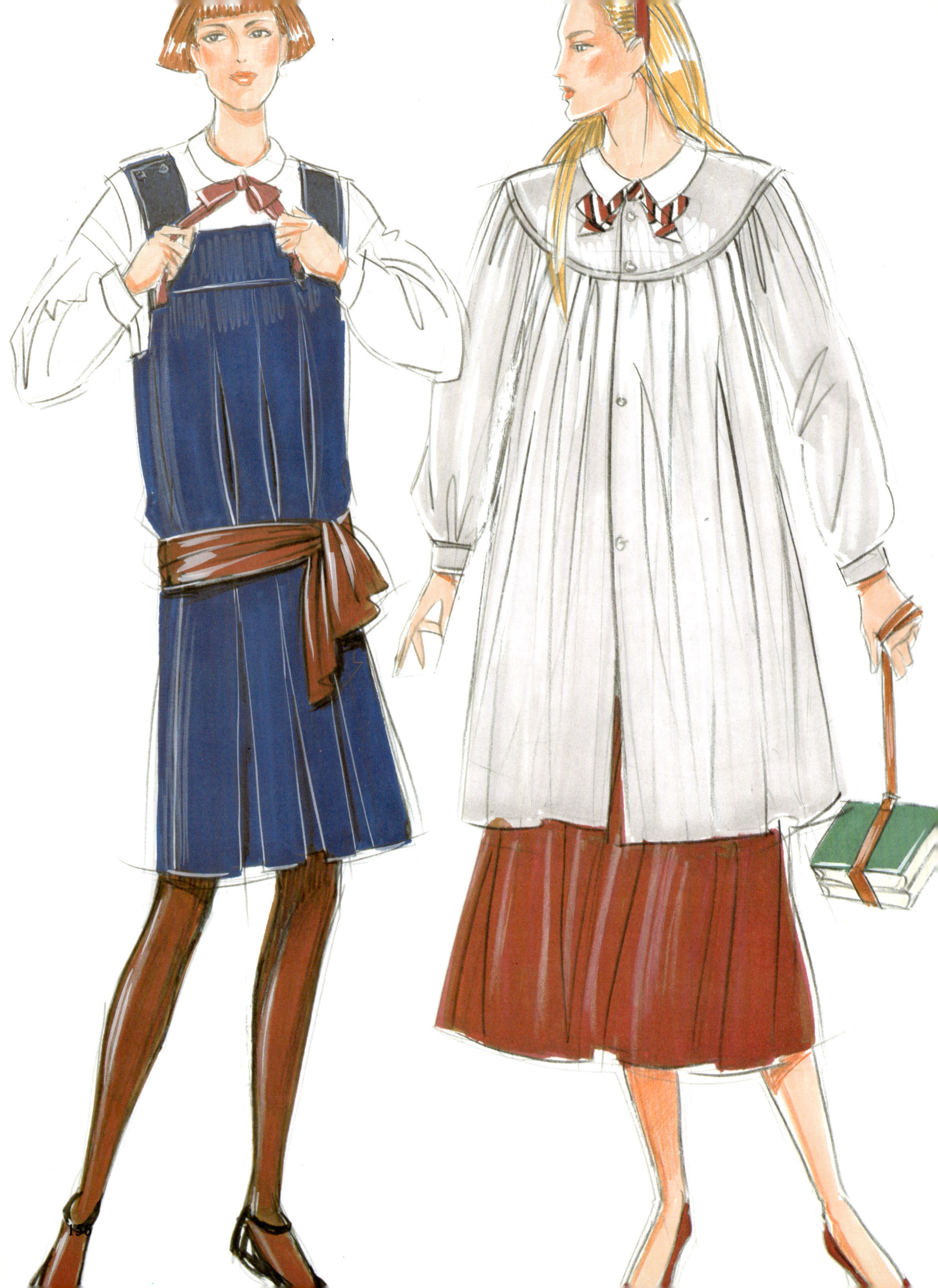

DAS SCHULMÄDCHEN

HINTERGRUND

Zappel nicht herum! Lauf nicht auf den Fluren! Hör auf, während des Unterrichts zu kichern! Sei um neun Uhr im Bett! Erinnern Sie sich an die Zeit, als Sie noch ein Schulmädchen waren? Ob Sie nun eine Privatschule besucht haben oder nicht, ob Sie ständig aufgeschlagene Knie hatten oder eine natürliche Sportbegabung, ob Sie ein Bücherwurm waren oder eher faul, ob Sie sich an jenen idyllischen Zauber oder nur an die schrecklichen Jahre halbwüchsiger Linkischkeit erinnern, jetzt, wo Sie endlich erwachsen sind, stellt die Schulmädchenart sich zu kleiden, eine herrlich einfache Lösung dar. Dies ist allerdings nicht die alles-Hauptsache-Jeans-Kleidung, die jetzt an den meisten amerikanischen Schulen erlaubt ist; es ist auch nicht die formlose Kleidung, wie sie die englischen Kinder tragen; und es ist ebenfalls nicht die extrem steife und ordentliche Version, die man in Frankreich kennt.

Statt dessen ist unser **Schulmädchen** eine Mischung aus den besten Stücken der Schulgarderobe eines Mädchens, aus internationalen Quellen zusammengetragen und zu einem neuen Look zusammengestellt. Unser Look stammt aus den Klassenzimmern und Fluren der ganzen Welt – Kittel aus Frankreich, Bubikragen aus England, weiße Strümpfe aus Amerika und zahlloses Marineblau und Weiß von den Uniformen der ganzen Welt.

DER LOOK

Das **Schulmädchen** paßt ideal zu denjenigen unter Ihnen, die an klaren Farben und schlichter Kleidung Gefallen finden. Es ist ein Look mit nur wenig Rüschen, nicht sehr viel strengen Schnitten und kaum einem Muster. Er verlangt nur wenig Mühe und kaum Vorbereitungszeit. Kurz, es ist der ideale Look für Frauen jedes Alters, die Schlichtheit und Schick lieben. Obwohl es wegen des funktionellen Charakters der Kleidung und der strapazierfähigen Stoffe eigentlich eine altmodische Art der Kleidung ist, ist sie mit ihren gestärkten weißen Hemden, schlichten Farbzusammenstellungen und vernünftigen flachen Schuhen ideal für diejenigen, die eine Vorliebe für alles haben, was sauber und ordentlich ist. Sie selbst müssen lediglich die kecke Vorwitzigkeit beisteuern, die für aufgeweckte Schulmädchen auf der ganzen Welt typisch ist.

Beginnen Sie mit der gestärkten weißen Bluse (oder, wenn Ihnen das lieber ist, in hellstem Rosa, Blau oder Gelb). Sie sollte einen runden Kragen jeder beliebigen Größe haben, angefangen bei dem adretten, kleinen Bubikragen bis hin zu dem größeren, tieferen Puritanerkragen. Die Bluse sollte vorne eine Knopfleiste haben und mit einer Krawatte oder einer weichen Schleife getragen werden (vgl. unten unter *Accessoires*) – der kleine, besondere Pfiff, der elegante kleine Schulmädchen von den übrigen abhebt.

Tragen Sie sie zusammen mit einem einfarbigen Faltenrock und einer gleichfarbigen Strickjacke (wie **Die Klassische Dame**) oder noch besser zu einem vorne gefälteten, ärmellosen Kleid, einer englischen Erfindung, die die Engländer etwas irreführend als »Gymslip« (wörtlich: Turnunterrock) und die Amerikaner als »Jumper« bezeichnen. Gelegentlich sogar aus kostbaren Stoffen in Modehäusern zu finden, können Sie dieses Jumperkleid jedoch ohne Schwierigkeiten in Geschäften für Schulbekleidung erstehen, wo Sie sehr preiswert in den Besitz von ein oder zwei solcher Stücke in den traditionellen Farben wie Marineblau, Flaschengrün, Burgunderrot, Graubraun oder Schwarz gelangen können.

Als Ergänzung zu diesem Jumperkleid oder auch statt dessen kann das **Schulmädchen** auch einen Kittel tragen. Nicht das berühmte Schäfersgewand, sondern das weit geschnittene Kleidchen der französischen *collégienne* des

Unten: Die Accessoires für das **Schulmädchen** kann man genau wie die für den **Kleinen Jungen** in jedem Warenhaus erstehen – Schultaschen, Haarbänder, gestreifte Krawatten und weiße Söckchen kosten nicht allzu viel – das teuerste sind wahrscheinlich die Schuhe.

19. Jahrhunderts. Dieser Kittel kann entweder von einer Vorder - oder Rückenpasse herabfallen, oder in Falten oder sanfter Krause von den Schultern hängen; er kann kurz über oder unter dem Knie enden. Wie das Jumperkleid gibt es den Kittel in traditionellen Farben und aus robusten Stoffen wie Gabardine, Cord und Popeline. Sie finden diesen Kittel jedoch auch aus feinen Woll- und Baumwollstoffen, sogar aus Velvetine und leicht glänzender Seide. Diese feineren Versionen des prosaischen, baumwollnen Malerkittels sind ideal für besondere Anlässe wie Konzerte, Vernissagen und natürlich für Schul- und Universitätsveranstaltungen, wo Sie diesen Kittel mit leicht ironischen Hintergedanken tragen können. Sollten Sie sich entschließen, den Kittel für den Abend zu tragen, dann lassen Sie am Ausschnitt einen gerüschten oder spitzenbesetzten Kragen hervorschauen. (Die gleichen Rüschen können die Manschetten schmücken.) Der Kittel kann auch nur hüftlang sein. (In dem Fall wird er allerdings zu einem Faltenrock und nicht allein getragen, es sei denn, Sie möchten einen Verweis riskieren.) Kürzere Kittel sehen auch sehr hübsch zu engen Hosen und flachen schwarzen Schuhen aus.

Für den Schulweg oder das Warten an der Schulbushaltestelle können Sie irgend einen Mantel in traditionellem Schnitt überziehen – lesen Sie wegen entsprechender Vorschläge unter **Die Geschäftsfrau**, **Die Klassische Dame**, **Die Lady** und **Der Kleine Junge** nach oder holen Sie sich in Geschäften für Schulbekleidung einen klassischen Trenchcoat oder Tweedüberrock mit Raglanärmeln. Wählen Sie ihn in der gleichen Farbe wie Ihr Jumperkleid oder entscheiden Sie sich für einen Kontrast: vielleicht ein leuchtendes Rot als Gegengewicht zu dem betont gedeckten Marineblau oder Grau Ihres Kleides.

Oben: Ein schlichter Mantel in einer der traditionellen Farben, kombiniert mit einem gestreiften Schal, einer Strickmütze. Wollfäustlinge schützen das **Schulmädchen** vor Kälte.

ACCESSOIRES

Zu der Bluse mit rundem Kragen müssen Sie einen passenden Halsschmuck tragen, oder Sie werden furchtbar langweilig aussehen – probieren Sie es mit einer gestreiften oder gepunkteten Krawatte, die Sie nach der Anleitung in **Der Gentleman-Look** binden und unter dem Blusenkragen tragen, so daß nur der Knoten und ein paar Zentimeter der Krawatte zu sehen sind. Wenn Sie es etwas auffälliger liegen, dann binden Sie sich ein leuchtend buntes Band um den Hals oder geben sich eine künstlerische Note, indem

Sie ein diagonal gefaltetes Tuch zu einer großen, weichen Schleife binden. Als Farben sind leuchtende Rottöne sehr gut und sehr klassisch, etwas mutigere Mädchen könnten vielleicht auch an Seidentüchern im Paisleymuster oder mit Punkten Gefallen finden, Bänder im Schottenkaro oder mit Blumen- und Streifenmustern sehen ebenfalls großartig aus – warum wählen Sie nicht jedesmal einen anderen Halsschmuck, wenn Sie sich als **Schulmädchen** kleiden?

An den Beinen tragen Sie Strumpfhosen in der gleichen Farbe wie Ihr Kleid – je nach Gelegenheit hauchdünn oder dick. Dicke Strickstrumpfhosen können gerippt sein oder ein Zopfmuster an den Außenseiten haben, oder sogar lustige Ringelstreifen. Wenn Sie sich fein machen wollen, wählen Sie undurchsichtige Stumpfhosen in Weiß oder Creme – sie sehen besonders süß zu schwarzen Lackschuhen mit Fesselriemchen aus. Unorthodoxe kleine Rangen tragen vielleicht auch weiße Söckchen über die Strumpfhose; nette kleine Mädchen tragen diese Söckchen im Sommer zu braungebrannten Beinen.

Lackleder ist auch das ideale Material für einen Gürtel. Tragen Sie ihn zu dem Jumperkleid oder Kittel tief auf den Hüften, wobei Sie das Oberteil blusig darüberfallen lassen, oder betonen Sie Ihre Taille, indem Sie den Gürtel engschnüren, obwohl dies den schon raffinierteren Schulmädchen vorbehalten ist – diejenigen, die Ihre Unschuld gerne noch bewahren möchten, sollten den Kittel und das Jumperkleid ohne Gürtel tragen.

Die Schuhe sollten in erster Linie funktionell sein, außer wenn Papi Sie ausführt – zu dieser Gelegenheit ziehen Sie Ihre Lackschuhe an. Ansonsten wählen Sie jedoch robuste Mokassins, Slipper und Schnürschuhe, sogar Schuhe mit Lochmuster wie Golfschuhe, aus gelbbraunem, schwarzem oder marineblauem Leder.

Früher benutzten die Schulkinder lange, braune Lederbänder, um damit ihre Bücher und Hefte zusammenzubinden, aber diese sind wirklich etwas unpraktisch. Ihre beste Handtasche zu Ihrem besten Kittel ist vielleicht ein Täschchen aus feinem Leder oder Lackleder, aber für den alltäglichen Gebrauch nehmen Sie einen Schulranzen aus Leinen oder Leder. Sie können ihn entweder für ein Vermögen in einem Modehaus erstehen oder für sehr wenig Geld in einem Schulmodengeschäft. Noch billiger sind Plastikversionen in leuchtenden Farben, die Ihrem Aussehen vielleicht etwas nötige Würze verleihen. Wählen Sie alle Taschen mit Schulterriemen – dann haben Sie die Hände frei, um einen Schneeball zu werfen oder das Seilchen zu schwingen.

Der Kopf wird im Winter durch einen langen, gestreiften Wollschal warm gehalten, den Sie durch eine farbige Filzbaskenmütze in einem traditionellen Ton oder leuchtender, passend zu der Tasche oder der Strumpfhose, krönen. Im Sommer tragen Sie einen Panamastrohhut.

GESICHT UND HAAR

Das Haar kann in einer Pagenkopffrisur geschnitten sein, mit tiefen Ponyfransen und Mittelscheitel. Oder Sie können es sich mit einem bezogenen Haarreifen oder einem Band aus dem Gesicht und den Augen halten; fassen Sie es wie die **Naive** in einem oder zwei Pferdeschwänzen zusammen; flechten Sie sich Zöpfe wie das **Cowgirl**; und zum besten Sonntagsstaat machen Sie sich Ringellöckchen wie die Stoffwicklerlocken der **Immigrantin**. Aber achten Sie darauf, daß es schlicht, vielleicht sogar glatt wirkt – keine üppigen Locken, kein wilder Schmuck und keine ausgefallenen Frisuren für das **Schulmädchen**.

Make-up? Vergessen Sie es. Allerhöchstens vielleicht etwas Mascara für die Wimpern, etwas Glanz für die Lippen durch ein getöntes Lipgloss und eine Linie entlang des Wimpernkranzes mit dem feinsten Stift, den Sie finden können, aber mehr nicht. Wenn Sie etwas älter werden, können Sie es der **Naiven** gleichtun.

IDEEN

● Wenn Sie sich Bänder, Schleifen und Tücher um den Kragen Ihrer Bluse binden, dann sollten Sie vielleicht auch einmal eine Doppelschleife probieren – sie wirkt wunderbar füllig.

● Wenn Mami und Papi nicht erlauben, daß Sie Make-up tragen, dann mogeln Sie ein wenig – benutzen Sie Vaseline als Lippenglanz und um Ihre Augenbrauen und Wimpern in Form zu bringen. (Natürlich ist das auch die ideale Politur für Ihre Lackschuhe.)

● Wenn Ihre alten Haarreifen etwas traurig aussehen, umwickeln Sie sie mit neuen Velvetine- oder Grosgrainbändern, wie es in der Illustration zu sehen ist.

Rechts: Lesen Sie unter *Ideen* nach, wie Sie alte Haarreifen wieder verjüngen können.

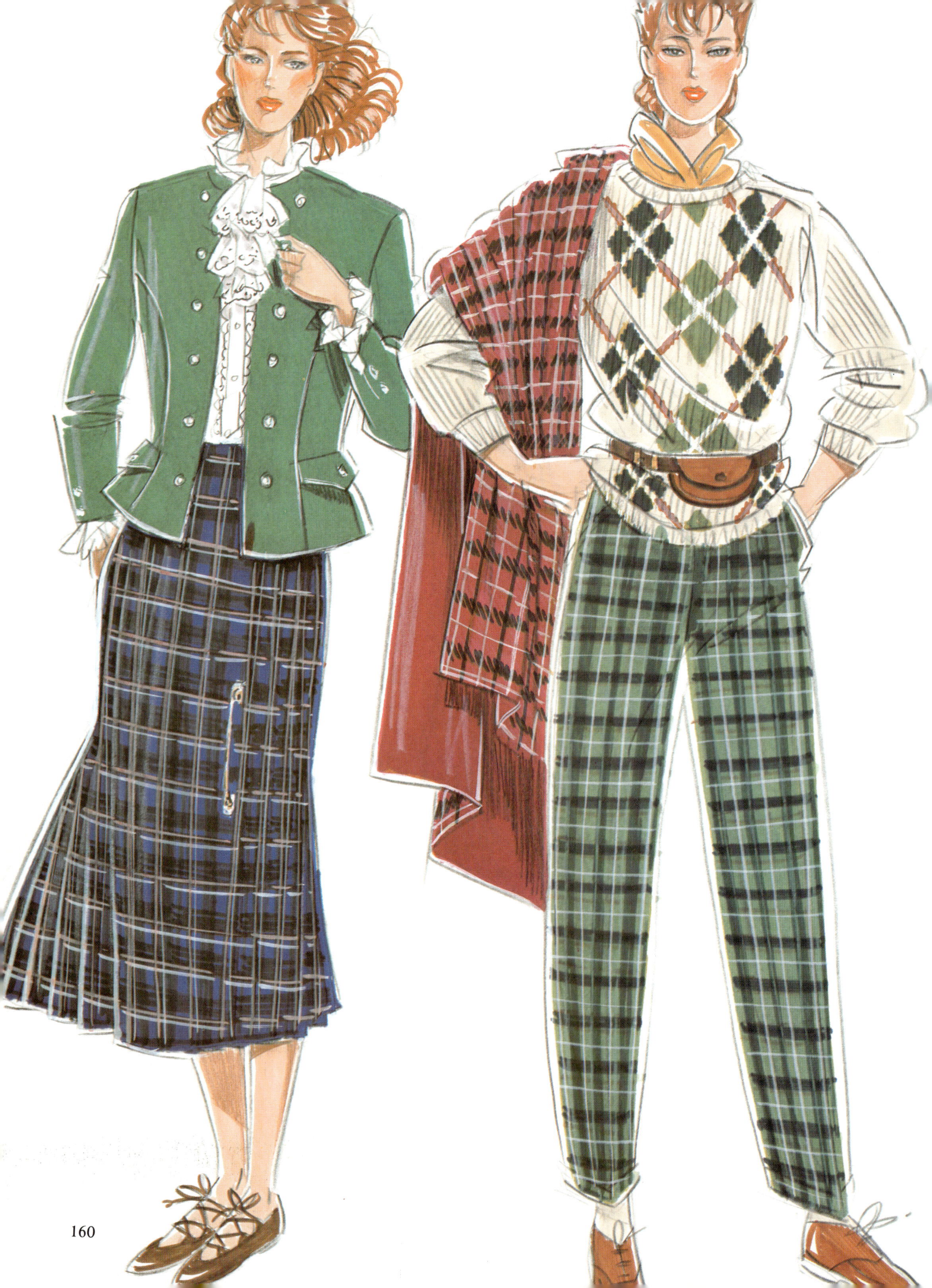

DIE SCHOTTIN

HINTERGRUND

Die traditionelle Kleidung der **Schottin** hat ihren Einfluß weit und breit hin ausgedehnt. Tartan ist der Stoff, den man augenblicklich mit ihrer Garderobe assoziiert, und der Kilt ihr liebstes Kleidungsstück. Schon seit dem 15. Jahrhundert haben die schottischen Hochländer die Kilts und lange, breite Karotücher, die sie sich zur Wärme und zum Schutz um die Schultern drapierten, getragen. Jeder einzelne der schottischen Clans entwickelte seinen eigenen, unverwechselbaren Tartan (und hat ihn bis heute beibehalten); das Rot und Grün der Königlichen Stuarts, das Schwarz, Weiß und Flaschengrün der Black Watch sind vielleicht die bekanntesten unter einer Fülle von anderen: den Macdonalds, Macphersons, Camerons und Campbells, um nur wenige zu nennen. Diese Nationaltracht wurde nach dem Scheitern der jakobitischen Rebellion des Bonnie Prinz Charly 1745 verboten, und die Verwendung des Tartan blieb bis 1782 illegal. Nach 1745 wurde die Unabhängigkeit und Autorität der Clans und ihrer Chefs unterminiert und weitgehend beseitigt, aber ihr traditionelles Gewand hat – trotz des Banns – überlebt. Es wird auch heute noch von vielen Schotten getragen und ist zu einem der beliebtesten britischen Looks geworden, der auch in Europa und Amerika großen Anklang findet.

DER LOOK

Der Kilt ist der Schlüssel zu diesem höchst bequemen und tragbaren Look; obwohl er ein traditionelles Kleidungsstück ist, ist er ziemlich vielseitig, insbesondere, da man ihn in einer Vielzahl von Karos und Tartans in einer großen Auswahl in Farben und unterschiedlichen Längen bekommt. Zum Glück für die **Schottin** von heute sind die Regeln, wer welchen Tartan tragen darf, inzwischen gelockert; bis vor nicht allzu langer Zeit mußte noch die Abstammung von einem bestimmten Clan nachgewiesen werden.

Als alltägliche Winterkleidung wählen Sie einen knielangen Kilt samt Kiltnadel als Grundlage Ihrer Kleidung; halten Sie den Tartan, zusammen mit den anderen Elementen des Looks, gedeckt und nicht zu auffällig. Zu dem Kilt werden Sie einen Argylepullover mit rundem oder V-Ausschnitt passend zu den Farben des Kilt benötigen; oder aber Sie wählen ein einfarbiges Baumwoll- oder Wollhemd, einen Shetlandpullover und eine weiche und bequeme Tweedjacke aus Harris oder einem anderen traditionellen schottischen Mischgewebe. Lodenjacken, dicke, cremefarbene Aranpullover oder -strickjacken mit Lederknöpfen sind ebenfalls warm genug für diese Kaltwetterversion der **Schottin**. Allerdings ein Wort der Warnung: alle nur erdenklichen Kleidungsstücke, angefangen bei Hosen und Westen bis hin

Unten: Aye, my lassie, holen Sie sich Schnürschuhe und befranste Golfschuhe, dazu noch Zöpfe und Baskenmütze und Sporran (ein kleines Täschchen), und Sie können den Highland Fling (Tanz) als **Schottin** genießen.

zu Hüten und Jacken, gibt es in Karostoffen; beschränken Sie sich auf ein oder höchstens zwei Tartanstücke in Ihrer Kleidung – mehr als das wird absolut übertrieben wirken. Für den Tanz durch die Hogmanay Highland Flings, zu denen traditionsgemäß der Dashing White Sergeant, Hamilton House und der Sword Dance aufgespielt werden, wählen Sie wiederum den klassischen schottischen Look. Einmal mehr erscheint der unvermeidliche Kilt, diesmal in einer knöchel- oder wadenlangen Version. Kombinieren Sie ihn mit einer feinen weißen Bluse, vorzugsweise mit wunderschönen Rüschen aus weißer Spitze auf der Vorderseite; ein weicher Schluppenkragen ist eine gute Alternative. Darüber tragen Sie eine flaschengrüne oder schwarze Samtjacke, entweder im Blazerschnitt oder in einer stärker taillierten Form. (Diese kann man auch zu eleganteren Tagesanlässen zu dem knielangen Kilt tragen.)

Variieren Sie diesen Abendlook mit Hilfe von weiteren, gekräuselten Röcken und taillierten Schößchenjacken (wegen Details vgl. **Das Gibson-Girl**) aus einem passenden Tuch oder einfarbigem Samt, mit einer Reihe winziger Knöpfchen auf der Vorderseite; den Ausschnitt sollte ein weißer Rüschenkragen füllen.

Sowohl für den rustikalen Freizeitlook als auch für die elegantere Abendversionen sind die Elemente im allgemeinen leicht aufzutreiben, aber für speziellere Sachen werden Sie unter Umständen lange nach einem Spezialhändler suchen müssen. Es gibt Geschäfte, die ausschließlich nur schottische Produkte verkaufen.

ACCESSOIRES

Für Wanderungen durch Moore und Berge, der Landschaft, in der dieser Look seinen Ursprung hat, ist das korrekte Schuhwerk ein wichtiger Punkt; ohne es werden Ihre Füße die langen Wanderungen in Begleitung der krummhörnigen Schafe und Aberdeen Angus Rinder nicht überleben. Geschnürte Wanderschuhe (vgl. die Illustration) sind archetypisch und werden in strapazierfähigen, robusten Lederarten angeboten; für weniger rustikale Anlässe finden Sie auch hübschere Exemplare aus weicheren Ledern. Alle Arten von Halbschuhen, vorne geschnürt, mit Lochmustern, Lederfransen oder -quasten sind eine Antwort auf ein wirklich rauhes Klima, und wenn man sie korrekt zu Argylestrümpfen oder dick gerippten Strumpfhosen trägt, sehen sie großartig aus. Am Abend verlangen die wirbelnden schottischen Tänze nach einem Paar klassischer schwarzer Lackschuhe mit Silberschnallen oder nach feineren Schnürschuhen mit hübschen Schuhbändern.

Ledergürtel, Beutel und robuste Taschen in ländlichen Formen – und natürlich auch die »Sporrans«, die beschlagenen Felltaschen (vgl. unsere Illustration) – sind weitere Accessoires **der Schottin**, zusammen mit Karo- oder Tartanschals. Diese langen, oder auch quadratischen und diagonal gefalteten Tücher kann man sich um den Kopf wie auch um den Hals binden, um die kalten Nebeldünste abzuhalten, die an den Ufern des schönen Loch Lomond emporsteigen. Aran- oder Shetlandhandschuhe oder Fäustlinge und eine Baskenmütze im Aranmuster oder aus einem dezenten Karotuch schützen die übrigen Körperteile.

Zusätzliche Wärme wird Ihnen schließlich der traditionelle Deckenumhang der Clan-Angehörigen (ein riesiger Schal) aus einfarbigem Wollstoff oder auffälligem Tartan verleihen, den Sie sich über die Schultern werfen und mit einer

Clannadel oder einer großen Brosche feststecken. (Dieses nützliche und vielseitige Accessoire können Sie auch über Ihrem Abendensemble tragen.)

Der Schmuck ist verwegen und von keltischer Inspiration: charakteristisch für diese Art von Schmuckstücken sind rohe, erdig grüne Steine (oftmals von der Isle of Iona), die in Silber gefaßt sind, und Amethysten, die man gelegentlich in den Felsblöcken der schottischen Küsten findet. Der traditionelle Schmuck ist eher Silber als Gold. Suchen Sie in Trödlerläden nach alten, silbernen Clannadeln, die das Motto und Motiv des Clans tragen, oder nach verschlungenen, silbernen Filigranarbeiten mit keltischen Schnörkel- und Blättermustern (in einigen Museumsläden können Sie ausgezeichnete Reproduktionen frühen keltischen Schmucks erstehen.)

GESICHT UND HAAR

Das Aussehen der **Schottin** verrät ihre Abstammung: vielleicht eine Mischung aus den keltischen Traditionen der Westlichen Inseln und einer Abstammung von Lady Macbeth. Wenn Sie wilde, wellige kastanienbraune Locken, einen durchscheinenden Teint und kristallklare Augen haben, dann sind Sie für diesen Look von Natur aus prädestiniert. Wenn nicht, machen Sie sich keine Sorgen; hellen Sie Ihre natürliche Gesichtsfarbe durch eine blasse Grundierung auf, aber achten Sie auf etwas Farbe für die Wangen, sonst werden die kräftigeren Tartans in Ihrer Garderobe überhand nehmen. Die Augen sollten klar und kräftig wirken, aber mit feinen Schattierungen wie Grau, dunklem Mauve oder Brauntönen betont werden.

Das Haar tragen Sie so wellig und vom Winde verweht, wie es Ihnen gefällt, aber achten Sie darauf, daß es glänzt und mehr als gesund ist. Wenn Ihr Haar lang und glatt ist, binden Sie es wie Bonnie Prinz Charly zu einem losen, niedrigen Pferdeschwanz zurück, der von einer schwarzen Samtschleife gehalten wird.

IDEEN

● Verschönern Sie eine weiße Bluse durch eine weiße Rüsche; machen Sie sie sich selbst aus fertig gekräuselter Spitze, die Sie am Meter kaufen können, oder suchen Sie in Altkleiderläden und auf Antikmärkten nach alter Spitze mit Druckknöpfen. Nähen Sie sie mit wenigen Stichen fest auf, oder befestigen Sie sie mit Druckknöpfen, so daß man sie leicht wieder abnehmen kann. Spitzenrüschen kann man auch auf die Manschetten von Hemden nähen und sollten unter den Ärmeln der Samtjacke hervorblitzen.

● Binden Sie sich Tartanbänder auf verschiedene Art um: um den Hals zu einer weichen Schleife; zu einer adretteren Fliege oder wie eine lange Herrenkrawatte; um den Kopf mit dem Knoten oben auf dem Kopf; zu einer Schleife um den Pferdeschwanz.

● Verleihen Sie mit einer natürlichen Hennaspülung braunem Haar den stilechten Rotschimmer – selbst Blondinen könnten eine rötliche Spülung probieren, die sich wieder auswaschen läßt.

Unten und gegenüber: Vier Ideen, wie Sie mit etwas Karo in Form von Tartanbändern der **Schottin** die abschließende Note verleihen können: binden Sie sich ein solches Band zu einer großen Schleife um den Hals oder zu einer diskreten Schleife unter dem Blusenkragen; als Krawatte (lesen Sie unter **Der Gentlemen-Look** die Bindeanleitung nach) und um einen Pferdeschwanz.

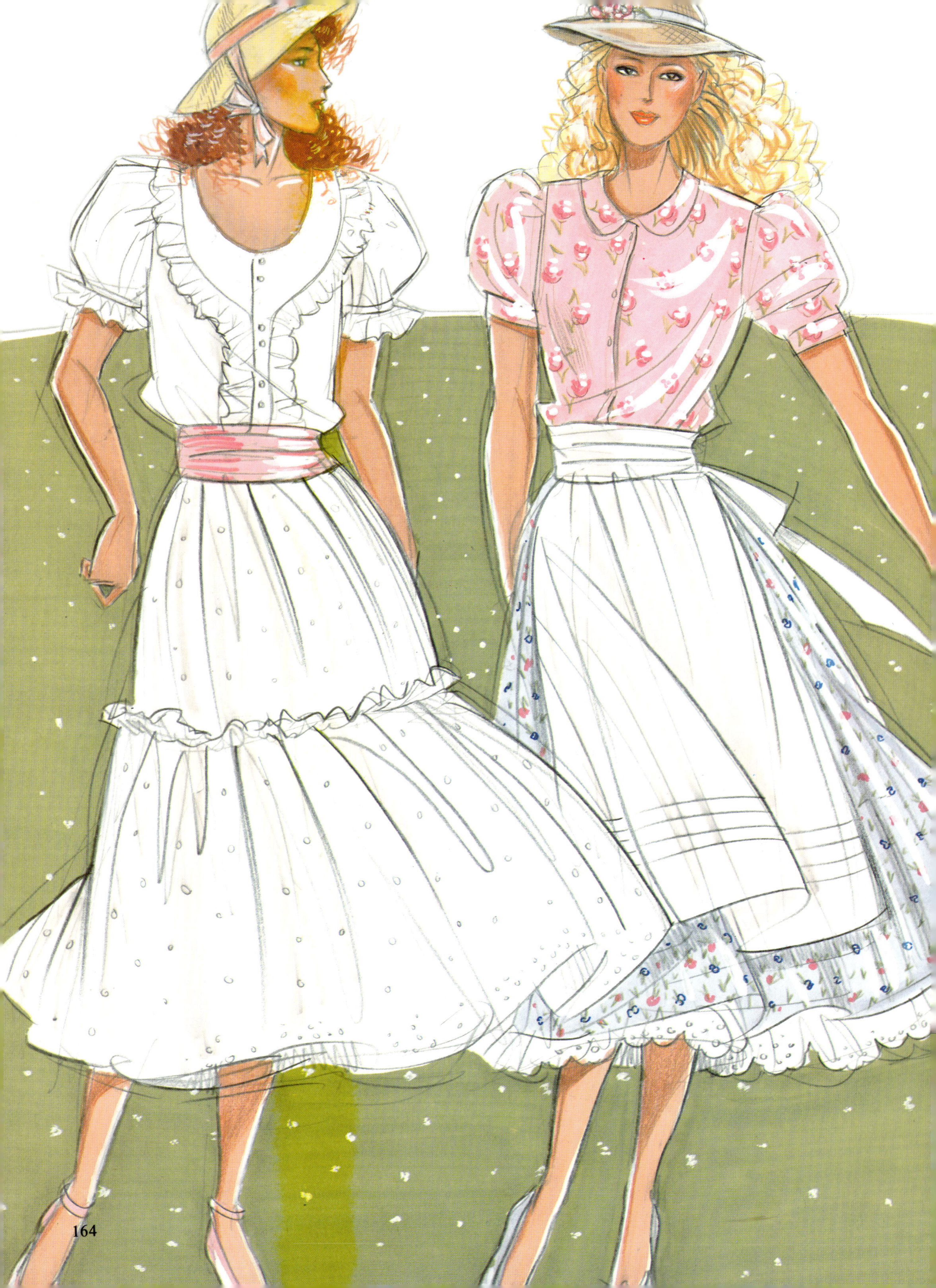

DIE SCHÄFERIN

HINTERGRUND

Erinnern Sie sich an Little Bo Peep (aus einem englischen Kinderreim), die ihre Schafe verlor, und an die frische Heidi aus den Schweizer Alpen? In der Vorstellung der meisten von uns gehören Schäferinnen in Kinderbücher, die von kleinen Mädchen, die hübsch und gut sind, erzählen und mit einem Happyend aufhören. Diese Märchenschäferinnen wurden jedoch von der wohl berühmtesten aller »wirklichen« Schäferinnen übertroffen, von Marie Antoinette, der Königin von Frankreich kurz vor der Revolution 1789. Wenn sie das Leben am Hofe von Versailles langweilte, dann setzte sie einfach ihre Schäferinnenhaube auf, zog sich ein niedliches Kleidchen an, nahm einen polierten Hirtenstab zur Hand und verschwand für den Nachmittag in einer hübschen Nachbildung einer Schäferhütte auf einer sorgsam gemähten Weide voller flauschiger, gut geputzer Schäfchen. Hier (immer noch auf dem Grund und Boden des Palastes) spielte sie ihre Phantasievorstellungen von einem einfachen Leben aus.

DER LOOK

Aber verzweifeln Sie nicht gleich, wenn Sie keine Weide oder zahme Schafherde besitzen. Sie können trotzdem so aussehen. **Die Schäferin** ist der ideale Look für schöne Sommertage, an denen sich die Gedanken einem gesunden Leben in der freien Natur zu wenden. Es ist ein Look für die, die im Herzen jung sind, und für die, die alles Süße mögen, angefangen bei süßen Mandeln bis hin zu Honig im Tee.

Wegen der vielen verschiedenen Schichten kann es etwas kompliziert werden, bildhübsch auszusehen, aber das Ergebnis ist die Mühe wert. Es gibt nur einen kleinen Haken bei der Sache: die Petticoats und die Weißwäsche müssen strahlend sauber und gut gestärkt sein. Dies ist also kein Look für diejenigen, die eine Abneigung gegen Bügeln hegen oder sehr viel herumreisen müssen!

Beginnen Sie mit dem makellos gewaschenen und gebügelten weißen Petticoat. Er sollte am Saum mit Langetten oder Spitze, Ajourstickerei, Stickerei oder Rüschen (oder einer Kombination aus diesen Möglichkeiten) geschmückt sein. Als Top tragen Sie ein weißes Kamisol oder Spitzenunterhemd, ähnlich eingefaßt. Wenn es sehr heiß ist, hören Sie damit auf, fügen vielleicht nur noch eine einfache Schärpe hinzu. Pantalons oder Hemdhöschen sind eine ungewöhnliche aber passende Ergänzung für unter den Petticoat – suchen Sie sie in Damenwäscheabteilungen oder Antikläden für Kleidung. Für die Straßenkleidung machen Sie mit (einem weiteren Petticoat oder) einem zartgeblümten Überrock weiter, unter dem der Petticoat ein kleines Stückchen hervorblitzt. Röcke wie Petticoats sollen weitschwingend und gekräuselt, knielang oder länger, gestuft oder nicht sein. Wenn Sie einen passenden Rock besitzen, der minikurz ist, dann können Sie ihn als eine Art Schürze über dem Überrock tragen. (Bei diesen vielen Kleidungsschichten ist dies ganz offensichtlich ein Look für Leute mit einer schmalen Taille; obwohl all die Stofflagen üppige Hüften und Schenkel geschickt verbergen.)

Über das Kamisol tragen Sie eine weiße Bluse, vorzugsweise mit Puffärmeln, Stickerei, Spitze oder anderen Schmuckeffekten. Diese Bluse kann jeden Schnitt haben, mit oder ohne Knöpfe, mit oder ohne Kragen, und aus jedem

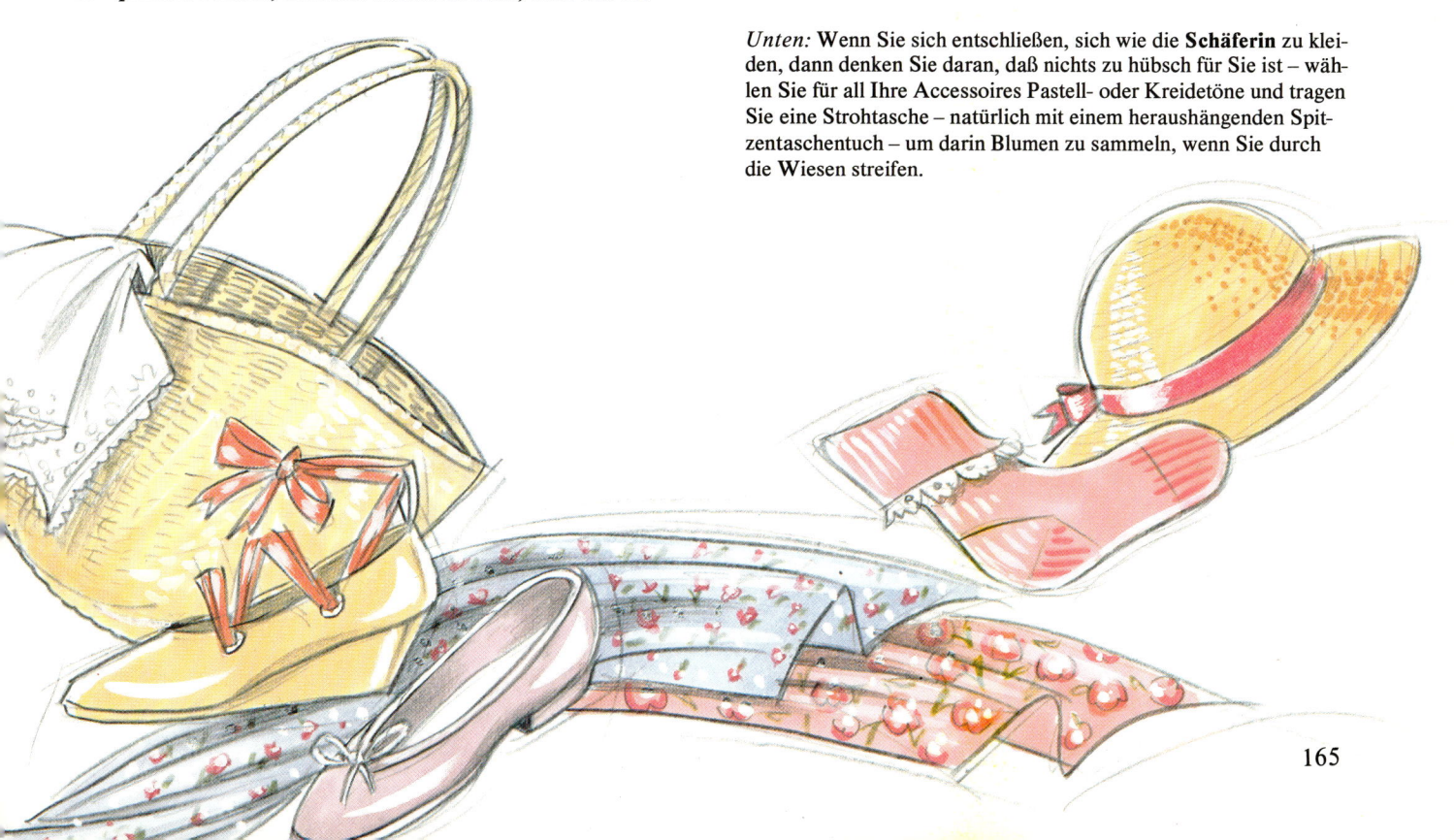

Unten: Wenn Sie sich entschließen, sich wie die **Schäferin** zu kleiden, dann denken Sie daran, daß nichts zu hübsch für Sie ist – wählen Sie für all Ihre Accessoires Pastell- oder Kreidetöne und tragen Sie eine Strohtasche – natürlich mit einem heraushängenden Spitzentaschentuch – um darin Blumen zu sammeln, wenn Sie durch die Wiesen streifen.

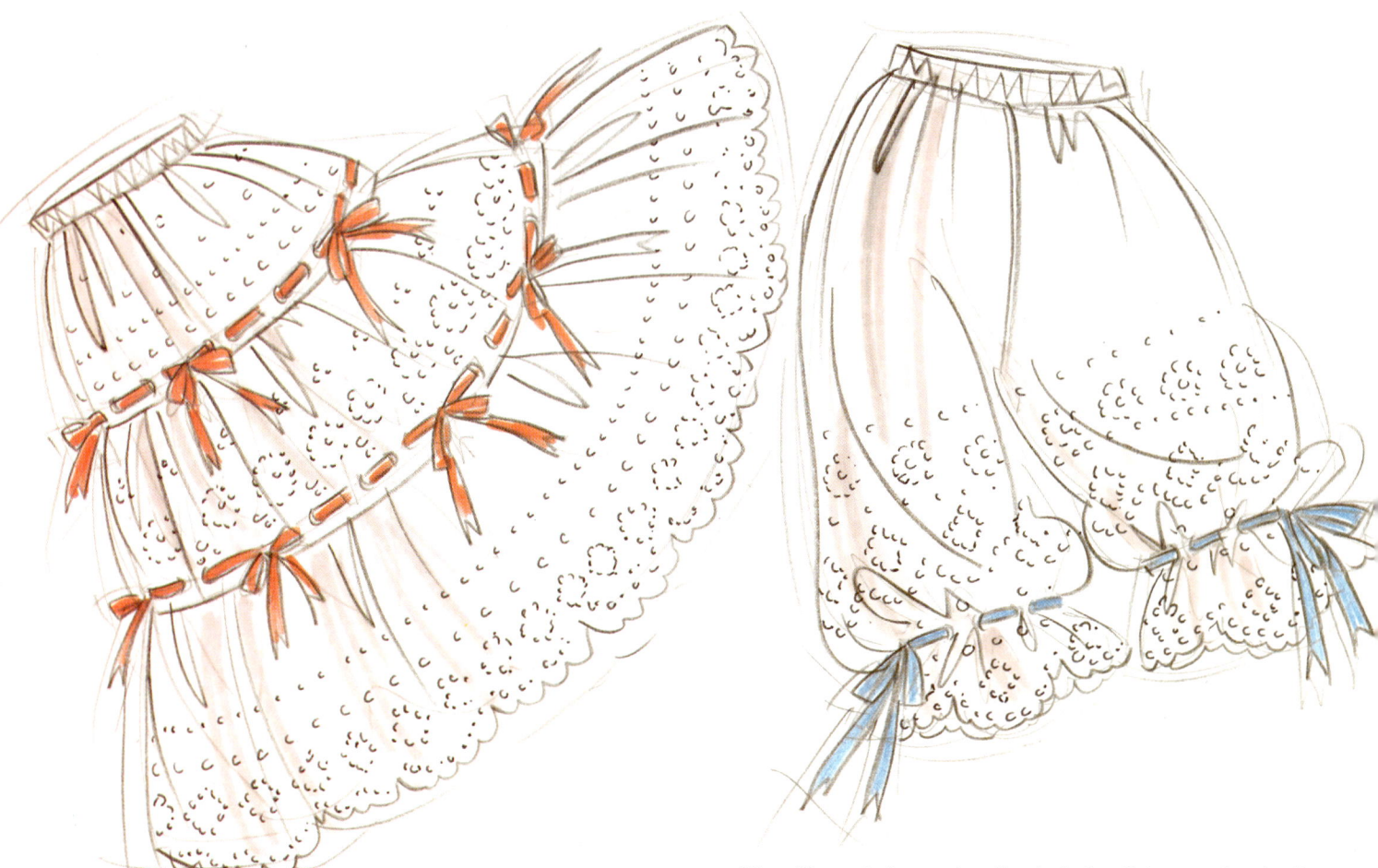

Oben: Unterwäsche von der viktorianischen Spitzenmachart ist die ideale Ergänzung zu den winzigen Blumendrucken, die die **Schäferin** trägt. Ziehen Sie durch die Lochspitze Bänder, die in der Farbe zu Ihrer übrigen Kleidung passen und lassen Sie für diesen reizendsten aller Sommerlooks die weißen Rüschen unter dem Rocksaum hervorblitzen.

leichten Material sein, von Baumwolle bis Seide. (Wenn Sie eine einfache weiße Bluse ohne Rüschen übrig haben, dann lesen Sie unter *Ideen* nach, wie Sie sie mit Spitzen verschönern können.) Oder aber Sie tragen eine pastellfarbene oder zart geblümte Bluse. Denken Sie immer daran, daß dies kein Look für leuchtende Farben ist: **Die Schäferin** sollte ganz in Weiß oder in einem Potpurri aus Pastellschattierungen gekleidet sein. Vor allem sollte der Gesamteindruck süß und sanft sein.

An kühleren Tagen können Sie noch ein Tuch im gleichen oder passenden Muster zu Ihrem Rock (Ihren Röcken) hinzufügen oder eine kurze, pastellfarbene Strickjacke. Am besten heben Sie sich diesen Look allerdings für jene milden Tage auf, an denen man keinerlei gestrickte Wollsachen braucht.

ACCESSOIRES

Das wichtigste Accessoire für die **Schäferin** ist sicherlich ihr Strohhut. Es sollte ein echter Strohhut sein, und jede Form mit Krempe ist möglich. Sie können ihn ungeschmückt oder mit Blumen (künstlichen oder echten) und Bändern verziert tragen – was sollten Sie auch den ganzen Tag auf der Weide anderes tun, als Ihren Hut schmücken! (Vgl. unten unter *Ideen* wegen Tips, wie Sie Ihren Hut dekorieren können.) Sichern Sie den Hut mit einer Hutnadel oder mit einem Band, das Sie unter dem Kinn zusammenbinden; wenn Sie eine zwanglosere Wirkung wünschen, dann können Sie ihn auch über den Rücken hängen lassen.

Weitere Accessoires sollten in Weiß oder Pastelltönen gehalten sein. Schuhe, Gürtel, Strümpfe und Schmuck bieten tatsächlich die einzige Gelegenheit für Unifarben wie Pink, Gelb, Aquamarinblau, sanftes Rot oder Babyblau. Wenn Sie beispielsweise ganz in Weiß gekleidet sind, dann könnten Sie Pink als Farbe für die Accessoires wählen; wenn Ihre Kleidung geblümt ist, dann greifen Sie eine Farbe aus dem Blumenmuster heraus und benutzen sie als akzentuierende Farbe.

Bänder sind ungeheuer nützlich, um diesen Look aufzuputzen. Tragen Sie sie um die Krempe Ihres Hutes, um die Taille, um Ihr Haar damit zurückzubinden oder als Schuhbänder. (Vgl. unter *Ideen*.) Vermeiden Sie Samt- oder Velvetinebänder zu den sommerleichten Stoffen, die für diesen Look angemessen sind, wählen Sie am besten Satin, Grosgrain oder Taft. Neben den einfarbigen Bändern gibt es auch gewebte mit Blumendesigns – sie sehen besonders schön zu ganz weißer Kleidung aus.

Als Fußbekleidung wählen Sie schlichte Pumps, geschnürte Halbschuhe, Ballerinas, Leinenschuhe oder ähnliche, leicht elegante Schuhmodelle ohne oder mit flachem Absatz oder sogar leichte, knöchellange Schnürstiefel. Tragen Sie zu diesem Schuhwerk weiße oder pastellfarbene Strümpfe oder einfach braune Beine. Wenn Sie sehr schlanke Beine haben, können Sie zu den Schuhen auch weiße Baumwollsöckchen anziehen, um einen wirklich jugendlichen Eindruck zu erzielen.

Der Schmuck kann einfach oder kunstvoll, hübsch oder schlicht sein, aber auf jeden Fall altmodisch und nicht neu. Probieren Sie es beispielsweise mit einem Perlenchoker oder einer Kette aus kleinen runden Glasperlen in Ihrer Akzentfarbe. Fügen Sie noch einen zarten Ring oder ein Armband hinzu, aber übertreiben Sie nicht. Der Look ist an sich schon ziemlich dekorativ, und Ihr Hut wird Ihr hauptsächlicher Schmuck sein.

GESICHT UND HAAR
Auch Ihr Haar soll Lieblichkeit und Sonne ausdrücken. Je nach Gesichtsform und Haarlänge können Sie es in einer der folgenden Weisen bändigen: nehmen Sie zu beiden Seiten eine Strähne zurück, die Sie auf dem Hinterkopf zusammenbinden; kämmen Sie Ihr Haar zu beiden Seiten direkt über dem Ohr zu einem Pferdeschwanz hoch oder zu einem einzelnen auf dem Hinterkopf; ebenso passen Zöpfe zu diesem Look, entweder ein einzelner im Rücken oder zu jeder Seite einer. Für jede dieser Frisuren müssen Sie das Haar erst mit einem bezogenen Gummiband zusammenbinden, und dann fängt der Spaß erst an. Wickeln Sie ein Stück Band einige Male um das Gummi, um es zu verstecken, und binden Sie das Band dann zu einer Schleife, deren Enden Sie herunterhängen lassen. Wenn Sie wollen, können Sie auch zwei zueinander passende Schleifen verwenden. Vollenden Sie Ihr Werk durch ein Sträußchen unechter Blumen, besonders wenn Sie keinen Hut tragen – kleine Sträußchen aller Arten von Sommerblumen werden bildhübsch aussehen.

IDEEN
● Verwenden Sie Ajourspitze oder irgend eine weiße Baumwollspitze, um damit Söckchen, Blusen, Petticoats und Rocksäume zu schmücken. Kaufen Sie sie schon fertig gekräuselt und versäubert und heften Sie sie einfach fest. Ungekräuselte Stücke können Sie als Haarbänder oder Hutschmuck verwenden.

● Schmücken Sie einen einfachen Strohhut mit Bändern, wobei Sie verschiedenfarbige Bänder nehmen, wenn Ihre Kleider gemustert sind, oder aber die Akzentfarbe, für die Sie sich entschieden haben. Verwenden Sie ein einzelnes Band oder verschiedene von unterschiedlicher Dicke übereinander, wie es in der Illustration zu sehen ist. Die Bänder können auch gedreht oder geflochten werden, um so einen interessanten Effekt für Hut oder Taillenschmuck zu schaffen.

● Kleine künstliche Blumensträußchen können Sie mit oder anstelle von Bändern als Schmuck für Ihren Hut verwenden. Arrangieren Sie fünf kleine Sträußchen in gleichen Abständen um den Krempenansatz herum; nähen Sie einen großen Strauß auf das Band, wo die Enden aufeinanderstoßen; nähen Sie die Blumen auf der Unterseite eines breitkrempigen Hutes, damit Sie Ihr Gesicht umschmeicheln.

Oben: Strohhüte sind für diesen idealisierten, romantischen Look ganz wesentlich – kaufen Sie schlichte Modelle, und schmücken Sie sie, wie oben unter *Ideen* vorgeschlagen, mit künstlichen Blumen.

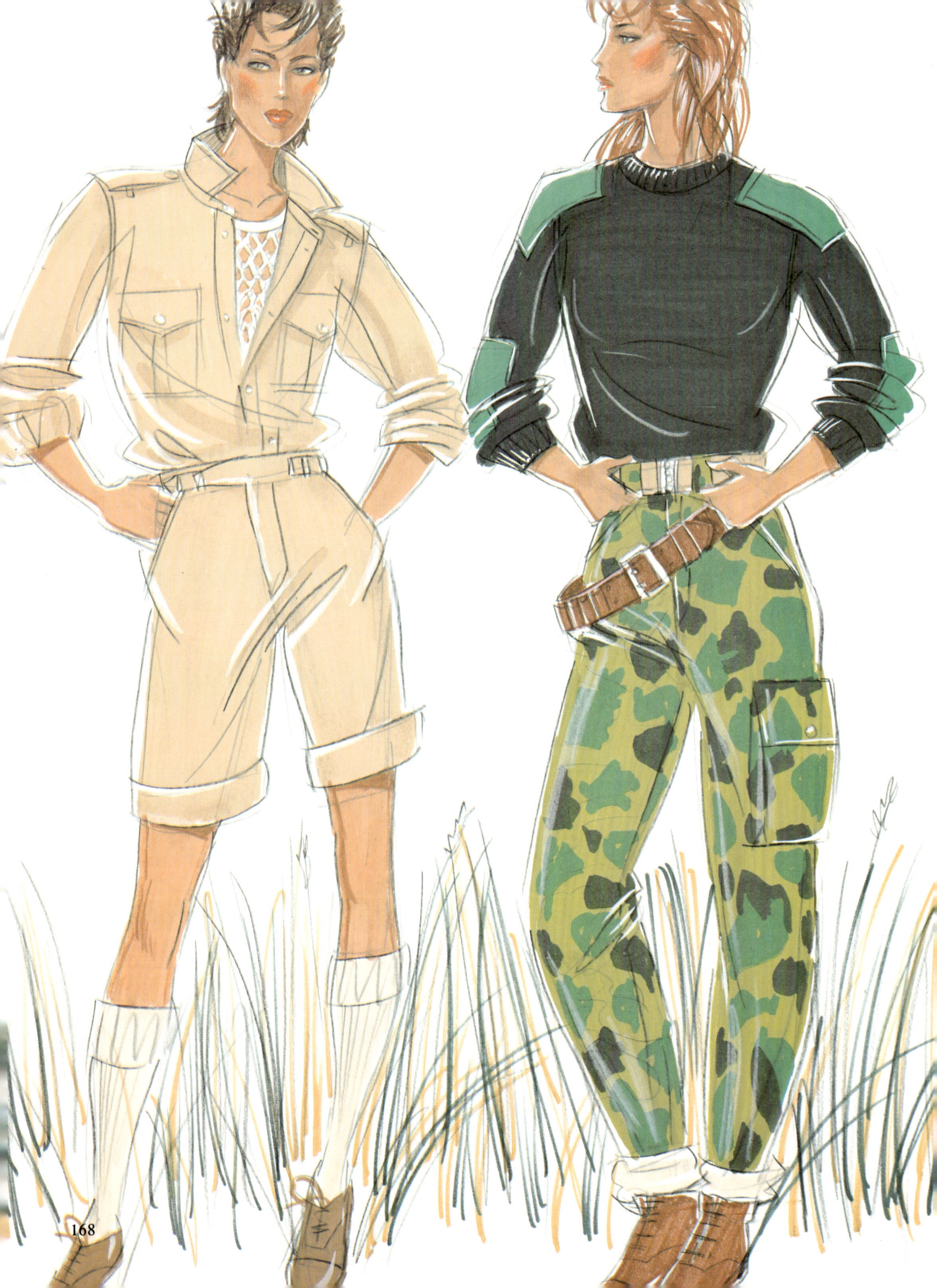

DIE SOLDATIN

HINTERGRUND

Männer und Frauen, die die Hacken zusammenschlagen, im Paradeschritt marschieren, mit Goldlitzen dekoriert sind und von einer Blaskapelle begleitet werden, sind Soldaten, nicht wahr? Aber ebenso auch jene romantisch anmutenden, getarnten Revolutionäre, die auf Händen und Knien durch den dampfenden Dschungel kriechen. Zwei vollkommen verschiedene Typen, was jedoch für Sie nur von Vorteil ist: bei Tag können Sie in funktioneller, strapazierfähiger Montur den Stadtguerillero spielen und nachts den strahlenden Militär in voller Galauniform.

Jahrhundertelang wurden die ordensgeschmückten, mit Goldlitzen verzierten Uniformen der Patrioten streng und ausschließlich nur von ihren rechtmäßigen Besitzern getragen: den Offizieren der großen Regimenter. Niemand hätte auch nur daran gedacht, in der khaki- oder tarnfarbenen Montur der Guerilla, Söldner oder regulären Soldaten aus dem Haus zu gehen.

Die »Swinging Sixties« veränderten das grundlegend: ein militärischer Nostalgiespleen brachte ganze Horden von »Swingers«, die sich als Generäle, Hauptleute oder Feldwebel kleideten. In den Geschäften häuften sich militärische Bekleidung und Accessoires aller Art; Boutiquen wie die »I was Lord Kitchener's Valet« (wörtlich: Ich war der Kammerdiener des Königlichen Küchenmeisters) in Londons Carnaby Street boten alle möglichen ordensbehangenen und litzenbesetze Kleidungsstücke an, die auf nicht ganz konventionelle militärische Weise getragen wurden. Das Cover des Beatles-Albums von 1967, *Sergeant Pepper's Lonely Hearts Club Band*, zeigt die »Fantastischen Vier« in verrückten militärischen Uniformen, wodurch sie ihre Zustimmung zu mit Schnüren besetzten Gehröcken, an denen Orden, Litzen, Messingknöpfe und Achselschnüre prunkten, besiegelten.

Aber der neue, rauhere »Feldlook« der Soldaten trat ebenfalls schon in den Sechziger Jahren hervor – schon jahrelang war der praktische und strapazierfähige Arbeitsanzug des normalen Soldaten in Armeebestandsläden verkauft worden; aber erst seit den Studentenunruhen, als junge Menschen in Che Guevara ihren Helden fanden, hat dieser zugängliche Look erst wirklich Anklang gefunden. Plötzlich tauchten an jeder Straßenecke Arbeitsanzüge in Tarnfarben, Khaki, Sand und Olivgrün und mit unzähligen Taschen, Rippenpullover mit Lederflickenbesatz, Ledermäntel und wasserdichte Trenchcoats auf. Es war das Zeug aus den Schützengräben des Zweiten Weltkriegs, aus Korea und Vietnam, von Che Guevara und seinen Guerillakameraden – sogar von *Sergeant Bilko* und *M.A.S.H.*!

Interessanterweise sind beide Versionen des Soldatenlooks im wesentlichen Straßenlooks geblieben, obwohl Modeschöpfer wie beispielsweise Yves St. Laurent sich häufig dieses Looks angenommen und ihn abgeändert haben. Die grundlegenden und auch authentischsten Elemente sind gewöhnlich in Armeebestandsläden, Secondhandläden und auf Straßenmärkten für wenig Geld aufzutreiben. Einige der Kleidungsstücke, wie der graugrüne Trenchcoat, sind so populär geworden, daß sie inzwischen zur Standardausrüstung jeder Damengarderobe gehören; überziehen Sie Ihr Budget nicht, um eine teure Kopie zu erstehen; der Armeetrenchcoat ist billiger und stilgerecht.

DER LOOK

Der brauchbarste Militärlook, den man immer tragen kann, zu jeder Jahreszeit und mit fast jeder Figur, ist der strapazierfähige, praktische Kleidungsstil der Stadtguerilla. Wählen Sie eine Ausstattung, die verschiedene der traditionellen Farbschattierungen miteinander kombiniert oder bleiben Sie bei einer einzigen: Khaki, Sandtöne; Oliv und Grau-Grün sind ideal; Grautöne, Marineblau und Beige kann man ebenso gut verwenden. Ihre Montur muß ein Paar weite Arbeitshosen, entweder einfarbig oder in den Tarnfarben, mit so vielen Seiten- und Beintaschen, Riemen und Nieten wie möglich einschließen. Hemden der gleichen Schattierung aus Baumwolle oder Wolle plus einem marineblauen oder olivgrünen, gerippten Wollpullover, der an

Unten: Die Ausrüstung der **Soldatin** ist so nüchtern und vernünftig wie sie selber – die Schuhe sind vernünftig, die Taschen geräumig, Gürtel dienen als Allzwecktaschen und haben massive Messingschnallen, die Mützen haben Krempen, um die Augen vor Sonne und Regen zu schützen.

Oben: Zwei Alternativen für die Überkleidung der **Soldatin**: die eine für die schicken Guerrilleros im Busch und die topmodischen Damen der Stadt; die andere geradewegs aus dem Kleiderschrank des Offiziers und ideal zu eher klassischer Kleidung. Holen Sie sich beide aus Armeebeständen.

den Ellbogen und auf den Schultern mit Lederflicken bestückt ist, sind weitere wesentliche Elemente Ihrer Ausrüstung.

Als leichtere Jacke bieten sich Ihnen zwei Möglichkeiten: die sandfarbene (oder manchmal auch marineblaue), taillierte, einreihige Paradejacke mit Goldknöpfen und einem gleichfarbigen oder braunen Ledergürtel und die große Baumwolljacke in Khaki oder Tarnfarben mit zuknöpfbaren, aufgesetzten Taschen, großen Schulterklappen und einem robusten Reißverschluß und Metalldruckknöpfen. Die letztgenannte sieht am besten aus, wenn man sie offen trägt, die Ärmel ein oder zweimal umkrempelt. Als weiteren Schutz gegen das rauhe Leben im Freien dienen weite Capes, schwere Wollmäntel (oder auch aus Leder, wenn Sie einen auftreiben können) und Trenchcoats, mit Kellerfalte im Rücken und engem Gürtel, die allesamt den schlimmsten Wetterbedingungen trotzen werden.

Behalten Sie für den Sommer die gleiche Grundlinie bei, aber wählen Sie leichtere Stoffe: ein khaki- oder sandfarbenes Baumwollhemd, mit aufgekrempelten Ärmeln, einfachen Schulterklappen und aufgesetzten Taschen, sollte eng gegürtet in eine ähnlich farbige Militärshorts mit Bundfalten gesteckt werden, bei der Sie, wenn Sie wollen, die Bündchen noch hochkrempeln können – und dazu, wenn Sie mutig genug sind, ein passender Tropenhelm! An sehr heißen Tagen können Sie das Hemd gegen ein Netz-T-Shirt aus Baumwolle eintauschen. Baumwollhosenröcke und schmal geschnittene Röcke, vielleicht mit einer einzelnen Mittelfalte, schaffen ein förmlicheres Erscheinungsbild, aber achten Sie dann darauf, daß die militärische Note in den anderen Elementen Ihrer Kleidung bewahrt bleibt.

Es gibt nichts Umwerfenderes als eine Dame, die sich für besondere Abende oder Kostümparties ganz und gar in die ganz große Galauniform geworfen hat. Wir möchten hier nicht vorschlagen, daß Sie zu solch einer Gelegenheit das Schwert schwingen, aber Sie können in Satin, Seide, Schärpen, Litzen, Orden, Helmen und Stulpenhandschuhen, alles in auffälligen, leuchtenden Farben, sehr viel Spaß haben. Fesseln Sie die Aufmerksamkeit aller in engen Hosen oder Breeches, die Sie unter einer scharlachroten, königsblauen, weißen oder schwarzen Tunika mit Stehkragen tragen. Sie können bei einem Satinblazer jederzeit den Kragen aufschlagen und feststecken, so daß er wie eine militärische Tunika aussieht, und, um es dem Eisernen Herzog (Duke of Wellington) gleichzutun, stecken Sie die Hosen in die Stiefel. (Vgl. unter *Ideen*.) Es gibt unzählige weitere Möglichkeiten, den Inhalt Ihres Kleiderschranks für diesen Stil umzufunktionieren, aber wenn Sie schnelle Resultate vorziehen, dann sollten Sie die Ausverkäufe besuchen, die in regelmäßigen Abständen von den Theaterkostümverleihs veranstaltet werden, stets große Lieferanten militärisch inspirierter Kleidung.

ACCESSOIRES

Zu dem funkelnden Galalook binden Sie sich eine Satinschärpe oder ein breites Band in einer leuchtenden Kontrastfarbe fest um die Taille und/oder drapieren es sich über eine Schulter, ziehen es vielleicht unter einer Schulterklappe durch und binden es unter der anderen fest. Goldlitzen an Kragen und Manschetten, vergoldete Regimentsknöpfe, »Kleiderbürsten«-Schulterstücke, Ihre Verdienstorden, eine Schirmmütze mit Litze und Abzeichen und die glänzendsten Schuhe oder kniehohen Stiefel bürgen dafür, daß Sie dem Ruhm Ihrer Vorfahren gerecht werden. Da dies ein Scherzlook ist, gibt es auch keine strengen Regeln, es liegt also ganz bei Ihnen, ihn so phantasievoll wie Sie wollen zu gestalten.

Für die khaki- oder tarnfarbene Arbeitskleidung werden Sie sehr praktische Militäraccessoires benötigen. Am charakteristischsten sind Gürtel, Achselbänder und Beutel aus olivgrünem Leder oder Gurtbandgewebe. Ein breiter Gürtel mit eingearbeiteter Reißverschlußtasche oder eine lederne Munitionstasche sind ein Muß und sehr nützlich, um darin Kleingeld unterzubringen. Wenn Sie mögen, können Sie die authentische Wirkung durch ein diagonales Achselband steigern, das Sie vorne und hinten am Gürtel festknöpfen.

Knöchelhohe Schnürstiefel aus khakifarbenem Leinen oder Leder mit dicken Strümpfen, hohe Lederstiefel mit flachem Absatz, die Hosenbeine in die Schäfte gesteckt, oder lederne Schnürschuhe, so poliert, daß Sie sich darin spiegeln können, werden es Ihnen ermöglichen, auch das rauheste Terrain zu meistern oder auch eine Parade abzunehmen. Schützen Sie die unteren Beinpartien im Sommer durch Kniestrümpfe, die farblich zu Ihren Shorts oder Ihrem Hosenrock passen. Stulpenhandschuhe, die Sie hinter eine Achselschnur stecken, eine Schirmmütze oder ein Barett (samt Regiments- oder Revolutionsabzeichen) und ein robuster Leinenranzen oder eine lederne Munitionstasche geben den letzten Pfiff. Keinerlei Kinkerlitzchen am Soldatenlook – ein Kämpfer kann sich nicht mit solchen Kleinigkeiten abgeben. Die Militärs von heute finden eine massive Digitaluhr höchst nützlich, geben Sie also Ihrer Vorliebe für Mikro-Chip-Technologie nach und holen Sie sich die klotzigste und komplizierteste, die Sie finden können. Am Abend dürfen Sie zulassen, daß ein bißchen Phantasie die militärische Korrektheit belebt: vielleicht ein Paar schlichter Goldohrringe oder ein oder zwei Ringe.

GESICHT UND HAAR

Beginnen Sie mit einer leicht bräunlichen Grundierung, es sei denn, Sie haben eine natürliche Sonnenbräune. Tragen Sie auf das obere Lid einen messingfarbenen Lidschatten auf, auf das untere eine Khakifarbe und etwas Rostton in das innere Augenlid. Ziehen Sie mit einem dunkelbraunen Kohlestift über den Wimpernansatz am unteren Lidrand, wobei Sie den Strich etwas zum inneren und äußeren Augenwinkel hin verlängern und mit dem Khakilidschatten vermischen, um die Augen zu betonen. Tragen Sie auf die Wangenknochen ein bräunliches Rouge auf, und vollenden Sie das Make-up, indem Sie die Konturen der Lippen mit einem rostfarbenen Konturenstift nachziehen, je nach Ihrer Gesichts- und Haarfarbe mit einem rost- oder apricotfarbenen Lippenstift ausmalen und vielleicht noch mit einem Schimmer goldfarbenen Lippenstift darüberziehen. Für den Galalook gelten im Prinzip die gleichen Make-up-Regeln, aber verwenden Sie hier pinkfarbenen, marineblauen oder grauen Lidschatten, ein rosiges Rouge, marineblaue Kajalkohle und einen roten Lippenstift. Die Tagesfrisur kann in echter Militärmanier adrett und wirkungsvoll sein: das Haar sollte bitteschön nicht den Kragen berühren, was bedeutet, daß Sie es zu Zöpfen oder zu einem Knoten aufstecken oder einfach ordentlich unter Ihre Mütze stecken. Aber diese Regel gilt nicht für Söldner und Guerilleros; der Dschungelkrieg erlaubt Ihnen, Ihr Haar so wild zu tragen, wie es Ihnen gefällt. Für den Abend lassen Sie es in unerhört üppige Wellen fließen oder kämmen es ganz glatt zurück, um sich einen wirklich eiskalten preußischen Anstrich zu geben.

IDEEN

● Hängen Sie mit kleinen Karabinerhaken nützliche Gegenstände an Ihre Lederkoppel: eine Uhr, ein Taschenmesser, eine Pfeife, Schlüssel; benutzen Sie eine lederne Gürteltasche anstelle einer Handtasche.

● Suchen Sie in Trödlerläden nach original Regimentsknöpfen und Abzeichen aus massivem Messing; polieren Sie sie auf und schmücken Sie damit Ihr ausgesuchtes Kleidungsstück.

● Nehmen Sie Münzen als Ersatz für Orden und hängen Sie sie an gestreifte Bänder, um zu beweisen, was für ein zäher Veteran Sie sind. Oder suchen Sie auf Flohmärkten nach echten Orden und putzen Sie sie auf, indem Sie die alten Bänder durch neue ersetzen.

● Nähen Sie für den Abend Litzen und Quasten auf Manschetten, Kragen, Schultern, Jackensäume und -frontpartien. Polsterlitze für Dekoration, Kissen und Möbelkanten ist für diesen Zweck ideal – je ausgefallener, desto besser.

Unten: Eine gewöhnliche Jacke kann man für eine Party oder den Paradeplatz mit ein paar Metern Goldkordel und fast unsichtbaren Stichen herausputzen, wie es hier auf der rechten Hälfte dieser roten Jacke zu sehen ist.

172

DIE SPORTLERIN

HINTERGRUND

Seit den Zwanziger Jahren weilt die **Sportlerin** unter uns. Als die Röcke kürzer und die Haare gestutzt wurden, kam plötzlich Bewegung in die jungen Damen. Hand in Hand mit ihren neuen politischen und gesellschaftlichen Freiheiten, die in der lockeren, zwanglosen Mode einen Ausdruck fanden, stürzten sich die Frauen begeistert auf Aktivitäten an der freien Luft, und schon bald waren dann sanftere Sportarten wie Tennis, Wandern, Krocket und Schwimmen in der besseren Gesellschaft *de rigueur*. Während man von der viktorianischen jungen Dame noch erwartete, daß sie bei gesellschaftlichen Zusammenkünften Klavier spielen und ein hübsches Duett zu Gehör bringen konnte, konnte sich in den Zwanziger und Dreißiger Jahren kein aufgewecktes junges Ding mehr auf einer Hausparty behaupten, wenn es nicht in der Lage war, anmutig den Tennisschläger zu schwingen. »Spielt jemand Tennis«, von Noël Coward geprägt, faßt diese sorglose Epoche so ziemlich treffend zusammen.

In den Achtziger Jahren ist Sport wieder zu *der* modischen Freizeitbetätigung geworden, aber heute wird er als solche ernst genommen. Träge Sommernachmittage, deren Stille nur durch das sanfte Plop, Plop der Tennisbälle auf dem Rasenplatz unterbrochen wird, sind passé. Die Frauen stürzen sich mit einer Entschlossenheit in den Sport, die man früher als ein Vorrecht der Männer angesehen hatte. Es entstehen ganz neue Schönheitsideale – die feminine Frau ist eine Frau, die läuft, sogar Marathonstrecken, die sich in einer Turnhalle verausgabt, bis der Schweiß fließt, die Tennis hart und auf Sieg spielt, die sogar Gewichtstraining und Kraftübungen am Heimtrainer absolviert. Die Frau ist sexy, wenn sie stark, muskulös, fit und gesund ist; und das läßt sie gut und glücklich aussehen.

Es ist unschwer nachzuvollziehen, daß die Modehersteller begeistert reagierten – jetzt sieht man sowohl an jungen wie an älteren Menschen auch zu vollkommen unsportlichen Anlässen vom Sport inspirierte Kleidung. Zudem haben Filme wie Hugh Hudsons *Die Stunde des Siegers* (1980) die Freuden des Laufens wundervoll eingefangen und in uns allen den Wunsch nach gut entwickelten Beinmuskeln, erhitztem Gesicht und Schweißperlen auf der Stirn geweckt. Nur dreißig Jahre vorher genoß das Filmpublikum balletthaftere und sensualistischere athletische Anstrengungen dank der freundlichen Mitwirkung des olympischen Schwimmstars Esther Williams in Filmen wie *Die goldene Nixe* (1952) und *Die Wasserprinzessin* (1953).

Soziologen versuchen das Fitnessphänomen zu erklären, indem Sie darauf hinweisen, daß wir heute viel mehr Freizeit haben, die es zu füllen gilt, und uns den einfachen Freuden körperlicher Betätigung zuwenden angesichts einer immer komplizierter werdenden Welt. Da zudem die wachsende Arbeitslosigkeit inzwischen fast alle Gesellschaftsschichten betrifft und möglicherweise zu einer kürzeren Arbeitswoche für uns alle führen wird, werden die Menschen in steigendem Maße Befriedigung in ihren individuellen Anstrengungen und Fähigkeiten suchen. Anders als die Arbeitsmarktlage ist Sport etwas, was das Individuum kontrollieren kann.

DER LOOK

Die Sportlerin ist immer ein Bild der Gesundheit, und da es auf dem Weg zu diesem blühenden Aussehen keine Abkürzung gibt, könnten Sie es auch gleich auf ehrlichem Wege versuchen. Es ist kein Geheimnis, warum man sich nach körperlicher Anstrengung besser fühlt. Ob Sie sich nun für Yoga, Aerobic oder Tanzen oder kraftvollere Sportarten wie Tennis, Schwimmen, Laufen oder Turnen entscheiden, das Wichtige ist, eine Sportart zu finden, die zu Ihrem Lebensstil und Temperament paßt, damit Sie sie auch wirklich beibehalten. Regelmäßig ausgeübt, wird die gewählte Sportart dafür sorgen, daß Sie sich besser fühlen, wird Ihnen dieses blühende Aussehen verleihen und sich in praktisch jedem Bereich Ihres Lebens – von der Arbeit bis zur Liebe – positiv bemerkbar machen. Sie werden auch feststellen, daß Sie lernen, sich für sich selbst Ziele zu setzen und unter Ihren selbst gestellten Bedingungen zu triumphieren.

Unten: Entscheiden Sie sich für grelle Farbkombinationen, wenn Sie sich wie die **Sportlerin** kleiden wollen. Streifendetails sehen hinreißend aus und vermitteln den Eindruck von Geschwindigkeit, während leuchtende Farbtöne Sie aufheitern, wenn Sie sich einmal nicht so energiegeladen fühlen.

Rechts: Wählen Sie Ihre Tops je nach Wetter und danach, wie anstrengend Ihr Training ist, aber achten Sie stets darauf, daß Sie sich abkühlen können, indem Sie ein Sweatshirt ausziehen, unter dem Sie ein kurzärmeliges T-Shirt tragen, oder aufwärmen können, indem Sie wieder ein flauschig gefüttertes Sweatshirt darüberziehen.

Wie bei der **Tänzerin** ist die Kleidung der **Sportlerin** zu einer allgemein verbreiteten Modetendenz geworden, und für die meisten Sportarten oder täglichen körperlichen Betätigungen geht nichts über den Trainingsanzug. Aus weichen Materialien, großzügig geschnitten, mit eng sitzendem Ärmel-, Bein- und Taillenbund, bürgt er für große Bequemlichkeit und Bewegungsfreiheit. Die praktischen Gewebe brauchen nie ein Bügeleisen, das chrakteristische flauschige Futter hält Sie bei kaltem Wetter warm und bei warmem Wetter kühl und es gibt diese Anzüge in jeder erdenklichen Farbe. Am besten entscheiden Sie sich für zweiteilige Anzüge aus 100% Baumwolle, manchmal auch aus naheliegenden Gründen »Sweats« genannt und weil sie die Weiterentwicklung des ewigen Sweatshirts sind. Meiden Sie die neueren synthetischen Gewebe und engere Formen: obwohl Syntheticfasern die Form besser bewahren, setzen sich in ihnen aber auch Schweißgerüche fest und kleine Fadenknötchen auf der Oberfläche lassen sie schnell alt aussehen.

Bei wirklich heißem Wetter oder wenn Sie eine anstrengende Sportart betreiben, wählen Sie Sportshorts aus Baumwolle oder Satin; erstere sind gewöhnlich billiger und praktischer, letztere haben einen schnittigen Seitenstreifen und einen schimmernden Glanzeffekt. Wie die »Sweats« gibt es sie auch in klaren, leuchtenden Farben, Pastelltönen und traditionellen Farben wie Marineblau, und man kann sie mit den Oberteilen von Trainingsanzügen, Sweatshirts, T-Shirts oder Trikothemden kombinieren. Sie können zu den Shorts auch sehr wirkungsvoll ein Leotard oder einen Badeanzug tragen. Das T-Shirt ist ein weiteres Grundelement in der Garderobe der **Sportlerin**. T-Shirts gibt es in allen Variationen, groß, übergroß oder hauteng, in hundert verschiedenen Farben, mit Streifen oder Werbesprüchen, mit Kragen oder rundem Ausschnitt, mit Taschen und Knöpfen oder auch ohne. Legen Sie sich eine Auswahl verschiedener T-Shirts zu, die zu Ihrem Jogginganzug, Ihren Shorts – und natürlich Ihren Stimmungen passen. Sportsnobs werden natürlich nur T-Shirts von ausgesuchtester Qualität wählen, die den Namen eines Sportclubs, Turn- oder Tanzstudios zur Schau tragen, und die allerbesten sind diejenigen, die die Triumphe des Trägers verkünden: »Ich bin beim Marathon von New York mitgelaufen«, zum Beispiel. Anhänger einer eher klassischen Richtung werden Tops nach Art von Aertex/Lacoste bevorzugen, die jetzt in einer breiten Auswahl an Farben zu haben sind. Auch hier sollten Sie wieder im Interesse Ihres Wohlbefindens darauf achten, daß alle T-Shirts aus reiner Baumwolle sind.

Als Darüber wählen Sie sowohl zum Trainingsanzug als auch zu den Shorts flauschig gefütterte Sweatshirts mit den traditionellen langen Ärmeln oder aber mit Kapuze und Reißverschluß, ganz nach Ihrem Belieben mit Sportsymbolen oder -slogans oder dem Signet des Herstellers bestückt oder nicht. Als Alternative sehen auch Nylon- oder Baumwollparkas und große Sweater sehr gut aus. Wählen Sie diese Teile in den klassischen Sportfarben – Marineblau, Rot, Weiß und Grau – oder entscheiden Sie sich für ungewöhnlichere Farbkombinationen, aber vermeiden Sie die extravaganten, schreienden Neonfarben der **Tänzerin**. Mischen und kombinieren Sie beispielsweise hellblaue Sportshorts mit einem weißen Top und einem blaßrosa oder minzgrünem Sweatshirt, und vervollständigen Sie dieses Ensemble mit den nebenstehend aufgeführten Accessoires.

ACCESSOIRES

Borgen Sie sich die Moonboots des Skiläufers, um sie im Winter zu Trainingsanzug und Sweater zu tragen; leihen Sie sich die Turnschuhe des Joggers oder Tennisspielers. Wählen Sie Weiß oder ungewöhnlichere Kombinationen. Schuhe sind teuer, bringen Sie sie also mit Ihrer übrigen Kleidung in Einklang, indem Sie die Strümpfe sorgfältig auswählen. Suchen Sie nach weißen Strümpfen mit bunten Bundstreifen, nach klaren Farben und in jeder Länge, von knöchel- bis wadenlag. Tragen Sie unter den Sportshorts farbige Strumpfhosen, wenn Sie Ihre Beine verstecken wollen, solange sie an Form und Festigkeit noch zu wünschen übrig lassen, oder einfach, wenn Sie es etwas wärmer haben wollen. Meiden Sie Gelb-Brauntöne, wählen Sie statt dessen eine Farbe, die Ihre übrige Kleidung ergänzt. Diese Kombination von Strumpfhosen und Satinshorts sieht auch zum Rollschuhlaufen großartig aus (mit Knie- und Ellbogenschonern, die gegen Schürfwunden schützen.)

Halten Sie sich das Haar mit Hilfe eines Stirnbands aus dem Gesicht, damit Sie immer den Ball im Auge behalten können. Tragen Sie ein solches Stirnband über der Stirn und über den Ohren oder, wie die großen Tennisstars, von der Stirn zurück nach hinten um den Kopf. Obwohl sie topschick aussehen, haben diese Stirnbänder auch eine ernsthafte Funktion, denn sie verhindern, daß der Schweiß von der Stirn in die Augen kommt, genauso wie Schweißbänder für die Handgelenke verschwitzte Hände verhindern sollen. Tragen Sie beide aus saugfähigem Material wie Frottee; beginnen Sie mit Weiß, bevor Sie weitere Farben und Streifendesigns sammeln.

Wenn Sie in der grellen Sonne laufen sollten, dann geht nichts über einen Mützenschirm (eine Sonnenbrille ist hier nutzlos, da sie leicht von der Nase rutscht). Ob an einem Stirnband oder an einer Mütze befestigt, ob aus durchsichtigem, farbigem Plastik oder aus gestärktem, gesteppten und ausgesteiftem Stoff, diese Schirme sind unschlagbar. Wenn sie an einem Stirnband oder einem Schal befestigt sind, halten sie Ihnen gleichzeitig die Haare aus dem Gesicht und schützen Ihre Augen vor dem gleißenden Sonnenlicht, schlagen also zwei Fliegen mit einer Klappe. Eine ähnliche Funktion können im Leben der **Sportlerin** Hüte und Mützen mit Krempe, die auch die ideale abschließende Note für ihr Äußeres bilden, wenn sie nicht gerade auf dem Tennisplatz oder der Aschenbahn ist. Denken Sie etwa an Baseballmützen, Goldmützen, Skihelme und weiche Strickmützen für kalte Tage.

Zu Ihrer sportlichen Kleidung tragen Sie natürlich Sporttaschen. Wählen Sie Leinen oder Nylon in jeder Farbe, die zu Ihrer Farbzusammenstellung paßt und so groß, wie Sie wollen, in Form von Sporttaschen, Beuteln oder Rucksäcken. Tragen Sie Gürteltaschen, die man in Skigeschäften findet und die die Skiläufer benutzen, um darin Kleingeld, Schlüssel und Lippenfett unterzubringen. Um den Hals tragen Sie nicht mehr als ein Gold- oder Silberkettchen; oder noch besser, eine glänzende Pfeife oder Stoppuhr an einer Nylonkordel, und am Handgelenk die unentbehrliche, stoßfeste, wasserdichte Digitaluhr. Sie brauchen dafür kein Vermögen auszugeben. Es sind inzwischen sehr viele ausgezeichnete Exemplare zu Wettbewerbspreisen auf dem Markt, und bei der rasenden Entwicklung

Rechts: Ob Sie nun eine silberne Schiedsrichterpfeife oder eine Spielversion aus leuchtend buntem Plastik tragen, sie sind jedenfalls der ideale »Schmuck« für die **Sportlerin**.

der Mikro-Chip-Technologie bringt jeder Monat ein besseres und billigeres Modell hervor.

GESICHT UND HAAR

Wenn Sie erst gerade damit begonnen haben, sich ein blühendes, gesundes Aussehen anzutrainieren, dann tragen Sie eine getönte Feuchtigkeitscreme auf, bis Sie es nicht mehr nötig haben. Tönen Sie die Wangen mit einem cremigen apricot- oder pinkfarbenen Rouge, tuschen Sie die oberen und unteren Wimpern mit einer wasserfesten Mascara, und geben Sie den Lippen etwas Glanz durch ein leicht getöntes Gel oder ein klares Lippenfett.

Das Haar kann offen getragen werden, sollte aber, wie oben beschrieben, durch ein Stirnband gebändigt werden. Wenn es kurz ist, geben Sie ihm bei jeder Wäsche mit etwas Festigergel zusätzliches Volumen; wenn es lang ist, können Sie es auch zu einem Pferdeschwanz zusammenbinden oder zu Zöpfen flechten, um es aus dem Gesicht zu halten. Wenn Sie feststellen, daß Sie bei körperlicher Anstrengung leicht am Kopf schwitzen, so daß Sie Ihr Haar viel öfter waschen müssen, dann wechseln Sie zu einem milderen Shampoo, und verwenden Sie Spülungen, damit Ihr Haar nicht zu trocken wird.

IDEEN

● Wenn Ihr Budget begrenzt ist, Sie Ihr Herz aber trotzdem an die herrliche, pastellfarbene Sportkleidung verloren haben, die jetzt überall auf dem Markt ist, dann kaufen Sie sich statt dessen die preiswertesten weißen Sachen – Sweatshirts, Shorts sogar Strümpfe und Schuhe, und färben Sie sie mit Kaltwasserfärbemitteln. Kaufen Sie zunächst zwei aufeinander abgestimmte oder sich ergänzende Schattierungen, und färben Sie je eine komplette Ausrüstung in jeder Farbe ein. Auf diese Weise können Sie nach Herzenslust mischen und kombinieren, wie es in der Illustration zu sehen ist.

● Machen Sie sich eine billige und lustige Kette selber, indem Sie Spielpfeifen aus buntem Plastik sammeln und an einem bunten Band oder einer Nylonkordel um den Hals herum tragen.

● Wenn Sie eine echte Pfeife oder Stoppuhr besitzen, dann können Sie vielleicht die ursprüngliche Schnur durch verschiedenfarbige Nylonkordeln und kleine Karabinerhaken austauschen.

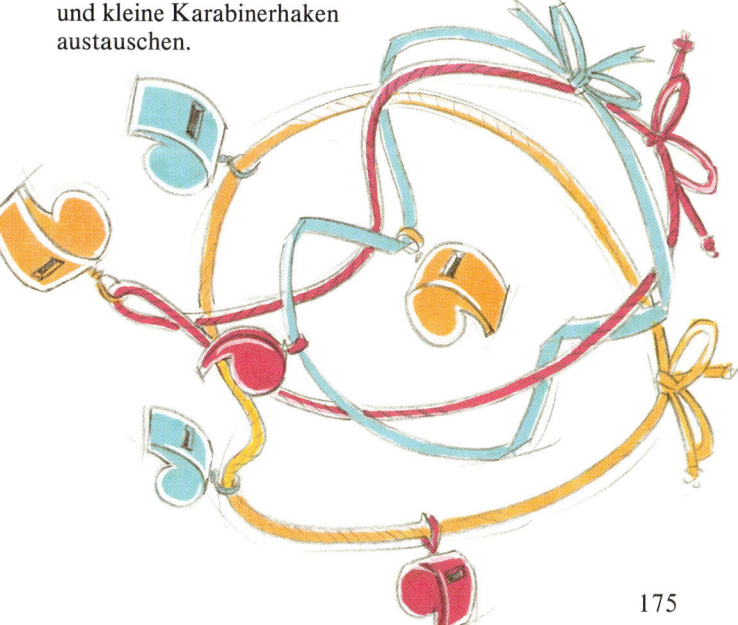

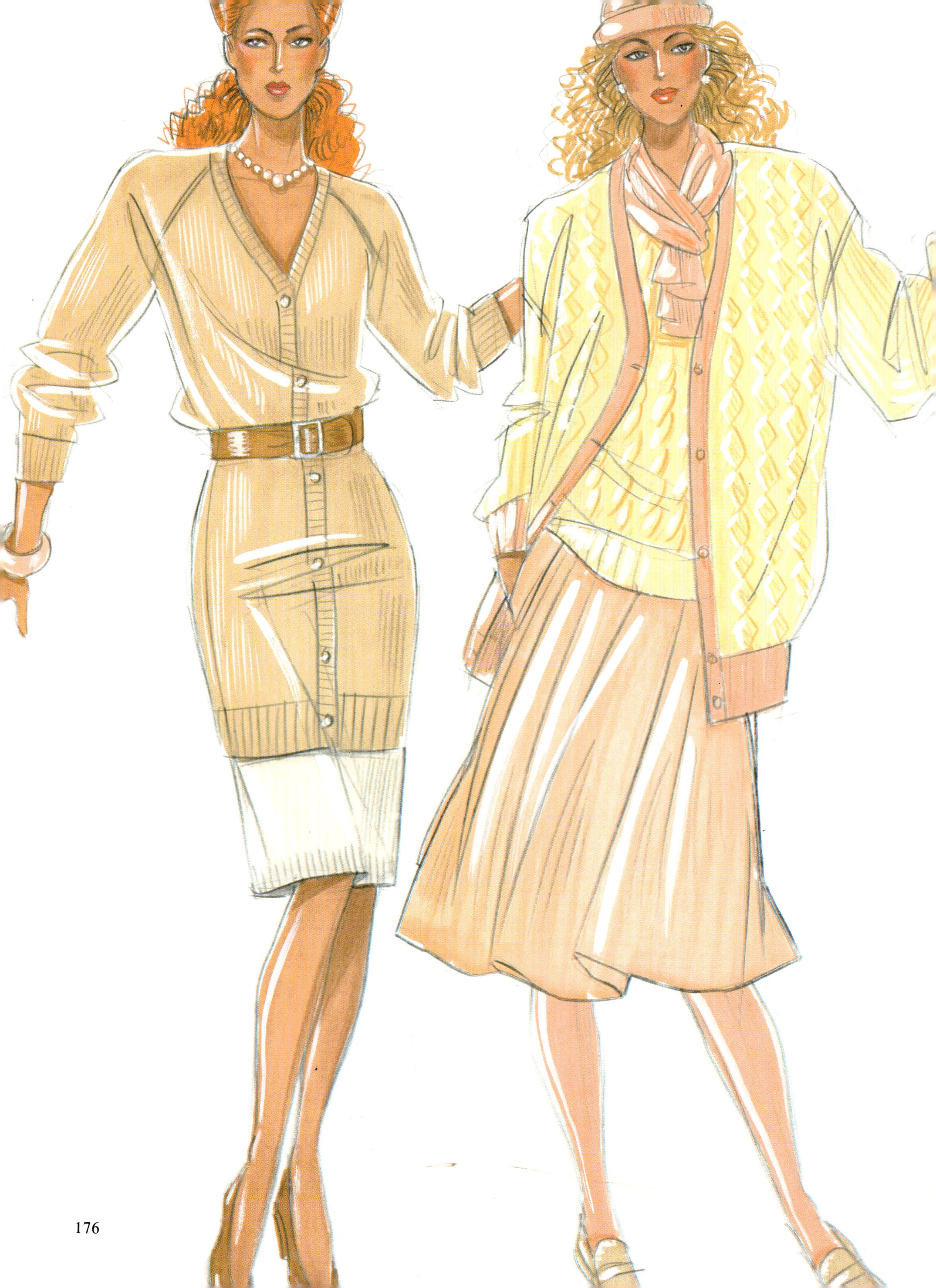

DAS PULLOVER-MÄDCHEN

HINTERGRUND

Pullover erhielten zu Beginn dieses Jahrhunderts ihren modischen Rang zusammen mit der wachsenden Beliebtheit sportlicher Aktivitäten für junge Damen; in dem Maße wie Sportarten wie Tennis, Wandern und Schwimmen zu wünschenswerten Freizeitbetätigungen für die emanzipierten jungen Frauen jener Zeit wurden, tat sich für die Modeindustrie mit der sportlichen Kleidung ein ganz neues und aufregendes Forschungsfeld auf. Vor den Pullovern kamen die Strickjacken auf, und wurden von Tennisstars wie Suzanne Langlen populär gemacht, der fünfzehnjährigen französischen Meisterin zu Beginn der Zwanziger Jahre, die auf einem Foto nicht nur eine sondern gleich zwei Strickjacken übereinanderträgt.

Bis dahin war Strickkleidung – Jacken, Pullover und Überschlupfkleidung – fast ausschließlich von Arbeiterschichten wie den Farmern und den Fischern getragen worden. Aber es war die große Coco Chanel, die als erste die Möglichkeiten der Strickwaren erkannte; 1913 creierte sie ihre erste Trikottunika. Schon bald tauchten Strickwaren aller Art in den ersten Modehäusern von Paris auf. 1929 erweiterte Coco Chanel ihre Kollektion um eine Auswahl von Einzelteilen aus Wolljersey. Ihre Röcke und Pullover waren sofort ein Erfolg, und ihre passenden Schals und Mützen wurden auch begeistert von den Herren übernommen, die die Mode in den Sport zurücktrugen und diese Sachen zum Skilaufen anzogen. Ungefähr zur gleichen Zeit machte Schiaparelli am vornehmen Linken Ufer in Paris ihr Geschäft auf. Schon bald wurde es ein Mekka für wohlhabende Amerikaner, die in Scharen anreisten, um ihre hochoriginellen Strickwaren zu erstehen – »amüsante« Pullover mit Motiven, die den Hauptkunstströmungen jener Zeit entlehnt waren – Kubismus, Futurismus und Surrealismus.

In den Dreißiger Jahren waren die Strickwaren bereits zu einem Hauptmodeartikel geworden, und 1938 entwarf der amerikanische Designer Norell das erste Pulloverkleid – eine Kombination aus einem handgestrickten Top mit Lamékragen und -rock. Die Entwicklung des Pullovers schien jetzt abgeschlossen. Die Strickwaren hatten sich von den langen, weiten, figurverhüllenden Modellen der Zwanziger Jahre zu den kurzen, hautengen Pullovern mit Puffärmelchen in den Dreißiger Jahren entwickelt.

Aber erst die Vierziger und Fünfziger Jahre erlebten die Création des **Pullover-Mädchens** in der Vorstellung der Öffentlichkeit. Ursprünglich wurde diese Bezeichnung für die dralle Jane Russell in Howard Hughes Film *Geächtet* (1943) geprägt, und danach wurde so manches Starlet in enge Pullover gezwängt, um in den Werbeaufnahmen von Hollywood ihre üppigen Formen zur Schau

Unten: Für das **Pullover-Mädchen** gilt Strick in Hülle und Fülle – Mützen, Handschuhe, Schals und Strümpfe können alle gestrickt sein, aus dem sinnlichsten Kaschmir bis hin zu den kühlsten Baumwollgarnen.

zu stellen. Lana Turner verdiente sich ebenfalls den Titel des **Pullover-Mädchens**. Ihre frische Schönheit und kurvenreiche Figur wurde zum Symbol des sportlichen, gesunden Bildes von weiblicher Schönheit, das alles verkörpern sollte, was an Amerika reich und gut war – eine vollkommene Vision für alle jene einsamen GI's, die weit fort von Zuhause im Zweiten Weltkrieg kämpften.

Im Laufe der Fünfziger und Sechziger Jahre brachte die Erfindung neuer Ausrüstungen, weiter entwickelter Strickmaschinen, neuer Synthetic-Garne, Webtechniken und Designs zusätzliche Neuerungen im Bereich der Strickwaren. Die Sechziger Jahre erlebten eine Rückbesinnung auf den experimentellen Künstlercharakter aus den frühen Tagen des Pullovers, als Biba in England und Dorothée Bis in Frankreich die schwungvolle Szene der Konfektionsmode beherrschten. Aber vielleicht den größten Einzeleinfluß auf die Entwicklung der Strickwaren in den vergangenen zwei Jahrzehnten haben die phantastisch kunstvollen und verwegenen Kolorationen und ineinandergewebten Muster des italienischen Modeschöpfers Missoni gehabt. Tatsächlich gehören heute die italienischen Strickwaren generell zu den prämiiertesten und schönsten auf der ganzen Welt.

DER LOOK

Es liegt kein Geheimnis in dem Reiz gestrickter Kleidung, insbesondere Pullover. Da gestrickte Stoffe oder Strickwaren aus einem fortlaufenden Faden oder einer Anzahl fortlaufender Fäden gefertigt werden, gibt der so entstandene »Stoff« der Körperform und -bewegung nach. Man braucht also weniger auf exakten Sitz zu achten, was eine größere Bequemlichkeit zur Folge hat. Darüberhinaus ist für Strickwaren die große Masse winziger Löcher zwischen den Stichen charakteristisch, die die Kleidung warm und leicht macht und den Körper atmen läßt. Und die Möglichkeiten in bezug auf Farbe und Design sind endlos. Ein weiterer Vorteil von Strickwaren besteht darin, daß sie nicht knittern – Weltreisende wissen das zu schätzen. Aus Gründen der Bequemlichkeit aber auch, damit diese Stücke Ihrer Garderobe möglichst lange erhalten bleiben, sollten Sie Strickwaren aus Naturgarnen wie Shetland- und Lammwolle, Kaschmir, Mohair und Angora wählen und die Acryl-, Viskose-, Nylon- und anderen Kunstgarne auf einen geringen Anteil am Gesamtgewebe beschränkt halten oder aber für topaktuelle Modehits aufheben, von denen Sie wissen, daß sie sich nur ein oder zwei Jahre auf der Modeszene halten werden.

Entscheiden Sie sich also für einen Modezeitraum, und wählen Sie Ihre Strickwaren und Kleidung wie das **Pullover-Mädchen**. Wenn Sie kühl und elegant wirken wollen, dann sollten Sie sich für die

177

lange Strickjacke oder -tunika plus Rock in hellen oder kreidigen Schattierungen der Zwanziger Jahre entscheiden, wie Sie sie unter **Die Seereisende** skizziert finden. Wenn Sie eine anschmiegsamere und taillertere Form vorziehen, dann wählen Sie die puffärmeligen, in sich gemusterten oder mit einem Fair-Isle-Muster gestrickten Pullover und Westen der Dreißiger und Vierziger Jahre (vgl. auch unter **Der Fair-Isle-Look**).

Wenn Sie aber das Pullover-Mädchen der Fünfziger Jahre kopieren wollen, dann müssen Ihre Überlegungen in eine ganz andere Richtung gehen. Erstehen Sie in diesem Fall eine feingestrickte Strickjacke, die Sie über einem gleichfarbigen, kurzärmeligen Pullover tragen, was auch als Twinset bezeichnet wird. Achten Sie darauf, daß die Strickjacke vorne mit Perlmuttknöpfen bestückt ist, und tragen Sie dieses Duo zu einem sehr weitschwingenden oder sehr schmalen, wadenlangen Rock, zusammen mit den unten beschriebenen Accessoires. Die original **Pullover-Mädchen** trugen ihren Pullover natürlich eng wie eine zweite Haut und zwängten sich dazu in Toreadorhosen oder enge Röcke. (Die zweite, weniger aufreizende Möglichkeit aus diesem Modezeitraum ist die Mohairjacke über einer weißen Bluse oder einem kurzärmeligen Pullover, wie sie unter **Die Rockerlady** beschrieben ist.)

Oder aber, sollten Sie lieber ein modernes **Pullover-Mädchen** sein wollen, dann liegt das Wesentliche im Übereinander-»schichten« verschiedener gestrickter Kleidungsstücke: Rock, Jacke, Pullover, Schal, Mütze und Handschuhe, ja sogar die Beinkleidung kann gestrickt sein. Es können hand- oder maschinengestrickte Sachen sein, in jeder Farbe, in jeder Form, solange Sie auf Details achten. Dies ist vielleicht ein zwangloser, aber keinesfalls ein nachlässiger Look.

Vielleicht knüpfen Sie Ihre ersten Beziehungen zu Strickwaren über einen Pullover zu einem gleichfarbigen Rock. Statt eines Pullovers können Sie auch eine Strickjacke jeder Art wählen; der Rock wird einen elastischen Taillenbund haben und kann gerippt sein oder auch nicht. Die Wirkung solcher wenig überraschender Einzelteile wird jedoch von den Accessoires abhängen, die Sie wählen. Fügen Sie beispielsweise eine Perlenkette, einen schmalen Ledergürtel über den Pullover, farblich abgestimmte Strumpfhosen und Schuhe mit höheren Absätzen hinzu, dann könnten Sie in dieser Aufmachung ins Theater oder zum Diner gehen. Wenn Sie aber auf der anderen Seite eine dicke Strickjacke, Wollstrumpfhosen, Wanderschuhe plus entsprechender Mütze, Handschuhe und Schal hinzufügen, dann ist es eine ideale Kleidung für Waldspaziergänge oder einen ausgedehnten Einkaufsbummel. Natürlich hängt auch viel von der Farbe und Struktur dieser Einzelteile ab, aber als erste Anschaffungen sollten Sie mittelfeine Strickwaren in traditionellen Farben wie Marineblau, Burgunderrot und Loden wählen, eher als Pastellschattierungen oder sehr dunkle Farben, die einen mehr eingrenzen.

Gestrickte Röcke gibt es natürlich wie andere Röcke in einer Anzahl unterschiedlicher Formen; nur sehr schlanke Frauen sollten sehr weite Strickröcke anziehen, weil sie sehr auftragen und ganz hauteng kann man sie eigentlich nur mit ironischen Hintergedanken tragen. Versuchen Sie außerdem zu verhindern, daß schmal geschnittene Röcke sich »durchsitzen« oder in der Hüftregion weiten – das sieht nicht sehr schmeichelhaft aus und läßt den Rocksaum uneben werden. Für dieses Problem gibt es keine andere Lösung als Trockenreinigung durch professionelle Firmen. (Normalerweise wird Trockenreinigung für alle Stricksachen empfohlen, weil es für minimales Einlaufen, Ausdehnen und Ausbleichen bürgt; obwohl es natürlich teurer als Handwaschen ist, ist es aber auch sicherer. Merke: flauschige Garne wie Angora sollten niemals gewaschen werden, da sie sehr leicht filzen, während Mohair und Lammwolle oft einlaufen, wenn sie in zu warmem Wasser gewaschen werden.)

An eines sollten Sie immer denken, wenn Sie einen Blick auf Ihre Auswahl an Pullovern und Strickröcken werfen, nämlich, keine Angst davor zu haben, verschiedene Strukturen und Farben miteinander zu mischen und zu kombinieren. Wenn Sie wollen,

Links: **Pullover-Mädchen**, die kürzere Röcke lieben, könnten sich für ein minikurzes Pulloverkleid entscheiden, kombiniert mit Strümpfen, Schal und Baskenmütze in einer Kontrastfarbe.

Gegenüber: Sie können selbst den gewöhnlichsten Pullover durch einen Hauch von persönlicher Note verwandeln. Hier verleihen fertige Strickapplikationen in Form von Initialen und Blumen den Stricksachen Schick; eine Strickjacke wird durch das Entfernen der Ärmel zu einer Weste umgewandelt (die Ränder werden eingeschlagen und umsäumt.)

können Sie sich ein ganz besonders schönes Stück – eine Strickweste, einen Mantel oder eine Jacke – in einer möglichst kunstvollen Farbkomposition zum Ausgangspunkt nehmen, so daß Sie in Ihren übrigen Kleidern eine dieser Schattierungen wieder aufgreifen können. Es könnte sich beispielsweise um ein blusiges Modell aus einem flauschigen Mohair-Nylon-Gemisch in Oliv, Rost und Gold handeln; Sie werden es mit jeder der drei Farben, wie auch mit Lederbraun- und Braunschattierungen, vielleicht sogar mit Gelb oder Apricot kombinieren können. Westen und Überzieher können aus feiner Lammwolle genauso gut wie aus dicker, ungefärbter Shetlandwolle sein. Haben Sie keine Angst, mehrere Sachen übereinanderzutragen, und benutzen Sie eine Weste, um einem klassischen Ensemble etwas Pfiff zu verleihen.

Natürlich streben auf der ganzen Welt die Sammlerinnen von Strickwaren nach einem Schrank voller Missoni-Einzelstücke. Diejenigen unter uns, denen das entsprechende Vermögen fehlt, sollten nach guten Kopien in Heideschattierungen und schlichten Formen von weniger teuren Herstellern suchen. Vervollständigen Sie das Ganze durch entsprechende Accessoires wie Mützen, Schals und Handschuhe in den gleichen Farbzusammenstellungen aber anderen Mustern und Strukturen. Wenn Ihr Pullover beispielsweise Rot, Blau und Purpur gestreift ist, dann suchen Sie nach Accessoires mit dünneren oder dickeren Streifen, Punkten oder Blumenmotiven in genau den gleichen Farben. Oder tun Sie das, was Dorothée Bis Ende der Siebziger Jahre getan hat, schaffen Sie eine kleine Revolution in der Strickbekleidung, indem Sie für Ihre Ausstattung eine ungewöhnliche Kombination verschiedener Unifarbtöne wählen – stellen Sie sich beispielsweise einen roten Rock und ein großes Dreieckstuch zu einer leuchtend gelben Tunika und entsprechenden Strümpfen vor. Sie können auch ein **Pullover-Mädchen** in Strickhosen und passender Strickjacke sein, ja selbst in einem Mini zu kontrastierenden oder gleichfarbigen Strumpfhosen. Wenn Sie erst einmal ein paar Grundelemente zusammen haben, werden Sie schnell feststellen, daß es Ihnen sehr leicht fällt, Ihrer Kollektion immer weitere Teile hinzuzufügen.

ACCESSOIRES

Um das **Pullover-Mädchen** der Fünfziger Jahre zu beschwören, sind ein oder zwei Perlenketten um den Hals und eine Brosche an der Schulter erforderlich. Dann sollten Sie die Taille mit einem breiteren Gürtel betonen; an den Füßen tragen Sie hochhackige Pumps, vielleicht aus Lackleder, auf jeden Fall aber vorne spitz, zu hellen Strümpfen. Zu der gesunden Freizeitversion tragen Sie derbe Halbschuhe mit dicken, heruntergerollten Strümpfen. Vielleicht werden Sie aber auch zu allen Versionen Strumpfhosen und Strümpfe tragen, entweder weil es wärmer oder auch besonders stilvoll ist.

Moderne **Pullover-Mädchen** werden sich für eine weniger bedenkliche Fußbekleidung entscheiden – wählen Sie alle flachen Modelle, angefangen bei Pumps bis hin zu kniehohen Stiefeln. Tatsächlich passen Stiefel großartig zu den dickeren Stricksachen. Der Schmuck wird minimal oder sehr folkloristisch sein, besonders zu den loseren, weiteren Strickwaren; ansonsten wählen Sie am besten klassische Stücke wie Ketten, Medaillons, Glasperlen. Die Ohrringe können so verwegen oder dezent sein, wie es Ihnen gefällt. Die Auswahl der Strumpfhosen, Socken und Strümpfe reicht von leicht texturiert, spitzenartig oder gerippt zu feineren Stricksachen, bis hin zu kräftig gemusterten oder sehr dicken Versionen zu schwereren Stricksachen. Anhängerinnen des Klassischen werden Kniestrümpfe bevorzugen, ganz Fortschrittliche tragen vielleicht Socken und Strumpfhosen wie oben beschrieben.

GESICHT UND HAAR

Wenn Sie den Original-Look der Fünfziger Jahre beschwören wollen, dann sollten Sie Ihr Haar klein gelockt oder gewellt tragen und es durch ein seitlich zu einer Schleife gebundenes Band oder durch einen Plastik- oder Velvetine-Haarreif zusammenhalten. Folgen Sie den unten angegebenen Make-up-Anleitungen, geben Sie aber diesem Look eine abschließende Note, indem Sie die Lippen mit einem sehr roten Lippenstift betonen und die Nägel passend lackieren.

Moderne **Pullover-Mädchen** werden Ihre Mähne voller und weicher gelockt tragen; das Make-up einfühlsamer. Beginnen Sie mit einer hellen Grundierung, gefolgt von einem passenden Puder. Tragen Sie auf den Lidern ein sanftes Grau oder Taupe auf, je nach Farbton des jeweiligen Pullovers. Lassen Sie diesen Ton zu den Augenbrauen in einer Perlschattierung übergehen. Umranden Sie die Augen dicht am Wimpernrand mit einem feinen, grauen oder braunen Stift. Tönen Sie die Wangen mit einem sanften Rosa oder Korall auf den Wangenknochen, und vollenden Sie Ihr Make-up durch einen passenden Lippenstift und Nagellack.

IDEEN

● Wenn Sie einen Strickrock kürzen wollen, dann schlagen Sie nicht wie üblich den Saum um. Schneiden Sie die notwendigen Zentimeter statt dessen oben am Taillenbund ab, schlagen Sie den neuen Rand um, ziehen Sie ein Gummiband von Ihrem Taillenumfang ein, und nähen Sie dann den Taillenbund wieder auf.

● Zögern Sie nicht, Pullover umzuändern, wenn sie Ihnen langweilig geworden sind – Ärmel können herausgetrennt werden, so daß eine Weste entsteht, Ärmel können gekürzt werden, Sie können auch die Nähte abnähen, so daß der Pullover enger wird, oder sogar Schmuck wie Perlen, Applikationen oder Stickerei hinzufügen. Zu weit gewordene Bündchen können durch ein Gummiband wieder zusammengezogen werden.

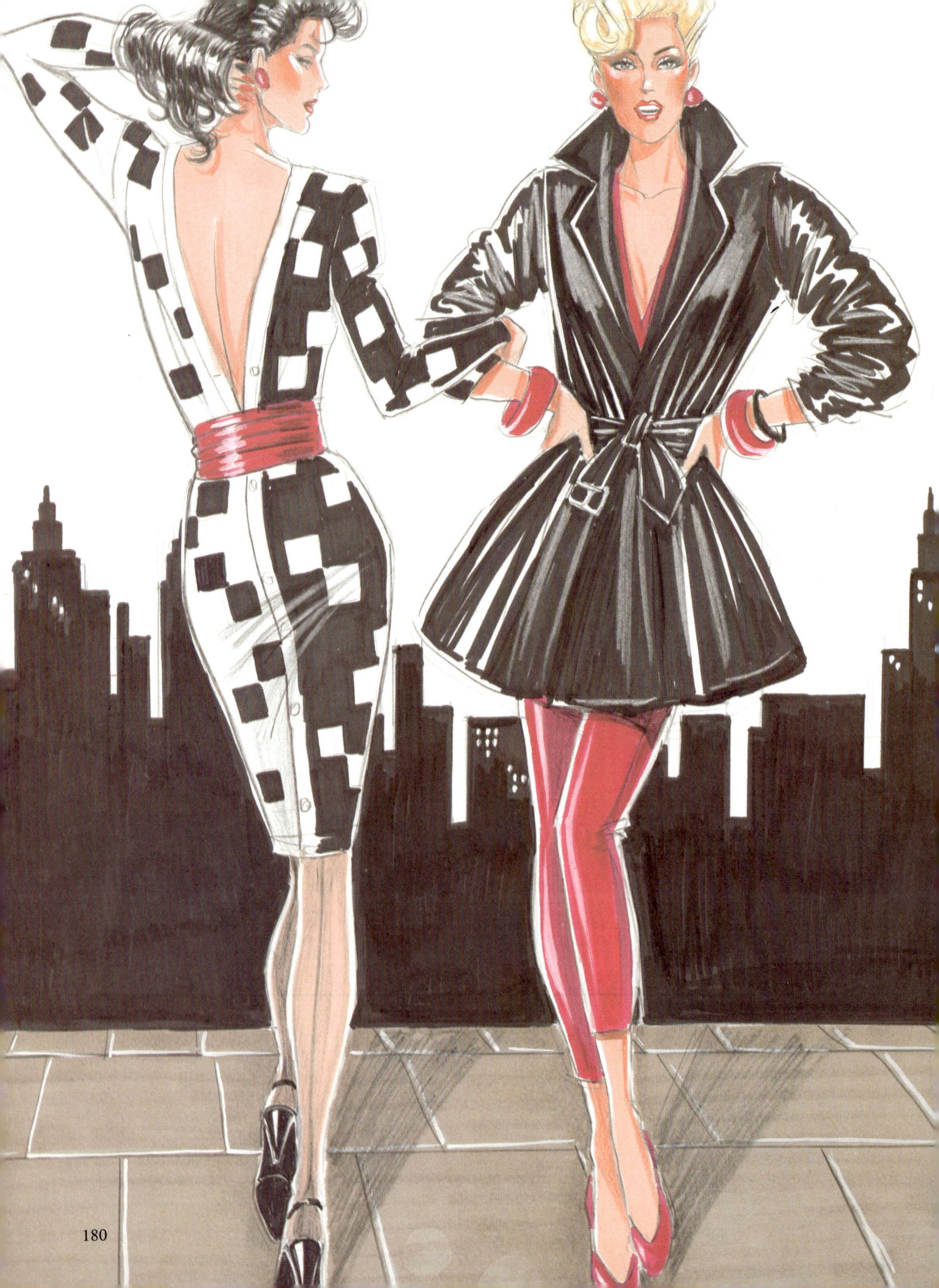

DER VAMP

HINTERGRUND

Der **Vamp** weilt schon seit langem unter uns, obwohl er erst seit den Tagen des Stummfilms in der Vorstellung der Öffentlichkeit zu einem Begriff wurde – er war nämlich einer der beiden weiblichen Stereotypen, die sich ohne Worte gut vermitteln ließen. (Ihr Gegenstück war das blasse, unschuldige Opfer, stets in reinstes weiß gekleidet.) Vamps waren sexy, feurig und entschieden sündhaft; ihr Ziel war es immer, ihren Mann zu bekommen, und es war ihnen gleichgültig, mit welchen Mitteln. Namen wie Theda Bara, Mae West und Hedy Lamarr beschwören auch heute noch das Bild des **Vamps**, mit seinen umflorten Augen, dem schweren Make-up und den blutroten Lippen, um die kaum merklich die Andeutung eines bösen Lächelns spielt.

Mit dem Aufkommen der Tonfilme Ende der Zwanziger Jahre, wirkte eine so extreme Charakterisierung bald lächerlich; dem Publikum konnten jetzt auch Feinheiten durch den Dialog vermittelt werden; der **Vamp** blieb zwar ein Favorit der Leinwand aber in mehr und mehr verfeinerter Form (Jean Harlow, Marilyn Monroe und Jayne Mansfield). Tatsächlich ist der **Vamp** in den letzten Jahren aus den Besetzungslisten so gut wie verschwunden, weil männerfressende Frauen gesellschaftlich genauso akzeptabel geworden sind wie Ladykiller. Der Look ist jedoch geblieben und kann in seiner besten Form ein Triumph aggressiv verführerischer Kleidung sein: Der Vamp hat nichts Feinsinniges an sich.

DER LOOK

In dem ernsten Geschäft der Verführung bedient sich der **Vamp** aller nur möglicher Waffen: angefangen von Kleidern, die sich hauteng um die Hüften schmiegen, bis hin zu gewagten Schlitzen – ohne jegliche Skrupel. Er zwängt sich in hautenge Röcke, Kleider, Hosen (wie beispielsweise Toreadorhosen) und Tops und verbindet diesen Effekt noch mit den anschmiegsamsten, glänzendsten Stoffen, die er finden kann. Wenn Sie also Gefallen an dem männermordenden **Vamp** finden, dann wählen Sie Stoffe wie glänzendes Nyloncire für Hosen und gegürtete Mäntel, Satin für Blusen, Kleider und Abendrobe – genaugenommen jedes natürliche oder synthetische Gewebe, das glänzt.

Gleichen Sie eine hauteng auf Figur geschnittene untere Hälfte durch eine weite obere Hälfte aus, indem Sie schulterfreie Kleider sowie Pullover und Blusen und T-Shirts mit tiefem Ausschnitt tragen: die Jacken sollten die weite, viereckige Silhouette und die wattierten Schultern der Vierziger und Fünfziger Jahre haben.

Auch in bezug auf Farben zielen Sie bei diesem Look nicht auf Feinsinnigkeit ab. Wählen Sie Schwarz und dunkles Seegrün, die Sie mit Pfauenblau, Scharlachrot und Rubinrot absetzen, oder, als eine mehr sommerliche Farbkomposition, wählen Sie leuchtendes Pink, sonniges Gelb und Meeresblau. Tragen Sie entweder leuchtende Unifarben oder die verwegenen, sogar grellbunten Druckdessins der Vierziger Jahre. Angesichts der Renaissance der Mode aus den Vierziger und Fünfziger Jahren während der letzten Jahre sollten zukünftige **Vamps** keine Schwierigkeiten haben, diese Grundelemente und sehr viele der passenden Accessoires in Secondhandläden zu finden, obwohl Sie unbedingt darauf achten sollten, daß Sie keine ausgeblichenen Stücke kaufen – Farben und Strukturen müssen kühn und glänzend sein; der **Vamp** ist frech und grell, nicht empfindsam und scheu.

Unten: Der **Vamp** hat keine Angst davor, seine Reize mit Hilfe der entsprechenden Accessoires zu betonen: ideal sind Spitzenhandschuhe und Strümpfe mit Strumpfhalter sowie der breiteste Gürtel, um die Taille einzuschnüren, die höchsten Absätze und der »kitschigste« Schmuck.

Rechts: Strahlen Sie weiter, wenn die Sonne untergeht, und haben Sie keine Angst davor, unerhört sexy zu sein – Federn, hautenge Rüschen und ein verführerischer Augenaufschlag haben allesamt ihren Platz in der Garderobe des **Vamps**.

Als Darüber tragen Sie eine Pelzstola oder irgendeine Art von eng tailliertem Trenchcoat. Suchen Sie den letzteren in einer Auswahl von Materialien, angefangen bei dem klassischen beigefarbenen Gabardine bis hin zu einer heiß schillernden Plastik-Création.

Der Abend ist die beste Zeit für den **Vamp**. Erst hier kommen seine Talente erst wirklich zur Geltung, und die Kunst der Verführung kann ernsthaft beginnen. Wählen Sie die gewagtesten, erotischsten, hautengsten und knappsten Kleider, die Sie finden können. Auch hier werden wieder schwere Seiden-, Satin- und Samtstoffe, ja sogar auch dünne Gewebe, im Licht der Lampen umwerfend aussehen.

ACCESSOIRES

Hohe Pfennigabsätze sind unentbehrlich – tragen Sie sie so wackelig hoch wie eben möglich. Holen Sie sich zuerst ein Paar schwarze, bevor Sie dann mit der Zeit farbige Modelle, Modelle mit Zehloch oder aus Lackleder dazukaufen. Am Tag tragen Sie diese hochhackigen Pumps zu jeder Aufmachung: nicht nur zu Röcken und Kleidern, sondern auch zu den hautengen Hosen. Tragen Sie im Sommer zur Tageskleidung Strümpfe mit Rückennaht; am Abend und im Winter Netzstrümpfe – sehr wirkungsvoll für Beine, die Aufmerksamkeit erregen wollen.

Der Schmuck ist groß, glitzernd und unverblümt unecht. An den Ohren tragen Sie große, runde Clips in leuchtenden Primärfarben oder große Hängeohrringe in Tropfenform aus funkelnden, unechten Steinen. Als Armbänder nehmen Sie breite Reifen, vorzugsweise aus Plastik oder Metall. Um den Hals tragen Sie Ketten aus großen runden Perlen, entweder als Choker oder lange Schnüre, die Sie sich mehrfach um den Hals wickeln.

Die Gürtel sind ebenfalls übergroß. Nehmen Sie etwas breite, enggeschnürte Modelle aus glänzendem Glacé, Lackleder oder Plastik. Gürten Sie sie eng, um die Taille zu markieren und zu betonen. Als Taschen sollten Sie Unterarmmodelle in denselben Farben wählen.

Als Gegengewicht zu den wackelig hohen Absätzen sollten Sie zu besonderen Anlässen eine Pillbox oder ein Cloche plus schwarzem Tüllschleier aufsetzen. Der schwarze Tüllschleier gehört zu den verführerischsten Maschen des **Vamps**, und er wird ihn selbst bei Tag tragen. Sie können aber auch den Cloche oder einen breitkrempigen Hut leicht schräg aufsetzen und sogar aufreizend über ein Auge herunterziehen.

Handschuhe sollten zu Gürtel und Handtasche passen und unterliegen den gleichen Regeln. Aber sie können auch fingerlos sein, für welchen Fall der **Vamp** seine Fingernägel in einem kräftigen Rot lackieren sollte – angefangen bei einem Zinnoberrot bis hin zu einem tiefen Karminrot. (Vgl. unter **Der Filmstar** wegen der Anleitung für eine perfekte Maniküre.)

Dies ist ein Look, bei dem die Unterwäsche eine *wichtige* Rolle spielt. **Vamps** lieben seidige Dessous – Slips und Kamisols in Pastellfarben sind in Ordnung, aber Schwarz oder sogar Rot mit schwarzem Spitzenbesatz ist viel überzeugender unanständig. Außerdem gehören BH's und Hüftgürtel mit Strapsen immer noch zur Garderobe des **Vamps**, nachdem sie von seinen emanzipierteren Schwestern längst hinausgeworfen worden sind.

Unten: Die richtige Unterwäsche ist wesentlich, wenn Sie die Männer »verführen« wollen. Trägerlose BH's passen unter tiefdécolletierte Pullover und rückenfreie Tops, Hemdhöschen sind ideal unter mikrokurzen Röcken, und der Hüftgürtel ist unter allen Kleidern und Röcken unentbehrlich.

GESICHT UND HAAR

Tragen Sie Ihr Haar voll und zerzaust, gewellt oder in voluminösen Dauerwellen oder glatt und streng, je nachdem, welche Frisur Ihnen am besten steht.

Das Make-up ist schwer. Beginnen Sie mit einer hellen Grundierung, gefolgt von einem passenden Puder. Um den Augen den charkteristischen glühenden Ausdruck zu verleihen, verwenden Sie einen silbrigen oder goldenen Lidschatten im inneren Augenwinkel, gefolgt von einem marineblauen, grauen oder khakifarbenen Lidschatten, den Sie von der Mitte des Lids zum äußeren Augenwinkel auftragen. Dieselbe Schattierung verwenden Sie in der Lidfalte und vermischen sie mit einer helleren Metallicfarbe. Vollenden Sie das Augen-Make-up mit einem schillernden, weißlichen Lidschatten unter den Brauen. Stricheln Sie die Brauen wenn nötig dunkel nach, wobei Sie den natürlichen Bogen so stark wie möglich betonen. Schließlich ziehen Sie noch einen kräftigen schwarzen oder braunen Strich im inneren Lidrand des unteren Augenlids.

Die Lippen des **Vamps** *müssen* rot und glänzend sein. Ziehen Sie zu diesem Zweck die Lippenkonturen mit einem hellbraunen Stift nach, wobei Sie den Oberlippenbogen zu zwei scharfen Spitzen zeichnen. Malen Sie dann die Umrisse mit dem kräftigsten Rot aus, das Sie finden können, wobei Sie zum sauberen Auftragen einen Lippenpinsel verwenden. Zur Vervollständigung des üppigen Effekts geben Sie noch etwas Glanz mit einem Lipgloss darüber und malen sich mit einem gespitzten, dunkelbraunen Stift entweder in einem Augenwinkel oder unmittelbar über einem Mundwinkel einen kleinen Schönheitsfleck.

IDEEN

● Schmücken Sie einen schwarzen Hut mit schwarzer Spitze oder schwarzem Tüll. Dazu falten Sie ungefähr einen Quadratmeter Tüll oder Spitze diagonal, wickeln ihn um den Hut, befestigen ihn mit einem Knoten, einer Hutnadel oder einer Haarspange und lassen ein Stück des Dreiecks auf einer Seite über Ihr Gesicht fallen.

● Nehmen Sie weitere zwei Meter schwarzen Tüll, um sich daraus eine schnelle Abendstola zu machen. Falten Sie den Tüll (der billigste Nylontüll genügt für diesen Zweck) der Länge nach, so daß er doppelt oder mehrfach liegt, und legen Sie ihn sich dann um die nackten Schultern, um Ihre helle und zarte nackte Haut und das tiefe Décolleté Ihrer Abendrobe zu betonen.

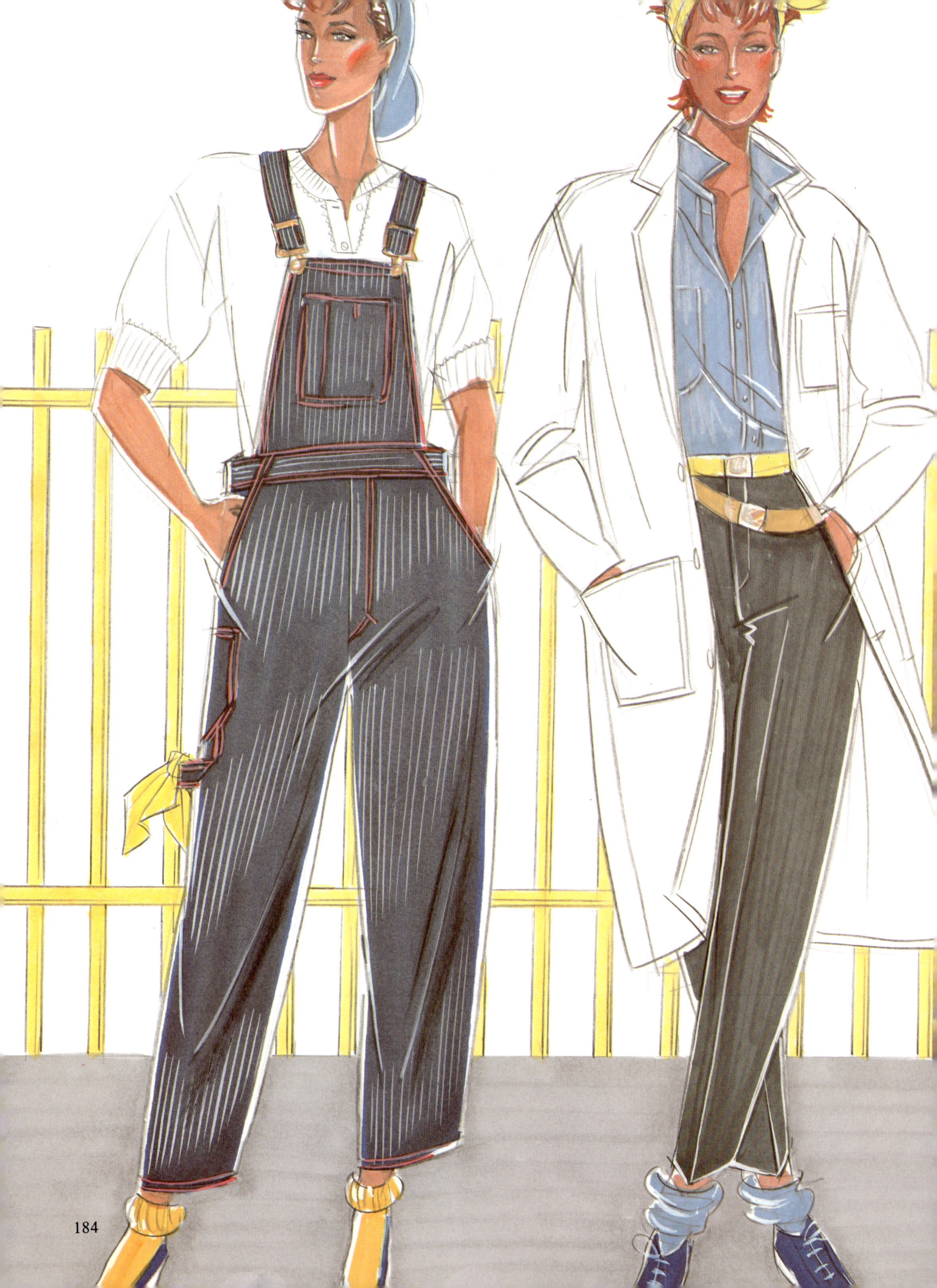

DIE PRAKTISCHE

HINTERGRUND

Am 3. September 1939 erklärten England und Frankreich Deutschland den Krieg. In der Modeindustrie, die sich fast ausschließlich auf Paris stützte, trieben die damit verbundenen wirtschaftlichen Einschränkungen sowohl während als auch unmittelbar nach dem Krieg erstaunliche Blüten, die wir unter **Die Eleganten Vierziger Jahre** abgehandelt haben. In England sah sich das Handelsministerium 1942 durch den Mangel an Stoff und Arbeitskräften gezwungen, die inzwischen berühmt gewordene »Zweckkleidung« zu ersinnen. Diese Kleidung sollte einfach, praktisch und preiswert sein und gut aussehen; sie mußte zudem aus einem Material von vernünftiger Qualität gefertigt sein, um die harten Zeiten überstehen zu können. Weitschwingende Röcke, Pelzbesätze, Biesen und Falten waren nicht erlaubt; Kostüme konnten nicht mehr als zwei Taschen und vier Knöpfe haben, während solche Feinheiten wie Stickerei, Spitze, aufgeschlagene Manschetten und Samtkragen streng verboten waren.

Verglichen mit den Modeexzessen der späten Dreißiger Jahre (kurz vor Ausbruch des Krieges) und der späten Vierziger Jahre (kurz nach Ende des Krieges) war dies eine einfache Aufgabe. Der Erfolg des »Zweckmäßigen« wurde als ein perfektes Beispiel für das Funktionieren angewandter Demokratie in Ausnahmesituationen gewertet. Tatsächlich reagierte die britische Öffentlichkeit enthusiastisch und patriotisch und gelangte zu der Erkenntnis, daß Mode nicht allein eine Frage von einer bestimmten Anzahl von Falten, Nähten oder Knöpfen ist; daß man die Sachen auf ein Minimum beschneiden konnte, ohne damit notwendigerweise die modische Eleganz zu opfern; daß Farben durchaus gedeckt sein konnten, ohne gleichzeitig eintönig zu sein. Von da ab galt es nicht länger als wünschenswert, sich in feinen Stoffen zu kleiden, zu viele Kleider zu haben, in einer Zeit des nationalen Notstands Prunk und Reichtum zur Schau zu tragen. Die meisten Frauen hatten dieses Problem jedoch erst gar nicht. Stoff war Mangelware, Seidenstrümpfe eine Rarität, die Kleider wurden also getauscht, ausgeliehen und endlos umgeändert.

Zum gleichen Zeitpunkt wurden die Frauen auch für die Herstellung von Verbandsmaterial und für die Arbeit in den Munitionsfabriken rekrutiert. Da sie sowieso schon »zweck«-gesinnt waren, ist es kaum überraschend, daß sie schnell die traditionelle Arbeiterkleidung für sich annahmen.

DER LOOK

Jene ersten Funktionalisten creierten eine praktische und vernünftige Art von Arbeitskleidung – einen klassischen Look, den wir auch heute noch antreffen, ja, dessen Beliebtheitsgrad in dem Maße zu wachsen scheint, wie die Barrieren zwischen den Geschlechtern und Klassen abgebaut werden.

Wenn man den besonderen Reiz dieser Art sich zu kleiden genauer analysieren will, braucht man sich nur an Le Corbusiers Feststellung zu erinnern, daß die Form durch die Funktion bestimmt wird. Für den Bereich der Mode bedeutet dies, daß, wenn Sie beispielsweise in Ihrem Job oft den Hammer schwingen müssen, Ihre Kleidung eine Tasche haben muß, in die Sie den Hammer stecken können, oder ein Band, an das Sie den Hammer hängen können. Wenn Sie sich irgendeine Arbeitskleidung näher ansehen, werden Sie dieses Axiom befolgt finden: die Kleidung des Kochs ist blütenweiß aus Gründen der Hygiene; KFZ-Mechaniker und Bauarbeiter tragen beide einteilige Overalls, um sich selbst und ihre Kleidung vor Schmiere und Staub zu schützen; die Kittel der medizinisch-technischen Assistenten, in einem beruhigenden Grün, haben eine große Anzahl von Taschen für die vielen Instrumente, und so weiter.

Der Look der **Praktischen** ist aber nicht nur als Arbeitskleidung ideal, besonders wenn Ihr Job es mit sich bringt, daß Sie sich schmutzig machen, er kann daneben auch schick genug für den Einkaufsbummel am Samstag oder auch strapazierfähig genug für Autowaschen und Gartenarbeit sein. Der jeweilige Ton des Looks wird durch die Accessoires und die Farbgebung bestimmt. Die Farben der ursprünglichen Zweckkleidung sind im allgemeinen Weiß, Marineblau, OP-Grün, Mechanikerblau, Militär-Khaki oder die leuchtenden Sicherheitsfarben wie Neonorange und Electric-Blau. Die Arbeitskleidung hat jedoch unter den Modemachern

Unten: Nur die schmucklosesten, robustesten und leuchtendsten Accessoires sind für die **Praktische** das Richtige. Lunchköfferchen und Werkzeugkästen sind großartige Allzwecktaschen, Herrentaschentücher finden als Halstücher Verwendung, Gurtbandgürtel werden einzeln oder auch zu zweit getragen, die robusten Schuhe haben Kreppsohlen, um größere Standfestigkeit zu sichern.

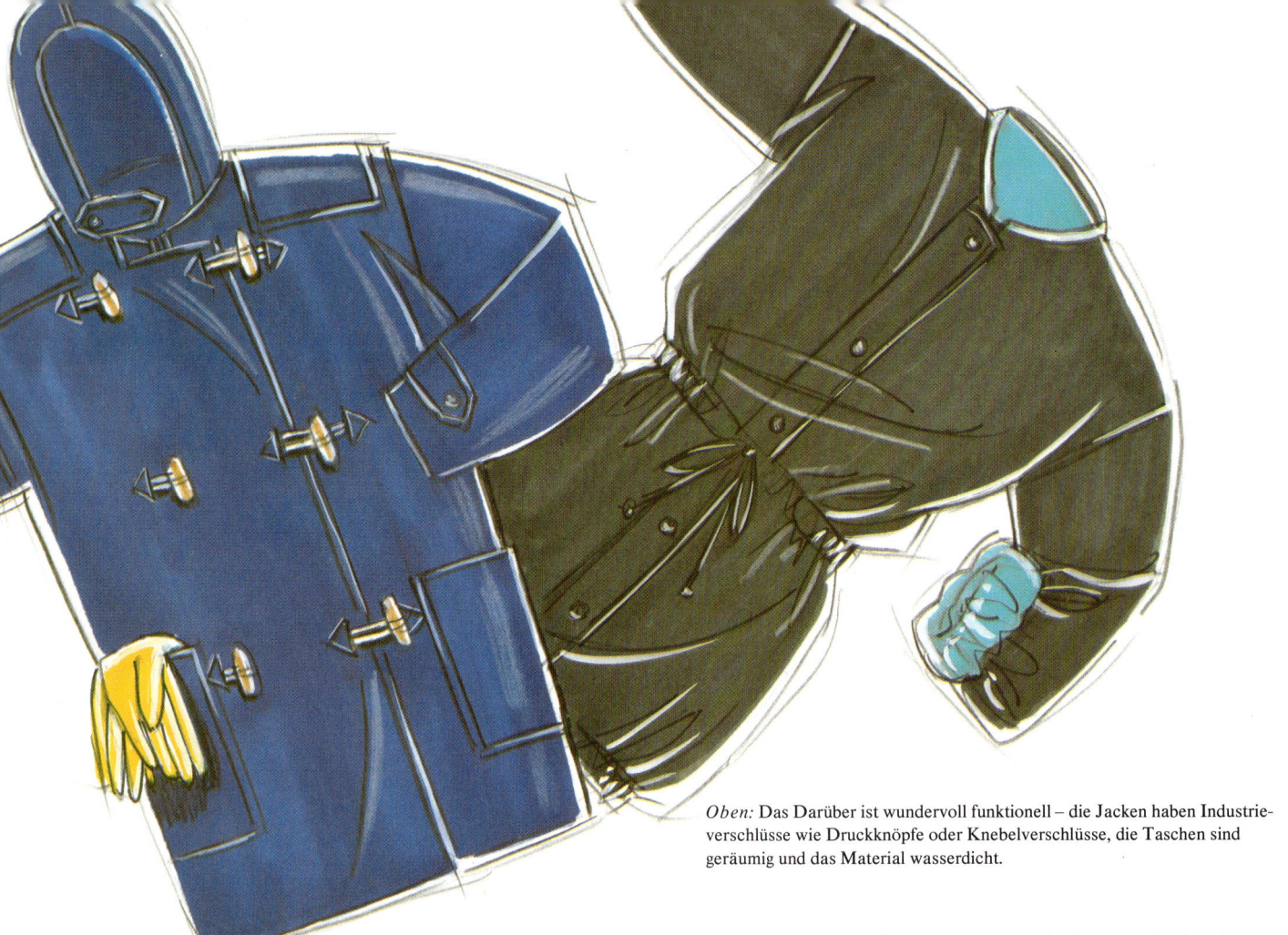

Oben: Das Darüber ist wundervoll funktionell – die Jacken haben Industrieverschlüsse wie Druckknöpfe oder Knebelverschlüsse, die Taschen sind geräumig und das Material wasserdicht.

viele Nachahmer gefunden, und Sie werden diese Art von Kleidung deshalb auch aus pastellfarbener Baumwolle und feinen Stoffen finden.

Beginnen wir beispielsweise mit dem einteiligen Overall – ein Kleidungsstück, das Ihnen am Morgen unentbehrlich sein wird, wenn Sie Ihre Phantasie im Stich läßt. Tragen Sie ein ziemlich eng sitzendes Modell über einer einteiligen Unterwäsche mit langem Bein, samt gleichfarbigen Strümpfen, flachen Schuhen und einem leicht künstlerisch angehauchten Schmuckstück – gut genug für jede Vernissage. Oder tragen Sie ihn an kälteren Tagen über einem Rollkragen/T-Shirt und einem Wollpullover mit farblich abgestimmten Leg-Warmers, die Sie bis zum Knie hinaufziehen, und Schnürstiefel an den Füßen. Oder tragen Sie ihn aus Satin, Seide, Wollcrêpe oder einem ähnlich kostbaren Stoff ins Theater oder zum Dinner. Für sehr schwere Arbeiten sollten Sie an eine Ausführung aus einem plastikbeschichteten oder gummierten Material denken, die man oft in leuchtenden Farben findet – großartig für Fahrradtouren im Regen oder jede Arbeit im Freien.

Latzhosen sind eine populäre Abwandlung des einteiligen Overalls und ihr Aussehen wird wiederum von den gleichen Kriterien bestimmt. Für den Sommer sieht eine pastellfarbene Latzhose zu einem einfachen weißen T-Shirt und gleichfarbigen Joggingschuhen großartig aus, während die Latzhose der US-Eisenbahner, aus ausgeblichenem blau-weiß gestreiftem Denim besser zu schwereren Arbeiten paßt. Denken Sie daran, daß es hier nicht um perfekten Sitz geht – Geräumigkeit schafft mehr Bewegungsfreiheit. Zu lange Hosenbeine und Ärmel kann man hochkrempeln, weite Taillen gürten; selbst einen zu tief sitzenden Schritt können Sie anheben, indem Sie die Hosen in der Bundnaht auftrennen, oben so viel wie nötig abschneiden und dann die Hose wieder einnähen.

Wenn Ihnen der Stoff der Eisenbahnerkleidung gefällt, dann holen Sie sich auch noch eine weite Jacke mit Kupferknöpfen und aufgesetzten Taschen aus demselben Drillich mit den charakteristischen feinen weißen Streifen – diese Jacken lassen sich phantastisch mit ausgeblichenen Denimjeans und vielen leuchtend roten und weißen Accessoires kombinieren. (Wenn die Ärmel zu lang sind, krempeln Sie sie einfach auf, so daß Ihr Hemd oder Ihr Pullover darunter hervorschaut.) Wenn Sie die Eisenbahnerkleidung erkunden, sollten Sie gleichzeitig auch nach einem Favorit der Siebziger Jahre Ausschau halten – dem ziemlich ausgewaschenen, blauen Baumwollhemd mit Umstechnähten und aufgesetzten Taschen. Wählen Sie ein solches Hemd einen Ton heller als Ihre Jacke und Ihre Latzhose (oder Jeans), und Ihr Eisenbahnerlook ist perfekt.

Aus der Welt der Wissenschaft können Sie sich die klassischen weißen Laborkittel und -jacken holen, die auch zu der Grundausstattung der Eisverkäufer, Kellner und des Gaststättengewerbes im allgemeinen gehören. Gewöhnlich aus robustem, weißen Baumwolldrell gefertigt, kann man aus einer Vielzahl von Kragenformen auswählen – hochzugeknöpfte Kragen, Kuttenkragen, Versionen mit gezackten Revers; meiden Sie aber auf jeden Fall Nylonausführungen. Kombinieren Sie so eine Jacke mit blütenweisen Chirurgenhosen oder sogar mit den gerade geschnittenen, blau-weiß karierten Hosen der Köche. Natürlich können Sie diese frisch gestärkte Jacke auch zu anderen, maßgeschneiderten (nicht-zweckmäßigen) Hosen und schmalen Röcken tragen. Denken Sie beispielsweise an einen dreiviertellangen Laborkittel zu einem marineblauen Faltenrock und marineblauen Schuhen mit halbhohem Absatz, akzentuiert durch einen leuchtend farbigen Schal oder Gürtel. Oder bleiben Sie bei Ganz-Weiß, und holen Sie sich so viele von diesen preiswerten Kleidungsstücken, daß all Ihre Garderobenprobleme ein Ende haben. (Vgl. unter *Ideen*).

Oben: Nehmen Sie zwei Jacken, zwei Paar Hosen, zwei T-Shirts und zwei Taschentücher und zwei Dosen verschiedenfarbiges Färbemittel, und Ihre Arbeitskleidungsprobleme sind für immer gelöst!

Als Alternative zu dem ganz-weißen Farbschema bietet sich das sanfte Grün der OP-Kleidung an. Suchen Sie auch hier wieder nach taillierten Jacken und gerade geschnittenen Hosen, aber achten Sie auf phantasievolle Accessoires, oder Sie sehen schließlich wirklich wie ein Chirurg aus. Kombinieren Sie sehr viel Weiß – T-Shirts, weiße Schuhe oder flache Stiefel, dann ein Tupfer Türkis oder Rosa, vielleicht in Form eines Gürtels über der Jacke.

Sie können auch gelegentlich als Alternative zu den klassischen Baumwoll-T-Shirts mit rundem Ausschnitt die Netzunterhemden der Arbeiter verwenden. In Trikotform oder mit Ärmeln sehen sie unter der Kleidung der **Praktischen** großartig aus und können sogar auch über einem T-Shirt getragen werden.

Wenn Sie in den Gelben Seiten nach Zulieferfirmen für Restaurants, Baufirmen, medizinische und kosmetische Einrichtungen suchen, dann stoßen Sie natürlich auch auf die Verkaufsstellen für überschüssige Armeebestände. Die Kleidung, die man dort verkauft, paßt sehr gut zu der Kleidung der Praktischen und kann ohne Bedenken damit kombiniert werden. Lesen Sie also auch unter **Die Soldatin** wegen weiterer Vorschläge nach. Werfen Sie ebenso einen Blick auf die superfunktionelle, wasserfeste Kleidung des **Marine-Looks**, wenn Sie weitere Variationsmöglichkeiten für den Look der Praktischen finden wollen.

ACCESSOIRES

Hartnäckige Funktionalisten werden sich für Accessoires in den erdigen Braun-, Beige- und Grauschattierungen der Kriegsjahre entscheiden. Aber für einen optimistischeren Zweck-Look sollten Sie leuchtendere Farben wählen. Das einzige Kriterium bei der Auswahl der passenden Accessoires ist Farbe und Struktur des in Frage stehenden Stoffes. Wenn Ihre Kleidung beispielsweise aus einem leuchtenden Nylon- oder Plastikgewebe ist, dann können die Accessoires grell getönte Plastik- oder teurere, leuchtend eingefärbte Lederstücke sein; haben Sie feinere Farbschattierungen gewählt, dann kombinieren Sie sie vielleicht mit traditionellen Farben oder entschließen sich zu ungewöhnlicheren Kombinationen.

Beginnen wir mit den Stiefeln, idealerweise Schnürmodelle mit weichen Krepp- oder Ledersohlen; es können Halbschuhe, knöchelhohe oder sogar wadenhohe Stiefel sein. Zu leuchtend farbiger Kleidung sind sogar auch Plastikstiefel möglich. Tragen Sie die Hosenbeine über die Stiefel oder in die Schäfte gesteckt, wobei die umgeschlagenen Bündchen von bunten Strümpfen zwischen Stiefel und Hosen hervorleuchten. Im Krieg bevorzugten die Arbeiterinnen robuste Golfschnürschuhe, in denen sie dicke, cremefarbene Strümpfe trugen; die Verwegeneren unter Ihnen können es statt dessen auch mit farbenfrohen Strümpfen in hochhackigen Pumps versuchen.

Der Schmuck kann so klassisch oder so verrückt sein, wie es Ihnen gefällt: vielleicht möchten Sie eine Sammlung zueinander passender Broschen, die farblich oder thematisch miteinander verbunden sind, zur Schau tragen, oder eine Anzahl von Ketten, oder auch Gegenstände wie Pfeifen und Uhren, die zu der Ausrüstung der **Sportlerin** gehören, oder auch verschiedene Schals. Wenn Sie sich für Schals entscheiden, dann binden Sie sich einen im Stil einer Halsbinde in den Ausschnitt Ihres Overalls, vielleicht einen zweiten, längeren um den Hals und vielleicht einen dritten, noch längeren um die Taille zu einem Gürtel gedreht.

Die Größe Ihrer Handtasche kennt keine Grenzen und nur wenige stilistische Beschränkungen: sie kann so funktionell wie etwa ein See- oder Rucksack aus Nylon oder Leinen sein, oder so elegant wie eine Velourleder- oder Ledertasche in Beutel- oder Kuvertform. Wieder wird Material und Schnitt des Overalls sowie der Anlaß bestimmen, was angemessen ist.

GESICHT UND HAAR

Verteilen Sie über das ganze Gesicht eine sehr durchscheinende Grundierung. Tragen Sie auf die untere Lidhälfte einen Lidschatten in einem erdigen Grün oder Braun auf und unter dem Brauenbogen einen gelblichen Ton. Ziehen Sie mit einem braunen oder khakifarbenen Kajalkohlestift einen Strich entlang des unteren Wimpernrandes, und betonen Sie Ihre Wangen mit einem Rouge in einem natürlichen Pfirsichton, das Sie auf die Wangenknochen auftragen. Wählen Sie für die Lippen einen Rosa- oder Korallenton.

Ihr Haar sollte so schlicht wie möglich frisiert sein: tragen Sie es glatt oder kurz, oder streichen Sie die seitlichen Partien mit einem Festigergel zurück; kämmen Sie Ihr Haar zu einem Zopf oder Pferdeschwanz zurück; oder binden Sie einen dicken Schal darum.

IDEEN

● Kaufen Sie zwei weiße Overalls, zwei weiße Jacken und Hosen, zwei weiße T-Shirts, vielleicht noch zwei weiße Taschentücher. Färben Sie jeweils eins der Teile in einer Farbe ein, die zu dem Weiß kontrastiert – vielleicht Hellblau, leuchtendes Türkis, grelles Pink.

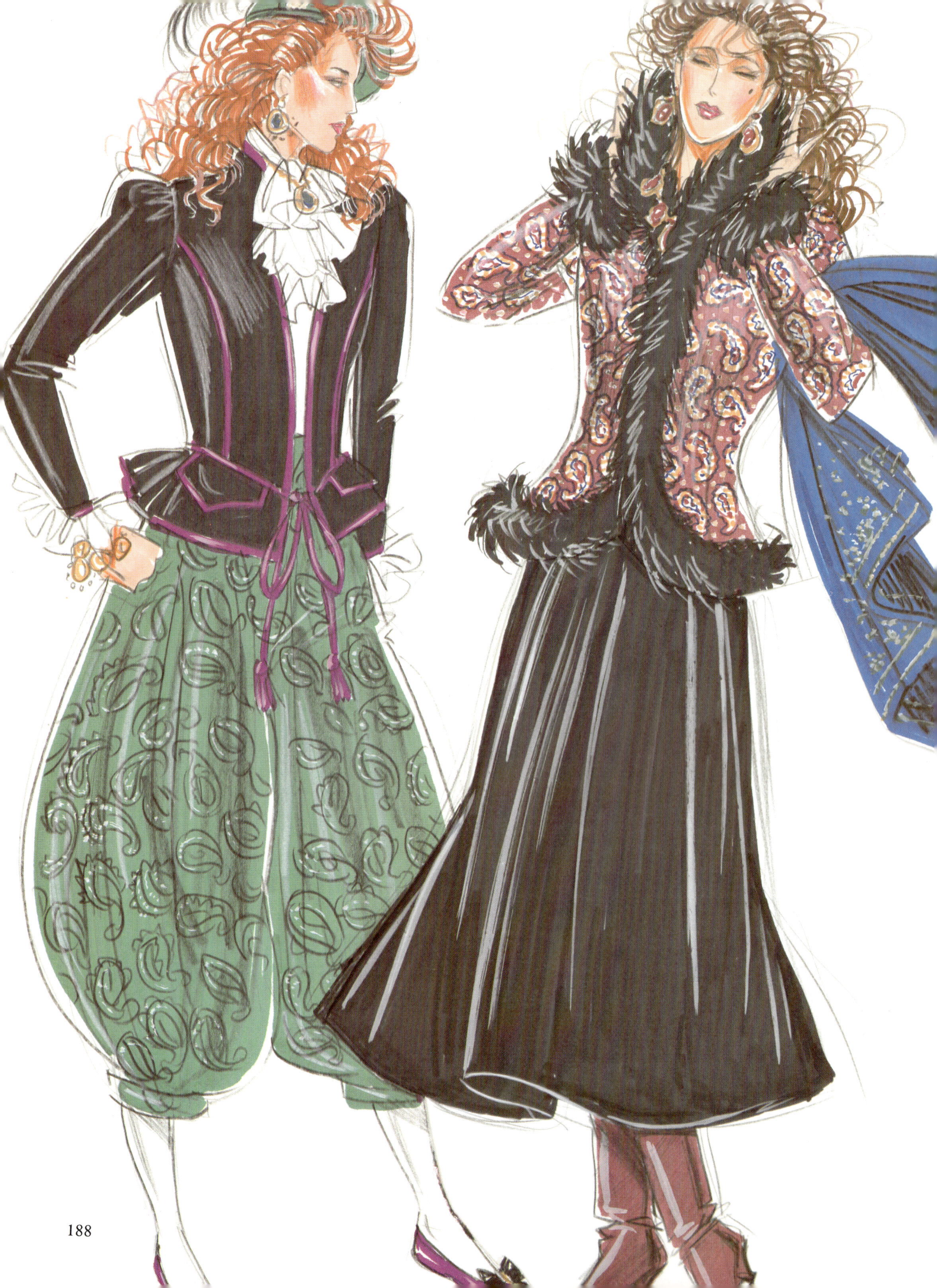

DIE JUNGE ROMANTIKERIN

HINTERGRUND

Die Romantik hat uns wieder. Zum Teil als eine Reaktion auf die teilweise häßlichen Exzesse des Punk, zum Teil entfacht durch die berauschende Romantik der Royal Wedding (Königliche Hochzeit), zum Teil auch als eine natürliche Fluchtreaktion vor den Härten der wirtschaftlichen Rezession, schwelgen die Menschen wieder in ihren Vorstellungen von Sehnsüchten nach Nostalgie, Liebe, Schönheit und vor allem den wunderbaren Höhenflügen der Romantik.

Aber diese Romantik begegnet uns heute in verschiedenen Gestalten. Während der Verkauf der seichten und süßlichen Unterhaltungsromanzen blüht, genießen die Neuen Romantiker von eigenen Gnaden die bitter-süße Atmosphäre der zahlreichen neuen Kabaretts, die in London und New York nach dem Vorbild der politisch-orientierten Kellerkneipen im Berlin der Dreißiger Jahre aus dem Boden gewachsen sind. Abgesehen von der Ablehnung der harten Realitäten des heutigen Lebens haben diese beiden Gruppen nur sehr wenig gemeinsam. Und während Steve Strange und Adam Ant mit ihren dramatischen Posen und exotischen Kleidern die Phantasie vieler fesselten, ließen sich Millionen von der Romanze des wirklichen Lebens, von dem Märchen, das Wahrheit geworden war – von der Hochzeit von Prinz Charles und Lady Di bezaubern. Ihre weichgezeichnete Schönheit und die schmeichelnden Rüschenblusen, samt sittsamen Samt- oder Perlenchoker, bezauberten ganze Nationen und bewirkte in der Modeindustrie eine kräftige romantische Renaissance.

Gleichgültig, ob Ihr Geschmack avantgardistisch orientiert ist oder sich eher nach der breiten Masse richtet, die Elemente der romantischen Kleidung bleiben die gleichen. Das Ergebnis hängt allein davon ab, was und wieviel Sie kombinieren. Es ist ein Look, der den Jungen wie auch den Älteren schmeichelt; darüberhinaus ist er mit seiner festen Verwurzelung in den großen Epochen der Geschichte ein Look, dessen Stil und Appeal zeitlos ist.

Die Romantikerin von heute creiert ihren Look aus einer Mischung von Modestilrichtungen aus Epochen, die man mit romantischen Ideen in Verbindung bringt. Die Royalisten des Englands des 17. Jahrhunderts sind uns genauso wegen ihrer üppigen Kleidung im Gegensatz zu der Strenge der puritanischen »Roundheads« als wegen ihrer politischen Überzeugungen in Erinnerung. Im frühen 19. Jahrhundert, der Zeit Turners und Wordsworths, Shelleys und Keats, waren die Künstler von der Erhabenheit der Natur und den leidenschaftlichen, irrationalen Aspekten der menschlichen Existenz besessen. All diese turbulenten Gefühle spiegelten sich in ihrer Erscheinung wider; die Männer wurden in stolzen und tragischen Posen neben tosenden Wildbächen dargestellt, mit wild glühenden Augen und vom Wind zerzaustem Haar, die Frauen sanft und verträumt in Kleidern im Empirestil, die von unterhalb der Büste in langen weichen Falten aus hellgetönten Voile- und Seidenstoffen herabfielen. Im späten 19. Jahrhundert wandte sich die präraffaelitische Bruderschaft von William Morris und den Rossettis zurück und suchte ihre Inspiration im Mittelalter, wobei der Grundgedanke der Handwerksgilden eine Wiederbelebung und die Geschichten von König Artus und der höfischen Minne eine neue Verehrung erfuhren. Die Präraffaeliten trugen ihre künstlerischen Überzeugungen und Geschmacksvorstellungen in das tägliche Leben hinein, indem sie sich in mittelalterliche Gewänder aus purpurfarbenem Samt, der den Boden fegte, kleideten, schweren, geschnitzten Schmuck trugen und sogar ihre Häuser von oben bis unten umbauten, entsprechend ihrer Vorliebe für die frühere Zeit. Wiederum wurde langes Haar, reich gelockt und vom Wind zerzaust, zum Markenzeichen dieser romantischen Mode; sowohl schon vorher, als auch seither, ist es oft ein Zeichen für künstlerische Neigung gepaart mit politischem Andersdenken gewesen.

Also, Ihr jungen Romantiker von heute, beziehet Euren Standpunkt und laßt Euer Haar wachsen – damit es entweder gelockt herabfällt oder à la Steve Strange glatt zurückgekämmt wird – und kombiniert Brokat und Seide, Rüschen, Bänder und Spitzen zu einem Look, der angefangen von zart-zurückhaltend und geheimnisvoll bis hin zu wild und provozierend sein kann, aber stets den kühnen Individualismus der Romantiker vermittelt.

Schwelgen Sie also in Ihrer Phantasie und beziehen Sie Ihre Kleider, woher Sie können: aus dem Kleiderschrank Ihrer Mutter, von Omas Dachboden, aus Antiquitätengeschäften und Secondhandläden, von Flohmärkten, aus Kostümverleihs und Ausverkäufen

Unten: Für die **Junge Romantikerin** ist kein Accessoire zu üppig – der Modeschmuck ist übersät mit unechten Juwelen, die Hüte sind mit Federn geschmückt, und die Schuhe sind so auffällig wie es Ihnen gefällt.

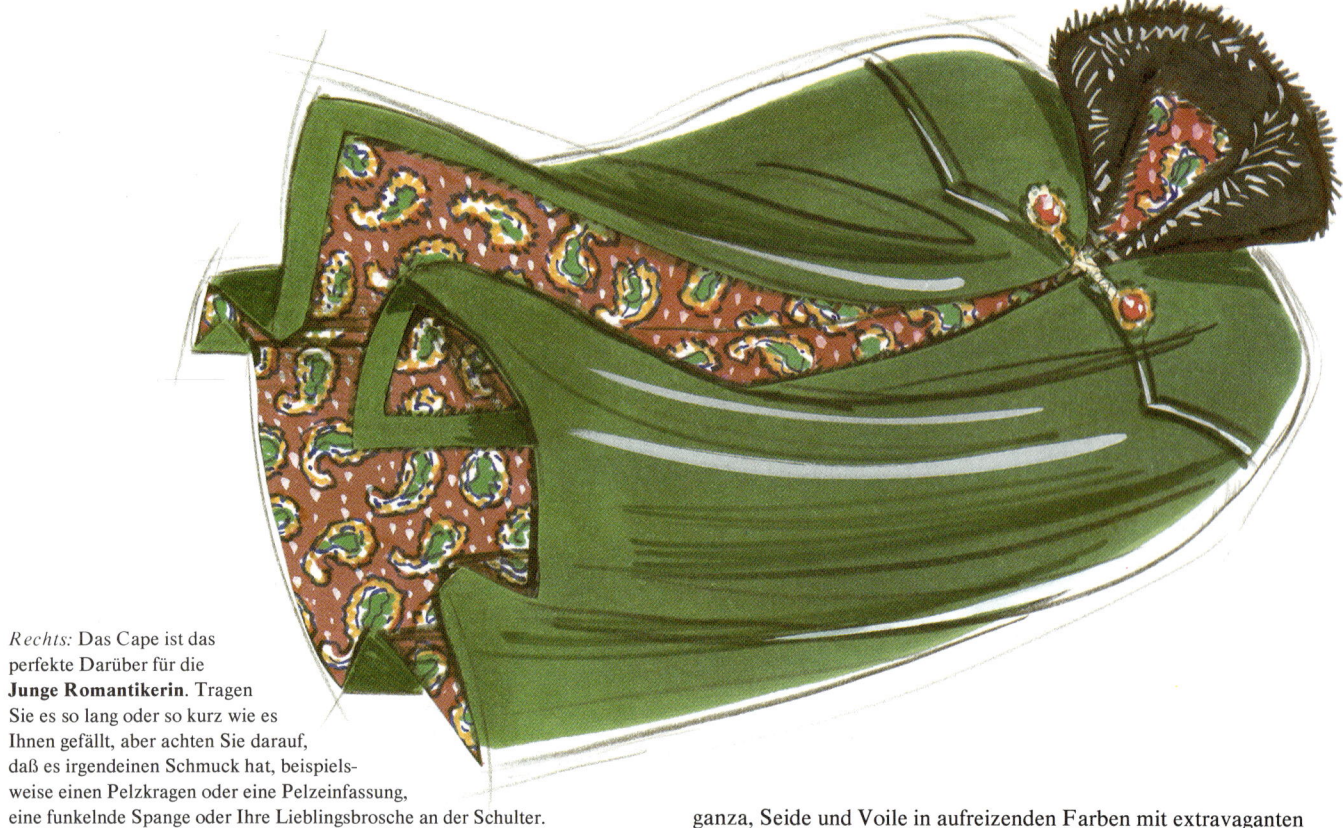

Rechts: Das Cape ist das perfekte Darüber für die **Junge Romantikerin**. Tragen Sie es so lang oder so kurz wie es Ihnen gefällt, aber achten Sie darauf, daß es irgendeinen Schmuck hat, beispielsweise einen Pelzkragen oder eine Pelzeinfassung, eine funkelnde Spange oder Ihre Lieblingsbrosche an der Schulter.

von Modehäusern – und gebrauchen Sie Ihre Erfindungsgabe, um all das zu einem romantischen Look zu kombinieren, der **Ihre Persönlichkeit** ausdrückt.

Über den Daumen gepeilt, gelten folgende Regeln für Stoffe und Farben: Entscheiden Sie sich für das Reiche, Üppige und Geheimnisvolle. Schwelgen Sie in Stoffen wie Brokat, Spitze, Samt, Satin und Seide – ja sogar Pelz und Leder. Einfache Baumwolle ist alles in allem viel zu zahm für diesen Look, aber gelegentlich findet ein Stück aus cremefarbenem Leinen seinen Platz in Form von einem gefältelten und gerüschten Hemd.

Beginnen Sie diesen Freudentanz durch die Welt des Luxus mit einer fantastischen Jacke, einem Mantel oder einem Cape aus einem feinen Stoff, der vielleicht mit metallischen Akzenten versehen, bestickt oder mit Perlen besetzt oder mit Pelz eingefaßt ist. Die Jacke kann beispielsweise die engtaillierte Schößchenform haben, wie sie das **Gibson-Girl**, oder auch den längeren Abend- oder Smokingschnitt des **Dandy-Looks**, oder auch wie der Herrenmantel mit militärischen Akzenten der **Soldatin** aussehen, aber es tut auch jeder andere Schnitt, vorausgesetzt, die Jacke ist aus feinem Stoff gefertigt. Am besten ist allerdings ein Cape, und es kann auch über die meisten Jacken getragen werden – in seine fließenden Falten können Sie sich einhüllen und sich auf diese Weise den nötigen glanzvollen und geheimnisvollen Anstrich verleihen.

Was Sie zu diesem oben beschriebenen Darüber tragen, hängt davon ab, was für eine Art von Flair Sie wollen. Ziehen Sie Kleider vor, dann sollten Sie sich für die weitfließenden viktorianischen und eduardianischen Schnitte oder aber für die langen Empirekleider und mittelalterlichen Gewänder entscheiden. Das Kleid kann schmale, bauschige oder keulenförmige Ärmel haben, Falten und Rüschen, und es sollte aus üppigen Stoffen wie schwerem Satin oder irgendeinem Samtstoff – Panné-, Seiden- oder Antiksamt, beflockt oder bedruckt – in einer kräftigen Farbe gefertigt sein. Es kann jede Länge, von über dem Knie bis zu knöchellang, haben.

Nehmen Sie sich die wundervoll fantastischen Kleider der Emmanuels zum Vorbild, riesige, knisternde Créations aus steifem Organza, Seide und Voile in aufreizenden Farben mit extravaganten Décolletés und Details; oder blicken Sie zurück auf die spitz zulaufenden Gewänder, die Janey Morris auf den Portraits von Rossetti trägt.

Tragen Sie für den Tag oder Abend unter Ihrem Mantel, Ihrem Cape oder Ihrer Jacke Einzelteile, aber achten Sie darauf, daß Sie die Proportionen harmonisch gestalten. Hosen sollten ziemlich unauffällig sein, entweder eng anliegend oder aber mit Bundfalten; Breeches oder Knickerbockers sind ideal, sollten allerdings aus kostbaren Stoffen und nicht aus dem Cord- oder Wollstoff der **Gutsbesitzerin** sein. Die Röcke sind weit und entweder rundum sanft gekräuselt oder haben vorne Falten – und sollten idealerweise wadenlang oder noch länger sein. Oder tragen Sie, wenn Sie mögen, enge Hosen und sehr blusige Hemden, die Sie wie unten beschrieben, gürten, oder sogar gleichartige Hosen mit einem kurzen Rock, um sich ein leicht mittelalterliches Aussehen zu geben. Zu Röcken wie Hosen gibt es nur ein angemessenes Top – eine weiße oder cremefarbene Bluse, mit prunkenden Spitzen und Rüschen, aus gestärktem Leinen, hauchdünnem Voile, Seide oder Satin. Vergessen Sie nicht, daß für die **Junge Romatikerin** kein Stoff zu kostbar, keine Lösung zu extrem, keine Kombination zu ungewöhnlich ist.

Westen haben in diesem Look ebenfalls ihren Platz. Tragen Sie sie weit oder eng, achten Sie lediglich darauf, daß sie glitzern oder bestickt sind oder zumindest einen Schnitt haben, der aus dem Rahmen des Üblichen herausfällt.

Obwohl dies in erster Linie ein Look für besondere Gelegenheiten und Parties ist, kann man ihn Sommer wie Winter tragen. In wärmeren Monaten ersetzen Sie die schwereren, dunkleren Stoffe durch Leinen, leichtere Seide und Satin, helleren Brokat, Baumwollvelvetine. Breeches könnten dann beispielsweise aus blauer Seide sein, dazu vielleicht eine Weste aus rosa und blauem Brokat, kombiniert mit einer cremefarbenen Spitzenbluse.

ACCESSOIRES

Denken Sie bei der Wahl der Accessoires weiterhin an vergangene Epochen und Zeiten des Luxus und der Pracht. Tragen Sie schwer verschnörkelte Ohrringe, sogar mehrere gleichzeitig, sofern Sie durchstochene Ohrläppchen haben, mischen Sie Armbandkettchen mit Armreifen, vorausgesetzt, sie sind mit funkelnden Steinen besetzt; wählen Sie wenigstens drei Halsketten aus Ihrem Schmuckkästchen aus, wobei Sie verschiedene Farben, Formen und Größen miteinander kombinieren können; oder tragen Sie Perlen oder eine Perlenkette zusammen mit einer Jetkette oder einer Kette aus großen Glasperlen. Ziehen Sie Kombinationen in Betracht, die für keinen anderen Look in Frage kämen – die **Junge Romantikerin** von heute ist immer geschmückt – selbst in unerhörtem Maße.

Umgürten Sie Ihre Taille mit jeder Art von bestickten oder juwelengeschmückten Gürteln oder mit seidig glänzenden oder glitzernden Gardinenschnüren oder -litzen. Binden Sie sie mehrfach um, vielleicht sogar zwei auf einmal. Oder aber Sie verwenden zu diesem Zweck seidige oder samtige Bänder, mit denen Sie auch Ihre üppigen Locken hochbinden können. Für einen entschlosseneren und ritterlicheren Look sollten Sie breite Ledergürtel mit filigranen Schnallen wählen.

Slipper, geschnürte oder kniehohe Stiefel sollen aus Samt, Brokat oder aus feinstem Leder oder Velourleder sein, vielleicht mit gestickten oder gesteppten Details wie Falten, Applikationen oder Perlenbesatz. Selbst die Abendpumps können eine verschnörkelte Schnalle oder Spange haben. Die Strümpfe sind cremeweiß, aus schwarzer Spitze oder in einer der klaren, dunklen Schattierungen, die oben aufgezählt worden sind. Handschuhe sind ebenfalls eine hübsche Note – praktisch alle Formen, außer kurzen, weißen Baumwollhandschuhen, passen hierher. Vorzugsweise sollten Sie vielleicht ein Paar pelzbesetzte, lederne Stulpenhandschuhe wählen.

Als krönenden Abschluß müssen Sie einen Hut tragen. Es kann ein Kavaliershut mit breitem Rand, samt einer (oder auch drei) Straußenfedern sein, es kann auch ein Modell mit kleiner Krone und geschwungener Krempe, geschmückt mit einem Band funkelnder Juwelen sein; oder aber es ist ein großes, weich herabfallendes, schwarzes Samtbarett.

GESICHT UND HAAR

Betonen Sie Ihre extreme Sensibilität – wenn nicht Dekadenz – indem Sie eine blasse, elfenbeinfarbene Grundierung auftragen, gefolgt von einem passenden Puder. Als Lidschatten tragen Sie eine pflaumen- oder rauchblaue Schattierung auf die untere Lidhälfte auf, die Sie dann zu den Augenbrauen hin in einen Himbeerton übergehen lassen. Verteilen Sie die Blauschattierung um das ganze Auge herum zu einer verwischten Linie entlang des unteren Wimpernrandes. Betonen Sie Ihre Augen zusätzlich, indem Sie mit einem schwarzen Stift nahe des oberen Wimpernrandes und entlang des inneren, unteren Wimpernrandes eine Linie ziehen. Stricheln Sie helle Brauen wenn nötig mit einem Augenbrauenstift nach, und tönen Sie die Wangen mit einem »nicht allzu diskreten« Tupfer himbeerroten Rouges. Vollenden Sie den dekadenten Effekt, indem Sie die Lippenkonturen mit einem pflaumenfarbenen Stift nachziehen und dann mit einem dunklen Kirschrot ausmalen. Ob kurz oder lang, Ihr Haar sollte jedenfalls so üppig wie möglich sein. Verleihen Sie ihm die nötige Fülle mit einer Festigerlotion, bevor Sie es föhnen oder aufdrehen. Kämmen Sie es wenn nötig zurück, und fixieren Sie diesen »vom Winde verwehten« Effekt mit etwas Haarspray, wobei Sie mitbedenken sollten, für welchen Hut Sie sich entschieden haben. Vgl. wegen der Anleitung, wie Sie sich die dicken Locken verschaffen können, die für die Romantiker charakteristisch sind, bei **Die Immigrantin**.

IDEEN

- Wechseln Sie die Schnürsenkel in wadenhohen Stiefeln oder Abendschuhen gegen seidige Bänder und glitzernde Kordeln aus.
- Broschen werden zu Halsketten, wenn man sie an ein Stück Kordel, Litze oder Band steckt, wie es in der Illustration zu sehen ist.
- Verwenden Sie Reste von echtem oder falschem Pelz, um damit Handschuhe, Manschetten von Jacken, Stiefelschäfte und Hutkrempen einzufassen.
- Stecken Sie Capes oder Tücher mit einer Brosche zusammen; oder aber verwenden Sie solche Broschen, um damit Federn und Bänder an Hüten zu befestigen, oder, um sie auf Schuhe oder auf die Knoten von Gürteln zu stecken.
- Heften Sie silberne, mit funkelnden Steinen besetzte Spangen mit einem Hefter auf Schuhe; machen Sie sich mit Hilfe einer dornenlosen Schnalle und einem breiten Band einen schnellen Gürtel; ersetzen Sie langweilige Knöpfe durch silberne, geschliffene, die einen Hauch von echtem Luxus vermitteln.

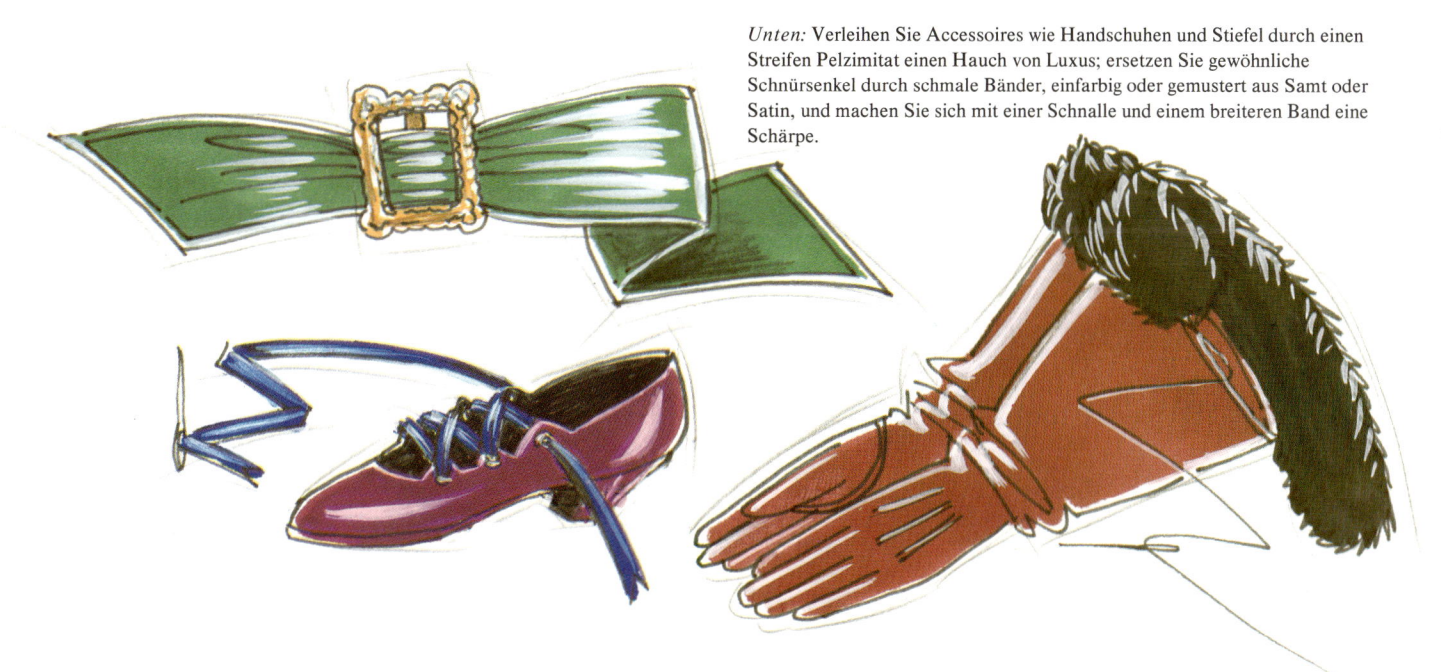

Unten: Verleihen Sie Accessoires wie Handschuhen und Stiefel durch einen Streifen Pelzimitat einen Hauch von Luxus; ersetzen Sie gewöhnliche Schnürsenkel durch schmale Bänder, einfarbig oder gemustert aus Samt oder Satin, und machen Sie sich mit einer Schnalle und einem breiteren Band eine Schärpe.